权威·前沿·原创

皮书系列为
"十二五""十三五""十四五"时期国家重点出版物出版专项规划项目

BLUE BOOK

智库成果出版与传播平台

西部蓝皮书
BLUE BOOK OF WESTERN REGION

中国西部发展报告
（2024）

ANNUAL REPORT ON DEVELOPMENT IN WESTERN
REGION OF CHINA (2024)

西部地区乡村振兴
Rural Revitalization in Western Regions

吴振磊　徐璋勇　茹少峰 等／著

社会科学文献出版社
SOCIAL SCIENCES ACADEMIC PRESS (CHINA)

图书在版编目（CIP）数据

中国西部发展报告.2024：西部地区乡村振兴／吴振磊等著.--北京：社会科学文献出版社，2024.7.
（西部蓝皮书）.--ISBN 978-7-5228-3919-6

Ⅰ．F127

中国国家版本馆 CIP 数据核字第 2024KP4427 号

西部蓝皮书
中国西部发展报告（2024）
——西部地区乡村振兴

著　　者／吴振磊　徐璋勇　茹少峰　等

出 版 人／冀祥德
组稿编辑／任文武
责任编辑／丁　凡
文稿编辑／刘　燕　孙玉铖　张　爽
责任印制／王京美

出　　版／社会科学文献出版社·生态文明分社（010）59367143
　　　　　地址：北京市北三环中路甲 29 号院华龙大厦　邮编：100029
　　　　　网址：www.ssap.com.cn
发　　行／社会科学文献出版社（010）59367028
印　　装／天津千鹤文化传播有限公司

规　　格／开　本：787mm×1092mm　1/16
　　　　　印　张：29.25　字　数：441 千字
版　　次／2024 年 7 月第 1 版　2024 年 7 月第 1 次印刷
书　　号／ISBN 978-7-5228-3919-6
定　　价／138.00 元

读者服务电话：4008918866

版权所有 翻印必究

教育部人文社会科学重点研究基地——
西北大学中国西部经济发展研究院建设项目

西北大学"双一流"建设项目资助
Sponsored by First-class Universities and Academic Programs of Northwest University

主要编撰者简介

吴振磊 1982年生，教授，博士生导师。西北大学副校长，西北大学中国西部经济发展研究院院长。兼任中国工业经济学会副理事长、中国数量经济学会副会长、中国技术经济学会副理事长、中国《资本论》研究会常务理事、全国马经史学会理事，人大复印报刊资料《社会主义经济理论与实践》《经济学文摘》学术编辑委员会委员。在核心期刊发表学术论文40余篇，独立或参编著作、教材20余部。主持完成国家社会科学基金项目、陕西省社会科学基金重点项目等国家级和省部级课题10余项，获国家级教学成果奖二等奖、教育部高等学校科学研究优秀成果奖（人文社会科学）二等奖、陕西省哲学社会科学优秀成果奖一等奖、陕西省科学技术奖二等奖等省部级以上教学科研奖励10余项。多篇咨询建议获得中央领导肯定性批示或被省部级部门采纳。

徐璋勇 1964年生，教授，博士生导师。西北大学中国西部经济发展研究院研究员，西北大学经济管理学院金融学系教授。兼任国家社会科学基金项目通讯评议专家、教育部人文社会科学基金项目评审专家、陕西省发展经济学学会会长、陕西省金融学会常务理事。近年来在国内外核心刊物发表论文100余篇，被人大复印报刊资料全文转载20篇；出版专著与合著6部，主编研究报告14部；主持国家社会科学基金重点项目及其他省部级以上基金项目8项，承担及参与地方政府委托咨询规划项目16项；获得教学成果奖励8项、科研成果奖励26项，其中省部级以上科研成果奖励11项。

茹少峰 1962年生，教授，博士生导师。西北大学中国西部经济发展研究院研究员，西北大学经济管理学院数理经济与统计学系教授，西北大学第八届学术委员会委员，西北大学常青学者，国家社会科学基金项目、教育部基金项目评审专家，第十一届陕西省普通高等学校教学名师。

摘　要

《中国西部发展报告》是由教育部人文社会科学重点研究基地——西北大学中国西部经济发展研究院组织全国长期研究中国西部经济发展问题的专家学者共同撰写，并由社会科学文献出版社出版的年度专题性研究报告，从2005年起每年出版一部，已经连续出版十八部，《中国西部发展报告（2024）》是第十九部。

推进乡村振兴是实现农业农村现代化的根本途径，是推动县域城镇化的重要基础，也是实现中国式现代化的重要内容。自从党的十九大报告提出乡村振兴战略以来，中共中央、国务院连续发布的中央一号文件及政府工作报告，都对乡村振兴战略的推进与实施做出了具体部署。2022年12月，习近平总书记在中央农村工作会议上的讲话指出：全面推进产业、人才、文化、生态、组织"五个振兴"，要统筹部署、协同推进、抓住重点、补齐短板。而占我国国土面积超过70%和占总人口近1/3的西部经济欠发达地区，如何推动乡村全面振兴，以实现县域经济的高质量发展，是目前党和政府以及社会各界关注的焦点问题。基于此，《中国西部发展报告（2024）》以"西部地区乡村振兴路径与政策"为研究主题，旨在通过对西部地区乡村振兴战略实施取得的成效进行总结，对面临的问题与困难进行分析，探究进一步发展的目标、重点任务及实施路径，为西部地区乡村振兴战略的进一步推进提供决策参考。

《中国西部发展报告（2024）》分为总报告、西部地区乡村振兴专题研究、西部地区省域乡村振兴研究等3个板块。其中，总报告主要对2023年西部地区经济高质量发展的成效及存在的问题进行总结，对2024年西部地区经济高质量发展面临的主要困难进行了分析，并对主要经济目标进行预测，提出2024年西部地区经济高质量发展的主要任务与政策建议；西部地区乡村振兴专题研究在对西部地区乡村振兴的难点、目标与实现路径进行总体分析研究的基础上，分别从产业振兴、人才振兴、文化振兴、生态振兴、组织振兴五个方面，对西部地区乡村振兴的成效、存在的问题、主要目标及实现路径进行分析研究；西部地区省域乡村振兴研究主要从省域层面，对西部地区12个省（区、市）乡村振兴的成效进行总结，对存在的问题与面临的困难进行分析，在此基础上提出各省（区、市）乡村振兴的主要目标与任务，并提出目标实现的路径及政策建议。

关键词： 乡村振兴　高质量发展　西部地区

Abstract

Annual Report on Development in Western Region of China is a research report published by Social Sciences Academic Press (China), written by experts and scholars who are researching the ecomomic development of western region and organized by Research Institute on Economy and Development of Western China at Northwest University, one of Ministry of Education. It has been published every year since 2005, eighteen books have been published in succession, and *Annual Report on Development in Western Region of China* (2024) is the nineteenth.

Promoting rural revitalization is the fundamental way to realize the modernization of agriculture and rural areas, it is an important foundation to promote county urbanization, and it is also an important part of Chinese-style modernization. Since Report to the 19th National Congress of the Communist Party of China put forward the rural revitalization strategy, the Central Committee of the Communist Party of China and the State Council continuously released the Central Documents and Government Work Reports have made specific deployment of the promotion and implementation of the rural revitalization strategy. In December 2022, General Secretary Xi Jinping's speech at the Central Rural Working Conference pointed out: It is necessary to comprehensively promote the "five revitalizations" of industries, talents, culture, ecology, and organizations, coordinate deployment, coordinated promotion, grasp the key points, make up for shortcomings essence and the western economy, which accounts for more than 70% of my country's land area and nearly 1/3 of the total population, is not developed in the western economy. How to promote the comprehensive revitalization of the countryside and achieve the high-quality development of the county economy is the focus of attention of the party and the government and all sectors of society. Based on this, the *Annual Report on Development in Western Region of China （2024）* determined the theme of "The Path and Policy of Rural Revitalization in Western Region", analyzes difficulties, explore the goals, key tasks and implementation paths of further development, and provides a reference for decision-making for further advancement of rural revitalization strategies in western region.

Annual Report on Development in Western Region of China （2024） is divided into three sections: general report, research on rural revitalization in western region, and research on provincial rural revitalization in western region. Among them, the general report mainly summarizes the achievements and existing problems of high-quality economic development in western region in 2023, analyzes the main difficulties faced by high-quality economic development in western region in 2024, predicts the main economic goals, and proposes the main tasks and policy recommendations for high-quality development in western region in 2024. Based on the overall analysis and research on the difficulties, goals, and implementation paths of rural revitalization in western region, research on rural revitalization in western region analyzes and studies the effectiveness, existing problems, main goals, and implementation paths of rural revitalization in western region from five aspects: industrial revitalization, talent revitalization, cultural revitalization, ecological revitalization, and organizational revitalization. The research on provincial rural revitalization in western region mainly summarizes the effectiveness of rural revitalization in the 12 provinces (cities, districts) in western region from the provincial level, analyzes the existing problems and difficulties faced, and proposes the main goals and tasks of rural revitalization in each province (city, district) on this basis. It also proposes paths and policy recommendations for achieving the goals.

Keywords: Rural Revitalization; High-quality Development; Western Region

目 录

Ⅰ 总报告

B.1 2023年西部地区经济高质量发展运行分析与2024年发展预测
　　　　　　　　　　　　　　　　徐璋勇　茹少峰　廖珍珍　成依阳 / 001
　　一　2023年西部地区经济高质量发展的成效 / 002
　　二　2024年西部地区经济高质量发展面临的主要困难 / 061
　　三　2024年西部地区经济高质量发展的总体要求与目标预测 / 076
　　四　2024年西部地区经济高质量发展的主要任务及政策建议 / 082

Ⅱ 西部地区乡村振兴专题研究

B.2 西部地区乡村振兴的难点、目标与实现路径
　　　　　　　　　　　　　　　　　　吴振磊　白　薇　杨春江 / 092
B.3 西部地区乡村产业振兴报告 …………吴丰华　李玉靓　赵　萌 / 124
B.4 西部地区乡村人才振兴报告
　　　　　　　　　　　　　　　　张冰冰　周浩宇　姚聪莉　胥晚舟 / 149
B.5 西部地区乡村文化振兴报告…………赵　勋　赵汗青　祝培茜 / 174

001

B.6 西部地区乡村生态振兴报告……………………………岳利萍 魏家豪 / 193
B.7 西部地区乡村组织振兴报告
………………………………李 莉 翟绍果 陈 爽 李 希 / 213

Ⅲ 西部地区省域乡村振兴研究

B.8 内蒙古自治区乡村振兴研究报告
………………乔光华 马志艳 祁 盈 薛 芳 裴 杰 / 233
B.9 广西壮族自治区乡村振兴研究报告
………………………………………蒋团标 张家良 姜文杰 / 254
B.10 重庆市乡村振兴研究报告
………………………于秋月 陶利霞 李汶豫 秦宇翔 / 269
B.11 四川省乡村振兴研究报告……………………蒋永穆 李 璇 / 284
B.12 贵州省乡村振兴研究报告……………………洪名勇 谭宇航 / 303
B.13 云南省乡村振兴研究报告
……………文传浩 薛 琴 吴梦晗 王 若 曹梦萍 / 324
B.14 西藏自治区乡村振兴研究报告……杨阿维 黄泯瑜 余峻承 / 341
B.15 陕西省乡村振兴研究报告……………………赖作莲 郑梦熊 / 357
B.16 甘肃省乡村振兴研究报告……………………柳 江 苏耀华 / 375
B.17 青海省乡村振兴研究报告……………………………刘 畅 / 394
B.18 宁夏回族自治区乡村振兴研究报告
………………………韩秀丽 许霁林 胡烨君 赵路宽 / 409
B.19 新疆维吾尔自治区乡村振兴研究报告………刘维忠 王艺洁 / 429

CONTENTS

I General Report

B.1 Review of Economic Development in Western Region in 2023 and
Outlook for 2024
Xu Zhangyong, Ru Shaofeng, Liao Zhenzhen and Cheng Yiyang / 001

II Research on Rural Revitalization in Western Region

B.2 The Difficulties, Goals and Realization Ways of Rural Revitalization in
Western Region *Wu Zhenlei, Bai Wei and Yang Chunjiang* / 092

B.3 Report on the Revitalization of Rural Industries in Western Region
Wu Fenghua, Li Yuliang and Zhao Meng / 124

B.4 Report on the Revitalization of Rural Ralents in Western Region
Zhang Bingbing, Zhou Haoyu, Yao Congli and Xu Wanzhou / 149

B.5 Report on the Revitalization of Rural Cultural in Western Region
Zhao Xun, Zhao Hanqing and Zhu Peiqian / 174

B.6 Report on the Revitalization of Rural Ecological in Western Region

Yue Liping, Wei Jiahao / 193

B.7 Report on the Revitalization of Rural Organizations in Western Region

Li Li, Zhai Shaoguo, Chen Shuang and Li Xi / 213

Ⅲ Research on Provincial Rural Revitalization in Western Region

B.8 Research Report on Rural Revitalization in Inner Mongolia Autonomous Region

Qiao Guanghua, Ma Zhiyan, Qi Ying, Xue Fang and Pei Jie / 233

B.9 Research Report on Rural Revitalization in Guangxi Zhuang Autonomous Region *Jiang Tuanbiao, Zhang Jialiang and Jiang Wenjie* / 254

B.10 Research Report on Rural Revitalization in Chongqing City

Yu Qiuyue, Tao Lixia, Li Wenyu and Qin Yuxiang / 269

B.11 Research Report on Rural Revitalization in Sichuan Province

Jiang Yongmu, Li Xuan / 284

B.12 Research Report on Rural Revitalization in Guizhou Province

Hong Mingyong, Tan Yuhang / 303

B.13 Research Report on Rural Revitalization in Yunnan Province

Wen Chuanhao, Xue Qin, Wu Menghan, Wang Ruo and Cao Mengping / 324

B.14 Research Report on Rural Revitalization in Xizang Autonomous Region

Yang Awei, Huang Minyu and Yu Juncheng / 341

B.15 Research Report on Rural Revitalization in Shaanxi Province

Lai Zuolian, Zheng Mengxiong / 357

B.16 Research Report on Rural Revitalization in Gansu Province

Liu Jiang, Su Yaohua / 375

B.17 Research Report on Rural Revitalization in Qinghai Province

Liu Chang / 394

CONTENTS

B.18 Research Report on Rural Revitalization in Ningxia Hui Autonomous Region *Han Xiuli, Xu Jilin, Hu Yejun and Zhao Lukuan* / 409

B.19 Research Report on Rural Revitalization in Xinjiang Uygur Autonomous Region *Liu Weizhong, Wang Yijie* / 429

总 报 告

B.1
2023年西部地区经济高质量发展运行分析与2024年发展预测*

徐璋勇　茹少峰　廖珍珍　成依阳**

摘　要： 2023年是我国全面建设社会主义现代化强国新征程的起步之年，是世界经济格局复杂演变的一年，内外部环境叠加给我国经济发展带来了重重困难。在此背景下，西部地区是我国现代化建设及实现社会主义现代化强国目标的关键所在，对其经济运行态势进行分析判断尤为重要。基于此，本报告从经济增长、四化协同发展、科技创新与产业升级、城乡融合发展、经济数字化转型、"一带一路"发展与对外开放新格局形成、

---

* 本报告为教育部人文社科重点研究基地——西北大学中国西部经济发展研究院项目（项目编号：XBLPS202401）阶段性研究成果。
** 徐璋勇，西北大学中国西部经济发展研究院研究员，西北大学经济管理学院教授、博士生导师，主要研究方向为西部地区经济发展、西部金融；茹少峰，西北大学中国西部经济发展研究院研究员，西北大学经济管理学院教授、博士生导师，主要研究方向为西部地区经济发展、经济高质量增长；廖珍珍，西北大学经济管理学院博士研究生，主要研究方向为数字经济与碳排放；成依阳，西北大学经济管理学院博士研究生，主要研究方向为资本结构与经济高质量发展。

企业高质量发展、重点领域金融风险化解与防控、民生福祉增进与共同富裕等方面，以翔实的数据分析了2023年西部地区经济发展取得的显著成效；同时，从人均GDP和人均收入水平、新兴产业发展规模、县域经济发展、节能减排与绿色低碳发展等方面剖析了西部地区经济高质量发展面临的困难；对2024年西部地区包含GDP增长率、固定资产投资增长率、社会消费品零售总额增长率等在内的九大宏观经济指标进行了预测；提出了2024年西部地区经济发展的九大主要任务及政策建议。

关键词： 经济高质量发展　数字化转型　西部地区

2023年是全面贯彻党的二十大精神的开局之年，是全面建设社会主义现代化强国新征程的起步之年。一年来，西部地区各族人民在以习近平同志为核心的党中央坚强领导下，面对世界经济格局复杂演变及国内经济下行等重重困难，全面深化改革开放，着力扩大内需、优化结构、提振信心、防范化解重点领域金融风险，实现了经济回升向好，产业升级与现代化加速推进，科技创新实现新的突破，民生福祉进一步增进，高质量发展进入了新阶段。为了全面了解2023年西部地区经济运行形势，并准确把握2024年西部地区经济发展趋势，特对2023年西部地区经济运行状况予以回顾分析，并对2024年的发展态势进行预测与展望。

一　2023年西部地区经济高质量发展的成效

2023年，面对经济恢复和结构调整的艰巨任务，面对科技革命和产业变革的加速推进，面对风险挑战相互交织的复杂局面，西部地区各省（区、市）全面贯彻党的二十大精神，坚持稳中求进工作总基调，在经济增长、四化协同推进、产业升级与科技创新、城乡融合发展、经济数字化转型、开放新格局形成、重点领域金融风险化解与防控、民生福祉增进与共同富裕等方面均取得了显著成效。

（一）GDP稳定增加，经济恢复回升，增长速度领跑全国

2023年，西部地区经济总体上继续呈现恢复性增长态势，无论是GDP、政府财政收入，还是居民人均可支配收入，均获得了全面恢复与快速增长。

1. GDP持续增加，增长速度领跑全国

2023年，西部地区实现GDP 26.93万亿元，增长率为5.5%，比上年提高了2.30个百分点（见表1）。GDP增长率分别比东部地区、中部地区高出0.1个和0.6个百分点，比全国平均水平高0.3个百分点；占全国GDP的比重达到21.37%，与2022年相比提高了0.1个百分点，与东部地区的经济差距继续缩小；对中国经济增长的贡献率为21.41%，比2022年下降了1.85个百分点。

表1　2023年全国及东部、中部、西部地区经济增长情况

地区	GDP（亿元）	不变价GDP增长率（%）	增长率比2022年提高（个百分点）	西部地区对全国经济增长的贡献率（%）	人均GDP（万元）	人均不变价GDP增长率（%）
内蒙古	24627.00	7.3	2.90	11.02	10.28	7.52
广　西	27202.39	4.1	1.38	7.66	5.41	4.51
重　庆	30145.79	6.1	3.65	13.05	9.45	6.83
四　川	60132.90	6.0	3.20	24.06	7.19	6.08
贵　州	20913.25	4.9	3.80	7.19	5.41	4.66
云　南	30021.00	4.4	0.22	9.10	6.42	4.85
西　藏	2392.67	9.5	8.30	1.39	6.54	8.90
陕　西	33786.07	4.3	-0.20	9.85	8.55	4.41
甘　肃	11863.80	6.4	2.00	5.17	4.81	7.57
青　海	3799.10	5.3	2.90	1.31	6.40	5.48
宁　夏	5315.00	6.6	2.50	2.19	7.29	6.45
新　疆	19125.91	6.8	3.40	8.01	7.36	6.35

续表

地区	GDP（亿元）	不变价GDP增长率（%）	增长率比2022年提高（个百分点）	西部地区对全国经济增长的贡献率（%）	人均GDP（万元）	人均不变价GDP增长率（%）
西部地区	269324.88	5.5	2.30	21.41	7.05	5.76
中部地区	269897.80	4.9	1.30	20.39	7.43	5.31
东部地区	711708.60	5.4	3.00	58.20	10.73	5.16
全　国*	1260582.10	5.2	2.20	100.00	8.94	5.40

注：*统计数据不含港澳台，余同，此后不赘。
资料来源：各省（区、市）2023年国民经济与社会发展统计公报，全国数据来自《中华人民共和国2023年国民经济和社会发展统计公报》，东部、中部、西部三个地区统计之和与全国数据不一致。

从省（区、市）数据来看，GDP方面，四川GDP居于首位，达到60132.90亿元，占到西部地区的22.33%，排第2位的陕西GDP为33786.07亿元；GDP居第3位、第4位的分别是重庆与云南，均突破了3万亿元大关。从增长率来看，西部地区12个省（区、市）中有8个省（区、市）超过了全国平均水平（5.2%），其中西藏以9.5%的增长率居全国第1位；全国GDP增长率前10名中，西部地区占有6席，分别为西藏、内蒙古、新疆、宁夏、甘肃、重庆；全国GDP增长率前5名中，西部地区占有4席，分别为西藏、内蒙古、新疆和宁夏（见图1）。从与上年的增长率对比来看，增长率提高超3个百分点以上的有5个省（区、市），依次为西藏（8.30个百分点）、贵州（3.80个百分点）、重庆（3.65个百分点）、新疆（3.40个百分点）和四川（3.20个百分点）；陕西GDP增长率下降了0.20个百分点，是西部地区中唯一增长率下降的省份。

从2016年以来经济增长率的表现来看，除2021年西部地区经济增长率略低于8.10%的全国平均水平之外，其余年份西部地区经济增长率均高于全国平均水平（见图2）；特别是2020年，经济的正常运行秩序遭到冲击，全国及各地区经济增长率与2019年相比均出现了严重下滑，但西部地区经济增长率依然达到3.28%，比全国2.30%的平均水平高出0.98个百分点，分别比东部、中部地区高出0.55个和2.10个百分点；2023年，西部地区

2023年西部地区经济高质量发展运行分析与2024年发展预测

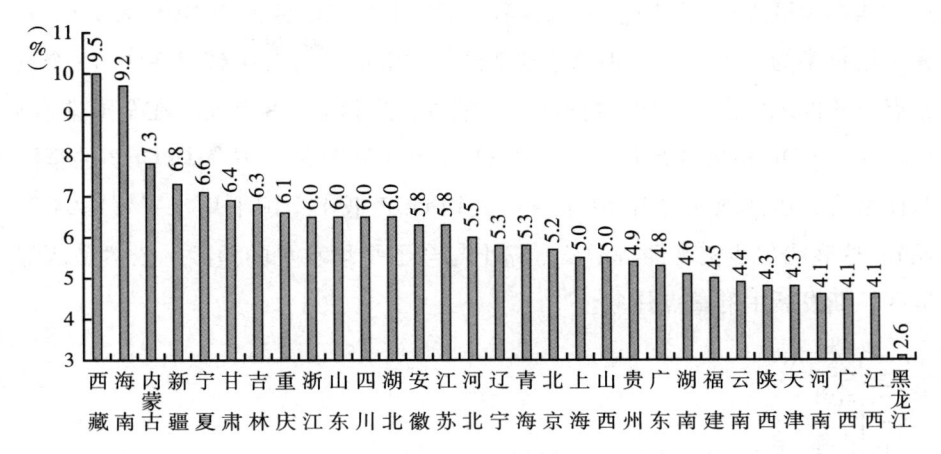

图1 2023年全国31个省（区、市）GDP增长率排序

资料来源：各省（区、市）2023年国民经济与社会发展统计公报。

经济增长率快速恢复至5.54%，不仅高于5.20%的全国平均水平，而且比东部地区与中部地区分别高出0.17个和0.61个百分点。这表明相较于东部地区与中部地区，西部地区经济具有更强的韧性。

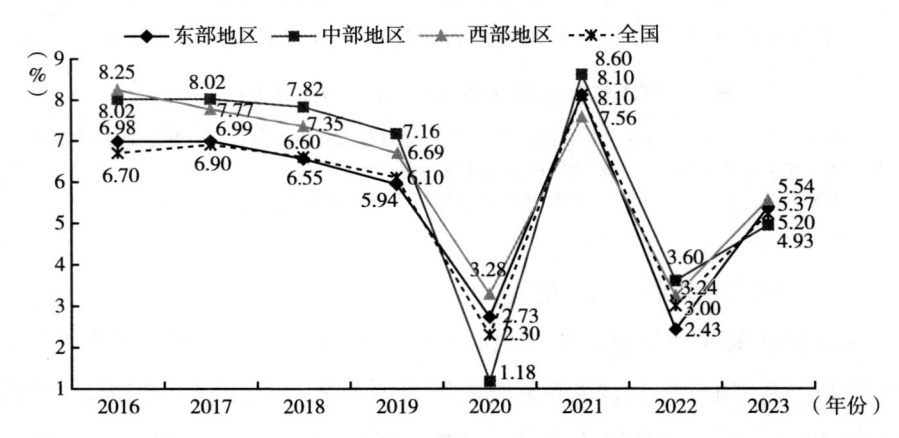

图2 2016~2023年全国及东部、中部、西部地区GDP增长率

资料来源：2023年数据根据各省（区、市）2023年国民经济与社会发展统计公报披露数据计算，2016~2022年数据根据2017~2023年《中国统计年鉴》数据计算。

005

西部地区人均GDP进一步提高。2023年西部地区人均GDP为7.05万元，增长率为5.76%；分别比东部地区与中部地区高出0.60个和0.45个百分点。西部地区人均GDP最高的是内蒙古，达到10.28万元，在全国排第8位；人均GDP最低的是甘肃，为4.81万元（见图3）。从人均GDP的全国对比来看，西部地区仍有10个省份人均GDP低于全国平均水平（8.94万元）。这表明稳步实现经济增长，缩小与全国平均水平的差距，依然是西部地区长期发展中的重点任务。

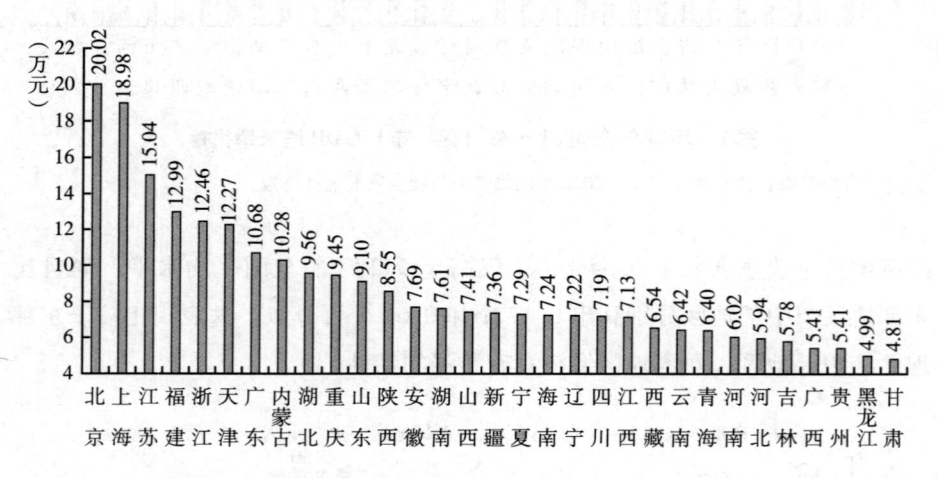

图3 2023年全国31个省（区、市）人均GDP排序

说明：人均GDP用各省（区、市）名义GDP除以年末常住人口得到，其中2023年西藏和黑龙江年末常住人口缺失，采用邻近点的均值补齐。

资料来源：各省（区、市）2023年国民经济与社会发展统计公报。

2. 一般公共预算收入快速增长

随着经济的快速恢复，西部地区一般公共预算收入也获得了快速增长（见图4）。西部地区一般公共预算收入从2016年的1.73万亿元增加到了2023年的2.48万亿元，年均增长率为5.28%，其中2023年比上年增长10.77%，比全国平均增长率6.45%高出4.32个百分点（见图4），同时分别高出东部地区（7.06%）与中部地区（6.87%）3.71个和3.90个百分点（见表2）。

从西部地区各省（区、市）来看，除陕西与广西一般公共预算收入增

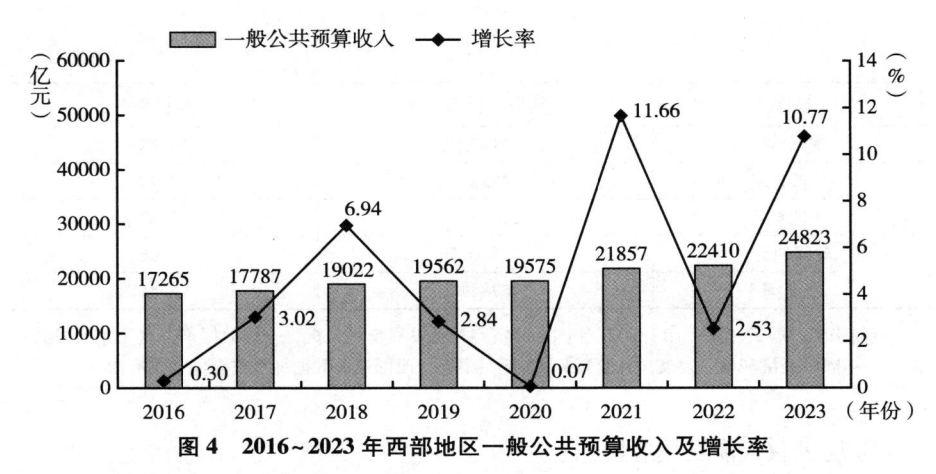

2023年西部地区经济高质量发展运行分析与2024年发展预测

图4　2016~2023年西部地区一般公共预算收入及增长率

资料来源：2023年数据根据各省（区、市）2023年国民经济与社会发展统计公报披露数据计算，2016~2022年数据根据2017~2023年《中国统计年鉴》数据计算。

长率低于全国平均水平之外，其余10个省（区、市）一般公共预算收入增长率均高于全国平均水平；其中，一般公共预算收入增长率排前3位的依次为西藏（31.72%）、新疆（16.30%）和重庆（16.05%）；除去陕西与广西，其余10个省（区、市）的增长率均在9%以上，其中8个省（区、市）增长率超过了10%。

表2　2023年全国及东部、中部、西部地区一般公共预算收入及增长率

单位：亿元，%

地区	一般公共预算收入	增长率
内蒙古	3083.40	9.17
广　西	1783.80	5.69
重　庆	2441.00	16.05
四　川	5529.10	13.29
贵　州	2078.00	10.16
云　南	2149.40	10.26
西　藏	236.60	31.72
陕　西	3437.36	3.80
甘　肃	1003.50	10.56
青　海	381.30	15.86
宁　夏	502.26	9.15

续表

地区	一般公共预算收入	增长率
新　疆	2197.70	16.30
西部地区	24823.42	10.77
中部地区	22042.36	6.87
东部地区	70370.56	7.06
全　国	216784.00	6.45

资料来源：各省（区、市）2023年国民经济与社会发展统计公报，全国数据来自《中华人民共和国2023年国民经济和社会发展统计公报》，东部、中部、西部地区数据加总与全国数据有出入。

3. 居民收入恢复性增长

针对疫情带来的经济冲击，西部地区各级地方政府认真贯彻执行中央关于经济恢复的"六保"政策精神，根据实际情况，通过减税降费、退税缓税、稳岗扩就业等措施，实现了居民收入的恢复性增长。2023年西部地区全体居民人均可支配收入达到30969.32元，比2022年的29191.55元增加了1777.77元，增长率为6.09%（见图5），低于全国0.24个百分点、中部地区0.01个百分点，但高于东部地区0.41个百分点（见表3）。

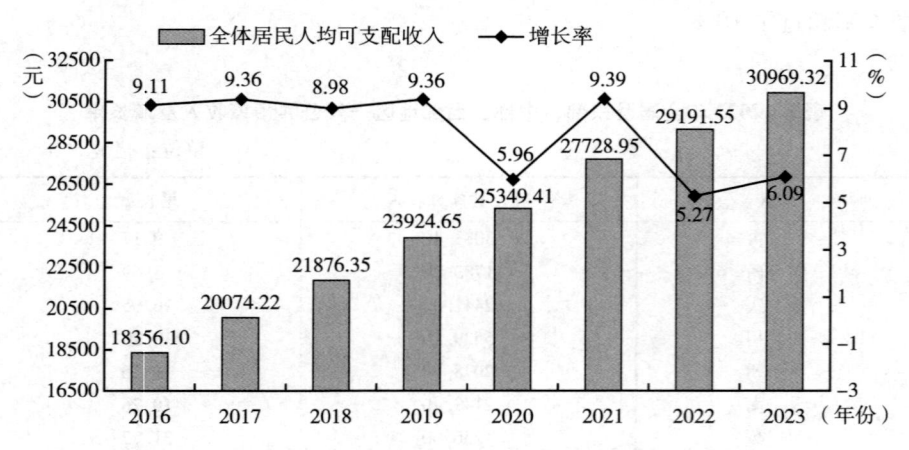

图5　2016~2023西部地区全体居民人均可支配收入及增长率

资料来源：2023年数据根据各省（区、市）2023年国民经济与社会发展统计公报披露数据计算，2016~2022年数据根据2017~2023年《中国统计年鉴》数据计算。

表3 2023年全国及东部、中部、西部地区全体居民人均可支配收入及增长率

单位：元，%

地区	全体居民人均可支配收入	增长率
内蒙古	38130	6.15
广　西	29514	5.48
重　庆	37595	5.41
四　川	32514	5.98
贵　州	27098	6.23
云　南	28421	5.51
西　藏	28983	8.65
陕　西	32128	6.68
甘　肃	25011	7.47
青　海	28587	5.88
宁　夏	31604	6.77
新　疆	28947	6.96
西部地区	30969	6.09
中部地区	33315	6.10
东部地区	47530	5.68
全　国	39218	6.33

资料来源：各省（区、市）2023年国民经济与社会发展统计公报。

从西部地区各省（区、市）的比较来看，全体居民人均可支配收入较高的前3位依次为内蒙古（38130元）、重庆（37595元）和四川（32514元）；最低的为甘肃，仅为25011元。从增长率来看，全体居民人均可支配收入增长率较高的前3位依次为西藏（8.65%）、甘肃（7.47%）和新疆（6.96%）；增长率较低的为云南（5.51%）、广西（5.48%）和重庆（5.41%）。

（二）四化协同发展稳步推进

工业化、信息化、城镇化和农业现代化协同发展，不仅是中国式现代化的特色和本质要求，也是实现中国式现代化的必经之路。2023年在党的二十大精神引领下，西部地区各级地方政府通过切实推进信息化和新型工业化深度融合，加强新型工业化和城镇化良性互动，促进城镇化和农业现代化相

互协调，使西部地区在四化协同发展、产业升级与创新发展方面取得了显著成效。

1. 工业化稳步推进，现代工业发展提速，其中西藏尤为突出

2023年，西部地区规模以上工业企业总资产达到了34.14万亿元，比2016年的22.09万亿元增加了12.05万亿元，年均增长率达到了6.42%，比全国平均水平高出0.05个百分点；规模以上工业企业营业收入达到22.75万亿元，比2016年的17.18万亿元增加了5.57万亿元，年均增长率达到了4.09%，比全国平均水平高出2.06个百分点；规模以上工业企业实现利润总额1.89万亿元，比2016年的1.02万亿元增加了0.87亿元，年均增长率达到9.18%，比全国平均水平高出8.23个百分点（见表4）。

表4 2016年和2023年全国及西部地区规模以上工业企业效益

单位：亿元，%

地区	规模以上工业企业资产总额 2016年	规模以上工业企业资产总额 2023年	年均增长率	规模以上工业企业营业收入 2016年	规模以上工业企业营业收入 2023年	年均增长率	规模以上工业企业利润总额 2016年	规模以上工业企业利润总额 2023年	年均增长率
内蒙古	30900.83	46634.2	6.06	20056.67	28466.0	5.13	1344.41	3020.20	12.26
广西	16023.46	28584.0	8.62	22231.30	23275.4	0.66	1393.35	706.90	-9.24
重庆	20214.63	27778.7	4.65	23467.03	26821.8	1.93	1648.36	1371.60	-2.59
四川	41514.58	69848.8	7.72	41529.25	49344.7	2.49	2339.82	4506.10	9.81
贵州	14319.98	20252.1	5.08	11172.44	10085.6	-1.45	847.02	1072.70	3.43
云南	19474.18	29151.4	5.93	10149.03	19568.0	9.83	334.98	1501.90	23.91
西藏	1110.65	2499.5	12.29	171.82	554.9	18.23	16.94	51.30	17.15
陕西	30828.91	46055.9	5.90	21027.90	28599.6	4.49	1589.00	3523.30	12.05
甘肃	12263.36	16321.3	4.17	7850.29	11122.3	5.10	72.68	514.00	32.24
青海	6143.77	8402.3	4.57	2244.47	4200.3	9.37	80.02	486.45	29.41
宁夏	8521.18	13741.4	7.06	3646.12	7912.9	11.70	143.23	377.40	14.84
新疆	19538.65	32085.9	7.34	8300.96	17540.5	11.28	386.59	1720.70	23.78
西部地区	220854.18	341355.5	6.42	171847.26	227491.8	4.09	10196.4	18852.55	9.18
全国	1085865.94	1673577.1	6.37	1158998.52	1334390.89	2.03	71921.43	76858.75	0.95

资料来源：2023年数据来自Wind数据库，2016年数据根据《中国统计年鉴2017》数据计算。

从西部地区各省（区、市）的比较来看，四川、内蒙古和陕西是西部地区中工业实力较强的三个省（区），其2023年规模以上工业企业资产总额占到了西部地区规模以上工业企业资产总额的47.62%，规模以上工业企业营业收入占到西部地区规模以上工业企业营业收入的46.78%，规模以上工业企业利润总额占到西部地区规模以上工业企业利润总额的58.61%。工业实力比较弱的三个省（区）分别是西藏、青海和宁夏，2023年三个省（区）规模以上工业企业资产总额仅占西部地区规模以上工业企业资产总额的7.22%，规模以上工业企业营业收入占西部地区规模以上工业企业营业收入的5.57%，规模以上工业企业利润总额占西部地区规模以上工业企业利润总额的4.85%。但2023年宁夏和西藏的规模以上工业增加值增长率却分别排全国31个省（区、市）的第2位与第3位，说明追赶速度快。西部地区中工业基础同样较弱的甘肃，2023年规模以上工业增加值增长率跃升至全国的第5位。2023年全国规模以上工业增加值增长率排前10位的省份中，西部地区占有4席（见图6）。因此，无论从整个西部地区，还是从西部地区各省（区、市）的工业增加值增长率来看，西部地区工业化均呈现超越全国平均水平的加速发展态势。

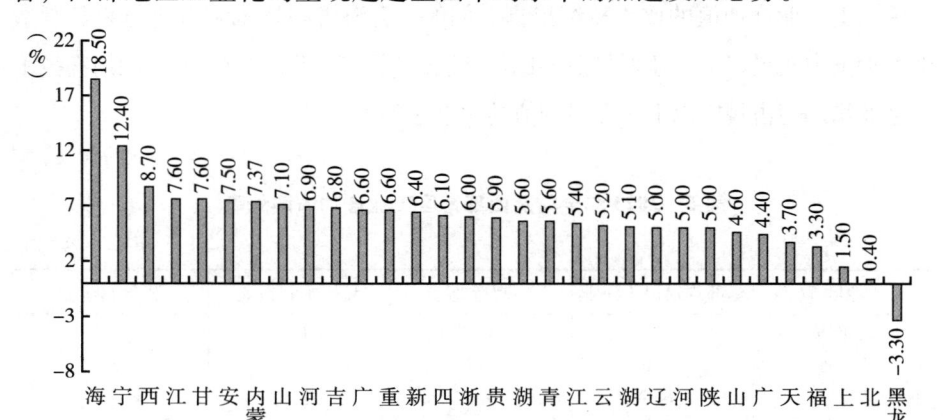

图6　2023年全国31个省（区、市）规模以上工业增加值增长率排序

资料来源：Wind数据库。

在工业化稳步发展的同时，西部地区各省（区、市）积极调整工业结构，加大现代工业、现代产业的投资力度，积极培育与发展具有广阔市场前景和能提升产业竞争力的骨干与优势工业企业，实现了新型工业化的飞速发展。2023年重庆高技术产业投资额增长12.7%，高技术制造业投资额增长11.3%，其中高技术设备制造业投资额增长32.9%，高技术服务业投资额增长16.1%；云南高技术产业投资额增长25.3%，数字经济产业投资额增长16.6%，高技术产业投资额占全部产业投资额的比重达到了11.6%；内蒙古制造业投资额增长46.4%，高技术产业投资额增长84.5%；宁夏高技术产业投资额增长44.1%，其中高技术制造业投资额增长51.7%，高技术服务业投资额增长22.7%，装备制造业投资额增长54.1%，信息传输和信息服务业投资额增长52.7%；青海制造业投资额增长33.5%，高技术服务业投资额增长18.4%；西藏高新数字产业投资额增长36%，绿色工业投资额增长35.4%；甘肃装备制造业投资额增长51.2%，高技术制造业投资额增长19.5%。投资结构的优化，带来了高技术制造业和装备制造业增加值的增长。其中青海、宁夏和云南尤为突出，其高技术制造业增加值增长率分别达到了62.2%、44.5%和21.2%，装备制造业增加值增长率分别达到了45.3%、38.6%和25.4%（见表5）。高技术制造业增加值、装备制造业增加值占规模以上工业增加值的比重持续提高。例如，青海省高技术制造业与装备制造业增加值占规模以上工业增加值的比重分别达到了26.1%和26.3%，四川高技术制造业增加值占规模以上工业增加值的比重达到了15.6%。

表5　2023年全国及西部地区工业增加值增长率

单位：%

地区	全部规模以上工业	制造业	高技术制造业	装备制造业
内蒙古	7.4	11.72	11.4	9.6
广　西	6.6	6.9	8.3	5.3
重　庆	6.6	6.4	-2.5*	4.8
四　川	6.1	6.2	5.4	—
贵　州	5.9	6.8	—	—
云　南	5.2	6.6	21.2	25.4
西　藏	8.7	34.0	—	—

续表

地区	全部规模以上工业	制造业	高技术制造业	装备制造业
陕　西	5.0	6.0	11.9	12.5
甘　肃	7.6	9.4	3.5*	17.0
青　海	5.6	7.8	62.2	45.3
宁　夏	12.4	15.8	44.5	38.6
新　疆	6.4	6.0	12.2	—
全　国	4.6	5.0	2.7	6.8

注：*为高技术产业增加值增长率。
资料来源：表中数据来自各省（区、市）2023年统计公报及统计局网站，"—"表示缺失值。

另外，西部地区工业化发展中的显著特征就是西藏、青海、宁夏等工业基础薄弱省（区）工业化快速追赶。这些省（区）因其自然地理条件与资源禀赋约束，工业基础非常薄弱，但近年来却出现了高速增长。如西藏，2023年规模以上工业企业资产总额仅为2499.5亿元，分别是西部地区规模以上工业企业资产总额排前3位的四川、内蒙古和陕西的3.58%、5.36%和5.43%，但工业年均增长率却稳居西部地区各省（区、市）之首，2016~2023年西藏规模以上工业企业资产总额年均增长率达到12.29%，分别比四川、内蒙古、陕西高出4.57个、6.23个和6.39个百分点，规模以上工业企业营业收入年均增长率达到18.23%，分别比四川、内蒙古、陕西高出15.74个、13.10个、13.74个百分点。同样，西部地区工业基础比较薄弱的青海、宁夏和甘肃，其工业发展也呈现高速增长态势，2016~2023年，三省（区）规模以上工业企业营业收入年均增长率分别为9.37%、11.70%和5.10%，规模以上工业企业利润总额年均增长率分别为29.41%、14.84%和32.24%，不仅远高于全国平均水平，而且远高于西部地区的工业大省（区）四川、内蒙古与陕西。

2. 信息化发展的基础进一步强化，信息服务业发展加速

2016~2022年，西部地区互联网宽带接入端口数从16466.71万个增加到28241.25万个，年均增长率达到了9.41%，比同期全国平均水平7.02%高出2.39个百分点；互联网宽带接入端口数占全国的比重从23.10%提升至26.37%，提升了3.27个百分点（见图7）。除陕西、内蒙古外，西部地区其他省（区、市）互联网宽带接入端口数年均增长率均高于全国平均水平，其中西藏增长率最高，达到了17.70%，其次为宁夏和贵州，年均增长率分别为13.71%和13.54%。信息技术服务业收入从2016年的3166.87亿元增加到2022年的7215.26亿元，年均增长率为14.71%，比全国平均水平低3.34个百分点，主要是内蒙古、新疆、甘肃和陕西四省（区）信息服务业收入出现了一定程度的下降所致（见表6）。

图7 2016~2022年西部地区互联网宽带接入端口数及占全国比重

资料来源：Wind数据库。

表6 2016年和2022年全国及西部地区信息技术服务收入和互联网宽带接入端口数及年均增长率

地区	信息技术服务收入 2016年（亿元）	信息技术服务收入 2022年（亿元）	2016~2022年年均增长率（%）	互联网宽带接入端口数 2016年（万个）	互联网宽带接入端口数 2022年（万个）	2016~2022年年均增长率（%）
甘 肃	30.38	26.35	-2.34	946.04	1754.25	10.84
广 西	62.29	756.55	51.61	2094.87	3836.05	10.61
贵 州	76.78	649.06	42.73	1113.93	2386.36	13.54
内蒙古	11.5	5.66	-11.14	1200.73	1738.96	6.37
宁 夏	6.14	22.29	23.97	307.11	663.74	13.71
青 海	0.67	2.85	27.29	262.21	460.05	9.82
陕 西	770.28	705.84	-1.45	2083.06	3007.85	6.31
四 川	1448.71	3112.82	13.60	3709.61	6433.96	9.61
西 藏	—	—	—	107.15	284.83	17.70

续表

地区	信息技术服务收入			互联网宽带接入端口数		
	2016年（亿元）	2022年（亿元）	2016~2022年年均增长率（%）	2016年（万个）	2022年（万个）	2016~2022年年均增长率（%）
新疆	62.73	49.31	-3.93	1323.9	2350.91	10.04
云南	37.78	115.91	20.54	1674.45	2655.43	7.99
重庆	659.61	1768.62	17.87	1643.64	2668.86	8.41
西部地区	3166.87	7215.26	14.71	16466.70	28241.25	9.41
全国	26090.42	70597.57	18.05	71276.86	107104.19	7.02

资料来源：Wind数据库。

2023年西部地区电信业务收入为3912.6亿元，增长率为6.0%，比全国平均增长率6.2%低0.2个百分点；其中增长率超过8%的省（市）有重庆和青海，增长率分别达到8.3%和8.1%，高出西部地区平均增长率2.3个和2.1个百分点；增幅较小的陕西和广西，增长率也在4%以上。西部地区邮政业务收入为1786.8亿元，增长率为19.8%，比全国平均增长率13.5%高出6.3个百分点；其中新疆、青海和西藏增长率分别达到了56.1%，39.4%和36.3%（见表7）。这表明西部地区各省（区、市）信息化建设均呈现快速发展态势。

表7 2023年全国及西部地区电信业务收入与邮政业务收入情况

单位：亿元，%

地区	电信业务收入	电信业务收入增长率	邮政业务收入	邮政业务收入增长率
内蒙古	260.0	5.9	93.8	25.7
广西	439.7	5.4	196.5	11.7
重庆	347.5	8.3	222.7	19.1
四川	808.7	6.3	479.6	16.1
贵州	384.4	6.6	134.1	19.7
云南	481.3	7.4	155.2	13.8
西藏	65.5	6.0	10.1	36.3
陕西	439.4	4.5	273.1	21.8
甘肃	234.4	5.7	80.6	28.0

续表

地区	电信业务收入	电信业务收入增长率	邮政业务收入	邮政业务收入增长率
青　海	73.2	8.1	18.8	39.4
宁　夏	78.7	7.0	29.9	18.3
新　疆	299.8	7.4	92.4	56.1
西部地区	3912.6	6.0	1786.8	19.8
全　国	16834.5	6.2	15293.0	13.5

资料来源：Wind 数据库。

3. 城镇化水平稳步提升

2023 年西部地区城镇化率达到了 59.92%，分别比东部地区、中部地区低 12.14 个和 1.77 个百分点，低于全国平均水平 6.24 个百分点。2023 年西部地区城镇化率比 2022 年提升了 1.11 个百分点，提升幅度不仅高于全国平均水平（0.94 个百分点），而且高于东部地区（0.74 个百分点）和中部地区（1.02 个百分点）。2023 年与 2016 年相比，西部地区城镇化率提升了 8.68 个百分点，与全国平均提升幅度（8.69 个百分点）几乎相同，但高于东部地区（5.83 个百分点）与中部地区（8.51 个百分点）（见图 8）。这表明近年来西部地区城镇化发展水平呈现高于东部地区与中部地区的态势。

4. 农业现代化成效显著

在农业现代化方面，反映农业现代化水平的重要指标——农业机械化水平持续稳定提升，农业机械总动力从 2016 年的 26228.2 万千瓦时增长到 2022 年的 30486.7 万千瓦时，年均增长率为 2.54%，占全国比重从 2016 年的 26.97% 增加到 2022 年的 27.57%，提升了 0.6 个百分点（见图 9）。

与此同时，国家现代农业产业园、全国现代设施农业创新引领基地数量及农业产业化国家重点龙头企业数量大幅增加（见表 8）。2023 年，西部地区国家现代农业产业园数量达到了 68 个，比 2018 年首批认定的 6 个增加了 62 个，占全国的比重由 30.0% 提高到了 35.1%；农业产业化国家重点龙头企业数量达到了 608 个，比 2016 年增加了 264 个，占全国比重由 30.4% 提

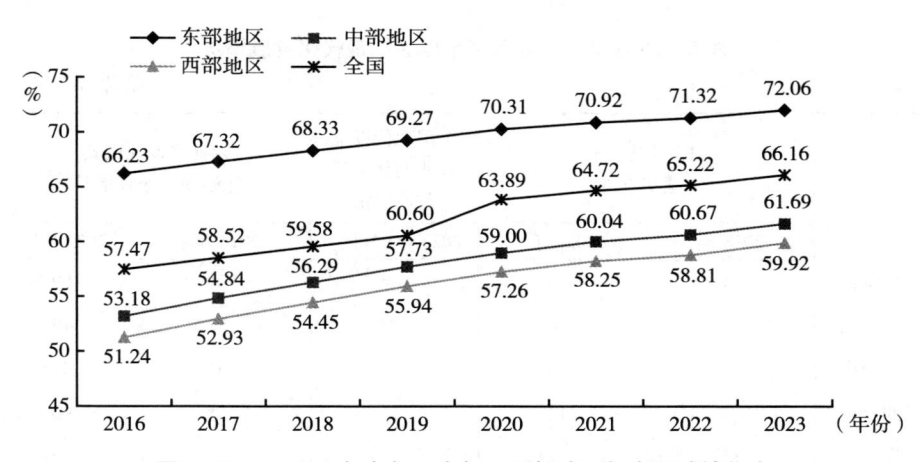

2023年西部地区经济高质量发展运行分析与2024年发展预测

图8　2016~2023年东部、中部、西部地区与全国城镇化率

资料来源：2023年数据根据各省（区、市）2023年国民经济与社会发展统计公报披露数据计算；2016~2022年数据根据2017~2023年《中国统计年鉴》数据计算。

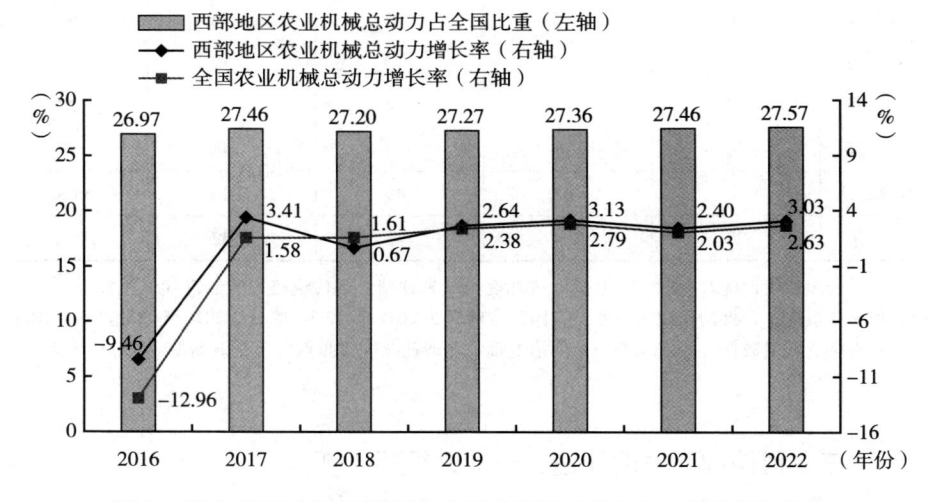

图9　2016~2022年西部地区与全国农业机械总动力、增长率和占比

资料来源：根据2017~2023年《中国统计年鉴》数据计算。

升到31.1%；全国首批现代设施农业创新引领基地数量达到49个，占全国比重达到34.3%。这表明，西部地区农业现代化正在以超越全国平均水平的速度发展。

表8　2023年全国及西部地区农业现代化发展情况

单位：个

地区	国家现代农业产业园数量		全国现代设施农业创新引领基地数量	农业产业化国家重点龙头企业数量	
	2018年	2023年	2023年（首批）	2016年	2023年
内蒙古	1	4	6	34	59
广　西	1	6	4	27	49
重　庆	0	6	3	31	51
四　川	1	12	5	58	96
贵　州	1	7	5	25	50
云　南	1	4	4	24	58
西　藏	0	5	1	8	15
陕　西	1	6	4	33	54
甘　肃	0	5	6	26	44
青　海	0	3	2	17	26
宁　夏	0	3	4	17	27
新　疆	0	7	7	44	79
西部地区	6	68	49	344	608
全　国	20	194	143	1132	1952

注：全国现代设施农业创新引领基地包含现代设施种植、现代设施畜牧、现代设施渔业、冷链物流和粮食烘干，首批国家现代农业产业园认定时间为2018年12月28日，2016年农业产业化国家重点龙头企业数量数据对应农业部公布的第七批农业产业化国家重点龙头企业名单。

（三）科技创新发展加速，产业升级迈出新步伐

随着资源与环境约束的日益加剧，加速产业升级以实现经济的绿色与稳健发展就显得尤为迫切，而持续性的科技创新是实现产业升级与推动经济增长的重要力量。近年来，西部地区各级地方政府持续加大科技创新投入力度，培育科技创新主体，科技创新取得显著成效，产业升级迈出新步伐。

2023年西部地区经济高质量发展运行分析与2024年发展预测

1. 科技创新投入稳步增加，创新主体活力持续增强，科技创新成果数量大幅增加

首先，从R&D经费支出来看，2022年西部地区R&D经费支出达到3962亿元，比2021年增长了7.60%（见图10）；2016~2022年西部地区R&D经费支出年均增长率为12.60%，比全国平均水平高出0.7个百分点。其中，增长较快的是西藏、贵州、宁夏，年均增长率分别达到17.98%、15.34%和14.97%。

图10 2016~2022年西部地区R&D经费支出、增长率及全国增长率

资料来源：Wind数据库。

其次，从科技创新市场主体——企业来看，2020~2022年西部地区规模以上工业企业有R&D活动的企业数量从13578家增加到了16491家，增加了2913家，年均增长率达到10.21%，高出全国平均水平0.21个百分点。其中，广西、新疆和内蒙古三省（区）的年均增长率更是达到了34%以上。有R&D活动的企业数量占全国比重从9.45%提升到了9.48%（见表9）。规模以上工业企业R&D活动人员折合全时当量从2016年的262932人年增加到了2022年的419136人年（见图11），年均增长8.08%，比全国同期平均水平7.69%高出0.39个百分点。

019

西部蓝皮书

表9　2020~2022年全国及西部地区规模以上工业企业有R&D活动的企业数量

单位：家，%

地区	2020年	2021年	2022年	年均增长率
内蒙古	391	482	708	34.56
广西	857	1386	1703	40.97
重庆	2878	3361	3208	5.58
四川	4385	4798	4725	3.80
贵州	1267	1591	1354	3.38
云南	1206	1254	1232	1.07
西藏	12	15	16	15.47
陕西	1480	1557	1941	14.52
甘肃	421	470	563	15.64
青海	74	92	79	3.32
宁夏	422	556	609	20.13
新疆	185	308	353	38.13
西部地区	13578	15870	16491	10.21
全国	143735	167022	173914	10.00
西部地区占全国比重	9.45	9.50	9.48	

资料来源：Wind 数据库。

图11　2016~2022年西部地区规模以上工业企业R&D人员折合全时当量、增长率及全国增长率

资料来源：Wind 数据库。

2023年西部地区经济高质量发展运行分析与2024年发展预测

再次，从科技创新成果数量来看，2023年西部地区发明专利申请授权量达到97844件，比2022年增长了25.63%，高出全国平均水平7.8个百分点；与2016年比，西部地区发明专利申请授权量增长了171%（见图12），年均增长率为15.28%。西部地区规模以上工业企业有效发明专利数从2016年的70787件增加到了2022年的177397件，年均增长率为16.55%，其中2022年的增长率为14.38%（见图13）。

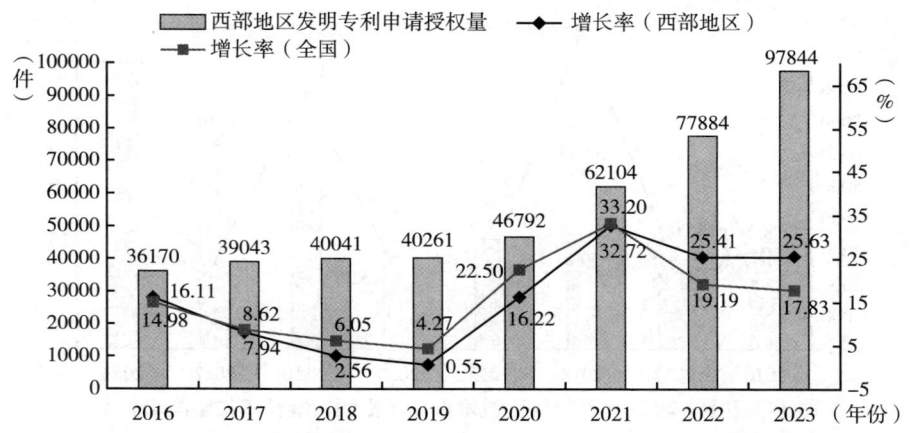

图12　2016~2023年西部地区发明专利申请授权量、增长率与全国增长率

资料来源：Wind数据库。

图13　2016~2022年西部地区规模以上工业企业有效发明专利数、增长率与全国增长率

资料来源：Wind数据库。

西部蓝皮书

最后，从科技创新成果转化来看，2023年西部地区技术市场成交额达到了8468亿元，比2022年增长了29.03%，比全国增长率34.34%低5.31个百分点（见图14）。从2016年以来的增长率来看，西部地区技术市场成交额一直保持高速增长态势，2016~2023年年均增长率达到26.99%，比全国平均增长率27.98%低0.99个百分点。

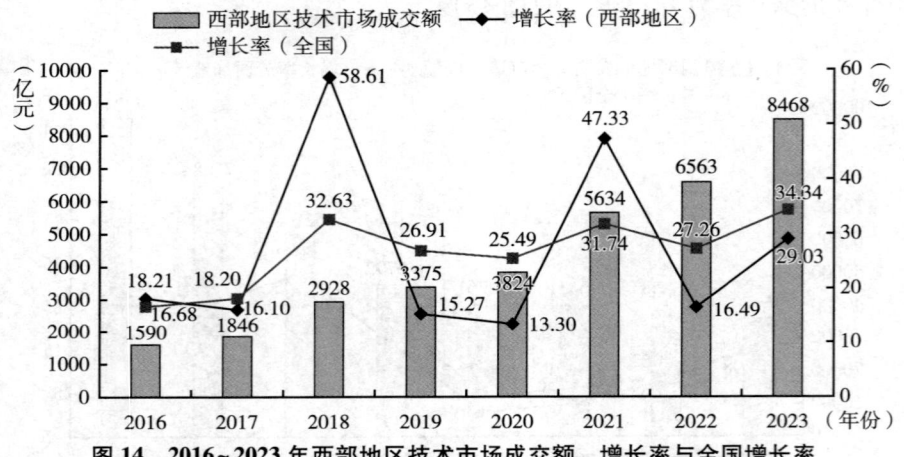

图14 2016~2023年西部地区技术市场成交额、增长率与全国增长率

资料来源：Wind数据库。

2. 产业结构进一步合理，产业升级迈出新步伐

首先，产业结构进一步趋于合理（见图15）。2023年西部地区第一、第二、第三产业增加值占比分别为11.32%、38.63%和50.04%，其中第一、第二产业占比均较上年有所降低，分别降低了0.18个和0.82个百分点，而第三产业增加值占比提升了0.99个百分点。与2016年相比，第一、第二产业增加值占比分别下降了0.74个和1.04个百分点，第三产业增加值占比上升了1.77个百分点。为了更加客观地描述西部地区产业结构合理化的程度，本报告计算了2016~2022年西部地区产业结构合理化指数①（见表10），其

---

① 产业结构合理化指数反映产业间的协调程度及资源的有效利用程度，此处用泰尔指数衡量要素投入结构与产出结构的匹配程度。产业结构合理化指数越接近0，表明产业结构越接近均衡状态；指数越大，表明产业结构与均衡状态的偏离越大。

产业结构合理化指数从 2016 年的 0.294 下降到 2022 年的 0.180，下降了 0.114，同期全国产业结构合理化指数仅下降了 0.062。这表明自 2016 年以来，西部地区产业结构合理化不仅在稳步推进，其步伐也快于全国。

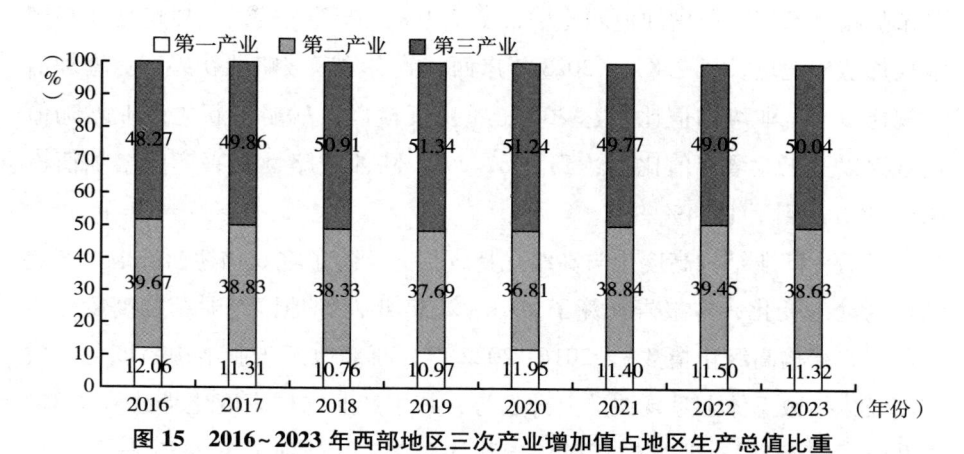

图 15 2016~2023 年西部地区三次产业增加值占地区生产总值比重

资料来源：Wind 数据库。

表 10 2016~2022 年西部地区与全国产业结构情况

年份	产业结构合理化指数		产业结构高度化指数		产业结构高级化指数	
	西部地区	全国	西部地区	全国	西部地区	全国
2016	0.294	0.162	2.362	2.426	1.217	1.226
2017	0.282	0.156	2.386	2.445	1.284	1.280
2018	0.270	0.150	2.401	2.460	1.328	1.335
2019	0.246	0.137	2.404	2.468	1.362	1.390
2020	0.198	0.104	2.393	2.466	1.392	1.434
2021	0.154	0.092	2.384	2.461	1.281	1.359
2022	0.180	0.100	2.375	2.462	1.243	1.372

其次，战略性新兴产业增加值占比快速增加。长期以来，西部地区因资源禀赋特点形成了传统工业占主体的产业格局，但随着近年来环境与市场约束的日益紧缩，传统工业的发展空间日益受到挤压。基于此，在国家战略性新兴产业发展规划的指导下，西部地区各省（区、市）均加快了新型工业

及战略性新兴产业的规划布局，并实现了战略性新兴产业的快速增长以及在产业体系中地位的大幅提升。据西部地区部分省（区、市）披露的资料，2023年内蒙古全区规模以上工业战略性新兴产业增加值同比增长了13.5%，甘肃战略性新兴产业增加值同比增长了7.1%，新疆规模以上战略性新兴产业增加值同比增长了7.8%。2023年广西壮族自治区战略性新兴产业增加值占规模以上工业增加值比重达20%，重庆规模以上战略性新兴产业增加值占规模以上工业增加值比重达到了32.2%，陕西战略性新兴产业增加值占GDP比重达到了10.4%。[1]

最后，产业结构高度化与高级化持续提升。为了客观描述西部地区产业结构的动态变化，本报告计算了2016~2022年西部地区产业结构高度化指数与产业结构高级化指数[2]。2016~2022年，西部地区产业结构高度化指数与高级化指数总体上呈现波动上升趋势，其中产业结构高度化指数从2.362上升到了2.375，产业结构高级化指数从1.217上升到了1.243，这两个指数的上升幅度均小于全国平均水平。这表明，西部地区产业结构高度化与高级化具有更大的难度。

（四）城乡融合快速推进，城乡面貌呈现新变化

中央经济工作会议明确提出，要"统筹新型城镇化和乡村全面振兴"，"形成城乡融合发展新格局"。这为在全面建设社会主义现代化国家新征程上构建新型城乡关系指明了战略方向和实践路径。城乡融合发展，一方面要稳步提升城市功能，充分发挥其牵引力量；另一方面要全面推进乡村振兴，尽力缩小城乡发展差距，实现城乡共同发展。2023年西部地区无论是在城市功能提升方面，还是在乡村振兴方面，都取得了显著成效。

---

[1] 各省（区、市）2023年国民经济和社会发展统计公报。
[2] 产业结构高度化指数反映产业结构从低水平状态向高水平状态顺次演进的动态过程。具体计算方式为：各个产业增加值占GDP比重与其产业结构层次系数的乘积（分别为1、2、3）之和，该指数反映从第一产业占优势地位逐渐向第二产业、第三产业占优势地位的比例关系的演进。产业结构高级化指数衡量产业结构升级程度，计算方式为第三产业产值与第二产业产值之比，数值增大表明经济产业结构升级，经济朝服务化的方向演进。

1. 城市功能稳步提升，对区域经济的牵引带动作用不断增强

首先，城市空间不断扩展，基础设施不断完善。2016~2022年，西部地区省会（首府）城市辖区面积从5216.79平方公里扩展到了6508.29平方公里，城市辖区面积扩大了1291.5平方公里，增长了24.76%（见表11）。与此同时，除2017年外，西部地区道路网密度也在不断增加。2016~2022年，西部地区道路网密度从6.02公里/平方公里增加到8.14公里/平方公里，提高了35.22%。从省域比较来看，除西藏外，其余省份的道路网密度均有不同程度的增加，其中增加幅度最大的是贵州，2022年道路网密度达到了11.79公里/平方公里，比2016年提高了147.69%；即使是人口密度最小的新疆，道路网密度也提高了4.31%（见表12）。道路网密度的持续增加为城市功能的提升奠定了重要基础。

表11 2016年和2022年西部地区省会（首府）城市辖区面积

单位：平方公里，%

地区	2016年	2022年	2022年比2016年增长
呼和浩特	260.00	271.08	4.26
南宁	310.47	442.52	42.53
重庆	1350.66	1640.80	21.48
成都	837.27	1063.68	27.04
贵阳	299.00	369.00	23.41
昆明	538.38	588.67	9.34
拉萨	82.82	91.57	10.57
西安	517.74	807.57	55.98
兰州	321.75	383.88	19.31
西宁	92.00	108.38	17.80
银川	170.70	196.04	14.84
乌鲁木齐	436.00	545.10	25.02
西部地区省会（首府）城市	5216.79	6508.29	24.76

资料来源：西部地区12个省（区、市）统计年鉴。

表 12 2016~2022 年西部地区各省（区、市）辖区道路网密度

单位：公里/平方公里，%

地区	2016 年	2017 年	2018 年	2019 年	2020 年	2021 年	2022 年	2022 年比 2016 年增长
内蒙古	7.84	7.91	7.79	7.95	8.32	8.93	8.89	13.39
广 西	6.44	6.41	7.07	8.31	9.22	9.31	8.74	35.71
重 庆	6.29	6.58	6.36	6.67	6.94	7.44	7.64	21.46
四 川	5.67	5.68	5.98	6.68	8.00	8.39	8.60	51.68
贵 州	4.76	4.40	4.72	4.93	8.28	8.77	11.79	147.69
云 南	5.30	5.31	5.97	6.40	6.51	7.21	7.31	37.92
西 藏	7.81	4.66	4.77	5.03	5.87	6.15	6.59	-15.62
陕 西	6.02	6.13	6.38	6.71	6.91	6.87	7.10	17.94
甘 肃	5.36	5.63	5.71	6.38	6.64	7.59	7.45	38.99
青 海	5.16	5.59	5.82	6.9	6.98	6.65	6.68	29.46
宁 夏	5.01	5.07	4.99	5.44	5.98	6.02	6.2	23.75
新 疆	6.50	6.32	8.09	8.35	8.50	6.87	6.78	4.31
西部地区	6.02	6.01	6.38	6.90	7.70	7.88	8.14	35.22

注：利用各省（区、市）辖区道路长度除以各省（区、市）辖区面积得到，西部地区数据由西部地区各省（区、市）辖区道路长度加总除以西部地区各省（区、市）辖区面积加总得到。
资料来源：西部地区 12 个省（区、市）统计年鉴。

其次，城市经济功能稳步提升。一是省会（首府）城市对人口的吸引力持续增强。2016~2022 年，西部地区省会（首府）城市人口数量从 9754.40 万人增加到了 10840.85 万人，增加了 1086.45 万人，增加幅度为 11.14%；省会（首府）城市人口占西部地区人口比重从 25.99%提高到了 28.30%，提升了 2.31 个百分点（见图 16），其中西宁和银川分别集中了青海和宁夏 40%的人口。二是城市单位面积 GDP 产出稳步提高。2016~2022 年，西部地区省会（首府）城市每平方公里 GDP 产出从 10.95 亿元增加到了 14.31 亿元，提高了 30.68%；从省会（首府）城市的比较来看，除南宁与呼和浩特之外，西部地区其他省会（首府）城市每平方公里 GDP 产出均大幅提高，其中以昆明和拉萨最为显著，提高幅度分别达到 60.33%和 59.06%，银川、成都、重庆的提高幅度均在 30%以上（见表 13）。三是省会（首府）城市 GDP 稳步增长，在西部地区 GDP 中所占比重基本保持稳定，总体略有下降（见图17）。2023年西部地区省会（首府）城市GDP达到9.95万亿元，与2016年相比增加了69.22%，年均增长率达到7.80%；省会（首府）城市GDP占西部地区GDP比重为36.94%，比2016年下降1.99个百分点。从各省份比较来看，省会（首府）城市GDP占全省（区、市）GDP比重在30%以上的有银川、西宁、成都、西安和拉萨，其中银川GDP占宁夏GDP比重超过50%，达到了50.53%（见图18）。这表明西部地区省会（首府）城市在省域经济发展中起着极为重要的增长极作用。

图16 2016~2022年西部地区省会（首府）城市人口及占西部地区人口比重

说明：包括重庆数据，拉萨市2022年数据缺失，采用邻近点的均值补齐。
资料来源：根据西部地区12个省（区、市）统计年鉴数据计算。

表13 2016年和2022年西部地区省会（首府）城市GDP产出效率

单位：亿元/平方公里，%

地区	2016年	2022年	2022年比2016年增长
呼和浩特	12.21	12.28	0.57
南宁	11.93	11.79	-1.18
重庆	13.34	17.42	30.58
成都	14.54	19.57	34.59
贵阳	10.56	13.34	26.33
昆明	7.99	12.81	60.33

续表

地区	2016年	2022年	2022年比2016年增长
拉萨	5.13	8.16	59.06
西安	12.09	14.22	17.62
兰州	7.04	8.71	23.72
西宁	13.57	15.17	11.79
银川	9.48	12.93	36.39
乌鲁木齐	5.64	7.14	26.60
西部地区省会(首府)城市	10.95	14.31	30.68

资料来源：根据西部地区12个省（区、市）统计年鉴数据计算。

图17 2016~2023年西部地区省会（首府）城市GDP及占西部地区GDP比重

说明：包括重庆市数据。

资料来源：2016~2022年数据根据西部地区12个省（区、市）统计年鉴数据计算，2023年数据根据西部地区12个省（区、市）统计公报数据计算。

2. 粮食产量与农业产值持续增长

粮食安全是国家安全的重要内容，而粮食安全的核心是粮食产量的稳定增长。2016~2023年，除2016年、2017年粮食产量略有减少之外，其余年份西部地区粮食产量均实现了稳步增长，到2023年西部地区粮食产量达到了18456.42万吨，比2022年增长了3.01%（见图19），高出

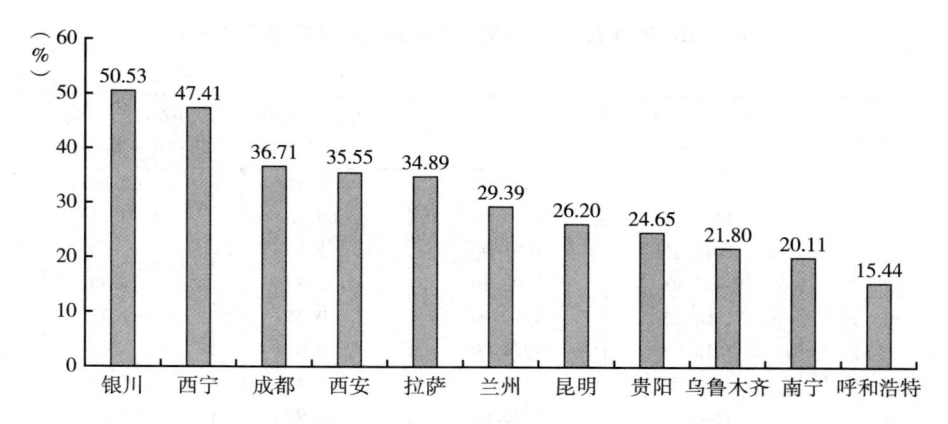

图 18　2023 年西部地区各省会（首府）城市占各省份 GDP 比重排序

资料来源：根据各省会（首府）城市 2023 年统计公报数据计算。

全国平均增长率 1.71 个百分点；2016~2023 年年均增长率为 1.34%，比全国年均增长率 0.74% 高出 0.6 个百分点。从省份来看，除广西与贵州之外，西部地区其余省份粮食产量在 2016~2023 年均实现了增长，其中增长幅度较大的省份为新疆和内蒙古，年均增长率分别为 4.55% 和 2.80%（见表 14）。

图 19　2016~2023 年西部地区粮食产量及增长率

资料来源：Wind 数据库。

表14　2016年和2023年全国及西部地区粮食产量及增长率

单位：万吨，%

地区	2016年粮食产量	2023年粮食产量	2023年粮食产量增长率	2016~2023年粮食产量年均增长率
内蒙古	3263.28	3958.00	1.47	2.80
广　西	1419.03	1395.40	0.16	-0.24
重　庆	1078.20	1095.90	2.15	0.23
四　川	3469.93	3593.80	2.37	0.50
贵　州	1264.25	1119.70	0.45	-1.72
云　南	1815.07	1974.00	0.82	1.21
西　藏	103.87	108.87	1.43	0.67
陕　西	1263.96	1323.66	1.99	0.66
甘　肃	1117.48	1272.90	0.63	1.88
青　海	104.78	116.23	8.35	1.49
宁　夏	370.65	378.80	0.79	0.31
新　疆	1552.33	2119.16	16.85	4.55
西部地区	16822.83	18465.42	3.01	1.34
全　国	66043.51	69541.00	1.30	0.74

资料来源：绝对量来自Wind数据库，增长率根据绝对量计算。

在粮食产量稳定增长的同时，西部地区农林牧渔业总产值也在稳步增加，从2016年的31472.00亿元增加到了2022年的50170.42亿元（见图20），年均增长率为8.08%。

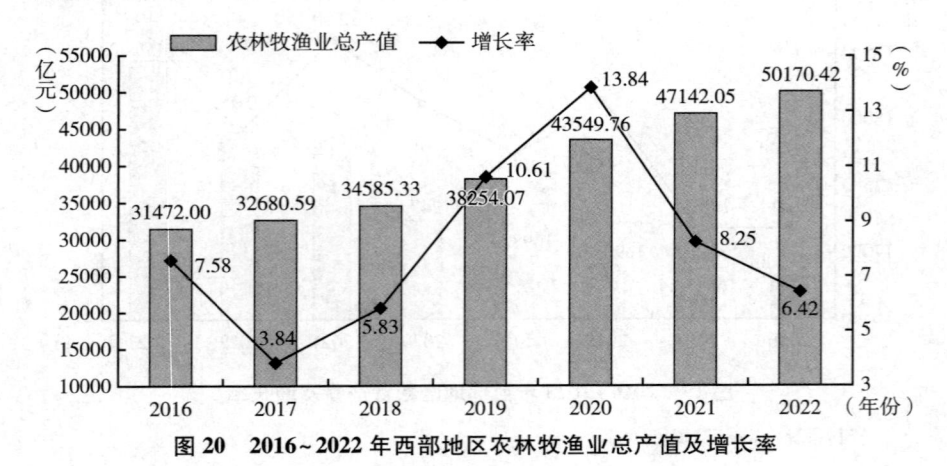

图20　2016~2022年西部地区农林牧渔业总产值及增长率

资料来源：西部地区12个省（区、市）统计年鉴。

3. 农村居民收入稳定增长，城乡居民收入差距持续缩小

实现农村居民收入稳定增长与缩小城乡居民收入差距既是城乡融合发展的初衷，也是检验城乡融合发展成效的重要标准。2023年西部地区在这两个方面均取得了显著成效。

一是农村居民收入实现了稳定增长。2023年西部地区农村居民人均可支配收入达到了17807元，比2022年增长了7.68%，分别高于东部地区与中部地区0.50个和0.15个百分点；其中增长最快的是西藏，增长率达到了9.42%；新疆、陕西、宁夏、贵州、内蒙古、云南和青海7个省（区）的增长率均超过了8%。从2016~2023年的动态增长来看，西部地区农村居民人均可支配收入年均增长率为8.79%，高于同期全国年均增长率0.43个百分点，分别高于东部地区与中部地区0.66个和0.56个百分点。其中，增长最快的依然是西藏，年均增长率达到了11.86%；其余12个省（区、市）农村居民人均可支配收入年均增长率均超过8%（见表15）。可见，近年来西部地区农村居民人均可支配收入一直保持着强劲的增长势头，但其增长速度有所减缓，从2016年的8.99%下降至2023年的7.68%（见图21）。

表15　2016~2023年全国及东部、中部、西部地区农村居民人均可支配收入

单位：元，%

地区	2016年	2017年	2018年	2019年	2020年	2021年	2022年	2023年	2023年增长率	2016~2023年年均增长率
内蒙古	11609	12584	13803	15283	16567	18337	19641	21221	8.04	9.00
广西	10359	11325	12435	13676	14815	16363	17433	18656	7.02	8.77
重庆	11549	12638	13781	15133	16361	18100	19313	20802	7.71	8.77
四川	11203	12227	13331	14670	15929	17575	18672	19978	6.99	8.61
贵州	8090	8869	9716	10756	11642	12856	13707	14817	8.10	9.03
云南	9020	9862	10768	11902	12842	14197	15147	16361	8.01	8.88
西藏	9094	10330	11450	12951	14598	16932	18209	19924	9.42	11.86
陕西	9396	10265	11213	12326	13316	14745	15704	16992	8.20	8.83
甘肃	7457	8076	8804	9629	10344	11433	12165	13131	7.94	8.42
青海	8664	9462	10393	11499	12342	13604	14456	15614	8.01	8.78

续表

地区	2016年	2017年	2018年	2019年	2020年	2021年	2022年	2023年	2023年增长率	2016~2023年年均增长率
宁夏	9852	10738	11708	12858	13889	15337	16430	17772	8.17	8.79
新疆	10183	11045	11975	13122	14056	15575	16550	17948	8.45	8.43
西部	9872	10784	11780	12970	14036	15525	16538	17807	7.68	8.79
中部	11802	12816	13965	15306	16220	17863	19088	20525	7.53	8.23
东部	15020	16295	17704	19334	20663	22888	24228	25966	7.18	8.13
全国	12363	13432	14617	16021	17131	18931	20133	21691	7.74	8.36

资料来源：2016~2022年数据来自《中国统计年鉴》，2023年数据来自各省（区、市）2023年统计公报。

图21　2016~2023年西部地区农村居民人均可支配收入及增长率

资料来源：2016~2022年数据来自《中国统计年鉴》，2023年数据来自各省（区、市）2023年统计公报。

二是城乡居民收入差距持续缩小。西部地区城乡居民人均可支配收入比的变动与全国及东部、中部地区一样，自2016年以来持续缩小。西部地区城乡居民人均可支配收入比从2016年的2.89缩小至2023年的2.47（见图22），开始迈入城乡居民人均可支配收入比低于2.5的新阶段。这表明西部地区城乡融合发展取得了显著的成效。

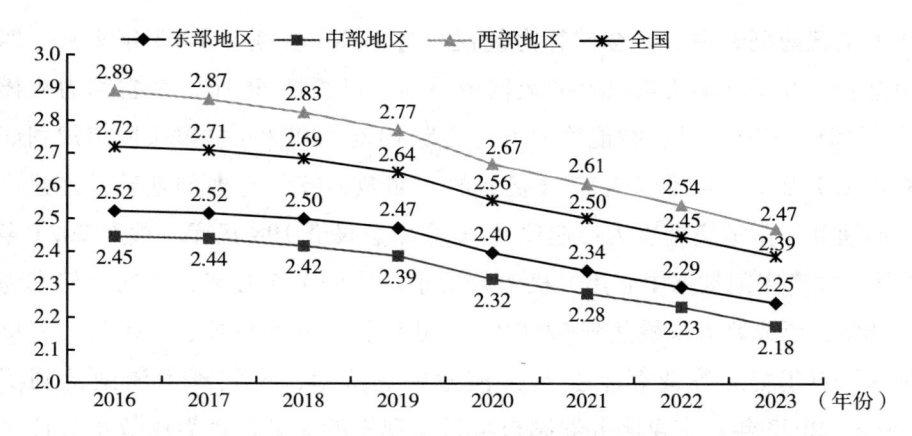

图 22　2016~2023 年东部、中部、西部地区及全国城乡居民人均可支配收入比

（五）经济数字化转型加速，新质生产力稳步提升

数字经济是通过大数据（数字化的知识与信息）的识别、选择、过滤、存储、使用，来引导、实现资源的快速优化配置与再生，实现经济高质量发展的经济形态，是工业 4.0 或后工业经济的本质特征，是信息经济、知识经济、智慧经济的核心要素，其范围包括通信行业、计算机基础技术行业、软件行业、互联网行业、电子商务行业等。数字经济是未来发展的方向，同时其发展必然会带来诸多新的发展机遇。从某种程度上来说，数字产业的发展及经济的数字化转型是占领未来产业制高点的关键。正因如此，我国政府对数字产业及经济的数字化转型给予高度关注。对于经济欠发达的西部地区来说，也是如此。

1. 以算力为代表的数字经济产业基础显著增强

2023 年四川、重庆、内蒙古、贵州、甘肃、宁夏等省（区、市）的国家算力枢纽节点取得阶段性成果，成为西部地区经济增长的新动力。2023 年，贵州智算芯片规模超过 7.6 万张，较年初提升 93 倍，综合算力水平位居全国前列；截至 2024 年 3 月，贵州总算力规模增长 28.8 倍，智算规模占比超过八成；贵州全省在建及投运数据中心 39 个，大型以上数据中心 22 个，服务器承载能力超过 244 万台。2023 年，重庆建成投用重庆人工智能创新中心，全市算力规模超过1000P。截至2023年6月，四川全省100个标准机架以上的数据中心项目已投产66个，全省算力规模约为10EFLOPS，其中智能算力占比约为10%。2023年甘肃庆阳市规划面积达1.7万亩、总投资达77.2亿元的"东数西算"产业园基础设施建设全面铺开，落地实施重大产业项目16个，总投资198亿元。截至2024年3月，甘肃庆阳数据中心集群机架数量累计达到1.5万架，平均上架率为83.8%，形成算力规模达到5300P，燧弘科技、憨猴科技、金山云、智谱华章、百川智能等智算企业及大模型企业落地，智能算力消纳达到了100%。2023年，宁夏服务器制造项目实现零的突破，算力质效指数位居全国第四、西部地区第一，数字经济占GDP比重达35%以上，仅中卫市就新增标准机架2.3万架，增长52.2%，并建成了全国首个"万卡级"智算基地。截至2024年3月，内蒙古数据中心在运行服务器已达到260万台，和林格尔新区数据中心标准机架达到22万架，服务器装机能力达到150万台，通用算力总规模达到1000P；推动建设11个超算项目，超级算力规模达到195P；先后引进落地6个智算中心，智能算力规模达到400P，在建智能算力总规模达到1.1万P。同时，上线了国内首个绿色算力超市——和林格尔绿色算力超市。

2. 信息技术服务业和软件业务收入总体上快速增长，但自2020年以来增长速度大幅下降，且区域内部增长不平衡

图23和图24分别是西部地区信息技术服务业收入和软件业务收入及其增长情况。2016~2022年，西部地区信息技术服务业收入由3166.86亿元增加到7215.26亿元，年均增长率为14.71%，比18.05%的全国平均增长率低3.34个百分点；2016~2023年软件业务收入由5156.38亿元增加到了11215.06亿元，年均增长率为11.74%，比14.34%的全国平均增长率低2.60个百分点。从增长率的动态变化来看，2021~2022年信息技术服务业收入、软件业务收入增长率均呈现大幅下降趋势。2022年西部地区信息技术服务业收入比上年下降9.91%，与2019年最高增长率27.79%相比下降了37.7个百分点；软件业务收入2023年达到11215.06亿元，与2022年相比

增长率为-1.74%，与2019年最高增长率28.37%相比下降了30.11个百分点。这表明西部地区信息技术服务业和软件产业的发展还比较脆弱，一旦遇到外部冲击，受影响巨大。

图23 2016~2022西部地区信息技术服务业收入及增长率

说明：西藏数据缺失。
资料来源：Wind数据库。

图24 2016~2023西部地区软件业务收入及增长率

说明：西藏数据缺失。
资料来源：Wind数据库。

另外，从西部地区各省（区、市）的比较来看，在信息技术服务业方面，收入增长较快的是广西和贵州，2016~2022年年均增长率分别达到了51.61%和42.73%，其次是青海、宁夏和云南，年均增长率分别为27.29%、23.97%和20.54%；而内蒙古、新疆、甘肃和陕西却出现了负增长，特别是内蒙古，年均增长率为-11.14%。在软件业务收入方面，2016~2022年增长较快的是广西和贵州，年均增长率分别为34.65%和28.40%；同期，内蒙古、新疆和甘肃却出现了负增长，其中内蒙古和新疆的年均增长率分别为-8.75%和-7.48%（见表16）。可见，西部地区各省（区、市）信息技术服务业收入与软件业务收入增长不平衡。

表16　2016年和2023年全国及西部地区信息技术服务业收入和软件业务收入及增长情况

单位：亿元，%

地区	信息技术服务业收入 2016年	2022年	2016~2022年均增长率	软件业务收入 2016年	2023年	2016~2022年均增长率
内蒙古	11.50	5.66	-11.14	27.96	14.73	-8.75
广　西	62.29	756.55	51.61	72.92	585.13	34.65
重　庆	659.61	1768.62	17.87	1024.96	2924.76	16.16
四　川	1448.71	3112.82	13.60	2423.09	4664.31	9.81
贵　州	76.78	649.06	42.73	127.83	735.44	28.40
云　南	37.78	115.91	20.54	50.30	87.08	8.16
西　藏	—	—	—	—	—	—
陕　西	770.28	705.84	-1.45	1300.20	2093.13	7.04
甘　肃	30.38	26.35	-2.34	41.42	35.68	-2.11
青　海	0.67	2.85	27.29	1.15	3.50	17.23
宁　夏	6.14	22.29	23.97	13.20	28.75	11.76
新　疆	62.73	49.31	-3.93	73.35	42.56	-7.48
西部地区	3166.87	7215.26	14.71	5156.38	11215.06	11.74
全　国	26090.42	70597.57	18.05	48232.22	123258.20	14.34

资料来源：Wind数据库。

3. 企业数字化转型加速，数字经济规模占比大幅增加

云计算、大数据、人工智能、物联网等新兴技术的出现，极大地推动了社会生产方式、居民生活方式、政府治理方式及企业营运模式的深刻变革。在此背景下，西部地区加快了向数字化转型发展的步伐，取得的成效也非常显著。

一是企业数字化转型加速推进。以企业建设的网站数为例，2016~2022年，西部地区企业拥有的网站数从76662个增加到了82837个，增加了8.05%，其中2021年网站数达到了87256个，增长率达到了10.07%（见图25）。另外，根据前瞻产业研究院对中国数字化治理企业区域分布的研究，在全国数字化治理企业数量排前十位的省份中，陕西、四川和甘肃分别排第二、第六和第十位，其中，第一位为广东，企业数量超过1500家，陕西为第二位，企业数量超过1200家（见图26）。

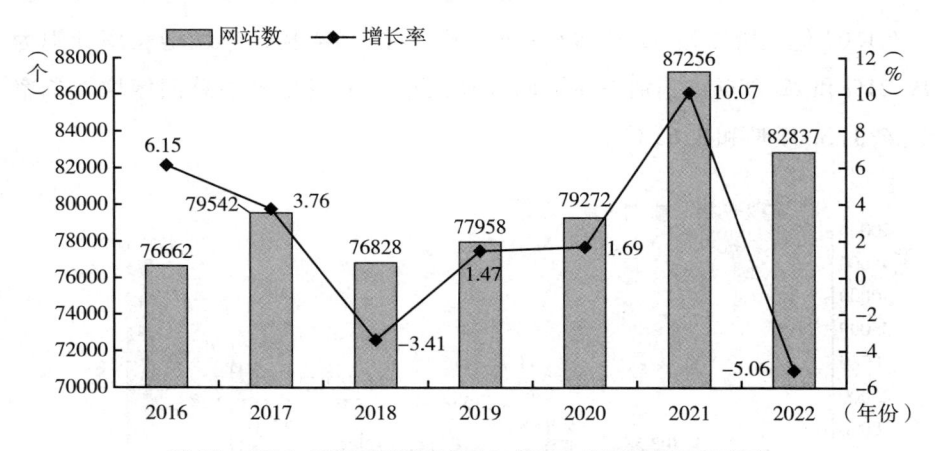

图25　2016~2022年西部地区企业拥有的网站数及增长率

资料来源：Wind数据库。

二是电子商务业务额爆发式增长与数字普惠金融指数快速提升。电子商务业务额与数字普惠金融指数是衡量数字经济应用情况的重要指标。图27是2016~2022年西部地区电子商务业务额的变化情况。2016~2022年，西部地区电子商务采购额和销售额均呈现爆发式增长，其中电子商务采购额从

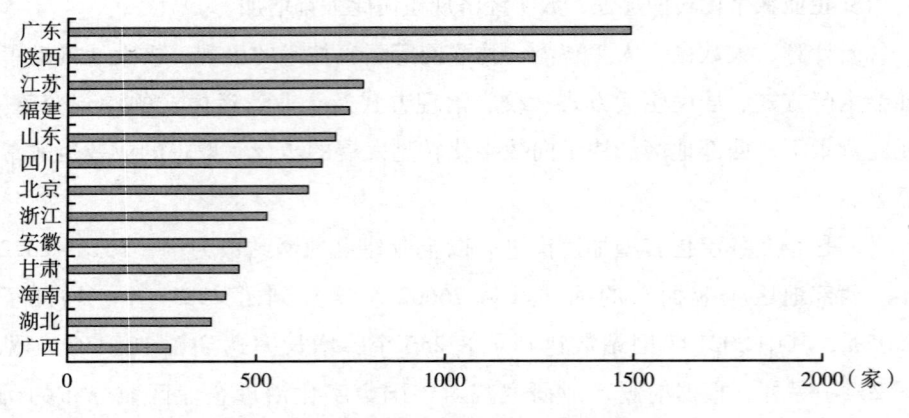

图 26 中国数字化治理企业数量省域分布

资料来源：前瞻产业研究院。

7539.20亿元增加到21642.22亿元，增长了1.87倍；电子商务销售额从13301.03亿元增加到45713.92亿元，增长了2.44倍；年均增长率分别为19.21%和22.85%，分别是同期西部地区社会消费品零售总额年均增长率6.3%的3.05倍和3.63倍。

图 27 2016~2022年西部地区电子商务采购额和销售额

资料来源：Wind数据库。

2023年西部地区经济高质量发展运行分析与2024年发展预测

与此同时，西部地区数字普惠金融指数也快速提升（见图28）。2016~2022年，西部地区数字普惠金融指数从217提升到355，提升幅度达63.59%，其中覆盖宽度指数、使用深度指数和数字化服务程度指数分别提升了89.12%、56.19%和23.81%。可见，随着数字技术与产业在西部地区发展的加速，其数字化应用水平也快速提高。

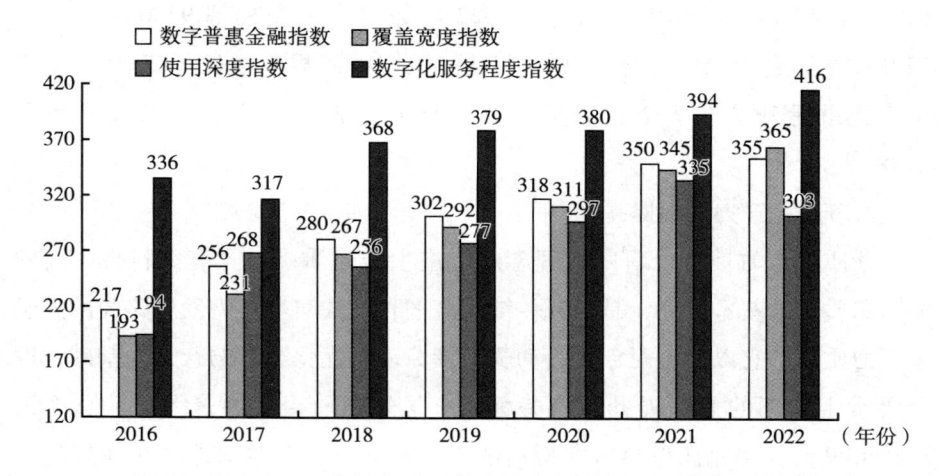

图28 2016~2022年西部地区数字普惠金融指数及分项变化情况

资料来源：根据清华大学发布的各省（区、市）数字普惠金融指数合成计算。

三是数字经济产业规模持续扩大，占GDP比重快速上升。如四川省提出加快构建包括电子信息产业在内的现代工业体系，加快建设网络强省、数字四川、智慧社会，实现大数据、云计算、物联网等技术更加广泛的应用，2022年数字经济规模迈上2万亿元台阶，同比名义增长率约为8%，数字经济占GDP比重超过36.5%。2023年陕西省数字经济规模预计达到1.4万亿元，占GDP比重超过40%，数字产品制造重点行业增加值增长18%。重庆通过一体化搭建"1361"整体构架，推动纵向贯通、横向协同，实现"最快系统部署、最小代价投入、最佳实战效果、最大数据共享"，2023年前三季度，全市软件业务收入增长14.1%，网络零售额增长18.1%，数字经济增加值占GDP比重突破45%。贵州数字经济增长率连续7年位居全国第一，

2023年数字经济规模占全省GDP比重达到42%左右，比2022年提升2个百分点。2022年云南省数字经济经营主体达35.6万户，数字经济核心产业全年实现营业收入3110.07亿元，同比增长52.6%。其中光伏、纳米、半导体、隆基硅等电子专用材料制造业增长202.9%，拉动数字产品制造业增长48.0个百分点。自2018年以来，广西数字经济增加值年均增长率达到10%以上，远高于同期GDP增长率；2022年数字经济规模超9300亿元，占GDP比重达到35.5%；与2020年相比，数字经济规模增长了27.98%，占GDP比重提升了2.7个百分点，数字经济已成为广西经济增长的重要引擎。①

4. 新质生产力大幅提高

新质生产力是符合新发展理念的先进生产力质态，具有高科技、高效能、高质量的基本特征，是摆脱传统经济增长方式与生产力发展路径的先进生产力质态，它以劳动对象、劳动资料及劳动者优化组合的跃升为基础，以全要素生产率的大幅提升为核心标志。虽然新质生产力是习近平总书记2023年9月在黑龙江考察时才提出的一个新概念，但西部地区在新质生产力的培育与发展方面已经取得了显著成绩。

一是新质劳动对象快速发展，为西部地区乃至全国经济的高质量发展提供了重要支撑。以新能源开发为例，图29是2016~2023年西部地区水电、风电与太阳能发电量的增长情况。2023年西部地区水电、风电、太阳能发电量分别达到8646.20亿、3684.40亿和1464.07亿千瓦时，与2016年相比分别增加了10.65%、199.52%和252.77%；三种新能源发电量总和已经占到西部地区总发电量的39.73%，其中西藏达到了97.17%，云南、青海、四川三省份的三种能源发电量占发电总量的比重均已超过80%，即使是传统能源大省——陕西，三种新能源所占比重也超过了13%（见表17）。

---

① 相关省份2022年和2023年政府工作报告。

2023年西部地区经济高质量发展运行分析与2024年发展预测

图29　2016~2023年西部地区水电、风电、太阳能发电量

资料来源：Wind 数据库。

表17　2023年西部地区各省（区、市）用电和发电情况

单位：亿千瓦时，%

地区	总发电量	水电	风电	太阳能	水电、风电和太阳能发电占总发电量比重
内蒙古	7450.50	38.90	1271.20	205.46	20.34
广西	2287.30	357.30	221.30	54.59	27.68
重庆	1054.30	168.40	38.20	4.31	20.00
四川	4712.60	3583.30	167.40	44.05	80.52
贵州	2271.40	365.30	119.80	117.09	26.51
云南	3905.10	2897.60	277.20	89.88	83.60
西藏	137.40	126.20	0.00	7.31	97.17
陕西	2945.80	107.60	170.80	110.89	13.22
甘肃	1925.40	289.60	411.90	185.36	46.06
青海	873.80	378.10	123.20	212.10	81.64
宁夏	2246.30	17.00	278.90	231.93	23.50
新疆	4912.10	316.90	604.50	201.10	22.85
西部地区	34722.00	8646.20	3684.40	1464.07	39.73

资料来源：Wind 数据库。

另外，新能源电池及材料产业也快速发展壮大。2023年云南省新能源电池产业产值达到333亿元，增加值增长45.9%；硅光伏产业产值达1094亿元，增加值增长36.7%；光伏电池产量增长4.5倍；多晶硅、单晶硅产量分别增长63.4%和43.0%。四川省单晶硅、多晶硅产量分别增长113.2%和104.0%，汽车用锂电子动力电池产量增长30.4%。

二是新质劳动资料高速增长。以新能源汽车产量为例，2023年中国新能源汽车产量为958.7万辆，比上年增长36.9%；西部地区产量为215.06万辆，占全国的比重为22.43%。其中，陕西省新能源汽车产量达到105.2万辆，居全国第3位，同比增长33.9%，新能源汽车占全省汽车产量的71.6%；重庆新能源汽车产量为50.03万辆，居全国第6位，同比增长40.85%；四川新能源汽车产量为14.64万辆，居全国第12位，同比增长87.2%。[①]

（六）"一带一路"发展与对外开放形成新格局

"一带一路"倡议是新时期中国对外开放的总纲领。近年来，西部地区为贯彻落实"一带一路"倡议，积极深化改革，扩大对外开放，形成了全面对外开放的新格局。

1. 中欧班列开行总数持续增加，运送货物数量快速增长

中欧班列是运行于中国与欧洲以及共建"一带一路"国家间的集装箱等铁路国际联运列车，是深化中国与共建国家经贸合作的重要载体和推进"一带一路"建设的重要抓手。中欧班列首发于2011年3月19日（当时称作"渝新欧"国际铁路），截至2023年12月15日，中欧班列已累计开行超过8.1万列，通达欧洲25个国家的217个城市；2023年开行总数为1.75万列，比上年1.64万列增长了6.71%；运送货物超过190.20万标准箱，比上年增长18.88%。其中，西部地区开行数量为7789列，占全国开行总数的44.45%；发送货物84.14万标准箱，占全国数量的44.24%（见表18）。开

---

① 各省份2023年政府工作报告。

行数量较多的省份为陕西、重庆和四川，开行数量分别为3435列、2054列和2023列；运送货物分别为37.78万标准箱、21.66万标准箱和21.85万标准箱。

表18 2023年西部地区中欧班列开行数量、运送货物箱数与占全国比重

地区	中欧班列开行数量（列）	占全国比重（%）	运送货物箱数（标准箱）	占全国比重（%）
内蒙古	171	0.98	18768	0.99
广 西	8	0.05	880	0.05
重 庆	2054	11.72	216557	11.39
四 川	2023	11.54	218514	11.49
贵 州	25	0.14	2748	0.14
云 南	0	0.00	0	0.00
西 藏	0	0.00	0	0.00
陕 西	3435	19.60	377802	19.86
甘 肃	1	0.01	100	0.01
青 海	0	0.00	0	0.00
宁 夏	0	0.00	0	0.00
新 疆	72	0.41	5990	0.31
西部地区	7789	44.45	841359	44.24
全 国	17523	100.00	1901951	100.00

注：开行数量为去程和回程的总和。
资料来源：中欧班列网。

2. 自贸试验区成效显著，国家改革开放综合试验平台作用日益彰显

我国自2013年9月以来分多批次批准设立自贸试验区，截至2023年底，自贸试验区数量已达22个，其中西部地区有6个，分别位于陕西（2016年）、重庆（2017年）、四川（2017年）、广西（2019年）、云南（2019年）和新疆（2023年）。

重庆自贸试验区自设立以来，在服务国家战略方面，通过加快建设内陆国际物流枢纽，成为全国唯一兼具港口型、陆港型、空港型、生产服务型、商贸服务型"五型"国家物流枢纽的自贸试验区；首开对欧智能网联新能

源汽车班列，实现了重庆对欧新能源汽车出口运输零的突破；成立了成渝金融法院，联手打造国家西部算力调度中心、国际数据门户；协同集成全国首创的"关银一KEY通"川渝一体化新模式，累计服务新入网企业2万余家，成为国家发展改革委确定的跨区域协作的典型；创新多式联运规则，累计签发铁路提单、铁海联运提单超1.2万笔，货值约55亿元。在全国率先试点海铁联运集装箱铬矿检验监管优化模式，使全程运输时间较以往缩短15~20天，单箱成本节约1700余元；上线全国首个跨境金融区块链陆海新通道融资结算应用场景，使融资审批效率提升80%，便利680余家企业贸易结算与融资超38亿美元。在制度创新方面，围绕制度障碍和市场需求，坚持首创性、差异化、集成化改革创新探索，累计培育重点制度创新成果148项；在全国率先实施铁路运输单证金融服务试点，上线运行重庆自贸试验区陆路贸易金融服务平台，开展铁路运输单证融资超2亿元；创新实施货物进出区"四化"监管新模式，节约成本约22%，企业申报效率提高80%以上；建成的综保区内跨境电商监管作业场所——西永综保区跨境电商监管中心，可节省通关时间50%以上；率先开展市场主体"证照联办"新模式，申请资料压缩66.7%，办理环节压减50%。在赋能产业升级、培育新动能方面，以全市1.46‰的面积，贡献了全市超1/10的新设企业、近1/2的实际使用外资、近2/3的外贸进出口总额；区内集聚各类银行业金融机构总行（总公司）16家、一级分行（分公司）43家，外资银行分行及代表处17家，数量列西部地区第一位；落地中新（重庆）跨境电商产业园，2023年1~11月跨境电商交易额为363亿元，推动了极狐GitLab全球运营中心等数字领军企业落地。[①]

四川自贸试验区自设立以来，经过建设与发展，截至2023年底已形成800余项制度创新成果，在近4批国家层面复制推广的改革试点成果中，四川贡献了14项；以不足全省1/4000的面积，贡献了全省近1/4的外商直接投资、1/10的进出口、1/10的新设企业；创新推出一线进区货物"即到即

---

① 中国（重庆）自贸试验区网站。

入"模式，实现单车卡口入区核放，大大提高了货物通关效率；创新的"空铁联运一单制货物运输模式""生产型出口企业出口退税服务前置""企业'套餐式'注销服务模式"等成功走向全国；通过打造省内协同、省外协同和境外协同的多环节协同体系，区域内创新设立13个协同改革先行区；区域外签署多个"跨省（域）通办"合作协议，建立了跨域沟通协办机制，特别是建设的川渝自贸试验区协同开放示范区，成为国家层面首次提出的跨省域自贸试验区合作案例。截至2023年底，区域内累计新设企业27万家，为挂牌前的12倍；外贸进出口总额近5900亿元，年均增长14%；外商直接投资近50亿美元，占全省比重由挂牌初的4.3%上升到25%；试点银行开立116户本外币合一账户，98户"首办户"使用跨境人民币结算517笔，金额合计33.1亿元；"自贸通"为101家企业提供综合金融服务，为41家中小外贸企业累计发放"自贸贷"约4.5亿元；"党建增信"融资模式累计为区内940余家企业提供超58.5亿元债权融资；建成基于区块链技术的知识产权融资服务平台，实现知识产权融资20亿元；创新航空维修"零部件便捷出区""高级认证企业免除担保"等10余项举措，推动综保区航空发动机保税维修成本降低2%~5%；成功获批网络游戏属地管理试点，新获游戏版号76款；医药产品进口许可办理时间从100天缩短至20天，服务生物医药企业超3000家，新业态、新模式加速发展。[①]

　　陕西自贸试验区设立7年来，有38项制度创新成果在全国复制推广，106项制度创新成果在全省复制推广；在全省率先实现交通、水利工程"不见面开标"和"电子保函"投标模式，推进工程项目审批改革；上线运营全国首个国际商事法律线上公共服务平台，形成了"事前预防、事中调解、事后解决"全链条"一站式"国际商事法律服务体系；建立了西北地区首个省级RCEP企业服务中心，为外贸企业提供全流程服务；到2023年底自贸试验区新登记经营主体21.08万户，其中外资企业1045户；制度创新成果——"舱单归并"新模式为企业节省90%以上的通关费用；全国首个内

---

① 中国（四川）自贸试验区网站。

陆港启运港退税政策为企业资金周转节省1个月的时间；中欧班列长安号数字金融综合服务平台累计为企业提供贷款52.5亿元；西安国际港站在全国率先实现整列集结、抵港直装、港区一体化，成为全国首个中欧班列开行量达2万列的车站；西安港建设"一带一路"内陆中转枢纽陆海空多式联运示范工程，陆海联动、多点协同的集装箱多式联运智能骨干网建设示范工程被命名为"国家多式联运示范工程"；全面落实外资准入前国民待遇加负面清单管理制度，建立了全省统一的外商投资公共信息服务平台；在全国率先开展跨境电商散货铁路集拼业务，2023年129家企业完成跨境电商项下进出口89.41亿元，增长50%；外综服企业服务近千家中小企业产品走向海外，累计在23个国家和地区布局53个"海外仓"；在海外设立12个离岸创新中心等科技服务合作平台，出口技术3000余项，服务和技术交易额突破200亿元；探索形成"科创企业票据融资新模式"，为企业办理再贴现91亿元，节约融资成本约2800万元；发放全国首笔种业制种"双向订单"贷款、首笔新品种权质押贷款，成立种业等6个农业产业创新中心，在哈萨克斯坦等地建设6个现代农业示范园区，设施农业企业"棚掌柜"产品遍布西北地区。[1]

3. 进出口总额持续增加，贸易依存度[2]显著提升

2016~2023年，西部地区进出口总额从16975.2亿元增加到了37432.7亿元，年均增长率为11.96%，其中出口额从10031.52亿元增加到了22745.03亿元，年均增长率为12.41%，进口额从6943.68亿元增加到了14687.69亿元，年均增长率为11.30%；贸易依存度从11.24%提升到了13.90%，提升了2.66个百分点。同期全国进出口总额、出口额、进口额的年均增长率分别为8.02%、8.03%和8.00%；贸易依存度从32.61%提升到了33.13%，提升了0.52个百分点（见表19）。可见，从进出口总额、出口额及进口额来看，西部地区的增长率均高于全国平均水平；另外，西部地区

---

[1] 中国（陕西）自贸试验区网站。
[2] 贸易依存度用进出口总额占GDP比重衡量，用于表示区域对外贸易开放程度的大小。

的贸易依存度提升幅度也大于同期全国平均水平。这表明，自2016年以来西部地区对外贸易开放及发展成效显著。但需要注意的是，2023年，西部地区与全国情况一样，进出口总额、进口额增长率出现了下降，其中西部地区2023年的进口额增长率为-3.07%（见图30）。这表明虽然西部地区贸易开放度在不断增大，但是因为近年来逆全球化浪潮与贸易保护主义的日益加剧，特别是2022年以来国际经济局势的不稳定及地缘冲突，进口需求增加缓慢甚至出现负增长，需要高度关注。

表19 2016~2023年西部地区、全国进出口总额与贸易依存度

单位：亿元，%

年份	西部地区 进出口总额	其中 出口额	其中 进口额	贸易依存度	全国 进出口总额	其中 出口额	其中 进口额	贸易依存度
2016	16975.2	10031.52	6943.68	11.24	243386.5	138419.3	104967.2	32.61
2017	20982.3	12092.31	8889.98	12.36	278099.2	153309.4	124789.8	33.42
2018	24358.9	14019.58	10339.34	12.88	305010.1	164128.8	140881.3	33.18
2019	27015.1	15417.17	11597.93	13.18	315627.3	172373.6	143253.7	31.99
2020	29577.0	17072.39	12504.58	13.89	322215.2	179278.8	142936.4	31.79
2021	35088.6	20237.03	14851.58	14.51	387414.6	214255.2	173159.4	33.71
2022	37838.8	22685.44	15153.40	14.77	418011.6	237411.5	180600.1	34.7
2023	37432.7	22745.03	14687.69	13.90	417568.0	237726.0	179842.0	33.13
2016~2023年年均增长率	11.96	12.41	11.30	3.08	8.02	8.03	8.00	0.23

资料来源：进出口总额来自Wind数据库，贸易依存度根据数据自行计算得出。

4. 招商引资与实际利用外资有所增长，但省域之间存在较大差异

面对国际经济环境不稳定为招商引资与使用外资带来的新挑战，西部地区通过持续改善营商环境，在招商引资与使用外资方面取得了一定的成效（见表20）。

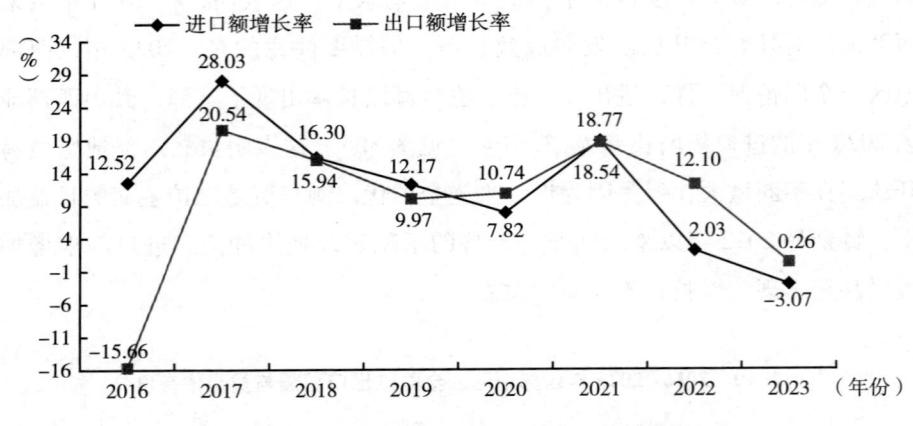

图 30 2016~2023 年西部地区进口额、出口额增长率

资料来源：Wind 数据库。

表 20 2023 年西部地区招商引资、实际使用外资情况

地区	招商引资	实际使用外资
内蒙古	实施总投资 500 万元以上招商引资项目 3802 项，同比增长 25.8%，引进国内到位资金 4296.1 亿元，同比增长 33.7%	全区实际使用外资 55.8 亿元，同比增长 61.5%
广西	全区招商引资到位资金同比增长 15.2%，制造业项目到位资金占比 57.6%，招商引资项目固投占全区固投比重提高至 43%，新增规模以上工业企业中的招商引资企业占比 55.2%	新设立外商投资企业 657 家，同比增长 22.8%；实际使用外资 86.8 亿元，同比下降 4.55%
重庆	实施市级重点建设项目 1152 个，总投资 2.9 万亿元，全年完成投资 4857.6 亿元	实际使用外资 10.53 亿美元，同比下降 43.3%
四川	纳入固定投资统计的省外引进产业项目新增实际投资 8463 亿元，同比增长 7.4%	外商直接投资（FDI）到位资金 245.2 亿元，同比增长 6.5%
贵州	引进 500 强企业 12 家、产业项目 4465 个，合同投资额 7122.7 亿元	实际使用外资 5.02 亿美元
云南	产业招商到位资金增长 20% 以上，实际使用外资增长 10% 以上	实际使用外资增长 10% 以上
西藏	招商引资到位资金突破 500 亿元；通过实施企业上市"格桑花行动"，直接融资 135 亿元	

续表

地区	招商引资	实际使用外资
陕西	签约项目总投资额达到1.5万亿元以上,签约项目落地率达到80%以上	实际使用外资14.69亿美元,同比增长0.3%
甘肃	实施省外招商引资项目4452个,到位资金5961.27亿元,同比增长41.78%;签约金额10177.11亿元,同比增长44.09%	实际使用外资13919万美元,比上年增长11.5%
青海	招商引资到位资金568亿元	实际使用外资2198万美元,增长80.8%
宁夏	招商引资到位资金1961亿元,同比增长8.3%	实际使用外资4.13亿美元,同比增长20.3%
新疆	落实执行招商引资项目5423个,较2022年增加404个;引进区外到位资金8428.53亿元,较上年增长16.5%	实际使用外资6.81亿美元,增长48.3%

资料来源:根据各省份统计局网站及政府工作报告整理。

5. 跨境贸易人民币结算额大幅增长,金融业对外开放持续向好

跨境贸易人民币结算是我国金融业对外开放的重要形式,不仅有助于降低企业进出口成本,而且可以有效规避汇率风险。图31是2016~2022年西部地区跨境贸易人民币结算金额与增长率。可见,西部地区跨境贸易人民币结算金额经过2017年的小幅下降后稳步增长,从2017年的4762.61亿元增加到2022年的11394.99亿元,年均增长率达到19.06%,特别是从2020年开始,呈现加速上涨态势,2021年与2022年增长率分别为20.18%和34.94%。这为西部地区企业便利国际贸易、有效降低进出口成本、规避汇率风险起到了重要的积极作用。

(七)企业发展质量稳步提高,科技型中小企业数量爆发式增长

企业是经济增长的主体力量,企业数量的增加与发展质量的提高是保证经济高增长的关键。2023年西部地区企业不仅数量持续增加,发展质量也稳步提高。

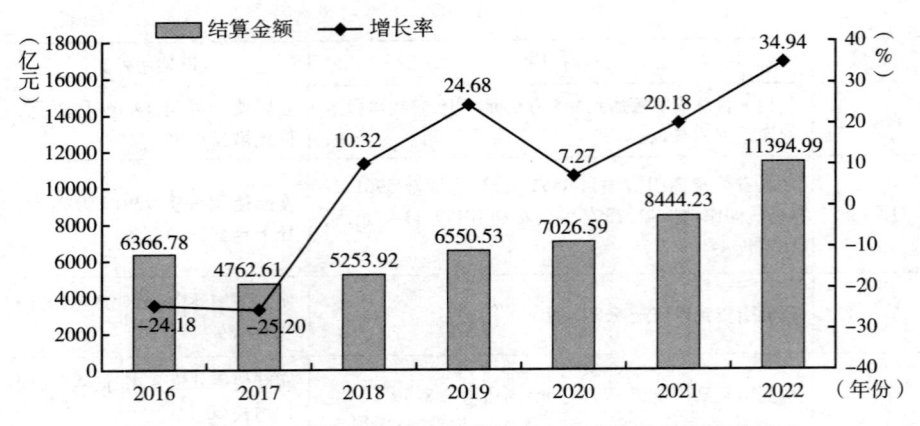

图 31　2016~2022 年西部地区跨境贸易人民币结算金额与增长率

资料来源：Wind 数据库。

1. 规模以上企业数量持续增加，盈利状况优于全国平均水平

图 32、表 21 是 2016~2023 年西部地区规模以上工业企业数量及其盈利的变化情况。可以看出，2016~2023 年，西部地区规模以上工业企业数量整体保持增加态势，从 52407 家增加到 67101 家，平均每年增加 2099 家，年均增长率为 3.59%，比同期全国规模以上工业企业数量年均增长率 3.54% 高出 0.05 个百分点。规模以上工业企业总资产从 22.09 万亿元增加到 34.14 万亿元，年均增长率为 6.42%，比同期全国 6.37% 的平均水平高出 0.05 个百分点；规模以上工业企业营业收入从 17.18 万亿元增加到 22.75 万亿元，年均增长率为 4.09%，高出同期全国 2.03% 的平均水平 2.06 个百分点；规模以上工业企业利润总额从 1.02 万亿元增加到 1.89 万亿元，年均增长率为 9.18%，比同期全国 0.95% 的平均水平高出 8.23 个百分点。另外，从上市公司的盈利情况来看，虽然西部地区上市公司平均总资产以及净利润均低于全国上市公司平均水平，但其净利润率却远高于全国平均水平，且两者的净利润率表现出背离趋势，即全国上市公司净利润率总体呈现下降趋势，而西部地区上市公司净利润率却震荡走高，这种背离自 2021 年以来表现更为明显（见表 22）。这表明，西部地区上市公司的盈利状况持续优于全国平均水平。

2023年西部地区经济高质量发展运行分析与2024年发展预测

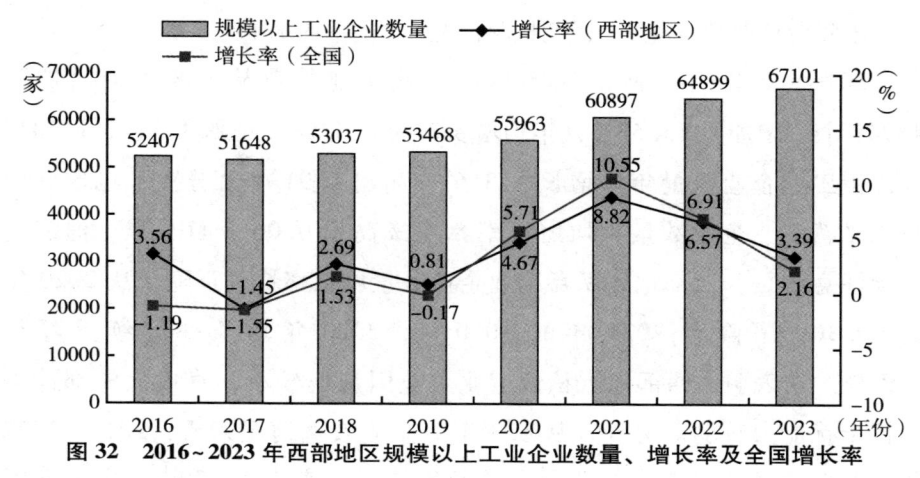

图32 2016~2023年西部地区规模以上工业企业数量、增长率及全国增长率

资料来源：Wind数据库。

表21 2016年与2023年全国及西部地区规模以上工业企业效益情况

单位：亿元，%

地区	规模以上工业企业总资产			规模以上工业企业营业收入			规模以上工业企业利润总额		
	2016年	2023年	年均增长率	2016年	2023年	年均增长率	2016年	2023年	年均增长率
西部地区	220854	341356	6.42	171847	227492	4.09	10196	18853	9.18
全国	1085866	1673577	6.37	1158999	1334591	2.03	71921	76859	0.95

资料来源：Wind数据库。

表22 2016~2022年西部地区与全国上市公司盈利情况

年份	上市公司平均总资产（亿元）		上市公司平均净利润（亿元）		上市公司净利润率（%）		上市公司数量（家）	
	西部地区	全国	西部地区	全国	西部地区	全国	西部地区	全国
2016	129.86	605.41	2.96	8.87	2.28	1.47	462	3345
2017	166.70	592.19	4.98	9.63	2.99	1.63	495	3737
2018	182.53	631.66	4.82	9.60	2.64	1.52	505	3841
2019	211.01	694.47	4.18	10.19	1.98	1.47	523	4049
2020	231.91	697.78	4.94	9.60	2.13	1.38	558	4501
2021	255.53	704.58	7.90	10.82	3.09	1.56	586	4922
2022	267.41	736.51	8.94	10.34	3.34	1.46	612	5194

说明：全国上市公司并未包括注册地在境外的上市公司，包含每年新上市的公司。
资料来源：Wind数据库。

2.私营企业稳步发展，盈利状况领先于全国平均水平

2016~2022年，西部地区私营工业企业数量从26874个增加到43948个，增加了63.53%，年均增长率为8.54%（见图33）；比同期规模以上工业企业数量年均增长率3.63%高出4.91个百分点；也比同期全国私营工业企业数量年均增长率8.48%高出0.06个百分点。但需要引起注意的是，西部地区私营工业企业数量增长率快速下降，从2020年的20.30%下降至2021年的10.01%，2022年增长率继续下降至5.97%。这表明，西部地区私营工业企业因规模较小，对重大外部冲击的抗干扰能力较弱。另外，从私营工业企业效益情况来看，2016~2022年，西部地区私营工业企业资产总额年均增长率为11.89%，高出全国平均水平0.94个百分点；营业收入年均增长率为5.23%，高出全国平均水平2.32个百分点；利润总额年均增长率为8.72%，高出全国平均水平8.43个百分点（见表23）。可见，无论从私营工业企业数量增长，还是从其盈利状况来看，西部地区私营企业比全国私营企业的平均水平均有更好的表现。

图33 2016~2022年西部地区私营工业企业数量、增长率及全国私营工业企业数量增长率

资料来源：Wind数据库。

表23 2016年和2022年全国及西部地区私营工业企业效益情况

单位：亿元，%

地区	私营工业企业资产总额 2016年	私营工业企业资产总额 2022年	年均增长率	私营工业企业营业收入 2016年	私营工业企业营业收入 2022年	年均增长率	私营工业企业利润总额 2016年	私营工业企业利润总额 2022年	年均增长率
西部地区	36115.66	70871.36	11.89	52810.63	71709.21	5.23	3356.47	5543.14	8.72
全国	239542.70	446756.60	10.95	410188.08	487258.52	2.91	25494.92	25945.77	0.29

资料来源：Wind 数据库。

3. 专精特新企业数量快速增加，科技型中小企业爆发式增长

专精特新是具备专业化、精细化、特色化、新颖化特征的中小企业，作为未来产业链的重要支撑与强链补链的主力军，在西部地区的数量高速增长（见图34）。截至2023年底，西部地区被工信部认定的专精特新"小巨人"企业有1509家，比2022年增加了264家，增长率为21.2%，与2019年相比增加了26.9倍。

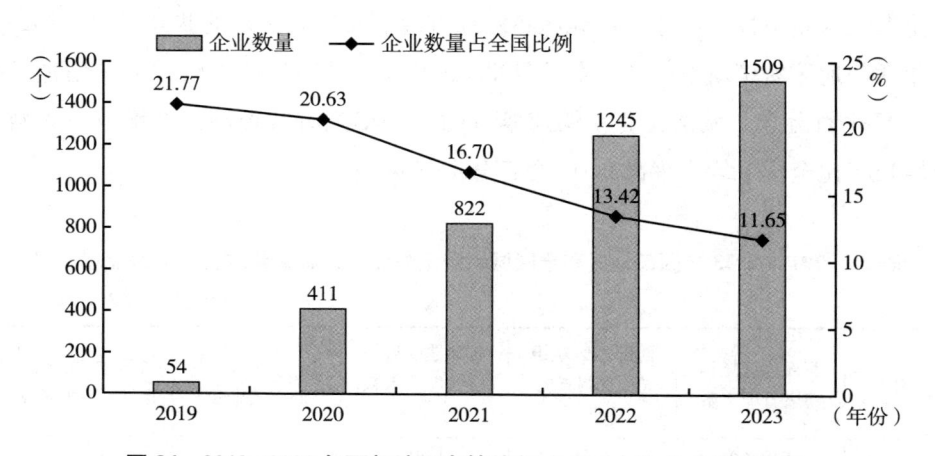

图34 2019~2023年西部地区专精特新"小巨人"企业发展情况

资料来源：Wind 数据库。

另外，西部地区各省（区、市）入库的科技型中小企业数量也呈现爆发式增长。如2023年陕西省入库科技型中小企业共2.18万家，同比增长37%；

新增高新技术企业7534家，高新技术企业数量达到1.61万家，同比增长33%；新培育40家国家专精特新"小巨人"企业、455家省级专精特新中小企业、35家单项冠军企业、322家瞪羚（潜在）企业。四川省国家高新技术企业达到1.69万家，增长15.2%；入库科技型中小企业共2.1万家，增长12.4%；瞪羚企业达到264家，增长23.4%。截至2023年底，重庆市累计培育专精特新中小企业3694家，其中专精特新"小巨人"企业286家。[①]

（八）民生福祉进一步增进

增进民生福祉是经济发展的根本目的。2023年西部地区各级地方政府与广大民众，在以习近平同志为核心的党中央的坚强领导下，积极克服重重困难，在实现经济全面恢复的同时，实现了民生福祉的增进。

一是新增城镇就业人数大幅增加。2020~2022年，部分行业受到冲击，城乡就业压力增大，就业问题已经成为影响居民收入水平提高及福祉增进的首要因素。2022年12月的中央经济工作会议再一次强调了解决就业问题的重要性与紧迫性。经过西部地区各级地方政府及广大民众的共同努力，2023年西部地区城镇新增就业人数为498.40万人，城镇失业率仅比上年增加了0.07个百分点，城镇失业率快速攀升的势头得到有效控制，新增就业人数增长率比全国平均水平高0.04个百分点（见表24）。

表24 2016~2023年西部地区和全国城镇登记失业率、城镇新增就业人数及增长率

单位：万人，%

年份	西部地区城镇新增就业人数	西部地区城镇登记/调查的失业率	西部地区城镇新增就业人数增长率	全国城镇登记/调查失业率	全国城镇新增就业人数增长率
2016	518.69	3.41	1.45	4.0	0.15
2017	534.25	3.29	3.00	3.9	2.82
2018	536.46	3.14	0.41	3.8	0.74
2019	535.12	3.07	-0.25	3.6	-0.66

① 相关省份2023年政府工作报告。

续表

年份	西部地区城镇新增就业人数	西部地区城镇登记/调查的失业率	西部地区城镇新增就业人数增长率	全国城镇登记/调查失业率	全国城镇新增就业人数增长率
2020	476.60	3.55	-10.94	4.2	-12.28
2021	506.58	3.39	6.29	4.0	7.00
2022	482.98	5.27	-4.66	5.6	-4.96
2023	498.40	5.34	3.19	5.2	3.15

注：2016~2021年为城镇登记失业率，2022~2023年为城镇调查失业率。由于数据缺失，2022年西部地区城镇调查失业率仅由2022年甘肃、广西、宁夏、西藏、新疆、云南、重庆的城镇调查失业率进行加权平均得到（各省份登记失业人数占西部比重为权重）；2023年西部地区城镇调查失业率由除内蒙古、四川和新疆之外的其他省份调查失业率进行加权平均得到。2015年内蒙古、2015年四川、2015年和2023年西藏城镇新增就业人数的缺失值用邻近点的均值替代。

资料来源：Wind数据库。

二是城乡居民收入持续增加。2023年西部地区全体居民人均可支配收入达到了30969元，比2022年增长了6.09%，高于GDP增长率0.55个百分点（见表25）。

表25　2023年东部、中部、西部地区及全国全体居民人均可支配收入及增长率

单位：元，%

地区	全体居民人均可支配收入	比2022年增长	2023年GDP增长率
西部地区	30969	6.09	5.54
中部地区	33315	6.10	4.93
东部地区	47530	5.68	5.37
全国	39218	6.33	5.20

资料来源：绝对数来自Wind数据库。

三是社会保障程度进一步提升。2022年西部地区基本养老保险参保率达到了93.22%，比全国平均水平高出0.17个百分点，同比提高了2.25个百分点，其中广西、重庆的参保率达到99%以上；基本医疗保险参保人数达到37871.62万人，基本实现了应保尽保；参加失业保险人数达到了4612.50万人，比上年增加了223.55万人，增长了5.09%（见表26）。

表26 2021年和2022年全国及西部地区基本养老保险参保率

单位：%，万人

地区	基本养老保险参保率 2021年	基本养老保险参保率 2022年	基本医疗保险参保人数 2021年	基本医疗保险参保人数 2022年	参加失业保险人数 2021年	参加失业保险人数 2022年
内蒙古	79.85	83.89	2192.2	2169.94	290.86	308.43
广　西	97.77	99.01	5429.27	5201.85	475.04	509.43
重　庆	96.11	99.25	3261.63	3206.63	598.30	614.24
四　川	92.74	95.09	8586.23	8393.89	1128.93	1179.02
贵　州	93.05	94.34	4214.47	4221.23	320.92	338.70
云　南	82.91	85.18	4521.86	4559.76	329.80	357.52
西　藏	82.51	84.65	346.01	339.62	29.61	30.98
陕　西	95.35	98.13	3891.26	3668.26	468.69	492.51
甘　肃	96.02	96.88	2587.18	2555.12	196.08	202.76
青　海	92.36	93.94	566.96	559.62	55.01	63.40
宁　夏	84.83	91.17	663.41	662.81	108.50	117.43
新　疆	79.65	81.41	2326.44	2332.89	387.21	398.08
西部地区	90.97	93.22	38407.40	37871.62	4388.95	4612.50
全　国	90.63	93.05	136296.74	134592.46	22957.90	23806.60

注：基本医疗保险参保率=[（基本医疗保险参保人数-死亡人口）/常住人口]×100%；基本养老保险参保率=参加基本养老保险人数/（常住人口-在读学生数），其中在读学生包括普通高等学校、中等职业学校、普通高中、初中、普通小学、特殊教育在校生数和幼儿园在园幼儿数。

（九）重点领域金融风险在可控范围内，经济安全性良好

近年来国际经济环境的恶化导致经济下行，重点领域金融风险日益凸显。主要体现在地方政府债务风险、银行信贷风险以及房地产风险三个方面。2023年，西部地区这三个方面的风险都在可控范围内。

1. 地方政府债务额持续上升，但依然在可控范围内

负债率是衡量一个地方经济稳定性和健康度的重要指标，高的负债率意味着地方政府要承担更大的风险。图35是2016~2023年西部地区地方政府

债务余额及负债率情况。可见自 2016 年以来，西部地区地方政府债务额持续增加，年均增长率达到了 13.42%；2020 年地方政府债务余额比 2019 年增加了 18.05%，2021 年与 2022 年增长率有所下降，分别为 15.79% 和 12.52%，2023 年增长率又有所反弹，达到了 15.96%，但负债率依然在可控的安全边界以内。2023 年西部地区地方政府负债率为 43.88%，比 2022 年上升了 4.1 个百分点，仍然低于 60% 的公认警戒线，但地方政府债务余额快速攀升的现象值得重视。

图 35　2016~2023 年西部地区地方政府与全国政府债务余额及负债率

说明：全国政府负债率=（地方政府债务余额+中央政府债务余额）/GDP。
资料来源：Wind 数据库。

2. 银行信贷风险水平总体下降，信贷资产质量持续改善

表 27 是 2022 年第 4 季度至 2023 年第 4 季度西部地区部分披露数据的省（区、市）的商业银行不良贷款率。除贵州、新疆 2023 年第 4 季度银行不良贷款率比 2022 年第 4 季度有所上升、广西持平外，其余省份银行不良贷款率与 2022 年相比均明显下降；另外，从与全国的比较来看，除甘肃外，其余省（区、市）的银行不良贷款率均低于全国平均水平。这表明 2023 年西部地区银行业信贷风险总体下降，信贷资产质量持续改善且优于全国平均水平。

表 27　2022 年第 4 季度至 2023 年第 4 季度西部地区部分省（区、市）商业银行不良贷款率

单位：%

地区	2022 第 4 季度	2023 第 1 季度	2023 第 2 季度	2023 第 3 季度	2023 第 4 季度
广　西	1.50	1.44	1.46	1.50	1.50
重　庆	1.42	1.24	1.10	1.11	1.18
四　川	1.19	1.13	1.18	1.13	1.10
贵　州	1.43	1.43	1.51	1.50	1.58
陕　西	1.30	1.35	1.31	1.32	1.29
甘　肃	4.50	4.11	3.85	3.14	—
新　疆	1.15	1.16	1.16	1.22	1.16
全　国	1.63	1.62	1.62	1.61	1.59

资料来源：国家金融监管总局各省（区、市）监管分局网站。

3. 房价过快上涨的势头得到抑制，居民购房压力进一步缓解

房价上涨虽然能拉动地方经济增长，缓解地方政府财政压力，但房价的过快飙升会助推房价泡沫，从而带来较高的金融风险。图 36 是 2016~2022 年全国及各地区房价收入比的情况。除东部地区外，全国及中部、西部地区

图 36　2016~2022 年东部、中部、西部地区与全国房价收入比

说明：房价收入比=住宅平均销售价格（元/平方米）×人均住宅面积/人均可支配收入。
资料来源：Wind 数据库。

房价收入比均以2020年为拐点出现了由上升到下降的走势，2022年西部地区房价收入比为9.58，低于全国平均水平（11.77），相比2020年的11.69下降了18.05%。根据世界银行的标准，房价收入比的合理区间是4~6，显然目前我国的房价收入比还偏高。但2020年以来房价收入比的下降，使得居民的购房压力得到了有效缓解。但要看到，房价的下跌对地方政府的土地财政造成了较大压力，同时带来了房地产企业的运营困难。如何在缓解地方财政压力、激发房地产企业活力与缓解居民购房压力三者之间谋求平衡，是目前摆在各级地方政府面前的一个重大现实问题。

（十）区域差距进一步缩小，共同富裕迈入新征程

在以习近平同志为核心的党中央领导下，经过西部地区各族人民的共同努力，西部地区与东部、中部地区，以及西部地区内部省域之间的经济差距进一步缩小。

1. 西部地区与东部、中部地区之间的经济差距进一步缩小

一是人均GDP的差距持续缩小。2023年西部地区人均GDP达到了7.05万元，分别是东部地区、中部地区及全国平均水平的65.70%、94.89%和78.86%，与2016年相比，分别提高了6.06个、4.15个和4.14个百分点（见图37）。二是居民人均可支配收入差距持续缩小。2023年西部地区全体居民人均可支配收入达到30969元，分别是东部地区、中部地区及全国平均水平的65.16%、92.96%和78.97%，与2016年相比，分别提高了2.78个、1.16个和1.91个百分点（见图38）。可见，无论是从代表区域经济实力的人均GDP，还是从居民人均可支配收入来看，西部地区与东部、中部地区的经济差距都在呈现持续缩小的态势。

2. 城乡居民收入差距进一步缩小，发展成果城乡居民共享迈上新台阶

近年来，西部地区通过深化改革，推进城乡融合发展，实现了城乡居民收入差距的持续缩小（见表28）。西部地区城乡居民收入比从2016年的2.89持续下降至2023年的2.47，缩小了0.42，高于全国平均水平的0.33，也高于东部地区和中部地区的0.27。这表明，西部地区在城乡居民成果共

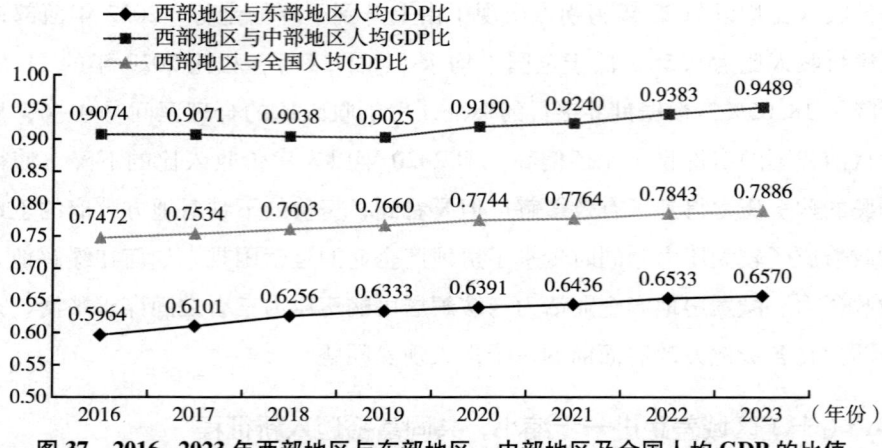

图 37　2016~2023 年西部地区与东部地区、中部地区及全国人均 GDP 的比值

资料来源：根据各省（区、市）及全国 GDP 与人口数计算所得。

图 38　2016~2023 年西部地区与东部地区、中部地区及全国居民人均可支配收入的比值

资料来源：根据各省（区、市）及全国人均可支配收入计算所得。

享方面取得的成效大于全国及东部、中部地区，同时 2023 年西部地区城乡居民收入比下降至 2.5 以内，标志着西部地区在实现改革开放成果城乡居民共享方面迈上了一个新台阶。

表 28　2016~2023 年东部、中部、西部地区及全国城乡居民收入比

地区	2016 年	2017 年	2018 年	2019 年	2020 年	2021 年	2022 年	2023 年
西部地区	2.89	2.87	2.83	2.77	2.67	2.61	2.54	2.47
中部地区	2.45	2.44	2.42	2.39	2.32	2.28	2.23	2.18
东部地区	2.52	2.52	2.50	2.47	2.40	2.34	2.29	2.25
全国	2.72	2.71	2.69	2.64	2.56	2.50	2.45	2.39

资料来源：根据各省（区、市）及全国城乡居民人均可支配收入计算所得。

二　2024年西部地区经济高质量发展面临的主要困难

（一）经济高质量发展的基础还比较薄弱

虽然 2023 年西部地区经济发展已经取得了显著成效，但经济高质量发展的基础仍比较薄弱，主要表现在人均 GDP 和居民人均可支配收入水平依然较低、新兴产业发展规模小、县域经济发展不足等方面。

1. 人均 GDP 与居民人均可支配收入水平依然较低

人均 GDP 与居民人均可支配收入分别是反映区域经济实力与人民富裕程度的两个核心指标。但 2023 年西部地区人均 GDP 与居民人均可支配收入不仅远低于东部地区，而且与中部及全国平均水平相比，依然存在较大差距。2023 年西部地区人均 GDP 为 7.05 万元，虽然与 2016 年相比增长了 75.37%，但其绝对水平仅分别为中部地区与全国平均水平的 94.89% 和 78.86%，仅为东部地区的 65.70%（见图 39）。西部地区居民人均可支配收入为 30969.32 元，与 2016 年相比增长了 68.71%，但其绝对水平仅分别为中部地区与全国平均水平的 92.96% 和 78.97%，仅为东部地区的 65.16%（见图 40）。因此，实现西部地区经济的快速增长，持续稳定增加居民收入，进一步缩小西部地区与全国及东部、中部地区的差距，是实现中国式现代化及全体居民共同富裕目标的重大且艰巨的战略任务。

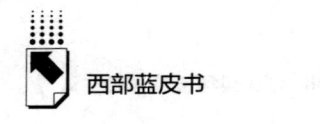

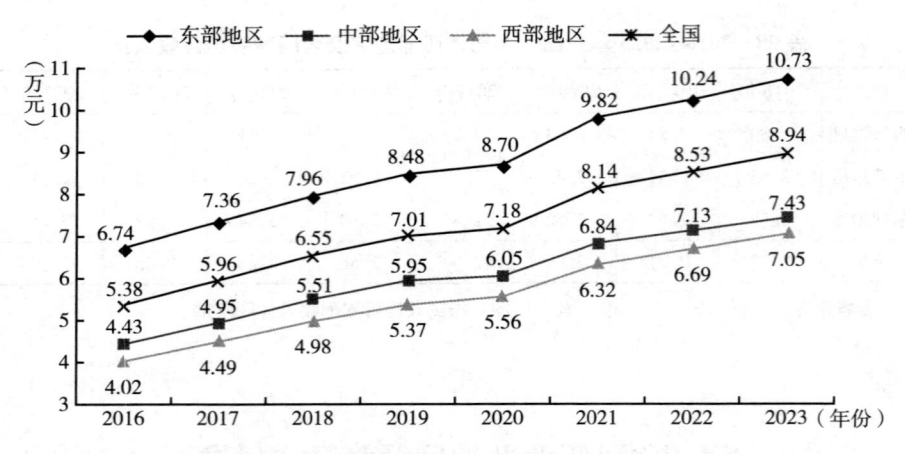

图 39　2016~2023 年东部、中部、西部地区及全国人均 GDP 比较

资料来源：根据各省（区、市）及全国人均 GDP 计算所得。

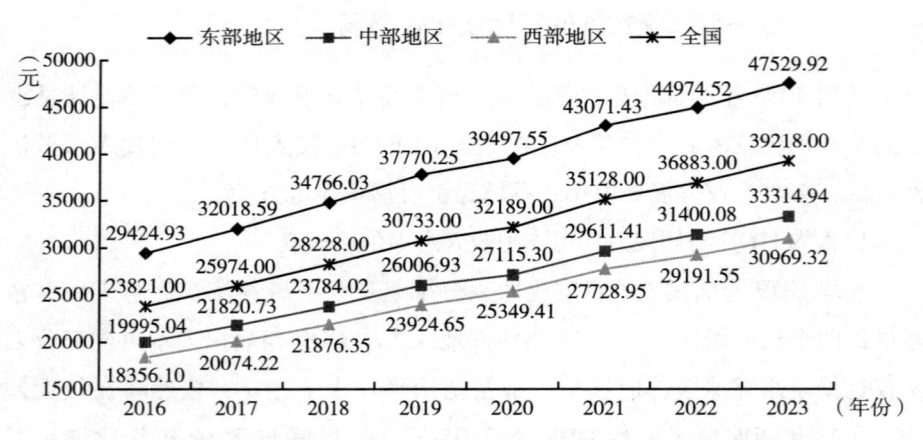

图 40　2016~2023 年东部、中部、西部地区及全国居民人均可支配收入比较

资料来源：根据各省（区、市）及全国居民人均可支配收入计算所得。

2. 新兴产业发展规模小，科技创新能力需进一步提升

长期以来，依托丰富的能源资源，煤电、冶炼、化工等高耗能产业成为西部地区的主导产业，而新兴产业发展规模较小。在国家发展改革委公布的第一批 66 个国家级战略性新兴产业集群名单中，西部地区仅有 6 个，不足全国数量的 1/10；从科技创新能力看，2022 年西部地区的 R&D 经费占 GDP

比重为1.55%，仅为东部地区的49.36%；单位规模以上工业企业发明专利数量为2.73件，为东部地区的54.71%；有R&D活动的企业数量占地区规模以上工业企业数量比重为25.41%，仅为东部地区的64.01%。可见，无论是从创新费用投入、创新成果数量，还是从创新主体规模与活力来看，西部地区都落后于东部地区。因此，加快新兴产业发展，扩大产业规模，加大科技创新投入力度，激发科技创新主体活力，提升科技创新能力，是西部地区提升发展能力和缩小与东部地区发展差距的重要途径。

表29 西部与东部地区科技创新能力对比

单位：%，件

年份	R&D经费占GDP比重		单位规模以上工业企业发明专利数量		有R&D活动的企业数量占地区规模以上工业企业数量比重	
	西部地区	东部地区	西部地区	东部地区	西部地区	东部地区
2020	1.51	2.93	2.33	4.35	24.26	40.48
2021	1.52	2.96	2.55	4.55	26.06	41.24
2022	1.55	3.14	2.73	4.99	25.41	39.70

资料来源：Wind数据库。

3. 县域经济发展不足，市场竞争力不强

县域经济是实施乡村振兴战略、繁荣发展农村经济与增加农村居民收入的主要抓手。近年来，西部地区县域经济虽然得到了快速发展，但经济实力弱与竞争力不强的问题依然存在，成为西部地区经济增长与居民增收的重要瓶颈。根据《华夏时报》2023年12月5日发布的全国县域经济综合竞争力百强县名单及全国县域经济投资潜力百强县名单[①]，在全国县域经济综合竞争力百强县中，西部地区仅有7个，占西部地区县（旗）总数628个的

---

① 全国县域经济综合竞争力评价指标体系包含经济规模、产业发展、市场需求、公共财政、金融资源、居民收入、基础教育、卫生福利和生态环境9个一级指标和22个二级指标；全国县域经济投资潜力评价指标体系包含经济增长、供给潜力、财政保障、金融便利、研发能力、园区发展、空间区位和交通通达8个一级指标和15个二级指标。

1.11%；中部地区有 16 个，占其县域数量 368 个的 4.35%；东部地区有 75 个，占其县域数量 352 个的 21.31%。在全国县域经济投资潜力百强县名单中，西部地区有 10 个，占西部地区县域数量的 1.59%；中部地区有 25 个，占其县域数量的 6.79%；东部地区有 65 个，占其县域数量的 18.47%（见图 41）。另外，从 2022 年百强县中 GDP 超千亿元的县域分布看，排名第一的江苏省 GDP 超千亿元的百强县数量有 21 个，而西部地区人均 GDP 排名第一的内蒙古，GDP 超千亿元的百强县仅有 2 个。可见，无论是从西部地区县域经济的总体实力，还是从单个县域的经济实力来看，西部地区县域经济的发展还非常不足。

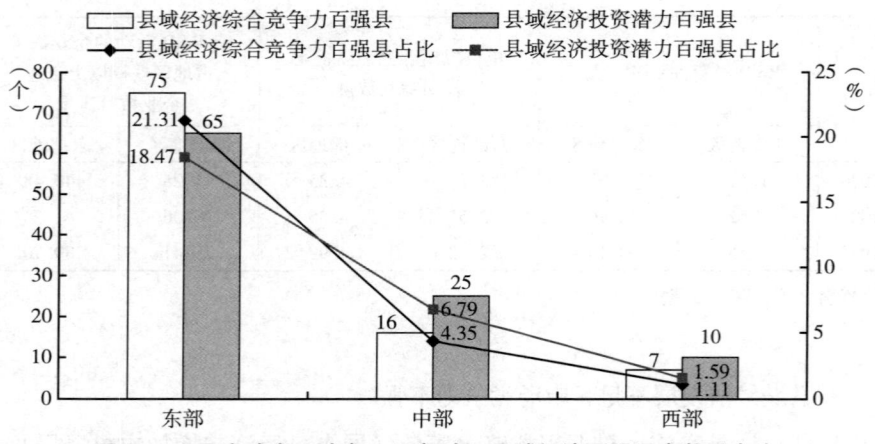

图 41　2023 年东部、中部、西部地区县域经济百强县个数及占比

资料来源：《2023 年全国百强主城区、新城区榜单发布：苏粤数目最多，杭州这一城区实现跃升》，"华夏时报"百家号，2023 年 12 月 5 日，https://baijiahao.baidu.com/s?id=1784414886577417883&wfr=spider&for=pc。

（二）内需不振，投资持续下降，消费信心有待提升

1. 固定资产投资持续下降

投资是拉动经济增长的主要动力之一，但近年来西部地区固定资产投资增长率却总体呈现下降趋势（见图 42）。2016~2023 年，西部地区固定资产投资额从 157195.4 亿元增加到 211267.1 亿元，年均增长率为 4.31%，高于

全国3.29%的平均水平1.02个百分点，但其年度增长率却从11.95%下降至2018年的3.76%，2019年略有反弹，到2023年增长率仅为0.10%，远低于全国3.0%的平均增长率。

图42 2016~2023年西部地区固定资产投资额及增长率

资料来源：2023年固定资产投资额数据与上年已公布的同期数据之间存在不可比因素，不能直接计算增长率。西部地区2023年的增长率来源于国家统计局，其余年份增长率均按照增长率的计算公式计算得到。

从西部地区各省（区、市）来看，2016~2023年固定资产投资年均增长率高于5%的仅有四川（6.91%）、云南（6.28%）、新疆（5.51%）、重庆（5.24%）和陕西（5.09%），甘肃、宁夏和青海均为负增长。2023年西部地区固定资产投资增长率仅为0.10%，其中广西、云南、青海、贵州的增长率分别-15.50%、-10.60%、-7.50%、-5.70%（见表30）。

表30　2016年和2023年全国和西部地区固定资产投资额及增长率

单位：亿元，%

地区	2016年固定资产投资额	2023年固定资产投资额	2023年增长率	2016~2023年均增长率
内蒙古	15080.01	16335.12	19.80	1.15
广　西	18236.78	23607.83	-15.50	3.76
重　庆	16048.10	22942.93	4.30	5.24

续表

地区	2016年固定资产投资额	2023年固定资产投资额	2023年增长率	2016~2023年均增长率
四川	28811.95	45996.63	4.40	6.91
贵州	13204.00	16211.42	-5.70	2.97
云南	16119.40	24681.81	-10.60	6.28
西藏	1596.05	2125.38	35.10	4.18
陕西	20825.25	29480.80	0.20	5.09
甘肃	9663.99	8336.77	5.90	-2.09
青海	3528.05	3188.20	-7.50	-1.44
宁夏	3794.25	3380.53	5.50	-1.64
新疆	10287.53	14979.69	12.40	5.51
西部地区	157195.36	211267.11	0.10	4.31
全国	406406.40	509708.00	3.00	3.29

资料来源：Wind数据库。

对比东部、中部、西部地区及全国固定资产投资增长率发现，不同地区及全国固定资产投资增长率在2016~2023年波动性均较大，除东部地区外，整体呈现下降趋势，但西部和中部地区固定资产投资增长率的波动性大于东部地区和全国水平（见图43）。另外，从民间投资来看，2021年西部地区12个省（区、市）民间固定资产投资增长率全部为正，最高的新疆达到29.7%，青海和甘肃分别达到17.9%和16.1%；但到2022年，西部地区12个省（区、市）中有7个省（区、市）民间固定投资增长率为负，其中下降幅度大于15%的有3个，分别是西藏（-32.7%）、贵州（-19.4%）和青海（-16.5%）；在已披露2023年民间固定资产投资数据的10个省（区、市）中，民间固定资产投资增长率为负的省（区、市）依然有6个（见表31）。这说明西部地区投资信心，特别是民间投资信心不足。

2023年西部地区经济高质量发展运行分析与2024年发展预测

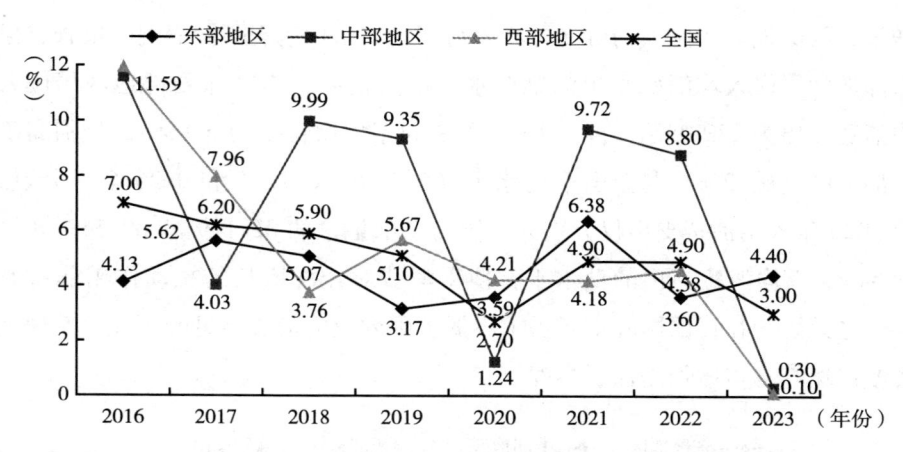

图43 2016~2023年东部、中部、西部地区及全国固定资产投资增长率

资料来源：2016~2022年东部、中部、西部地区及全国固定资产投资增长率根据固定资产投资额计算得到，由于统计口径调整，2023年固定资产投资（不含农户）增长率来源于国家统计局公布数据，其中国家公布的东部地区不包括东北三省。

表31 2021~2023年西部地区各省（区、市）民间固定资产投资增长率

单位：%

省（区、市）	2021年	2022年	2023年
内蒙古	14.4	16.8	14.2
广　西	8.0	-13.6	-19.4
重　庆	9.3	-8.4	-1.9
四　川	8.9	2.4	-11.3
贵　州	2.4	-19.4	—
云　南	5.3	5.3	-7.2
西　藏	0.7	-32.7	8.8
陕　西	3.7	-0.6	-8.8
甘　肃	16.1	6.0	-3.6
青　海	17.9	-16.5	—
宁　夏	3.2	10.7	5.7
新　疆	29.7	-6.0	7.7

资料来源：Wind数据库。

2. 居民消费支出远低于全国平均水平

消费是拉动经济增长的另一个重要动力。尽管随着西部地区经济的快速

067

增长，西部地区居民人均可支配收入与消费支出均呈现不同程度的增长，但西部地区居民人均消费支出的绝对水平依然较低。2023年西部地区居民人均消费支出为22001元，自2016年以来的年均增长率为6.88%，分别高于东部地区（6.12%）与全国平均水平（6.62%）0.76个和0.26个百分点，但2023年人均消费支出仅分别为全国与东部地区的82.11%和69.56%（见图44）。人均消费支出的低水平，使得消费对经济增长的拉动作用非常有限，这无疑为在目前国际市场需求不振、国内投资信心不足的环境下实现经济的快速恢复与增长增加了难度。

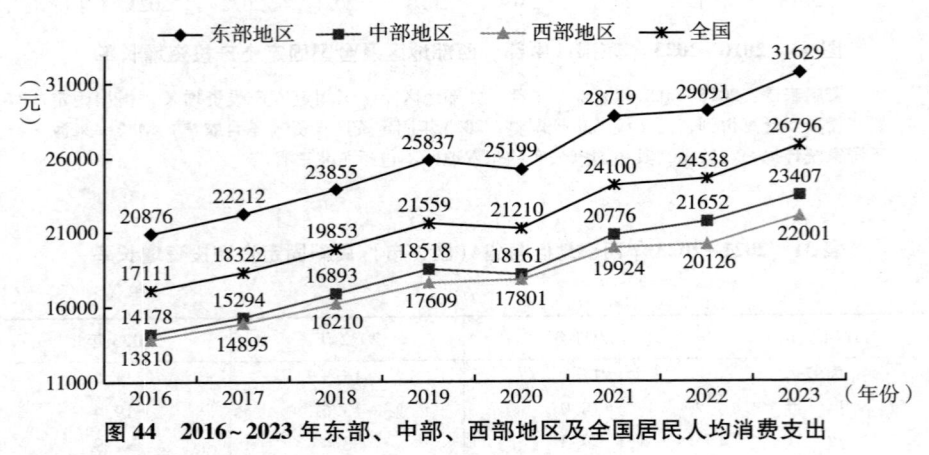

图44 2016~2023年东部、中部、西部地区及全国居民人均消费支出

资料来源：Wind数据库。

（三）就业压力较大，民生改善存在短板

西部地区经济发展取得了一定成就，但就业压力依然较大，就业形势严峻，特别是高校毕业生、农民工等群体面临较大的就业挑战。随着经济结构转型升级速度的加快，一些传统产业所提供的就业岗位大幅减少，而劳动力素质不能满足新兴产业发展带来的新增就业岗位的要求，产生了较为严重的结构性失业。

1. 失业率逐年增加，就业形势严峻

2016~2023年西部地区城镇登记/调查失业率整体呈现上升趋势，从

2016年的3.41%增加到2023年的5.34%，特别是2022年，城镇调查失业率快速上升到5.27%，与2021年相比提高了1.88个百分点，比全国提高幅度（1.60个百分点）高出0.28个百分点；在2023年全国城镇调查失业率有所下降的情况下，西部地区城镇调查失业率继续上升了0.07个百分点（见图45）。这表明，自2022年以来西部地区就业形势严峻，且问题相较于全国来说更为严重。

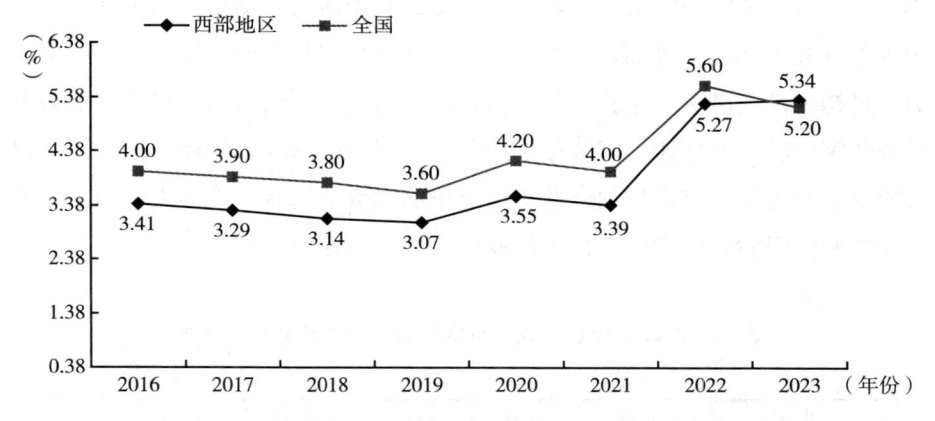

图45 2016~2023年西部地区与全国城镇登记/调查失业率

资料来源：Wind数据库。

2.高校毕业生就业机会不足，延迟就业的现象增多

2024届全国普通高校毕业生数量预计将达到1179万人，相较上一届增加21万人，全国范围内普通高校共2756所，其中西部地区的高校数量为739所，占全国的比重为26.81%，这意味着西部地区高校毕业生人数多，就业难度较大。与此同时，西部地区传统产业占比较大而新兴产业发展不足，就业岗位增加相对缓慢，难以满足庞大的毕业生就业需求，这种供求矛盾导致毕业生面临更为严峻的就业问题，越来越多的毕业生选择继续深造。尽管读研能够在一定程度上暂时缓解就业压力，但这也意味着在未来2~3年后，这部分毕业生的就业压力将更大，岗位竞争将更激烈。

3. 就业人员受教育程度低，难以适应新产业的需求

对比 2022 年西部地区各省（区、市）就业人员受教育程度构成可以发现，西部地区就业人员受教育程度普遍较低，未上过学的就业人员占比高于全国水平，尤其是西藏地区高达 22.4%；小学和初中学历的就业人员占全部就业人员的一半以上，除内蒙古和陕西外，其余 10 个省（区、市）小学学历就业人员占比均高于全国水平，尤其是西藏、云南、贵州等；西部地区本科以及研究生学历的就业人员占比较低，其中研究生就业人员占比低于全国水平（见表 32）。这表明，西部地区的就业人员主要为大学本科以下学历，且初中及其以下文化程度的人员占较高的比例。随着数字经济发展以及经济数字化转型的加速，部分传统产业就业岗位的减少以及新兴产业发展对技能要求的提高，难以找到合适工作岗位的人数会增多，许多人因缺乏必要的技能和知识而难以适应现代化产业的需求，就业机会有限。

表 32　2022 年全国及西部地区就业人员受教育程度构成

单位：%

地区	未上过学	小学	初中	高中	大学专科	大学本科	研究生
内蒙古	2.2	17.8	37.2	13.8	14.1	13.7	1.2
广　西	1.3	19.1	47.9	13.6	9.4	8.3	0.4
重　庆	1.5	24.8	32.2	16.8	12.6	11.0	1.1
四　川	4.4	28.4	35.4	13.6	9.8	7.6	0.8
贵　州	7.0	30.7	36.9	9.4	7.4	8.2	0.4
云　南	4.4	36.0	33.4	10.2	7.8	7.7	0.5
西　藏	22.4	41.6	14.5	4.2	7.2	9.8	0.2
陕　西	2.4	15.4	41.8	16.0	12.4	10.8	1.2
甘　肃	7.6	28.9	31.4	12.4	9.3	9.7	0.7
青　海	7.1	26.3	28.7	11.1	11.5	14.4	0.9
宁　夏	6.6	21.0	31.9	13.4	13.0	13.0	0.9
新　疆	0.9	21.9	39.6	14.1	12.3	10.6	0.6
西部地区	3.9	25.8	37.0	13.1	10.2	9.3	0.7
全　国	2.4	18.4	39.2	15.9	11.7	11.1	1.3

注：为与教育部学历划分一致，对受教育程度分类进行了合并调整，其中高中包括中等职业教育，大学专科包括高等职业教育。

资料来源：根据《中国统计年鉴 2023》数据计算。

（四）营商环境需要进一步优化，数字政务化建设有待加强

营商环境优化与提高数字政务化水平对于促进经济发展和吸引投资非常重要，然而西部地区营商环境较差与数字政务化水平较低已经成为阻碍西部地区经济增长的重要因素。

1. 营商环境建设与发展条件亟须优化提升

根据中国省份营商环境评估数据库提供的数据可知，2017~2021年，西部地区营商环境指数呈现先提升后下降态势，由2017年的42.62增加至2019年的47.46，随后减少至2021年的41.54，说明西部地区营商环境水平近年有所下降（见图46）。按营商环境指数年均值大小由高到低排序依次为：东部地区（53.07）、全国（48.79）、中部地区（48.10）、西部地区（44.48）。这说明与全国、东部地区、中部地区相比，西部地区在市场环境、政务环境、法律政策环境、人文环境等方面的营商环境建设与发展条件亟须优化提升。

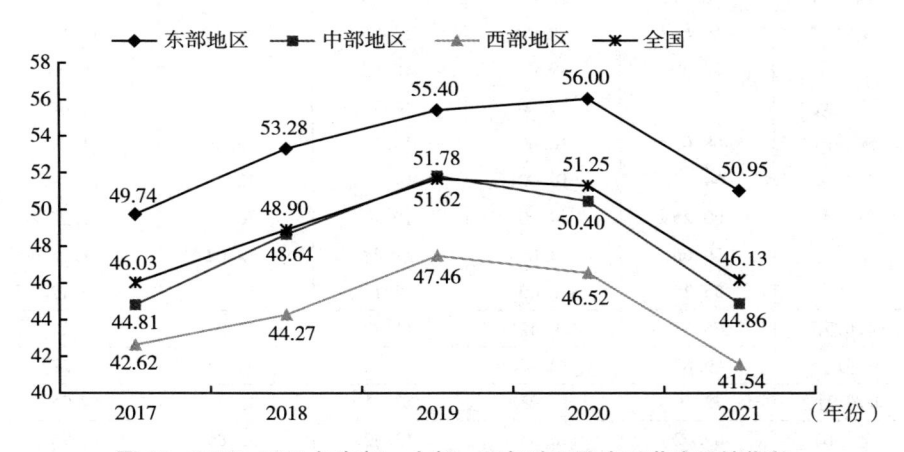

图46　2017~2021年东部、中部、西部地区及全国营商环境指数

资料来源：武汉大学与北京大学光华管理学院合作完成的《中国省份营商环境评估数据库2023》，东部、中部、西部地区及全国分别根据相应的省份求均值得到。

2. 数字政务化水平有待进一步提升

根据《2022中国数字政府发展指数报告》的数据，从整体水平来看，

2022年西部地区数字政府发展指数为65.37,低于全国、东部和中部地区,说明西部地区政府机构在信息化建设和数字化治理方面的能力相对较弱。数字政府发展指数较高的3个省份依次为四川(76.91)、重庆(73.71)和贵州(69.60),其数字政务化建设相对完善,能够为公共服务供给提供较好的保障。排名居于后3位的省份依次为新疆(55.25)、西藏(57.17)和宁夏(59.66)(见表33)。从总体上来看,西部地区在信息技术和数字化方面的应用程度和能力均有待进一步提升。

表33 2022年全国及东部、中部、西部地区数字政府发展指数及分项

地区	数字政府发展指数	组织机构	制度体系	治理能力	治理效果
内蒙古	66.88	11.00	12.5	33	10.38
广 西	67.98	10.00	13.75	34.32	9.91
重 庆	73.71	11.00	13.75	35.05	13.91
四 川	76.91	12.00	13.75	34.04	17.12
贵 州	69.60	9.00	13.75	34.35	12.5
云 南	64.59	9.00	10.63	29	15.96
西 藏	57.17	9.00	8.13	29	11.04
陕 西	68.05	10.00	13.13	33.03	11.89
甘 肃	64.44	10.00	11.25	32	11.19
青 海	60.25	9.00	10	30	11.25
宁 夏	59.66	7.00	11.88	29.02	11.76
新 疆	55.25	6.00	8.13	32	9.12
西部地区	65.37	9.42	11.72	32.07	12.17
中部地区	69.63	10.67	13.34	33.34	12.29
东部地区	72.10	11.08	13.61	33.37	14.05
全 国	69.02	10.35	12.82	32.86	12.98

资料来源:清华大学数据治理研究中心发布的《2022中国数字政府发展指数报告》,东部、中部、西部地区及全国分别根据相应的省份求均值得到。

从数字政府发展指数各分项维度来看,西部地区各分项评价得分均低于全国、东部、中部地区。组织机构维度反映了数字政府发展的参与主体的情况,其是数字政府发展的组织保障。西部地区组织机构维度得分为9.42,

说明西部地区在智慧城市、大数据、"互联网+"、电子政务方面的发展保障水平与完备程度相对较低。制度体系维度反映了数字政府发展的相关政策措施情况，其是数字政府发展的规则基础。西部地区制度体系维度得分为11.72，说明西部地区在以数字技术提高公共服务水平以及促进数字技术、数字产业、数字社会发展方面的政策法规建设仍有待加强。治理能力维度反映了政府依托数字化平台提供公共服务的能力，其是数字政府发展的功能保障。西部地区治理能力维度得分为32.07，说明西部地区政府数字化转型在政务平台运营、政务信息提取与数据治理、政民互动、政府服务等方面的能力较弱，仍待进一步提升。治理效果维度反映了数字政府发展和提高人民满意度之间的关系，是数字政府发展的根本落脚点。西部地区治理效果维度得分为12.17，说明西部地区数字政府治理现代化水平、政务服务水平和效果、公众对政府发展的满意程度仍有待提高。

（五）重点领域风险不容忽视

1. 地方政府债务持续攀升，并呈现加速提升态势

从2016年以来政府负债率的表现来看，西部地区地方政府负债率均高于中部和东部地区（见图47）。2023年西部地区地方政府负债率为43.88%，分别高出中部和东部地区11.56个和16.16个百分点。2016~2023年西部地区地方政府负债率年均提高1.64个百分点，高于东部地区（年均提高1.52个百分点），低于中部地区（年均提高2.01个百分点）。虽然西部地区地方政府负债率的提高速度介于中部与东部地区之间，且风险总体可控，但是自2021年以来西部地区地方政府负债率呈现加速提高的趋势，2021年、2022年和2023年地方政府负债率分别比上一年提高了0.72个、2.33个和4.10个百分点。另外，2023年西部地区地方政府负债率比2022年提高的幅度超过了中部地区（3.51个百分点）与东部地区（2.07个百分点）。

从全国各省（区、市）政府负债率的比较来看，2023年全国地方政府负债率排前10位的省份中，西部地区占有6席（见图48），分别为青海、贵州、甘肃、云南、新疆和内蒙古。其中，青海和贵州的政府负债率分别达到了

图 47　2016~2023 年东部、中部、西部地区地方政府负债率

说明：地区政府负债率＝地区政府债务余额/地区 GDP。
资料来源：Wind 数据库。

87.85%和 73.32%，分别超过 60%的债务警戒线 27.85 个和 13.32 个百分点，这两个省份不仅是西部地区地方政府负债率较高的省份，也是全国地方政府负债率较高的省份。可见，无论是从西部地区地方政府债务的总体变化态势，还是从部分省份的超高债务率来看，西部地区地方政府债务所带来的风险都不容忽视，需要政府高度关注。

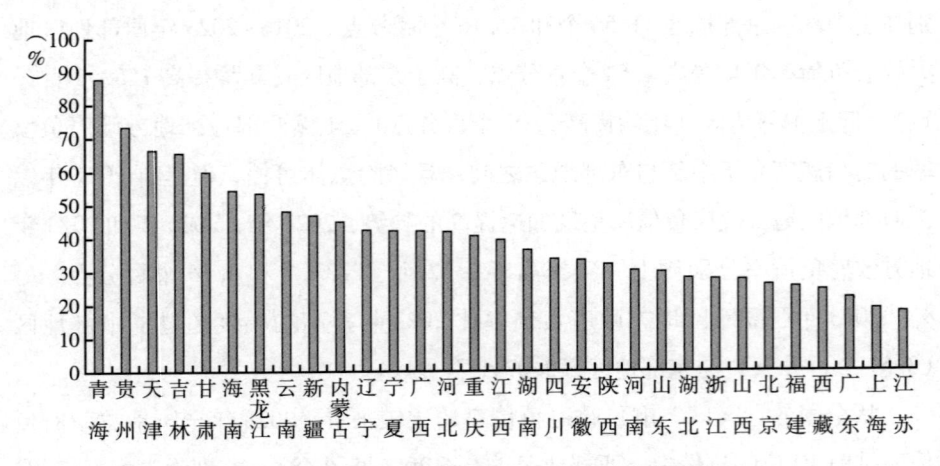

图 48　2023 年全国各省（区、市）政府负债率

资料来源：Wind 数据库。

2. 房地产行业风险与企业经营风险加剧

房地产业因具有极大的产业关联效应及经济拉动效应而经常受到地方政府的青睐与关注，特别是在缓解地方政府财政压力方面发挥着重要作用。但随着国家房地产调控政策的趋严、城镇居民家庭住房饱和度的持续提升、居民收入增长的趋缓，近几年房地产行业进入"冬季"，突出体现为商品房销售面积持续大幅下降（见图49）。西部地区商品房销售面积增长率从2016年的15.60%下降到2020年的2.57%，其后负增长，2022年最低为-32.75%，即使2023年有所恢复，增长率依然为负（-13.46%）。商品房销售面积的大幅下降，不仅使钢材、水泥、家装、家用电器等行业增长受阻，也增加了房地产开发企业的库存积压与资金压力，经营状况急剧恶化。2020~2022年西部地区房地产开发企业营业利润增长率分别为-10.02%、-11.46%和-31.46%，呈现持续恶化的趋势；2022年房地产开发企业主营业务收入增长率为-11.56%，比全国平均水平低3.28个百分点（见表34）。房地产业及开发企业与商业银行有密切的资金借贷关系，又与千万居民家庭息息相关，同时与地方政府的财政状况相关联，房地产行业的风险具有较强的传染性。因此，如何有效防控与化解房地产行业的风险，是目前摆在西部地区地方政府面前的一个重要难题。

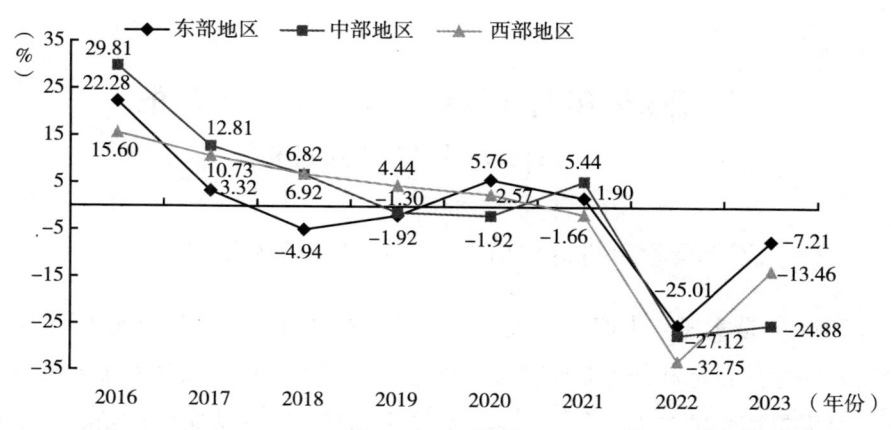

图49 2016~2023年东部、中部、西部地区房地产开发企业商品房销售面积增长率

资料来源：Wind数据库。

表34　2020~2022年西部地区各省（区、市）房地产开发企业营业状况

单位：%

地区	主营业务收入增长率			营业利润增长率		
	2020年	2021年	2022年	2020年	2021年	2022年
内蒙古	29.32	9.51	-2.52	36.19	-62.15	246.80
广西	-7.32	29.65	-4.16	-40.80	26.24	-4.81
重庆	7.69	-1.00	-29.49	-23.00	-29.74	-22.24
四川	17.35	17.32	-10.27	31.32	-20.11	-27.77
贵州	-3.42	12.37	-13.74	-52.68	-2.33	-114.18
云南	16.48	16.57	1.73	74.16	-10.12	-205.54
西藏	-11.87	161.78	1.67	-8.27	42.40	-34.40
陕西	18.49	12.58	-4.33	-33.25	66.29	-6.88
甘肃	-2.89	31.37	-5.09	-63.44	40.42	-82.13
青海	1.79	72.59	-36.73	-13.32	267.20	-77.81
宁夏	20.71	31.60	-13.44	95.56	53.38	1.75
新疆	16.76	20.77	-24.37	-11.72	-123.12	13.89
东部地区	10.42	10.79	-5.90	-5.73	-17.72	-17.16
中部地区	-1.80	17.61	-12.37	-20.55	-10.24	-31.31
西部地区	10.20	15.55	-11.56	-10.02	-11.46	-31.46
全国	7.77	13.00	-8.28	-9.17	-15.61	-21.73

资料来源：Wind数据库。

三　2024年西部地区经济高质量发展的总体要求与目标预测

（一）2024年西部地区经济高质量发展的总体要求

2024年是实现"十四五"规划目标任务的关键一年。2024年西部地区经济发展总的目标和任务是坚持以习近平新时代中国特色社会主义思想为指导，全面贯彻党的二十大和二十届二中全会精神，深入落实中央经济工作会议部署，坚持高质量发展。西部地区重点实现以下八个方面的目标和任务：

立足自身资源禀赋优势，调整产业结构，大力推进工业化，着力构建现代化产业体系，加快发展新质生产力；持续有效激发内需潜力，实现西部地区投资和消费相互促进的良性循环；全面提升科技创新能力，强化西部地区高质量发展的基础支撑；抓好重点领域改革，提升开放型经济水平，激发西部地区内生动力；推动城乡融合发展，形成优势互补、高质量发展的区域经济格局；持续加强生态文明建设，构筑好西部重要生态安全屏障；坚决维护社会安全稳定，实现发展和安全动态平衡；更大力度保障和改善民生，提升人民生活品质。

（二）2024年西部地区经济发展的目标预测

为了提高2024年西部地区经济发展目标预测的科学性与精准性，本报告对GDP增长率采用了三种预测方法。一是生产函数法。该方法充分考虑了经济发展因素，即在对2024年西部地区生产要素进行预测的基础上，计算出2024年西部地区的GDP，进而计算其经济增长率。二是灰色模型。该模型具有数据要求少、精度高的特点。三是综合加权平均法。根据西部地区12个省（区、市）政府工作报告中所提出的经济增长目标，利用GDP、人口数、投资额等数据进行加权处理，综合计算出2024年西部地区主要经济增长指标。

1. 生产函数法预测

采用生产函数法对西部地区2024年的经济增长率进行估计。所采用的生产函数形式为柯布-道格拉斯生产函数，具体形式为：

$$Y_t = A_t K_t^\alpha L_t^\beta \tag{1}$$

其中，Y为产出，K为物质资本存量，L为劳动力，A代表除物质资本和劳动力外所有对产出有影响的因素，也称为全要素生产率（TFP），α和β分别为物质资本产出弹性和劳动力产出弹性，对生产函数两边取对数可得：

$$\ln Y_t = \ln A_t + \alpha \ln K_t + \beta \ln L_t \tag{2}$$

物质资本的计算方式为永续盘存法，折旧率根据张军等的研究①选择为9.6%，基期选择与不变价GDP的基期相同，为2015年，劳动力为各地区的当年就业人数。利用2015~2023年的实际GDP、物质资本存量和劳动力人数估算出生产函数的系数，再用插值法对2024年的劳动力和物质资本存量进行估计，代入生产函数公式。最终估算2024年实际GDP为235201.85亿元，预测结果如图50，预测精度为99.17%（见表35）。经计算，预测的2024年GDP增长率为4.61%。

图50　2016~2024年不变价GDP预测值与实际值

表35　2016~2023年西部地区不变价GDP的生产函数法预测

单位：亿元，%

年份	不变价GDP预测值	实际值	绝对误差	相对误差
2016	150827.95	150489.81	-338.14	0.22
2017	162078.03	162181.98	103.95	0.06
2018	172021.97	174096.16	2074.19	1.19
2019	182743.69	185746.28	3002.59	1.62
2020	196195.74	191843.20	-4352.54	2.27

---

① 张军、吴桂英、张吉鹏：《中国省际物质资本存量估算：1952—2000》，《经济研究》2004年第10期。

续表

年份	不变价 GDP 预测值	实际值	绝对误差	相对误差
2021	205687.13	206346.41	659.28	0.32
2022	214187.68	213036.19	-1151.49	0.54
2023	223940.13	224829.50	889.37	0.40

2. 灰色模型预测

选取 2016~2023 年西部地区不变价 GDP 数据作为原始序列数据，建立 GM（1，1）预测模型，对 2024 年西部地区不变价 GDP 和经济增长率进行预测。原始序列为 $x^{(0)}(k)=$（150489.81，162181.895，174096.225，185746.342，191843.217，206346.309，213036.11，224829.386）。

一次累加生成序列为 $x^{(1)}(k)=$（150489.81，312671.705，486767.93，672514.272，864357.489，1070703.798，1283739.908，1508569.294）。通过对一次累加生成序列 $x^{(1)}(k)$ 进行均值计算得到矩阵 B，并以原始数据列 $x^{(0)}(k)$ 为基础构造矩阵 Y_n，可得：

$$B = \begin{pmatrix} -231581 & 1 \\ -399720 & 1 \\ -579641 & 1 \\ -768436 & 1 \\ -967531 & 1 \\ -1177222 & 1 \\ -1396155 & 1 \end{pmatrix} \quad Y_n = \begin{pmatrix} 162181.9 \\ 174096.2 \\ 185746.3 \\ 191843.2 \\ 206346.3 \\ 213036.1 \\ 224829.4 \end{pmatrix}$$

根据 GM（1，1）计算公式可知：

$$\hat{a} = \begin{pmatrix} a \\ b \end{pmatrix} = [B^T B]^{-1} B^T Y_n \tag{3}$$

$$\hat{x}^{(1)}(k+1) = \left(x^{(0)}(1) - \frac{b}{a}\right) e^{-ak} + \frac{b}{a} \tag{4}$$

根据式（3）可求得：$a=-0.0525$，$b=152580.8$。将 a 和 b 的值代入式（4）可求得西部地区 2016~2023 年的不变价 GDP 预测值。2016~2023 年西部地区不变价 GDP 预测结果和预测误差如表 36 所示。

表36　2016~2023年西部地区不变价GDP的灰色模型预测结果

单位：亿元，%

年份	实际值	预测值	绝对误差	相对误差
2016	150489.8	150489.8	0.0	0.00
2017	162181.9	164777.4	2595.5	1.60
2018	174096.2	173665.6	-430.6	0.25
2019	185746.3	183033.2	-2713.1	1.46
2020	191843.2	192906.1	1062.9	0.55
2021	206346.3	203311.6	-3034.7	1.47
2022	213036.1	214278.3	1242.2	0.58
2023	224829.4	225836.6	1007.2	0.45

通过对预测结果分析可知，平均相对误差仅为0.91%，预测精确度高达99.19%，且根据计算得到后验差比值C为0.006，小于0.35，意味着模型精度等级非常好，因此根据该模型预测西部地区不变价GDP是可靠的。根据该方法预测西部地区2024年不变价GDP为238018.358亿元。由该预测值和2023年原始不变价GDP数据计算得到2024年不变价GDP增长率为5.87%。

3. 综合加权平均法预测

关于西部地区GDP增长率的预测方法为：将西部地区各省（区、市）2023年不变价GDP除以西部地区2023年不变价GDP，作为各省（区、市）的权重，分别乘以2024年各省（区、市）GDP增长目标并加总，得到2024年西部地区经济增长率目标值。计算结果为5.72%。

4. 2024年西部地区经济发展目标预测结果

综合以上三种预测方法的预测结果，预测出2024年西部地区GDP增长率为4.61%~5.87%。对其余主要经济指标进行预测的方法及预测结果见表37。

表37 2024年西部地区经济增长指标预测结果汇总

指标	西部地区	预测方法
GDP增长(%)	[4.61　5.87]	
固定资产投资增长(%)	6.20%	将2023年各省(区、市)固定资产投资额除以西部地区固定资产投资总额作为各省(区、市)权重,分别乘以2024年各省(区、市)固定资产投资增长目标并加总,得到目标值
社会消费品零售总额增长(%)	6.73%	将2023年各省(区、市)社会消费品零售总额除以西部地区社会消费品零售总额作为各省(区、市)权重,分别乘以2024年各省(区、市)社会消费品零售总额增长目标并加总,得到目标值
居民消费价格涨幅(%)	不超过3%	2024年各省(区、市)目标值都不超过3%
城镇调查失业率(%)	5.55%	将2023年各省(区、市)城镇调查失业人口除以西部地区城镇调查失业人口作为各省(区、市)权重,分别乘以2024年各省(区、市)失业率目标并加总,得到目标值
一般公共预算收入增长(%)	5.11%	将2023年各省(区、市)一般公共预算收入除以西部地区一般公共预算收入作为各省(区、市)权重,分别乘以2024年各省(区、市)一般公共预算收入增长目标并加总,得到目标值
规模以上工业增加值增长(%)	7.07%	规模以上工业增加值数据难以获取,根据2024年各省(区、市)目标值直接求均值得到
进出口总值增长(%)	10.29%	将2023年各省(区、市)进出口总额除以西部地区进出口总额作为各省(区、市)权重,分别乘以2024年各省(区、市)进出口总额增长目标并加总,得到目标值
居民人均可支配收入增长(%)	全体居民人均可支配收入增长5.50%,城镇居民人均可支配收入增长5.99%,农村居民人均可支配收入增长7.24%	将2023年各省(区、市)居民人均可支配收入除以西部地区各省(区、市)居民人均可支配收入总和作为权重,分别乘以2024年各省(区、市)居民收入增长目标并加总,得到目标值

续表

指标	西部地区	预测方法
新增城镇就业(万人)	451.89	将2024年各省(区、市)目标值加总,并且对于未公布2024年新增城镇就业人数目标的省(区、市)用该省(区、市)2023年的新增就业人数替代
粮食产量(万吨)	18257	将2024年各省(区、市)目标值加总,并且对于未公布2024年粮食产量目标的省(区、市)用该省(区、市)2023年的粮食产量替代

四 2024年西部地区经济高质量发展的主要任务及政策建议

（一）推动产业链供应链优化升级，培育新兴产业和未来产业，推进数字经济创新发展，构建富有西部地区特色和优势的现代化产业体系

1.更大力度推动产业链供应链优化升级

推进制造业重点产业链高质量发展，围绕产业链、创新链图谱，依托"链主"企业推动先进制造业集群高质量发展。实施产业创新引领工程，全面提升西部地区国家级科技创新平台建设质效，强化生态环境、自然资源、清洁能源、生物资源等领域关键技术攻关，促进科研创新成果转化。创新"项目+人才+平台"科技人才培养引进机制，加强科学技术普及，开展促进大中小企业融通创新"携手行动"，完善知识产权保护体系，大幅提高科技成果转移转化成效。实施新能源、新材料等重点产业链高质量发展行动，加强质量支撑和标准引领，进一步提高制造业特别是高技术制造业和装备制造业占比。

2.积极培育战略性新兴产业和未来产业

培育生物技术、新材料、卫星网络、新能源与智能网联汽车等新兴产业，推进一批标志性牵引性项目。聚焦低碳能源、前沿材料、未来网络、空天、生命与健康等五大领域，新型储能、氢能、高性能复合材料、高效催化材料、第三代半导体、算力网络、卫星通信导航、生物育种等八大方向，重点布局和大力发展人工智能、生命科学等未来产业。推进无人机、集成电路、工业软件等领域关键核心技术攻坚及产业化，推动北斗规模应用和产业集聚发展。深入实施战略性新兴产业融合集群发展工程，促使西部地区新布局一批国家战略性新兴产业集群和省级集群。

3. 更高水平强化数字赋能

围绕"东数西算""东数西储"，实施"数据要素×"行动，构建算力、存力、运力一体化算网融合发展体系。加大产业数字化、数字产业化推进力度，充分发挥数字的叠加和倍增效应，实施数字产业化量级提升与质效提升行动，大力发展"AI+""AI×"产业，大力推进传统产业智能升级计划、中小企业 AI 赋能计划。实施绿色算力基地建设工程，组建绿色算力研究中心，引进更多大数据产业骨干龙头企业，建设清洁能源和数字经济融合发展基地，打造数字产业集群。深入开展中小企业数字化赋能专项行动，推动生活服务业数字化转型升级，打造数字经济发展新引擎，让人民群众更好畅享"数智"美好生活。

4. 扎实推进特色产业发展

贵州要持续发展现代能源和特色矿产业，壮大白酒企业舰队。广西扎实推进现代特色农业发展，提升柳州螺蛳粉等一批"桂字号"品牌效应。云南、西藏、青海发挥文旅康养特色优势，培育壮大文化产业。内蒙古、新疆、甘肃优先发展风能、太阳能等新能源产业。重庆、陕西深入推进新能源电池与新能源汽车产业布局。四川、宁夏要分别加快推进电子信息等先进制造业集群、新型工业高质量发展。

（二）扩大投资需求，激发消费潜能，不断塑造西部地区经济发展新优势

1. 扩大有效投资

首先，要增加投资总量，抢抓国家增发国债、扩大中央预算内投资、发

行超长期特别国债等政策机遇，合理扩大专项债券用作资本金范围。其次，要优化投资结构。侧重于重点领域投资，加快核心技术攻关、新型基础设施建设、绿色节能等重点领域投资；以补链强链、"智改数转"为重点促进工业投资放量；推动房地产投资回暖，合理确定供地规模、结构和时序，促进房地产市场平稳健康发展。最后，要丰富投资主体。更大力度激发民间投资活力，落实扩大民间投资支持政策，动态调整民间投资清单，加大民间投资增信支持和要素保障力度，建立完善的政府和社会资本合作机制；吸引国企投资、扩大利用外资，探索建立"引导基金+市场化基金+投贷联动"多元化投融资体系。

2. 激发消费潜力

要健全工资合理增长机制，实施中等收入群体倍增计划，实现居民人均可支配收入的持续增长，从而提升全体居民消费能力。此外，要深入实施"现代服务业提质扩容工程"，稳定消费预期、改善消费环境、提升消费供给质量。一是稳定扩大传统消费，有效促进汽车、家装家居等产品消费，激活房地产消费。调整个人住房房产税政策措施，优化公积金使用范围和方式，完善二手房交易等政策工具箱，增加改善性住房供给。二是培育壮大新型消费，大力发展数字消费、绿色消费、健康消费等新消费产业，培育智能家居、文娱旅游、体育赛事、国货"潮品"、沉浸式消费等新消费增长点。三是提质升级农村消费，开展绿色产品下乡，推动特色产品进城。各省（区、市）要积极设立消费专项资金、出台以旧换新补贴政策、打造夜间特色消费街区促进多元化消费；构建城乡共同配送体系，加快完善农村电子商务和寄递物流配送体系，提升物流通达水平和配送时效，保障农村消费升级。

（三）深入实施创新驱动发展战略，推进区域科技创新提质增效，加强科教创新和产业创新融合，塑造发展新动能新优势

1. 提升重大创新平台建设质效

支持和保障国家和西部地区各省（区、市）重点实验室高效运行，做好重点实验室优化重组工作，推动国防科技重点实验室建设，高质量运行国家布局在西部地区各省（区、市）的重大创新平台。布局一批省级技术（产业）创新中心，加快科技创新中心、孵化器等创新平台项目建设。加快建设"一带一路"科技创新合作区、产业创新中心与国际技术转移中心，扩大西部地区国际科技交流合作影响力。

2. 强化企业科技创新主体地位

构建"科技型中小企业—高新技术企业—科技型领军企业"梯次培育体系，支持龙头企业、链主企业组建创新联合体。大力培育专精特新、单项冠军、瞪羚企业等创新型企业。建立健全"企业出题、科技答题"机制，实施产业类科研项目企业牵头制，支持建立企业技术中心。

3. 重视科技创新人才资源，加大招才引智力度

实施更加灵活、更有针对性的创新人才政策，大力培养引进科技领军人才、青年科技人才和关键核心技术攻关人才，引进一批科研机构、创新平台、顶尖人才及团队。弘扬科学家精神，开展科研减负行动，鼓励和保障科研人员心无旁骛地搞科研。积极鼓励支持各类人才创新创业，充分激发创新创造活力。推进国家科技成果、科技人才评价改革综合试点，深化职务科技成果权属改革。

4. 推动产教科融合发展

鼓励企业与高校、科研院所加强联合技术攻关和成果产业化，加强西部地区同京津冀地区、长三角地区、粤港澳大湾区等地的科教合作。加速科技创新成果转化应用。出台推动科技成果转化和产业化的实施方案及政策措施，推广"产业研究院+产业基金+产业园区"科技成果转化路径；健全知识产权保护体系，提升科研成果转化应用效益。

（四）加快农业农村现代化，夯实县域支撑，统筹推进新型城镇化和乡村全面振兴，增强区域发展均衡性协调性

1. 扎实做好"三农"工作，加快推进乡村全面振兴

坚持把乡村全面振兴作为新时代新征程"三农"工作的总抓手，深入

学习运用"千村示范、万村整治"工程经验，推动西部地区各省（区、市）实施"粮食单产提升和耕地保量提质工程"，保障粮食和重要农产品稳定安全供给。提升乡村产业发展、乡村建设、乡村治理水平，加快建设国家农业绿色发展先行区，科学构建农林牧渔并举、粮经饲统筹、产加销贯通、农文旅融合的现代乡村产业体系。推进宜居宜业和美乡村建设，创新乡村治理模式，培育文明乡风。强化农民增收举措，持续壮大村集体经济，完善联农带农富农机制、脱贫人口增收机制。

2. 推进以县城为重要载体的新型城镇化建设

推进县域经济特色化差异化发展，培育壮大特色优势产业，着力提升县区综合实力，构建以县城为枢纽、以小城镇为节点的县域经济体系。着力提升城市承载能力，积极推进城市更新行动，做实做细城市体检，建设城市运行管理服务平台，打造好房子、好小区、好社区、好城区，努力让城市更宜居、更韧性、更智慧。

3. 促进城乡融合和区域协调发展

推进城镇公共服务向乡村延伸、社会事业向乡村覆盖、优质资源向乡村下沉，提升基本公共服务均等化水平。加快农业转移人口市民化，推动大型易地搬迁安置区融入新型城镇化，积极破除城乡二元结构。促进各类要素双向流动，不断缩小城乡差距，提升区域协调发展整体效能。

（五）深化重点领域和关键环节改革，优化营商环境，聚力增强西部地区发展内生动力

1. 深化重点领域改革，增强发展内生动力

推动西部地区各省（区、市）在市场准入机制、行政执法体制、财税体制、生态环保、社会建设等方面进一步加大攻坚力度。深化财税体制改革，实施财源建设工程，优化财力分配结构，提高资金使用效益，提升为民理财水平。深化农业农村改革，稳步推进农村承包地、宅基地、集体经营性建设用地改革，完善耕地占补平衡制度，有效激发农业农村资源活力。深化国有企业改革，实施新一轮国企改革深化提升行动，持续完善现

代公司治理机制，培育壮大省属龙头型、牵引型国有企业，完善国有资本经营预算制度。

2. 持续优化营商环境

以服务实体经济专项行动为抓手，推进跨部门综合监管，建立健全诚信履约和失信惩戒制度。聚焦"高效办成一件事"优化政务服务，持续提高政务服务全程网上可办率，促进政务服务标准化、规范化、便利化。完善公共资源交易平台，全面清理废除妨碍统一市场和公平竞争的各类显性和隐性壁垒，高效融入全国统一大市场建设，为西部地区各类所有制企业营造公平竞争、竞相发展的良好环境。全面落实中央促进民营经济发展壮大31条政策和西部地区各省（区、市）具体措施，实施营商环境提升行动，强化民营经济高质量发展一系列政策措施跟踪问效，实施民营企业培优扶强专项行动。

（六）加快"一带一路"核心区建设，高标准建设自贸试验区，更大力度吸引和利用外资，以高水平开放促进高质量发展

1. 以高质量共建"一带一路"为引领，加快"一带一路"核心区建设，加快综合保税区、中外产业合作区建设

推动西部地区各省（区、市）融入服务长江经济带发展、西部陆海新通道建设、粤港澳大湾区建设，统筹开放大通道、大平台、大枢纽建设，持续开行西部陆海新通道班列、中欧班列和中老班列，推动有机衔接、降费增效，提升西部地区各省（区、市）在全国开放格局中的位势和能级。加强区域深度合作，深化东西协作，创新西部合作，全面加强资源能源、生态环保、交通物流等方面的共建共享，更好融入西部大开发新格局。

2. 高标准建设自贸试验区

建立健全权责清晰、统筹高效的自贸试验区管理体制机制。全面落实自贸试验区建设实施方案，高质量推进陕西、重庆、四川、新疆等自贸试验区建设。发挥自贸试验区综合试验平台作用，加快推进投资贸易便利化、金融创新和产业开放，引进一批重大项目、重要平台、龙头企业和专业机构，努力把自贸试验区打造成为改革开放的新高地。

3. 更大力度稳外贸稳外资

推进重点外贸企业"百企领航、千企升级"培育攻坚，加快发展一般贸易，大力发展绿色贸易，持续做大外贸"新三样"规模。加快建设国家进口贸易促进创新示范区，培育大宗商品进口供应链服务平台，扩大大宗商品和消费品直接进口。促进"跨境电商+产业带"模式发展，加快发展海外仓、中间品贸易、服务贸易、跨境电商出口，高质量建设国家级服务出口基地。扩大对外工程承包，支持有条件的企业开展对外投资。大力招引世界500强、知名跨国公司、行业领军和小巨人企业，引导存量外资企业利润再投资，引进更多优质外资项目。拓展国际友城和友好合作关系，深化国际交往和商贸活动，更好发挥民间外交作用。

（七）夯实美丽西部绿色根底，推进西部地区生态文明建设

1. 持续深入打好污染防治攻坚战，坚持精准治污、科学治污、依法治污

实施空气质量持续改善行动计划，持续开展地区大气污染治理专项行动。加强区域联防联控，黄河流域省份要深化入河排污口排查整治，加快污水溢流、侵占岸线、水土流失等问题治理。推进钢铁、水泥、焦化等重点行业及燃煤锅炉超低排放改造，加强固体废物综合治理。加强土壤污染源头防控，实施农业面源污染防治巩固提升工程，提高重点建设用地和受污染耕地安全利用率。

2. 持续推进重点生态工程，加强西部地区生态系统保护修复

西藏要加快实施拉萨南北山绿化和历史遗留矿山生态修复工程；重庆、四川、广西、新疆要持续实施山水林田湖草沙一体化保护修复等重大工程；内蒙古、陕西、宁夏、甘肃加快荒漠化综合防治，抓好黄河流域水土保持和廊道绿化，打好黄河"几字湾"攻坚战；贵州要完成武陵山区"山水工程"建设任务，持续抓好长江"十年禁渔"；云南坚决筑牢长江上游生态安全屏障，做好石漠化、水土流失综合治理和历史遗留矿山修复；青海要实施三江源、祁连山、青海湖等重要生态系统保护和修复重大工程。

3. 有序推动绿色低碳转型，坚持把绿色低碳发展作为解决生态环境问题的治本之策

加快形成绿色生产生活方式，培育壮大节能环保装备、废弃物资源化利用等绿色产业，大力发展绿色制造、装配式建筑，推进智能建造试点城市建设，优化能源消费结构。推动能源双控逐步向碳排放双控转变，加快实施工业、城乡、交通等重点领域碳达峰行动计划，加快工业园区循环化和节能降碳改造。积极参与全国碳市场建设，探索建立重点产品碳足迹管理体系，开展重点行业企业碳排放核查，推动国家温室气体自愿减排项目开发交易。

4. 加快完善生态文明制度的顶层设计

积极探索推广绿水青山转化为金山银山的路径，完善生态产品价值实现机制，建好用好生态产品交易中心，编制生态产品目录清单。

（八）着力防范化解重点领域经济风险

1. 防范化解政府债务风险

西部地区各省（区、市）地方政府要加快推动一揽子化债方案落地落实，分级实施债务率管控，加快融资平台分类转型，严禁超财力铺新摊子上新项目，确保按期完成高风险地区债务规模和债务率"双降"任务。中央财政应积极支持地方做好隐性债务风险化解工作，督促地方统筹各类资金、资产、资源和各类支持性政策措施逐步缓解债务风险。此外，要促进地方政府信息公开透明，建立全口径地方政府债务监测监管体系，加强跨部门联合监管，始终保持高压态势，强化定期监审评估，坚决查处新增隐性债务行为。

2. 防范化解房地产风险

一视同仁满足不同所有制房地产企业合理融资需求，加强在建项目预售资金监管，防止出现新的房地产风险。开展未建成交付安置房三年清零行动，探索二手房、库存商品房、保障性租赁住房转化政策，打通房地产市场"一二手房"联动通道，促进房地产市场平稳健康发展。探索构建房地产发展新模式，推进房地产领域供给侧改革，完善"市场+保障"住房供应体系，加快解决新市民、青年人、农民工住房困难问题。

（九）提升西部地区就业、教育、医疗及社会保障公共服务能力，在发展中切实保障和改善民生

1. **缓解就业压力**

在增加就业岗位方面，西部地区地方政府要吸引更多企业扎根西部，积极发展吸纳就业能力强的产业，支持经营主体稳岗拓岗，稳定政策性岗位规模，整合各省（区、市）劳务协作站资源，构建西部地区乃至全国公共就业服务平台"一张网"，确保高校毕业生、退役军人、农民工、就业困难人员等重点群体就业稳定，带动失业人员再就业。在调整就业结构方面，积极推广高校毕业生"组团式"就业新渠道，鼓励高校毕业生参与乡镇、村（社区）治理建设工作，实施青年返乡创业兴乡行动。

2. **深化教育质量提升工程，坚持立德树人发展**

推动义务教育薄弱环节改善和能力提升，创建全国义务教育优质均衡发展区县；完善学前教育保障机制，加大高校优势特色学科发展支持力度。实施现代职业教育体系建设改革计划、积极发展技工教育，推进本科层次职业技术大学建设，支持组建产教联合体和产教融合共同体，高水平建设西部职教基地。实施教育数字化计划，启动教育大数据中心建设，积极创建教育数字化转型发展试验区。合理优化农村教育资源布局，办好必要的农村小规模学校。

3. **深化医疗健康保障工程，坚持全方位全周期保障人民健康**

构建分级诊疗格局，创建国家医学中心和区域医疗中心，加强特色专科医院建设，实施基层医疗卫生人员培训提升计划，加快优质医疗资源扩容和区域均衡布局。推广智慧医疗，建立"一人一码一档"全生命周期电子健康档案，推动医疗机构检验检查结果互认。深化医保支付方式改革，加大药品和医用耗材集中带量采购力度，加强医保基金常态化监管。加强疾控机构基础设施建设，建立重大传染病疫情监测预警平台。

4. 健全社会保障体系，坚持尽力而为、量力而行

做深做实分层分类社会救助工作，健全工伤保险省级统筹制度，完善基本医保筹资和待遇调整机制。完善社会救助政策措施，各省（区、市）做好对城乡特困人员、全失能低保人员等特殊群体的集中照护服务，补贴补助发放在落实中央既定政策的基础上予以提标。

西部地区
乡村振兴专题研究

B.2
西部地区乡村振兴的难点、目标与实现路径[*]

吴振磊　白薇　杨春江[**]

摘　要： "乡村振兴"是西部地区实现城乡融合发展的重要途径，准确评估西部地区乡村振兴现状、客观分析西部地区乡村振兴面临的现实约束，对于实现区域协调发展和共同富裕具有重要意义。本报告从产业兴旺、生态宜居、乡风文明、治理有效和生活富裕5个方面综合评价西部地区乡村振兴现状，聚焦西部地区乡村振兴的重点、客观分析西部地区乡村振兴的难点，同时结合国家乡

---

[*] 本报告为教育部人文社科重点研究基地——西北大学中国西部经济发展研究院项目（项目编号：XBLPS202402）阶段性研究成果。

[**] 吴振磊，教育部人文社科重点研究基地——西北大学中国西部经济发展研究院院长，西北大学党委常委、副校长、教授、博士生导师，主要研究方向为城乡关系；白薇，西北大学经济管理学院硕士研究生，主要研究方向为城乡关系；杨春江，教育部人文社会科学重点研究基地——西北大学中国西部经济发展研究院研究员，西北大学经济管理学院教授、博士生导师，主要研究方向为城乡一体化。

村振兴主要目标与重点任务，提出西部地区乡村振兴的可行性路径，进而拓展西部地区全面实施乡村振兴战略的深度和广度，推动城乡融合发展。

关键词： 西部地区　乡村振兴　城乡融合　共同富裕　区域协调发展

一　西部地区乡村振兴的现状评价

2018年发布的《中共中央国务院关于实施乡村振兴战略的意见》首次总体性、规模性的详细阐述了乡村振兴战略，明确提出了乡村振兴战略发展总体要求的"二十字方针"，具体为"产业兴旺、生态宜居、乡风文明、治理有效、生活富裕"。实施这一战略，是党的十九大在成功打赢脱贫攻坚战、全面建成小康社会后，面向全面建设社会主义现代化国家这一重大历史背景的深远考量下，做出的重要部署。同时，该战略成为新时代"三农"工作的核心引领和总抓手，为农村地区的持续发展提供了明确的方向和强大的动力。随后出台的《乡村振兴战略规划（2018—2022年）》《中共中央 国务院关于全面推进乡村振兴加快农业农村现代化的意见》《中共中央 国务院关于实现巩固拓展脱贫攻坚成果同乡村振兴有效衔接的意见》等一系列文件和法律法规，形成了乡村振兴战略的顶层布局。

实施乡村振兴战略对于西部地区而言，是推进农业农村发展的一项重要历史任务和战略决策。乡村振兴战略不仅是理论与实践相结合的系统工程，也是激发"三农"发展活力、提升农民生活水平的关键举措。通过农业农村优先发展，西部地区致力于实现农业现代化，不断增加农民收入，稳定农业生产，并确保粮食与农产品的安全供给。通过实施乡村振兴战略，西部地区将实现城乡融合发展，进一步推动经济社会资源的公平共享，不断缩小城乡差距，促进全社会的和谐进步。对西部地区来说，实施乡村振兴战略不仅有助于化解当前社会的主要矛盾、保障国家的粮食和农产品安全，还将引导农业朝现代化方向发展，推动农村稳定与长治久安，确保农民生活水平持续提高，为西部地区的全面发展与繁荣奠定坚实基础。

（一）西部地区乡村振兴评价指标体系

根据《乡村振兴战略规划（2018—2022年）》的指导思想和总体要求，在遵循科学性、可行性、可测性和数据可获得性等原则的基础上，借鉴现有研究[1]，从产业兴旺、生态宜居、乡风文明、治理有效和生活富裕5个维度构建西部地区乡村振兴评价指标体系，建立5个一级指标、14个二级指标和30个三级指标（见表1），将西部地区乡村振兴水平纳入具体指标中，并利用熵权法对西部地区乡村振兴的现状进行全面评估。

产业兴旺是乡村振兴的根本动力，是实现乡村振兴的物质基础。本报告从粮食安全、产业融合水平、农业生产效率3个方面选取粮食综合生产能力、规模以上农产品加工企业主营业务收入、人均农业机械总动力、农业劳动生产率4个三级指标考察乡村产业基础和发展水平。

生态宜居是乡村振兴战略中环境保护的重要体现，是促进人与自然和谐共处的一项重要工作。乡村振兴战略要求推动美丽乡村建设，转变农业生产方式，将农业可持续发展作为改善农村环境的一项重要内容，从而促进农村清洁、农业绿色、农民幸福。鉴于生态宜居的主要内容包括人文环境宜居和自然环境宜居，因此，本报告选择了农村卫生厕所普及率、对生活污水进行处理的行政村占比、对生活垃圾进行处理的行政村占比作为人文环境宜居指标，选择了农村绿化率，畜禽粪污综合利用率，农药、化肥施用强度作为自然环境宜居指标。

乡风文明体现了乡村振兴战略中文化建设的支撑性作用，也是人民群众精神文明建设过程中的关键举措。本报告重点从公共文化发展和农村教育水平2个方面衡量乡风文明程度，下设乡村文化站数量、有线电视覆盖率、开

---

[1] 徐雪、王永瑜：《中国乡村振兴水平测度、区域差异分解及动态演进》，《数量经济技术经济研究》2022年第5期。

通互联网宽带业务的行政村比重、农村居民人均文教娱乐消费支出占比、农村义务教育学校专任教师本科以上学历比例、农村人口平均受教育年限6个三级指标。

治理有效是乡村振兴的关键一环,能够确保乡村基层社会治理的稳健运行,为居民提供安居乐业的社会环境,也为乡村的长期发展奠定坚实基础。乡村治理水平直接关系到乡村振兴战略的实施效果,因此,本报告从治理能力和治理举措2个方面选取村主任书记"一肩挑"比例、已编制村庄规划的行政村占比、已开展村庄整治的行政村占比等3个三级指标衡量乡村治理水平。

生活富裕不仅是社会主义的核心理念,还是乡村振兴的最终目标。在推动乡村振兴的道路上,必须致力于提升农民经济收入,优化农民消费结构,并从根本上提高其生活品质。同时,弥补农村基础设施的短板,确保农村公共服务的有效供给,是不可或缺的环节。因此,本报告选取农民人均纯收入、城乡居民收入比、农村贫困发生率以及农民人均收入增长率这些指标衡量农民收入水平;农村居民恩格尔系数则能够精准展现农民消费结构。此外,还通过农村居民人均住房面积、农村居民平均每百户汽车拥有量以及安全饮用水普及率来评估农民生活质量。村庄道路硬化率、人均道路面积以及农村每千人拥有卫生技术人员数,则成为衡量基础设施建设水平以及基本公共服务保障水平的重要依据。这些指标不仅为本报告提供了量化的评价工具,还为乡村振兴的持续推进提供了明确的方向和动力。

表1 乡村振兴评价指标体系

一级指标	二级指标	三级指标
产业兴旺	粮食安全	粮食综合生产能力
	产业融合水平	规模以上农产品加工企业主营业务收入
	农业生产效率	人均农业机械总动力
		农业劳动生产率

续表

一级指标	二级指标	三级指标
生态宜居	人文环境宜居	农村卫生厕所普及率
		对生活污水进行处理的行政村占比
		对生活垃圾进行处理的行政村占比
	自然环境宜居	农村绿化率
		畜禽粪污综合利用率
		农药、化肥施用强度
乡风文明	公共文化发展	乡村文化站数量
		有线电视覆盖率
		开通互联网宽带业务的行政村比重
	农村教育水平	农村居民人均文教娱乐消费支出占比
		农村义务教育学校专任教师本科以上学历比例
		农村人口平均受教育年限
治理有效	治理能力	村主任书记"一肩挑"比例
	治理举措	已编制村庄规划的行政村占比
		已开展村庄整治的行政村占比
生活富裕	农民收入水平	农民人均纯收入
		城乡居民收入比
		农村贫困发生率
		农民人均收入增长率
	农民消费结构	农村居民恩格尔系数
	农民生活质量	农村居民人均住房面积
		农村居平均每百户汽车拥有量
		安全饮用水普及率
	基础设施建设水平	村庄道路硬化率
		人均道路面积
	基本公共服务保障水平	农村每千人拥有卫生技术人员数

（二）西部地区乡村振兴测度结果分析

在进行具体的现状分析前，需对东部、中部、西部地区的范围进行明确。根据国家统计局划分的标准，本报告将全国 31 个省（区、市）按照东部、中部和西部划分为三大区域，其中，西部地区包括贵州、重庆、宁夏、四川、陕西、云南、甘肃、青海、内蒙古、新疆、广西、西藏等12个省（区、市）。研究使用的数据主要来源于2018~2022年的《中国农村统计年鉴》、《中国城乡建设统计年鉴》、各省（区、市）统计年鉴以及中国经济社会大数据研究平台。

1. 西部地区乡村振兴水平总体评价

基于全国视角，我国东部、中部、西部各地区乡村振兴水平不断提高。2018~2022年，全国乡村振兴水平总体实现平稳提高，呈现较为良好的发展态势。从不同区域乡村振兴综合指数来看，乡村振兴水平由高到低排序为东部地区、中部地区、西部地区，东部地区乡村振兴水平最高，综合指数均值在4左右，中部地区乡村振兴综合指数均值在3左右，西部地区乡村振兴水平最低，均值小于2.5；从不同区域乡村振兴综合指数年均增长速度来看，西部地区为3.04%，东部地区为2.75%，中部地区为2.76%（见表2）。由此可见，我国的乡村振兴水平有较大的区域差距，总体上是东部地区>中部地区>西部地区，但是，东部地区和中部地区的乡村振兴发展速率有所下降，而西部地区则增长得比较迅速，2018年以后，西部地区表现出了对东部地区的强烈追赶，所以，我国乡村振兴水平的区域差距正在逐渐缩小。

基于西部地区视角，西部地区各省（区、市）乡村振兴水平也呈现不断提高的趋势。通过横向对比得出，2022年西部地区12个省（区、市）中，重庆、甘肃、广西、四川、陕西、贵州的乡村振兴水平较高，乡村振兴综合指数值高于西部地区乡村振兴综合指数均值，其中重庆市的乡村振兴水平最高，乡村振兴综合指数值高于东部地区乡村振兴综合指数均值，而内蒙古、宁夏、青海、西藏、新疆、云南的乡村振兴水平较低，乡村振兴综合指数值远低于西部地区乡村振兴综合指数均值。另外，通过纵向对比得出，西部地区各省（区、市）中，宁夏的乡村振兴发展速度最快，年均增速远高于西部地区的平均发展速度，其次是青海，而甘肃的乡村振兴发展速度最慢，其次是云南。

表2 2018~2022年西部地区各省（区、市）乡村振兴综合指数

单位：%

省（区、市）	2018年	2019年	2020年	2021年	2022年	2022年的排名	年均增速
内蒙古	0.6642	0.6911	0.6953	0.7241	0.7324	9	2.55
广 西	3.6687	3.7849	3.8975	4.0256	4.1887	3	3.37
重 庆	5.1565	5.3618	5.3696	5.7146	5.6986	1	2.52
四 川	3.4376	3.6692	3.8628	3.9450	4.0058	4	3.91
贵 州	2.2327	2.2501	2.4509	2.5105	2.4842	6	2.69
云 南	0.9880	1.0375	1.0881	1.0144	1.0928	8	2.43
西 藏	0.3862	0.4432	0.4066	0.3334	0.4373	10	3.06
陕 西	2.7872	2.8232	3.0338	3.0942	3.1664	5	3.24
甘 肃	3.8658	3.7837	3.8601	4.0732	4.2234	2	2.19
青 海	0.2958	0.3370	0.3206	0.3465	0.3644	11	4.66
宁 夏	0.0735	0.0743	0.1471	0.1148	0.1667	12	24.84
新 疆	1.3947	1.3853	1.5300	1.4076	1.5762	7	3.25
西部地区均值	2.0792	2.1368	2.2219	2.2753	2.3447		3.04
东部地区均值	3.9336	4.0295	4.1556	4.2165	4.3758		2.75
中部地区均值	2.8963	2.9936	3.0426	3.1031	3.2160		2.76

2. 西部地区乡村振兴各维度发展水平评价

根据表3所示的五个维度（产业兴旺、乡风文明、生态宜居、治理有效、生活富裕）的测度结果可以看出，2018~2022年，生活富裕的均值以0.6877高居榜首，显示出明显的优势。而生态宜居与乡风文明分别以0.5071和0.5070的均值紧随其后，处于中等水平。产业兴旺的均值为0.3354，处于中等偏下区间。相比之下，治理有效的均值最低，仅为0.1744，显示出在乡村振兴过程中治理水平仍有待提高。

另外，这五个维度在五年内均呈现积极的上升态势，说明乡村振兴的各项措施正在逐步取得成效。从增长幅度来看，产业兴旺以13.42%的增长幅度领跑，显示出产业发展的强劲势头；乡风文明紧随其后，增长幅度为13.37%，反映出乡村文明建设的不断推进；生态宜居和治理有效的增长幅

度分别为12.73%和12.54%，虽然略逊于前两者，但也显示出稳步提升的趋势；生活富裕的增长幅度为12.09%，虽然居于末尾，但仍表明农民的生活水平正在稳步提高。

表3 2018~2022年西部地区乡村振兴各维度发展水平

单位：%

维度	2018年	2019年	2020年	2021年	2022年	均值	增长幅度
产业兴旺	0.3145	0.3216	0.3370	0.3472	0.3567	0.3354	13.42
乡风文明	0.4745	0.4901	0.5108	0.5216	0.5380	0.5070	13.37
生态宜居	0.4764	0.4897	0.5099	0.5225	0.5370	0.5071	12.73
治理有效	0.1645	0.1688	0.1756	0.1782	0.1851	0.1744	12.54
生活富裕	0.6495	0.6667	0.6885	0.7059	0.7280	0.6877	12.09

（1）产业兴旺水平

从区域整体来看，西部地区产业兴旺水平得分呈现稳步上升态势，从2018年的0.3145上升到2022年的0.3567，增长幅度达到13.42%，年均增长率为3.20%；从各省（区、市）分别来看，2022年，产业兴旺水平得分最高的是重庆（0.8835），得分最低的是宁夏（0.0135），这反映出西部地区在产业兴旺方面呈现显著的空间差异，不同省（区、市）间在产业协同与优化方面的能力不同。具体来看，甘肃、广西、陕西、四川、贵州和重庆等省（区、市）的产业兴旺水平得分高于整体均值（0.3354），表现较为突出。然而，仍有半数省（区）如内蒙古、宁夏、青海、西藏、新疆和云南的产业兴旺水平得分低于整体均值，这凸显了这些省（区）在产业兴旺方面的不足（见表4）。鉴于这一现状，西部地区多数省（区、市）亟须提升产业兴旺水平。为实现这一目标，西部地区各省（区、市）应深入挖掘并充分利用自身的比较优势，如地理资源、文化传统等，集中力量发展特色农业、农产品加工业以及乡村旅游业。通过精准定位、差异化发展，不仅能够提升本地产业竞争力，还能有效促进乡村经济的全面振兴。

表4　2018~2022年西部地区各省（区、市）产业兴旺发展水平

省(区、市)	2018年	2019年	2020年	2021年	2022年
内蒙古	0.0860	0.0937	0.0912	0.0986	0.0983
广　西	0.5700	0.5687	0.6074	0.6278	0.6471
重　庆	0.7966	0.8232	0.8356	0.9022	0.8835
四　川	0.5305	0.5585	0.5961	0.6063	0.6224
贵　州	0.3342	0.3500	0.3828	0.3956	0.3788
云　南	0.1370	0.1441	0.1542	0.1387	0.1530
西　藏	0.0477	0.0571	0.0483	0.0398	0.0580
陕　西	0.4368	0.4411	0.4707	0.4749	0.4923
甘　肃	0.6090	0.5930	0.5931	0.6333	0.6627
青　海	0.0323	0.0371	0.0367	0.0429	0.0430
宁　夏	0.0005	0.0008	0.0104	0.0061	0.0135
新　疆	0.1939	0.1917	0.2179	0.2006	0.2278

（2）乡风文明水平

从区域整体来看，乡风文明水平得分在近年来呈现稳健的上升趋势。具体而言，2018~2022年，这一指数增长了13.37%，年均增长率达到了3.19%，这显示出西部地区在乡风文明建设方面取得了积极的进展。分省（区、市）来看，2022年重庆的乡风文明水平得分高居榜首，达到了1.3392，这体现了重庆在乡风文明建设方面的显著成效。紧随其后的是甘肃、广西、四川、陕西和贵州，这些省（区）的乡风文明水平得分也相对较高，分别为0.9884、0.9849、0.9220、0.7422和0.5821，均超过了西部地区乡风文明水平的均值0.5070。然而，也有部分省（区）的乡风文明水平得分相对较低，宁夏、青海、西藏、内蒙古、云南和新疆的得分分别为0.0240、0.0677、0.0838、0.1506、0.2309和0.3394，这些省（区）的乡风文明建设仍有待加强（见表5）。对于这些省（区）来说，未来需要继续加大乡风文明建设的力度，充分挖掘乡村文化的独特价值，实现现代文明与传统文明的有机融合，从而推动乡村社会的全面进步。

表5　2018~2022年西部地区各省（区、市）乡风文明发展水平

省（区、市）	2018年	2019年	2020年	2021年	2022年
内蒙古	0.1319	0.1406	0.1436	0.1473	0.1506
广　西	0.8598	0.8929	0.9105	0.9519	0.9849
重　庆	1.2145	1.2637	1.2604	1.3442	1.3392
四　川	0.7877	0.8522	0.9038	0.9119	0.9220
贵　州	0.5289	0.5175	0.5752	0.5756	0.5821
云　南	0.2048	0.2188	0.2293	0.2139	0.2309
西　藏	0.0728	0.0861	0.0764	0.0612	0.0838
陕　西	0.6392	0.6637	0.7123	0.7238	0.7422
甘　肃	0.8997	0.8839	0.9073	0.9555	0.9884
青　海	0.0504	0.0620	0.0580	0.0637	0.0677
宁　夏	0.0019	0.0010	0.0205	0.0114	0.0240
新　疆	0.3024	0.2985	0.3326	0.2982	0.3394

（3）生态宜居水平

从区域整体来看，西部地区生态宜居水平得分呈现缓慢上升态势，2018~2022年增长了12.73%，年均增长率为3.04%，增长幅度较小，其中2019~2020年增长幅度较为明显；从各省（区、市）来看，2022年，生态宜居水平得分最低的是宁夏（0.0243），最高的是重庆（1.3381），表明各省（区、市）之间差异较大，生态宜居水平有待进一步提升（见表6）。

另外，从西部地区内部来看，西北地区和西南地区在生态宜居水平上各自具有一定的特点和差异。西北地区（内蒙古、陕西、甘肃、青海、宁夏、新疆）生态宜居水平低于西南地区（广西、重庆、四川、贵州、云南、西藏），2022年西北地区生态宜居水平均值为0.3857，西南地区为0.6883，是西北地区的1.78倍。这主要是由于西北地区处于内陆，降水较少，空气干燥，温差较大，同时面临干旱、地震等自然灾害，自然环境和人文环境都较差，因此生态宜居水平较低，而西南地区则具有独特的地貌和气候条件，以四川为例，该地拥有丰富的自然景观和人文景观，气候宜人，水质优良，还拥有诸多旅游胜地，生态宜居水平较高。

表6　2018~2022年西部地区各省（区、市）生态宜居发展水平

省（区、市）	2018年	2019年	2020年	2021年	2022年
内蒙古	0.1355	0.1392	0.1417	0.1479	0.1516
广西	0.8606	0.8948	0.9108	0.9412	0.9732
重庆	1.2205	1.2691	1.2816	1.3368	1.3381
四川	0.7938	0.8536	0.8869	0.9180	0.9257
贵州	0.5245	0.5284	0.5679	0.5912	0.5752
云南	0.2076	0.2185	0.2284	0.2143	0.2332
西藏	0.0714	0.0850	0.0805	0.0566	0.0843
陕西	0.6528	0.6571	0.7059	0.7253	0.7422
甘肃	0.9020	0.8737	0.9125	0.9638	0.9940
青海	0.0509	0.0601	0.0561	0.0619	0.0666
宁夏	0.0008	0.0016	0.0182	0.0131	0.0243
新疆	0.2957	0.2951	0.3288	0.2996	0.3353
西北地区均值	0.3396	0.3378	0.3605	0.3686	0.3857
西南地区均值	0.6131	0.6416	0.6594	0.6763	0.6883

（4）治理有效水平

从区域整体来看，西部地区治理有效水平得分波动较小，五年内增长了12.54%，年均增长率为2.99%；从各省（区、市）来看，2022年，治理有效水平得分最高的是重庆（0.4496），得分最低的是宁夏（0.0175），前者是后者的25.69倍。具体来看，除重庆以外，高于均值（0.1744）的省（区）有5个，依次为甘肃（0.3275）、广西（0.3315）、贵州（0.2017）、陕西（0.2486）和四川（0.3129），低于均值的省（区）有6个，依次为内蒙古（0.0569）、宁夏（0.0175）、青海（0.0316）、新疆（0.1241）、西藏（0.0364）和云南（0.0831），这些是西部地区乡村治理有效水平亟须提升的省（区）（见表7）。由此表明，西部地区治理有效水平极化分布较为明显。

表7 2018~2022年西部地区各省（区、市）治理有效发展水平

省（区、市）	2018年	2019年	2020年	2021年	2022年
内蒙古	0.0545	0.0557	0.0551	0.0574	0.0569
广西	0.2875	0.2984	0.3142	0.3157	0.3315
重庆	0.4038	0.4189	0.4180	0.4468	0.4496
四川	0.2678	0.2861	0.3030	0.3060	0.3129
贵州	0.1770	0.1797	0.1944	0.1975	0.2017
云南	0.0773	0.0801	0.0850	0.0781	0.0831
西藏	0.0344	0.0378	0.0359	0.0303	0.0364
陕西	0.2257	0.2194	0.2368	0.2442	0.2486
甘肃	0.3048	0.3039	0.3018	0.3146	0.3275
青海	0.0255	0.0296	0.0289	0.0294	0.0316
宁夏	0.0096	0.0096	0.0160	0.0134	0.0175
新疆	0.1060	0.1059	0.1176	0.1053	0.1241

（5）生活富裕水平

从区域整体来看，西部地区生活富裕水平得分波动较小，年均增长率达到2.89%，五年内增长了12.09%；从各省（区、市）来看，2022年，在生活富裕水平方面，重庆、甘肃和广西表现最为突出，得分分别高达1.8493、1.3830和1.3734，均超过了0.6877的西部地区平均水平，显示出这些省（区、市）农村居民生活富裕水平在西部地区的领先地位。此外，四川、陕西、贵州和新疆的生活富裕水平得分也高于0.400，分别为1.3127、1.0476、0.8304和0.5430（见表8）。这些省（区）在生活富裕水平上尽管稍逊于重庆、甘肃和广西，但仍然领先于其他5个省（区）。然而，内蒙古、宁夏、青海、西藏和云南的生活富裕水平相对较低。其中，宁夏的生活富裕水平得分仅为0.0958，与得分最高的重庆相差1.7535，成为西部地区唯一一个生活富裕水平低于0.1的省份。这一数据凸显了这些省（区）在提升农村居民生活富裕水平方面所面临的挑战，也进一步强调了加大这些省（区）的扶持力度、促进乡村经济发展的紧迫性。

表8 2018~2022年西部地区各省（区、市）生活富裕发展水平

省(区、市)	2018年	2019年	2020年	2021年	2022年
内蒙古	0.2555	0.2619	0.2651	0.2715	0.2747
广　西	1.2073	1.2425	1.2808	1.3191	1.3734
重　庆	1.6769	1.7439	1.7471	1.8557	1.8493
四　川	1.1307	1.2073	1.2680	1.2936	1.3127
贵　州	0.7506	0.7570	0.8209	0.8400	0.8304
云　南	0.3545	0.3705	0.3865	0.3641	0.3897
西　藏	0.1661	0.1853	0.1725	0.1501	0.1821
陕　西	0.9263	0.9390	1.0061	1.0253	1.0476
甘　肃	1.2680	1.2425	1.2680	1.3351	1.3830
青　海	0.1373	0.1501	0.1469	0.1533	0.1597
宁　夏	0.0671	0.0671	0.0926	0.0799	0.0958
新　疆	0.4855	0.4823	0.5270	0.4887	0.5430

由此可见，西部地区乡村振兴水平总体向好，居民生活水平有了大幅度提升、乡风文明建设不断加强、产业发展水平不断提高、生态环境不断改善、治理水平有所提升，但仍然面临诸多挑战和问题。一是产业发展面临挑战，农业科技投入力度仍需加大，同时要积极促进产业融合；二是由于西部地区自然地理环境脆弱，农民环保意识较弱，仍需加强生态环境保护和人居环境建设工作；三是需要继续加强乡风文明建设，充分挖掘乡村文化，实现现代文明和传统文明的有机结合，培养农民的文化自信和文化自觉意识；四是西部地区由于地形复杂、民族众多、文化差异大等，难以实现乡村的有效治理，西部地区仍需加强基层党组织建设和基层治理能力现代化建设；五是西部地区一些群体还存在收入水平低、生活质量差等问题，要加强与完善西部地区基础设施建设和公共服务体系。

二　西部地区乡村振兴中面临的现实约束

（一）西部地区整体乡村振兴发展水平较低

当前，西部地区整体乡村振兴发展水平仍然较低，与东部、中部地

区相比，乡村振兴发展水平滞后。本报告通过构建乡村振兴评价指标体系，对中国西部地区乡村振兴发展水平进行测算。测算结果显示，中国乡村振兴发展区域差异较大。从整体视角来看，我国乡村振兴发展水平呈现东部地区—中部地区—西部地区的阶梯形分布状态。从综合指数来看，乡村振兴呈现东部地区＞中部地区＞西部地区的发展格局，2022年，东部地区乡村振兴综合指数均值为4.3758，西部地区乡村振兴综合指数均值为2.3447，与东部地区相差近一倍。从乡村振兴发展速度来看，西部地区整体呈现递增态势，东部地区和中部地区乡村振兴发展速度有所放缓，年均增速分别为2.75%和2.76%，而西部地区近年来积极赶超，年均增速达到3.04%，与东部地区之间的差距逐渐缩小，但与全国平均水平相差仍然较大。西部地区乡村振兴整体发展水平较低且不充分，仍然是实现社会主义现代化的短板和薄弱环节，是实施乡村振兴战略的重点区域。

（二）西部地区各省（区、市）间乡村振兴发展不均衡

从西部地区各省（区、市）乡村振兴的空间格局来看，受地理区位、自然环境、资源占有量、政策支持等因素的影响，重庆、四川、陕西、甘肃等省（区、市）乡村振兴水平较高，而内蒙古、新疆、宁夏、云南等省（区）乡村振兴水平较低，乡村振兴水平空间差异较大，根据2022年数据具体分析如下。

1. 地理区位导致的不平衡

依托自身优势，乡村振兴水平比较高的有重庆（5.6986）、广西（4.1887），重庆位于中西部交汇处，与其他西部地区省（区）相比，其通往南北方向的交通线更为便捷，依托长江和嘉陵江的交通运输优势，成为长江上游地区的经济、科创和商贸物流中心，地理区位和交通区位在西南地区和西北地区是压倒性优势。另外，重庆的长江三峡等自然风光以及饮食等巴蜀文化每年也吸引大量游客，为重庆乡村振兴战略的实施提供重要的保障；广西背靠大西南、毗邻粤港澳、面向东南亚，是我国唯一与粤港澳大湾区既

有省界接壤又有陆海江三种通道相连的西部省（区）。广西针对西部陆海新通道建设、自贸试验区发展、开放平台的搭建与开放型经济的深化，以及口岸通关便利化等核心对外开放任务，推出了一系列重大改革措施。随着这些举措的逐步实施，开放体制和机制得以持续优化，一个崭新的开放型经济高地正在广西迅速崛起。广西还积极推动对外贸易的创新发展，实行加工贸易倍增计划，并加强与越南、缅甸、老挝等东盟国家的开放合作，实现了边境县开放口岸的全覆盖。这一区位优势不仅显著超越了西北地区，也为当地乡村振兴提供了坚实的开放基础。

而宁夏（0.1667）、青海（0.3644）、新疆（1.5762）、西藏（0.4373）等乡村振兴水平之所以相对较低，与这些省（区）独特的地貌和环境因素密不可分。这些省（区）地形复杂，山脉纵横交错，地貌类型多样，在一定程度上制约了农业发展水平的提升。同时，这些省（区）产业化程度相对较低，基础设施尚不完善，缺乏足够的集聚效应，导致了其在治理有效和产业兴旺方面表现不佳。因此，要想提升乡村振兴水平，必须充分考虑这些省（区）的地貌和环境特点，因地制宜地制定发展策略，加强基础设施建设，推动产业升级，以实现乡村的全面振兴。

2. 发展规划导致的不平衡

贵州（2.4842）作为全国首个国家级大数据综合试验区，正致力于加快电子信息制造产业、软件与信息服务产业以及通信业的发展步伐。通过不断加强"一网一云一平台"的建设，贵州正积极构建包括产业培育、政府治理、服务民生在内的大数据发展体系，这一举措为全省的经济社会高质量发展提供了坚实而有力的支撑。

另外，陕西（3.1664）、甘肃（4.2234）、重庆（5.6986）、四川（4.0058）、云南（1.0928）、广西（4.1887）均是"一带一路"的沿线省（区、市），"一带一路"涵盖总人口近30亿人，有巨大的市场规模和潜力，能够引进产业、聚集人口，促进沿线省份更快发展，并为沿线省份的机电产品、特色农产品、特色食品等货物向西出口创造了难得机遇，有利于促进相关省份农业产业的发展。

（三）西部地区部分省（区）乡村产业发展水平较低

西部地区部分省（区）农业传统发展模式升级滞后，农业生产效率较低。一方面，西部地区农作物耕种综合机械化水平较低，根据测算结果，2022年，内蒙古（0.0233）、宁夏（0.0013）、青海（0.0102）等省（区）人均农业机械总动力得分偏低，需加大农业机械资金投入，扩大机械化耕收面积；另一方面，农业劳动生产率较低，根据测算结果，青海（0.0112）、西藏（0.0135）、宁夏（0.0032）农业劳动生产率较低，表明西部地区农业科技总体水平不高，地理区位劣势、西部地区企业相对较少且实力相对薄弱、农业科研资金投入不足，导致西北地区部分省（区）农业劳动生产率及农作物耕种综合机械化水平较低。

（四）西部地区生态问题仍然突出

一方面，农业生产方式粗放，面源污染形势严峻。农业作为与自然环境联系最为密切、生态性状最突出的产业部门，其生产发展模式决定了乡村生态环境的基本状况。我国西部地区农业粗放式发展模式还没有根本扭转，大水漫灌、高肥高药等高投入的生产方式使农业生产环境陷入恶性循环，持续存在的农业面源污染是生态治理中的主要难题。一是农业生产对化肥、农药的依存度不断提高，数据显示，2022年，西部地区农药化肥施用量仍然较高，重庆化肥农药施用量最高，为7454.36吨，其次是甘肃，为5590.34吨，农业投入品的长期大量使用造成了土壤退化、环境污染和农产品的质量安全风险；二是畜禽养殖废弃物综合利用和污染防治水平有限，数据显示，宁夏、西藏、青海畜禽粪污综合利用率较低，分别为37.71%、56.22%、52.57%，畜禽粪便无法及时处理和有效利用，污染了土地和周边河流，给环境治理带来了困难。农业面源污染长期大量累积导致基数过大，短期内无法彻底解决。

另一方面，西部地区农村公共基础设施不完善，人居环境整治有待加强。农村人居环境的治理和改善事关广大农民根本福祉，是实施乡村振兴战略和建设美丽中国的重点任务。当前，西部地区农村公共基础设施明显落后，人居环境省份发展不平衡，总体质量不高。一是农村生活垃圾分类处理回收工作还处于管理盲区，大量成分复杂的生活垃圾被集中填埋或堆放焚烧；二是农村生活污水处理基础设施不完善，许多省份的生活污水仍在无序排放，宁夏对生活污水进行处理的行政村占比仅有30.14%，对生活垃圾进行处理的行政村占比仅有32.32%，另外内蒙古和西藏对生活污水以及生活垃圾进行处理的行政村占比也较低。

（五）西部地区乡村治理水平较低

西部地区乡村振兴水平在各维度之间存在差异。从西部地区12个省（区、市）乡村振兴整体水平来看，各维度的均值从大到小排序为生活富裕、生态宜居、乡风文明、产业兴旺、治理有效，其中生活富裕水平的均值最高，为0.6887，发展水平均值最低的是治理有效，为0.1744，而各维度的增长幅度从大到小排序为产业兴旺、乡风文明、生态宜居、治理有效、生活富裕，治理有效的增长幅度为12.54%。由此可见，我国西部地区治理有效水平有待提升。

一方面，西部地区治理能力较弱，村主任书记"一肩挑"比例较低，通过熵值法测算出该指标得分普遍偏低，最高为宁夏（0.0091），最低为重庆（0.0036），表明西部地区各省（区、市）村级运转不够顺畅、高效，党群干群关系有待进一步密切，村级组织的领导力与执行力有待加强。

另一方面，西部地区治理举措有待健全，已编制村庄规划的行政村占比和已开展村庄整治的行政村占比均不高。根据测算结果，2022年，西部地区治理举措得分最高的为重庆（0.4496），得分最低的为宁夏（0.0076），需加大力度编制村庄规划，积极开展村庄整治，扩大治理范围，加大治理力度。

三 西部地区乡村振兴的主要目标与重点任务

乡村振兴的目标是实现农业农村现代化，而农业农村现代化是全面建成社会主义现代化强国的重要方面。从中国当前的发展实际来看，社会主义现代化的最大短板是农业农村，社会主义现代化的深厚基础也是农业农村。通过乡村振兴推动实现农业农村现代化，不仅可以补齐社会主义现代化的农业农村发展短板，而且能够通过农业农村发展为全面建成社会主义现代化强国提供基础和动力。《中共中央 国务院关于实施乡村振兴战略的意见》提出，到2035年乡村振兴取得决定性进展，农业农村现代化基本实现；到2050年乡村全面振兴，农业强、农村美、农民富全面实现。

从乡村振兴的重点任务来看，党的十九大提出按照"产业兴旺、生态宜居、乡风文明、治理有效、生活富裕"的总要求推进乡村全面振兴，这一表述涉及乡村发展的经济、生态、文化、政治、社会等五个层面。2018年3月8日，习近平总书记在参加全国两会山东代表团审议时强调，要推动乡村产业振兴、人才振兴、文化振兴、生态振兴、组织振兴，[①] 即"五个振兴"。此后，中央文件多次强调乡村"五个振兴"。《乡村振兴战略规划（2018—2022年）》提出，加强农村基础设施建设和增加农村公共服务供给。基于中央的相关表述，本报告认为乡村振兴的重点任务包括乡村产业振兴、乡村人才振兴、乡村文化振兴、乡村生态振兴、乡村组织振兴、乡村基础设施建设、乡村公共服务供给。其中，产业、人才、文化、生态和组织振兴是乡村振兴的五个维度，乡村基础设施建设和乡村公共服务供给分别是乡村振兴的硬件、软件支撑，它们共同构成了乡村振兴的重点任务（见图1）。

2020年，西部地区如期实现了全面脱贫目标，农业农村发展进入新时代。但在消除绝对贫困的同时，西部地区的乡村仍然生活着大量相对低收入人口，防止规模化返贫以及解决相对贫困的压力较大，还是巩固拓展脱贫攻坚成果的重点区域。此外，在脱贫攻坚过程中依托中央政府的转移支付和补贴政策，西部地区的基础设施和基本公共服务得到较大改善，但与东部、中部地区相比，既存在较大差距又面临不可持续的风险，因而西部地区是推进

[①] 《打造乡村振兴齐鲁样板——山东深入贯彻落实习近平总书记重要指示要求述评②》，人民网，2020年3月9日，http://sd.people.com.cn/n2/2020/0309/c166192-33860760.html。

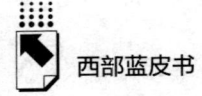

乡村振兴战略落地实施的主阵地，厘清乡村振兴的主要目标及重点任务对探索西部地区实施乡村振兴战略的新模式与新路径、确保西部地区如期实现农业农村现代化发展目标具有重要意义。

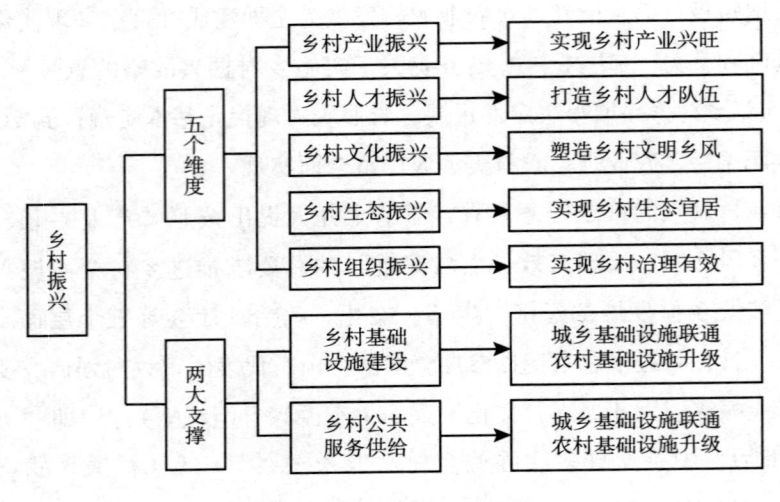

```
                         ┌─ 乡村产业振兴 → 实现乡村产业兴旺
                         ├─ 乡村人才振兴 → 打造乡村人才队伍
                ┌─ 五个维度 ┼─ 乡村文化振兴 → 塑造乡村文明乡风
                │        ├─ 乡村生态振兴 → 实现乡村生态宜居
    乡村振兴 ────┤        └─ 乡村组织振兴 → 实现乡村治理有效
                │        ┌─ 乡村基础设施建设 → 城乡基础设施联通 农村基础设施升级
                └─ 两大支撑 ┤
                         └─ 乡村公共服务供给 → 城乡基础设施联通 农村基础设施升级
```

图 1 乡村振兴的重点任务

（一）乡村产业振兴

乡村振兴是一项重大的国家战略，其中乡村产业振兴是重中之重。为确保农业高质量发展，必须坚持质量兴农、绿色兴农的理念，以农业供给侧结构性改革为主线，加快构建现代农业产业体系、生产体系和经营体系，从而提高农业的创新能力、竞争能力和全要素生产率，推动中国由农业大国向农业强国转变。

1. 夯实农业生产能力基础

全面实施永久基本农田特殊保护制度，推进粮食生产功能区和重要农产品生产保护区的划定与建设。要加大对农业生产的监管力度，加大对农业生产的投入力度。要加快建立全国性农业科技创新系统，强化以全产业为主体的农业科技创新基地。要加大农业科技成果的转化与应用力度。要加快农业、畜牧业、水产业和林木种业的发展，提升其自主创新能力。要加强农田水利基础设施建设，增强抗旱排涝能力；实施全国农业节水行动计划，加快灌区续建配套和现代化改造，促进小水利设施的标准化和优质化，加快建设一批重要高效节水灌溉项目。

2. 构建农村"三产融合"发展体系

充分挖掘农业的各种功能，推动实现农业产业链延伸、价值链升级、利益链完善，以保底分红、股份合作、利润返还等方式使农户合理地获得全产业链的增值利益。实施农产品加工业升级工程，推动企业兼并重组，淘汰落后产能。在农产品营销方面，要着重解决存在的问题，强化农产品产后的分级、包装和营销，建立现代农产品冷链仓储和物流系统，建立农产品流通公共服务平台，支持供销、邮政等各种企业将其服务网络延伸至乡村，建立稳定的农产品产销联系体系，并在此基础上，积极建设覆盖广泛的农村电子商务发展基础设施，大力支持各类市场主体对以互联网为基础的农业产业进行创新发展，加快电子商务进农村综合示范的深入实施，加速农村流通的现代化进程。实施"休闲农业""乡村旅游"等重点项目。

3. 构建农业对外开放新格局

为了提升我国农产品的国际竞争力，要优化资源配置，以节本增效为核心目标，通过实施特色优势农产品出口提升行动，着力扩大高附加值农产品的出口规模。同时，建立健全农业贸易政策体系，以深化与共建"一带一路"国家和地区的农产品贸易合作为重要抓手，不断拓展农产品国际贸易的新渠道。积极支持农业企业"走出去"，培育具有国际竞争力的大型粮食企业和农业企业集团，以提升我国在全球农业贸易中的话语权和影响力。为了构建更加公平合理的农业国际贸易秩序，我国积极参与全球粮食安全治理和农业贸易规则的制定，共同推动国际农业贸易的健康发展。同时，要进一步加大农产品反走私综合治理力度，确保农产品市场的规范有序运行。

（二）乡村人才振兴

人才振兴是乡村振兴的基石，为了实现乡村振兴的目标，就必须解决农

业农村发展中面临的人才瓶颈问题,并构建一支强大的乡村人才队伍。加大乡土人才、专业人才以及城市人才培育力度,进而形成支撑乡村发展的合力。

1. 大力培育新型职业农民

建立职业农民制度,并不断完善相关配套政策体系。实施新型职业农民培育工程,鼓励和支持农民专业合作社、专业技术协会以及龙头企业等主体积极参与农民培训工作,发挥其在人才培养中的积极作用。注重培训机制创新,确保培训内容贴近乡村发展的实际需求。将新型职业农民纳入社会保障制度,为其提供养老、医疗等方面的保障,进而激发其工作热情和创造力。为提升乡村人才的整体素质和专业水平,积极推动职业农民职称评定工作的开展,鼓励更多乡村人才参与评定,并为其提供更多的职业发展机会,提升乡村人才的综合素质,为乡村振兴注入更多活力和动力。

2. 加强农村专业人才队伍建设

建立县域专业人才统筹使用制度,提高农村专业人才服务保障能力。对农村教师实行"县管校聘"的管理制度。继续抓好"三支一扶"和特岗教师计划,开展大学生"三下乡"行动,做好"三下乡"工作。支持地方高校和职业学院综合运用教育和培训资源,对专业进行灵活设置,进行人才培养方式改革,为乡村建设提供专业化人才。支持和培育一批农民职业经理人、农民经纪人、乡村工匠、文化能人和非遗传承人。

3. 发挥科技人才支撑作用

为充分发挥高等院校、科研院所等事业单位专业技术人员的优势,促进乡村和企业发展,全面建立相关专业技术人员到乡村和企业挂职、兼职及离岗创新创业的制度,以确保专业技术人员在乡村和企业工作中享受与原单位相当的职称评定、工资福利以及社会保障等权益,从而激发其积极性和创造力。深入实施农业科研杰出人才培养计划和杰出青年农业科学家项目,选拔和培养一批在农业科研领域具有卓越成就和潜力的优秀人才。在种业等关键领域,健全科研人员以知识产权明晰为基础、以知识价值为导向的分配政策。通过明确科研人员的知识产权归属,并根据其贡献和价值进行合理的利益分配,激发科研人员的创新活力和积极性。探索公益性和经营性农技推广的融合发展机制。允许农技人员在提供公益性服务的同时，通过提供增值服务合理取酬，增强农技推广服务的针对性和实效性。全面实施农技推广服务特聘计划，选拔一批具有丰富实践经验和专业技能的农技人员，为乡村和企业提供精准、高效的农技推广服务，提升农业生产的科技含量和效益，推动乡村经济持续发展。

（三）乡村文化振兴

文化振兴是乡村振兴的重要保障。乡村文化振兴的关键在于要以传承、发展、提升的方式，使农村优秀传统文化实现现代化转变。立足于农村本地文明，吸纳并融合都市文明和外来文化精华，形成满足时代需求的农村现代文化。

1.加强农村思想道德建设

强化宣传教育，充分利用广播、电视、报纸、网络等媒体，以及农村文化墙、宣传栏等载体，广泛宣传社会主义核心价值观、中华优秀传统文化、农村道德模范等，引导农民树立正确的道德观念和价值导向。开展道德教育活动，定期组织农民参加道德讲座、道德培训、道德实践等活动，让农民在参与中感受道德的力量、提升道德素质。加强农村基层组织建设，发挥村委会、村民小组等基层组织的作用，建立健全农村道德建设的工作机制，明确工作职责，落实工作任务。同时，加强农村党员、干部的道德教育，发挥他们的示范带头作用。完善农村道德评价体系，对农村道德建设进行定期评估和考核，及时发现和解决问题。同时，设立农村道德模范评选机制，表彰先进典型，激励农民积极参与道德建设。

2.传承发展农村优秀传统文化

以农村传统文化为依托，吸收都市文化和外来文化的精华，在对其进行保护和继承的同时，进行创造性转化和创新性发展，使其具有更丰富的时代内涵和更多的表现形式。对优秀农业文化遗产进行有效保护，促进优秀农业文化遗产的合理、适度使用。对其中所包含的优秀思想理念、人文精神和道德准则进行深度挖掘，使其在凝聚人心、教化民众、教化民风方面发挥巨大

的作用。在村庄建设中，划定历史文化保护区，对文物古迹、传统村落、少数民族村落、传统建筑、农业遗址、灌溉工程等进行保护。大力弘扬优秀的戏曲曲艺和少数民族文化。

3. 加强农村公共文化建设

健全乡村公共文化服务体系，使其标准化、网络化、内容化、人才化。充分利用县级公共文化机构的辐射效应，加强基层综合文化服务中心的建设，使农村和乡镇的公共文化服务全部覆盖，提高服务效能。深化文化惠民工程，加大公共文化资源投入力度，提高农村公共文化产品质量。要加强"三农"领域的文艺创作，引导文艺工作者多创作反映农民生产，特别是乡村振兴的优秀文艺作品，全面展现新时期农民的精神风貌。培养和发掘本地的地方文化人才，实施"文化结对"帮扶，组织全社会力量投入农村文化建设。要激活和发展农村文化市场，促进农村文化产业的发展。

4. 开展移风易俗行动

开展群众性精神文明建设，如"文明村镇""星级文明户""文明家庭"等。要坚决制止大操大办、厚葬薄养和人情攀比等陋习。做好无神论宣传工作，使广大人民群众的精神和文化生活得到极大丰富。推进农村殡葬体制改革。进一步提高农民的科技文化素质，大力开展科技普及工作。

（四）乡村生态振兴

乡村生态振兴的目标是实现乡村生态宜居。良好的生态环境是农村的最大优势和宝贵财富，农业农村作为生态产品的重要供给者和生态涵养的主体区，必须加强生态环境建设。

1. 统筹山水林田湖草系统治理

将山水林田湖草视为一个生命共同体，实行统一保护和统一修复。开展重点生态环境保护与修复项目。完善耕地、草地、林地、江河湖泊等生态环境修复体系。在全国范围内推广耕地休耕轮作制度试点。科学划定江、河、湖、海的限制捕捞区域，完善水生生态修复体系。深入实施河湖水系综合整治措施，实施"河长制"和"湖长制"。实施退耕还林、退牧还草等措施，建立巩固成果的长效机制。

2. 加强农村突出环境问题综合治理

强化农业污染治理，实施农业绿色发展行动，减少投入品，清洁生产，循环利用废弃物，培育绿色产业。推广有机肥代替化肥、畜禽粪污处理、秸秆综合利用、农膜回收、病虫害绿色防控等措施。深入开展农村水环境整治，加大农村饮用水水源地保护力度。提升乡村环保监督能力，落实乡村环保工作的主体责任。

3. 建立市场化、多元化生态补偿机制

实施农业功能区管理，加大重点生态功能区转移支付力度，健全生态保护效益与财政资金分配相结合的激励和约束机制。鼓励各地在重要生态功能区实施商品林收购补偿机制。完善区域间和流域上下游的生态保护水平补偿机制，探索构建以市场为导向的市场化补偿体系。

4. 增加农业生态产品和服务供给

处理好发展与保护之间的关系，充分使用现代化的科学技术和管理方法，把农村的生态优势转变成发展生态经济的优势，为社会提供更多更优质的绿色生态产品与服务，推动生态与经济的良性循环。大力发展观光农业、休闲娱乐、保健养生、生态教育等。打造一批具有鲜明特色的生态旅游示范乡镇、精品线路，形成一条绿色、生态、环境友好的乡村生态旅游产业链。

（五）乡村组织振兴

乡村组织振兴是乡村振兴的重要组成部分。完善党委领导、政府负责、社会协同、公众参与、法治保障的现代乡村治理体系，是乡村组织振兴的重要内容，旨在强化农村基层党组织在乡村振兴中的领导核心地位，促进乡村自治、法治、德治有机结合，打造充满活力、和谐有序的善治乡村。

1. 加强农村基层党组织建设

强化农村基层党组织的领导核心地位，革新组织设置和活动方式，以满足农村发展的新需求。对软弱、涣散的村级党组织开展系统整顿工作，并有序开展不合格党员处置工作，以保持党员队伍的先进性和纯洁性。积极引导

农村党员发挥模范带头作用，使其成为乡村振兴的中坚力量。建立选派第一书记的长效机制，确保软弱、涣散以及集体经济薄弱的村庄得到强有力的领导支持。积极推进农村带头人队伍的整体优化与提升行动，广泛吸引高校毕业生、农民工以及机关企事业单位的优秀党员干部到村任职。加大力度在优秀青年农民中发展党员，并建立健全农村党员定期培训制度，提升政治觉悟和业务能力。

2. 深化村民自治实践

坚持以自治为基，不断强化农村基层群众性自治组织建设，健全和创新村党组织领导下的村民自治机制。积极推动村党组织书记通过选举担任村委会主任，确保党的领导与村民自治有机结合。充分发挥自治章程和村规民约在规范村民行为、调解矛盾纠纷中的积极作用。全面建立健全村务监督委员会，并大力推行村级事务阳光工程，确保村级事务公开透明，推动形成多层次、广覆盖的基层协商格局，实现民事民议、民事民办、民事民管，充分激发村民参与自治的热情和创造力。开展以村民小组或自然村为基本单元的村民自治试点工作，探索符合当地实际的自治模式，为自治的全面推广提供有益经验。加强农村社区治理创新，通过整合优化公共服务和行政审批职责，打造"一门式办理""一站式服务"的综合服务平台，提高服务效率和质量，满足村民日益增长的美好生活需要。

（六）乡村基础设施建设

加强乡村基础设施建设是乡村全面振兴的基础条件。要继续把基础设施建设重点放在农村，加快补齐乡村基础设施短板，促进城乡基础设施互联互通，推动乡村基础设施提档升级。

1. 改善农村交通物流设施条件

以示范县为载体，全面推进"四好农村路"建设，进一步深化农村公路的经营和维护，建立长效的管理和维护制度，加强对农村地区的交通安全保护，确保农村群众的基本交通状况。加大对革命老区、少数民族地区、边疆和脱贫地区公共交通的扶持，让"慢火车"走得更远。推动商贸、邮政、快邮、供销、运输等企业在农村建设基础设施。加快推进农村物流末端网点建设，支持有条件的地区建立县域公共配送中心。

2.加强农村水利基础设施网络建设

建立大中小微型相结合、骨干与田间相结合、长期效益显著的农村水利基础设施体系。重点水利设施项目要科学有序地进行，重点是要加大对受灾地区水利设施的修复力度，加强中小水源工程建设，提高抗旱救灾的应急能力。巩固和提高农村饮水安全，对大中型灌区进行续建配套和现代化改造，有序建设一批节水型、生态型灌区，并对大中型灌排泵站进行升级换代。加强农田水利基础设施的标准化改造，开展水系连通、河塘疏浚、综合整治等项目。推动智慧水利建设。通过对农村水利建设项目的管理和产权制度的改革，完善基层水利服务系统。

3.构建农村现代能源体系

优化农村能源供应结构，发展太阳能、浅层地热能、生物量、水电、风力等资源。加强农村能源基础设施建设，推进新一轮的农村电网建设，推进天然气供应到农村。加快发展生物质热电联产、生物质供热、规模化生物质天然气、规模化大型沼气等清洁能源项目。推动农村用能结构调整，提升农村用电比重，在北方农村开展冬季清洁取暖，并积极稳妥推行散煤替代。在农村推广节能型建筑、农业节能技术及产品。在"互联网+"基础上，积极推进"智能能源"，积极推进农村能源革命试点工作。

（七）乡村公共服务供给

强化乡村基本公共服务供给，是提升乡村居民人力资本水平、保障和改善民生的题中之义，要促进公共教育、医疗卫生、社会保障等资源向农村倾斜，逐步建立健全全民覆盖、普惠共享、城乡一体的基本公共服务体系，推进城乡基本公共服务均等化。

1.优先发展农村教育事业

注重农村基础教育的统筹规划和布局，积极推进义务教育公办学校规范化建设，使脱贫地区义务教育薄弱学校的基础设施得到充分的加强，强化寄宿制学校建设，使农村的教育质量得到进一步提高，平衡各县市之间的教育资源。大力发展农村学前教育事业，健全学前教育公共服务体系。继续推进特殊教育改善工程。全面推进普通高中教育普及攻坚行动。大力发展"互联网+教育"，加强农村中小学的信息基础设施建设，完善数字教育资源公共服务系统。做好"乡村教师援助"工作，继续实施农村义务教育阶段学校教师特设岗位计划，加大对乡村学校紧缺专业师资、双语师资的培养力度。

2. 推进健康乡村建设

全面落实国家基本公共卫生计划，健全基本公共卫生项目补助政策，为患者提供基本、全面、全程的卫生管理服务。做好慢性病和地方病的综合治理工作。深入推进农村计划生育管理和服务工作，全面实施"二孩"政策。提高妇幼卫生服务水平，提倡优生优育。强化基层医疗卫生服务体系建设，支持中西部地区基层医疗卫生机构标准化建设和设备提档升级。

3. 加强农村社会保障体系建设

加快建立城乡居民基本养老保险待遇确定机制，制定科学的待遇计算方法，确保每个参保人员都能获得公平、合理的养老待遇，考虑个人缴费情况、缴费年限、生活水平等多种因素，确保待遇水平与经济发展和社会进步相适应。建立基础养老金标准正常调整机制，根据经济发展、物价变动等因素，适时调整基础养老金标准，确保养老金的实际购买力不降低。完善统一的城乡居民基本医疗保险制度和大病保险制度，确保城乡居民都能有基本医疗保障。加强农民重特大疾病救助工作，建立健全医疗救助与基本医疗保险、城乡居民大病保险及相关保障制度的衔接机制，确保患者能够得到及时、有效的救治。巩固城乡居民医保全国异地就医联网直接结算，方便群众就医报销，减轻其经济负担。推进低保制度城乡统筹发展，健全低保标准动态调整机制，确保低保对象的基本生活得到保障。

4. 提升农村养老服务能力

为应对日益严重的农村人口老龄化问题，加速构建以居家为基础、以社区为依托、以机构为补充的多元化农村养老服务体系。在农村地区，建设综合服务功能齐全、医养结合的养老机构，并与农村基本公共服务、农村特困供养服务、农村互助养老服务相结合,构建基本的农村养老服务体系。加强农村卫生服务机构对老人的健康护理。支持以失能、半失能老人为主的乡村养老设施建设,大力发展"幸福院"等互助式养老服务,完善农村留守老人关爱服务系统。发展乡村健康产业项目。引导农村集体建设用地优先用于养老服务。

四 西部地区乡村振兴目标的实现路径与政策建议

西部地区乡村振兴战略的实施具有鲜明的地域典型性,这不仅体现在其自然条件、经济基础、文化背景等多个方面的差异性上,也体现在其发展面临的挑战和机遇的独特性上。因此,深入分析和研究西部地区乡村振兴的发展水平以及影响因素,对推动该地区各省(区、市)的协调发展、农村生产力的提高以及共同富裕目标的实现具有极其重要的意义。西部地区乡村振兴可以围绕以下几个重点开展相关工作。

(一)加强顶层设计,促进省域协调发展

西部地区整体乡村振兴水平较低,与东部、中部地区相比,乡村振兴发展水平滞后,存在整体上的差异。同时,西部地区由于受地理区位、交通、自然资源禀赋、国家政策等多个方面的影响,内部各省(区、市)的发展存在空间上的不平衡,不利于实现区域间的协调发展。因此,要想促进不同区域和省域协同发展,缩小各省域之间的乡村振兴水平差距,就要从激活各类发展要素着手。

一是根据各省份的资源优势和产业基础,合理规划产业布局。对于资源丰富的省份,可以重点发展资源加工和深加工产业;对于交通便利的省份,可以发展物流、商贸等现代服务业;对于生态环境优良的省份,可以发展生态旅游等绿色产业。通过优化产业布局,实现产业的集聚和升级,提升整体竞争力。例如,发挥陕西、甘肃的能源资源优势,发挥丝绸之路经济带沿线地区的区位优势,发挥特色区域的优势,促进农村剩余劳动力自主创业,提高其素质与技能。二是要不断完善"点对点"的帮扶机制,在资金、技术、

人才等方面给予各省份有针对性的扶持，由"授人以鱼"转向"授人以渔"，充分激发各省份经济发展的内在动力。三是加强交通、水利、能源、信息等基础设施的互联互通，为省际要素流动和产业发展提供便利，特别是要加强交通基础设施建设，提升西部地区的通达性和便利性，降低物流成本，促进区域经济的融合发展。

（二）大力发展特色产业，强化农业科技支撑

乡村振兴是一个全局性和历史性的重大课题，是新时期"三农"工作的总抓手，是实现中华民族伟大复兴的重要使命，其核心在于乡村产业振兴。乡村产业振兴是乡村振兴战略的重中之重，也是巩固和扩大脱贫攻坚成果的关键所在。

一方面，将自然资源与社会资源进行有效的结合，发展具有优势的特色产业，如生态农业、农产品加工业、乡村生态旅游等，推动乡村三次产业的融合发展。要想全面推进乡村振兴，就要把农业农村放在第一位，加快农业现代化。

另一方面，测度结果显示，西部地区产业发展水平较低、机械化程度有待提升、科技投入力度有待加大，因此要强化西部地区农业科技和装备支撑。在乡村振兴的大背景下，西部地区农村产业的繁荣程度和乡村振兴的发展程度有很大的相关性。西部地区拥有约占全国72%的土地，具有较强的自然地理优势，通过建立西部农业国家实验室等科研平台，实现对永久基本农田的合理开发，逐步实现高标准农田的转化。要加快西部地区农业的发展步伐，加快农业机械化的步伐。以行业需求为指导，建立符合我国国情的农业科技创新机制。

（三）全面提高乡村人居环境品质，建设美丽乡村

要想推动乡村生态振兴，就必须要开展宜居宜业和美乡村建设，加强农村基础设施建设，增加农村公共服务的有效供给，优化村庄的总体规划布局，提高农村人居环境的品质，提倡乡村绿色生活方式，满足农村居民对美

好生活的向往。

一是增加专项资金用于农村生活环境整治，不断提高农村生活质量。各地区政府要将环境综合整治、饮水安全、农业综合发展、危旧房屋改造、生活污水和垃圾治理等有关方面的项目资金进行统筹，将涉农资金集中起来，使农村人居环境整治的资金得到有效保证。对于农村人居环境整治提升工程，要精简审批手续，减少建设费用，扶持专业的村镇建设团队承接一些小的建设项目，如卫生厕所的改造，提高工程质量。丰富农村人居环境整治提升工程的投资方式，强化政企合作，充分发挥政府投资的导向作用，对农村人居环境整治进行引导，鼓励更多的企业和团体参与农村人居环境整治的重大工程，支持企业承接农村生活污水、垃圾治理、卫生厕所改造等工程。要完善政府财政补助政策，完善农村污水、垃圾处置收费体系，建立政企合作的运行机制。

二是加强农村环卫设施的建设，注重将当地自然条件与农村经济社会发展的需要相结合，突出农村人居环境整治的效果，防止搞"面子工程"。村庄设立由村民组成的人居环境督导小组，负责对农村生活污水的排放与处理、垃圾的收集与清运、卫生厕所的改造与清洁、家庭卫生与庭院美化等工作进行监督，并根据农村人居环境整治所遇到的实际困难，提出相关的政策措施。要建立健全农村人居环境管理体系，确定管理人员的职责，实行村级保洁制度，加强对村庄的日常清洁工作，不断提升农村生活环境的质量。

（四）推动农业绿色低碳发展，改善自然环境

一要推行农业绿色生产方式，推广有机农业和生态农业。有机农业和生态农业强调生态平衡与环境保护，通过减少化肥、农药的使用，以及采用生物防治等方法，可以减少农业生产对环境的污染。同时，有助于保护生物多样性，提高土壤质量，从而改善自然环境。

二要推动化肥农药等化学投入品减量化和废弃物资源化，推动农业资源和农副产品的再利用。农业废弃物包括秸秆、畜禽粪便等，如果处理不当会对环境造成污染，在此基础上，开展农膜循环再利用、秸秆综合利用等方面

的研究，促进农业废弃物的循环利用。开展"太阳能""风能""沼气"等清洁能源项目，加强"水肥一体化"建设，推进"种养一体"，推动农业绿色低碳发展。

三要合理管理水资源。农业是用水大户，合理管理水资源对降低农业碳排放、改善自然环境具有重要意义。实施推广节水灌溉技术、建设农田水利设施、修复和保护湿地等措施，可以提高水资源利用效率，减少水资源的浪费和污染。

（五）保护优秀乡村文化，落实乡村文化振兴

优秀的传统乡村文化是重要的思想文化资源，是中华民族生生不息的重要精神土壤。在乡村振兴工作中，需要更为深入地挖掘乡土文化的优秀成分，充分弘扬乡村文化的时代精神。在工作实践中，必须高度警惕城镇化过快可能导致的乡土文化断层和消失现象，同时要防范全球化进程中外来文化对乡土文化的冲击。政府部门应增强保护乡土文化的责任感和使命感，采取多种措施推动乡土文化的复兴，增强人们对乡土文化的自豪感和认同感。乡村组织在工作中应深入汲取传统文化的精髓，培养求真、务实、节约等优秀品质，强化作风建设。实施乡村文化振兴，可以摆脱乡村组织的文化困境，为工作提供新的思路，激发乡村组织的活力，并通过乡土文化的传承与弘扬，增强乡村组织的亲和力。

（六）提升乡村治理效能，完善乡村治理体系。

乡村治理作为国家治理体系的基石，其有效性对乡村振兴的推进至关重要。乡村振兴不仅是一个简单的经济发展任务，还是一个复杂而系统的工程。在这一进程中，不仅要注重经济层面的发展，还需着力加强农村基层党组织的建设，提升农民的思想道德水平，深化法治建设，并不断完善乡村治理体系。同时，深化村民自治实践是推动乡村振兴不可或缺的一环。新征程上，要聚焦乡村治理难题，通过政治、法治、德治、自治、智治"五治"融合实现乡村善治，加快农业农村现代化建设，全面推进乡村振兴。

1. 以党建引领乡村治理把稳乡村振兴"方向盘"

一是完善基层党建工作责任落实体系。创新基层党组织工作机制，推进基层党组织标准化建设，从严落实基层党建工作责任制，压紧压实县、乡、村三级书记责任，形成责任明确、科学高效、运转顺畅、落实有力的工作机制。二是强化基层党组织制度建设和网格化治理。完善村级组织工作运行规则，引导工作重心下移、人员力量下沉。着眼筑强最小治理单元，以"村党组织—党员网格长—网格员—农户"四级网格体系为基础，提高精准化服务水平。三是选优基层党组织带头人。乡村振兴，关键在人。不断从乡村致富能手、退伍军人、返乡大学生中选拔优秀人才，组建一批政治素养高、干事能力强、群众口碑好的基层党组织带头人，为乡村振兴注入动力、增添活力。

2. 突出村民自治，提升乡村治理效能

一是完善基层群众自治制度。基层群众自治制度是中国特色社会主义民主制度的重要内容。完善村规民约、村民会议制度、村民议事制度和党务、村务、财务公开等自治制度，为基层民主自治提供完备、科学的制度遵循和保障。二是紧抓制度执行。充分保障广大农村群众的知情权、参与权、表达权、监督权，拓宽其参与乡村治理的渠道和途径，激发村民参与乡村治理的积极性，有力提高村务决策的民主性和科学性，形成共建共治共享的治理格局。

3. 推进乡村治理数字化，为乡村振兴添智提质

一是加快提升农村群众数字素养。通过市场化运作，为农村群众免费提供网上农业专家咨询、技术培训、法律服务等乡村数字普惠服务，帮助农村群众提高与增强数字操作能力和数字安全意识，确保他们能随时通过互联网获取各类技术和商品信息。二是建设智能高效的数字政务。充分发挥技术的工具性作用，以信息化、数字化为基础，将数字技术和乡村治理深度融合，形成网格化管理、精细化服务、信息化支撑的乡村治理平台，构建横向整合、纵向打通、闭环管理的乡村治理方式，从而提升公共服务供给的精准度，激发乡村发展活力。

B.3 西部地区乡村产业振兴报告*

吴丰华 李玉靓 赵 萌**

摘 要： 产业振兴是乡村振兴的重中之重，是解决农村一切问题的前提。在推进西部地区乡村全面振兴的过程中，要注重产业振兴在巩固脱贫攻坚成果、增强农业农村农民内生发展动力方面的作用，推动西部地区乡村全面振兴的实现。本报告通过乡村产业振兴评价指标体系的建立，对西部地区乡村产业振兴的现状进行了分析评价；基于此分析了西部地区乡村产业振兴在乡村产业劳动力、农业现代化水平、农村产业结构、乡村产业市场化程度以及农业组织化水平等方面存在的现实约束；最后，提出了西部地区乡村产业振兴的主要目标、重点任务及相应的实现路径。

关键词： 西部地区 乡村振兴 产业振兴

党的二十大报告指出，"加快建设农业强国，扎实推进乡村产业、人才、文化、生态、组织振兴"。产业振兴是建设农业强国的基本要求和必然前提，是乡村振兴的关键内容。加快推进乡村产业发展是实现农业强国目标和推进实施乡村振兴战略的必然要求。相较于东部、中部地区，西部地区整体的经济发展水平相对滞后，人口分布较为分散，各项基础设施建设力度不

---

* 本报告为教育部人文社科重点研究基地——西北大学中国西部经济发展研究院项目（项目编号：XBLPS202403）阶段性研究成果。
** 吴丰华，西北大学中国西部经济发展研究院研究员，西北大学经济管理学院教授、博士生导师，主要研究方向为城乡关系与反贫困、马克思主义政治经济学中国化；李玉靓，西北大学经济管理学院硕士研究生，主要研究方向为乡村振兴；赵萌，西北大学经济管理学院硕士研究生，主要研究方向为乡村振兴。

足,资源禀赋较为匮乏,乡村地区居民受教育程度相对较低。这给乡村产业的发展带来了一定阻碍。西部地区面临的现实状况和制约因素,决定了西部地区要因地制宜,不断探索自身发展的新模式与新路径,确保西部地区如期实现农业农村现代化发展目标,并推进农业强国建设。

一 西部地区乡村产业振兴的现状

(一)乡村产业振兴评价指标体系的建立

为反映西部地区的乡村产业发展水平,本报告参考张挺等[1],以及闫周府和吴方卫[2]的相关研究,构建了包含乡村产业劳动者、农业现代化水平、农村产业结构、农业市场化程度和农业组织化水平5个一级指标14个二级指标的西部地区乡村产业振兴评价指标体系(见表1)。

表1 乡村产业振兴评价指标体系

指标名称	一级指标	二级指标	单位	指标方向
乡村产业振兴指数	乡村产业劳动者	农村居民人均可支配收入	元	正向
		农业劳动生产率	元/人	正向
		农村居民平均受教育年限	年	正向
	农业现代化水平	人均农业机械总动力	千瓦/人	正向
		农作物耕种收综合机械化率	%	正向
		耕地保有率	%	正向
		有效灌溉面积占耕地面积比重	%	正向
		农村宽带互联网普及率	%	正向
	农村产业结构	农林牧渔服务业发展程度	%	正向
		休闲农业营收占农业总产值比重	%	正向

---

[1] 张挺、李闽榕、徐艳梅:《乡村振兴评价指标体系构建与实证研究》,《管理世界》2018年第8期。

[2] 闫周府、吴方卫:《从二元分割走向融合发展——乡村振兴评价指标体系研究》,《经济学家》2019年第6期。

续表

指标名称	一级指标	二级指标	单位	指标方向
乡村产业振兴指数	农业市场化程度	农产品加工值占农林牧渔业总产值比重	%	正向
		农业规模经营化率	%	正向
	农业组织化水平	农村集体经济发展程度	%	正向
		农户参与农民专业合作社比率	%	正向

（二）西部地区乡村产业振兴现状分析

本报告采用熵权法计算 2013~2022 年西部地区各省（区、市）乡村产业振兴指数得分并进行排序，得到的结果如表 2 所示。

表 2　2013~2022 年西部地区各省（区、市）乡村产业振兴指数得分与排序

省（区、市）	2013年 得分	排序	2014年 得分	排序	2015年 得分	排序	2016年 得分	排序	2017年 得分	排序
内蒙古	0.2148	4	0.2060	4	0.2219	4	0.2440	5	0.2683	6
广　西	0.0875	8	0.1067	9	0.1195	9	0.1514	8	0.1781	9
重　庆	0.1596	6	0.1882	5	0.2188	5	0.2862	3	0.3711	1
四　川	0.1558	7	0.1779	7	0.2166	6	0.2410	6	0.2878	5
贵　州	0.0682	11	0.0632	11	0.0769	11	0.1066	11	0.1472	10
云　南	0.0702	10	0.0832	10	0.0943	10	0.1116	10	0.1316	11
陕　西	0.1686	5	0.1818	6	0.1977	7	0.2090	7	0.2519	7
甘　肃	0.3040	1	0.3267	1	0.3472	1	0.2555	4	0.3061	3
青　海	0.0741	9	0.1070	8	0.1266	8	0.1470	9	0.1832	8
宁　夏	0.2413	3	0.2666	3	0.2984	3	0.2874	2	0.3041	4
新　疆	0.2573	2	0.3081	2	0.3271	2	0.3473	1	0.3664	2

省（区、市）	2018年 得分	排序	2019年 得分	排序	2020年 得分	排序	2021年 得分	排序	2022年 得分	排序
内蒙古	0.2847	7	0.4508	4	0.5955	3	0.6098	5	0.6354	4
广　西	0.2022	9	0.2581	9	0.5145	7	0.5337	8	0.5432	9
重　庆	0.4435	1	0.5405	2	0.6631	2	0.6986	2	0.7117	1
四　川	0.3107	5	0.3688	6	0.5627	4	0.6206	4	0.6326	5

续表

省（区、市）	2018年 得分	排序	2019年 得分	排序	2020年 得分	排序	2021年 得分	排序	2022年 得分	排序
贵州	0.1632	10	0.2304	11	0.4906	9	0.5313	10	0.5331	10
云南	0.1616	11	0.2330	10	0.3468	11	0.4873	11	0.5073	11
陕西	0.4168	2	0.4981	3	0.5549	6	0.5827	7	0.5921	7
甘肃	0.2974	6	0.3100	7	0.5126	8	0.5999	6	0.6267	6
青海	0.2096	8	0.3079	8	0.5581	5	0.5318	9	0.5698	8
宁夏	0.3599	4	0.5952	1	0.7023	2	0.7127	1	0.7018	3
新疆	0.3916	3	0.4096	5	0.4657	10	0.6733	3	0.7025	2

注：由于缺少西藏部分数据，本表中未对西藏进行评分与排序。
资料来源：根据表3~表7数据计算所得。

2013~2022年西部地区各省（区、市）的乡村产业振兴指数得分呈现显著的上升趋势，可见西部地区乡村产业整体发展态势良好。重庆、宁夏、新疆、四川的得分与排序整体在西部地区相对靠前。其中，重庆3次居于首位，多次居于第二位，宁夏3次居于首位，新疆多次居于第二位，乡村产业振兴水平整体较高，具有良好的发展前景。陕西、内蒙古和甘肃的乡村产业振兴程度在西部地区处于中等水平，其中，甘肃连续三年居于首位，后期排名稍有下降，乡村产业发展潜力仍然较大。贵州、广西、云南和青海的乡村产业振兴水平相对于西部地区其他省（区、市）较低，受自然条件限制和乡村产业布局不充分的影响，未来仍然拥有巨大的发展空间。

1. 乡村产业劳动者

本报告通过农村居民人均可支配收入、农业劳动生产率和农村居民平均受教育年限三个指标来衡量乡村产业劳动者的基本情况，分别反映了西部地区各省（区、市）的农村居民生活水平、农业生产效率和农村居民受教育程度及知识素养。通过熵权法计算得到2013~2022年西部地区各省（区、市）乡村产业劳动者指数得分与排序情况，具体如表3所示。

表3 2013~2022年西部地区各省（区、市）乡村产业劳动者指数得分与排序

省（区、市）	2013年 得分	排序	2014年 得分	排序	2015年 得分	排序	2016年 得分	排序	2017年 得分	排序
内蒙古	0.3566	1	0.3955	1	0.4297	1	0.4714	1	0.5081	2
广西	0.2000	7	0.2644	6	0.2972	6	0.3429	5	0.3786	5
重庆	0.2685	3	0.3174	3	0.3778	2	0.4598	2	0.5098	1
四川	0.2478	5	0.2940	4	0.3344	4	0.3782	4	0.4381	4
贵州	0.0776	11	0.1327	10	0.1828	10	0.2223	10	0.3300	8
云南	0.1316	9	0.1782	9	0.2087	9	0.2406	9	0.2868	10
西藏	0.0646	12	0.0879	12	0.1389	11	0.1816	11	0.2447	11
陕西	0.2520	4	0.2842	5	0.3070	5	0.3363	6	0.3597	7
甘肃	0.0876	10	0.1118	11	0.1330	12	0.1632	12	0.1882	12
青海	0.1786	8	0.2243	8	0.2301	8	0.2779	8	0.3283	9
宁夏	0.2019	6	0.2414	7	0.2855	7	0.3270	7	0.3766	6
新疆	0.3060	2	0.3482	2	0.3676	3	0.3941	3	0.4472	3

省（区、市）	2018年 得分	排序	2019年 得分	排序	2020年 得分	排序	2021年 得分	排序	2022年 得分	排序
内蒙古	0.5776	1	0.6643	2	0.7611	2	0.9078	1	0.9816	1
广西	0.4236	6	0.4881	6	0.6710	3	0.7813	4	0.8270	4
重庆	0.5749	2	0.6686	1	0.7679	1	0.8706	2	0.8941	2
四川	0.4812	4	0.5503	4	0.6391	5	0.7052	6	0.7306	6
贵州	0.3847	9	0.4517	9	0.5451	9	0.6303	9	0.6297	9
云南	0.3370	10	0.4136	10	0.4846	10	0.5625	10	0.5915	10
西藏	0.2981	11	0.3529	11	0.4141	11	0.4895	11	0.5476	11
陕西	0.4070	7	0.4632	8	0.5835	8	0.6623	8	0.6922	8
甘肃	0.2207	12	0.2668	12	0.3246	12	0.3918	12	0.4228	12
青海	0.3971	8	0.4736	7	0.6247	7	0.6943	7	0.7350	5
宁夏	0.4466	5	0.5069	5	0.6264	6	0.7119	5	0.7220	7
新疆	0.5016	3	0.5845	3	0.6646	4	0.7936	3	0.8290	3

资料来源：《中国农村统计年鉴》《中国统计年鉴》《中国人口和就业统计年鉴》。

从乡村产业劳动者层面看，西部地区不同省（区、市）的乡村产业劳动者素质呈现不同水平，内部差距较大，但在时间维度上整体呈现提升趋势。从西部地区各省（区、市）数据来看，内蒙古、新疆、重庆和四川的

乡村产业劳动者指数得分居于西部地区前列。陕西、广西、宁夏和青海的乡村产业劳动者指数得分在西部地区居于中间位置。其中，广西的乡村产业劳动者指数得分提升明显，这得益于广西的农业劳动生产率和农村居民受教育程度的提升。贵州、云南、西藏和甘肃的乡村产业劳动者指数得分低于其他省（区、市），原因在于自然地理位置所致的教育资源落后和农业劳动生产率较低。

2. 农业现代化水平

本报告通过人均农业机械总动力、农作物耕种收综合机械化率、耕地保有率、有效灌溉面积占耕地面积比重和农村宽带互联网普及率五个指标来衡量农业现代化水平，分别反映了西部地区各省（区、市）的农业机械化发展水平、农业生产全过程机械作业水平、耕地资源保障能力和农产品供应能力、农业基础设施建设程度以及农业信息化水平。通过熵权法计算得到2013~2022年西部地区各省（区、市）农业现代化水平指数得分与排序情况，具体如表4所示。

表4 2013~2022年西部地区各省（区、市）农业现代化水平指数得分与排序

省（区、市）	2013年 得分	排序	2014年 得分	排序	2015年 得分	排序	2016年 得分	排序	2017年 得分	排序
内蒙古	0.3400	3	0.369	3	0.3872	4	0.3694	3	0.3934	3
广西	0.1606	7	0.176	7	0.1976	8	0.2121	9	0.2486	9
重庆	0.1521	8	0.1672	9	0.1899	9	0.2233	8	0.2705	7
四川	0.1499	9	0.1690	8	0.2154	7	0.2397	6	0.2768	5
贵州	0.0481	12	0.0626	12	0.0819	12	0.0854	12	0.1339	11
云南	0.0807	11	0.0903	11	0.1035	11	0.1117	11	0.1286	12
西藏	0.3654	2	0.3947	2	0.4338	3	0.4598	2	0.4284	2
陕西	0.2041	6	0.2175	6	0.2324	6	0.2357	7	0.2622	8
甘肃	0.1387	10	0.1537	10	0.1837	10	0.1799	10	0.2393	10
青海	0.2063	5	0.2184	5	0.2414	5	0.2594	5	0.2734	6
宁夏	0.2998	4	0.3176	4	0.4898	2	0.3088	4	0.3566	4
新疆	0.4937	1	0.5165	1	0.5622	1	0.5664	1	0.5958	1

续表

省 (区、市)	2018年 得分	排序	2019年 得分	排序	2020年 得分	排序	2021年 得分	排序	2022年 得分	排序
内蒙古	0.4298	3	0.4704	4	0.5066	4	0.5264	4	0.5374	5
广西	0.3004	7	0.3578	7	0.4420	6	0.4656	6	0.5039	7
重庆	0.2892	8	0.3254	8	0.3501	10	0.4285	8	0.4659	8
四川	0.3037	6	0.3608	6	0.3953	7	0.4343	7	0.5100	6
贵州	0.1677	11	0.1908	11	0.2282	11	0.3202	11	0.3258	11
云南	0.1599	12	0.1849	12	0.2024	12	0.2354	12	0.2565	12
西藏	0.4557	2	0.4839	2	0.5206	3	0.5703	3	0.5631	3
陕西	0.2847	9	0.3189	9	0.3735	8	0.3887	9	0.4584	9
甘肃	0.2746	10	0.3154	10	0.3547	9	0.3816	10	0.4208	10
青海	0.3325	5	0.3836	5	0.4576	5	0.4825	5	0.5598	4
宁夏	0.4198	4	0.4809	3	0.5503	2	0.5876	2	0.5707	2
新疆	0.6141	1	0.6385	1	0.6462	1	0.7717	1	0.8138	1

资料来源：《中国农村统计年鉴》、《中国农业机械工业年鉴》、《中国统计年鉴》以及各省（区、市）统计年鉴。

新疆、西藏、内蒙古和宁夏的农业现代化水平指数得分与排序整体在西部地区相对靠前，其中，新疆一直居于首位，处于绝对领先地位，西藏、内蒙古和宁夏多次位列前三。青海、四川、重庆、广西和陕西五个省（区、市）与上述各地相比存在一定程度的差距，得分和排序在不同时期也发生了一定的变化。甘肃、贵州和云南的农业现代化水平在西部地区偏低，得分和整体排序相对靠后，部分原因在于受地形因素制约，农业机械化推进较为困难。可以看到，西部地区各省（区、市）之间的农业现代化水平差距较大，区域内部农业发展不平衡的问题仍然存在。

3. 农村产业结构

本报告通过农林牧渔服务业发展程度、休闲农业营收占农业总产值比重两个指标来衡量农村产业结构合理程度。农林牧渔服务业发展程度，即农林牧渔服务业产值占农业总产值比重，用来衡量农业发展程度和一二三产业融合程度。通过熵权法计算得到2013~2022年西部地区各省（区、市）农村产业结构指数得分与排序情况，具体如表5所示。

表5 2013~2022年西部地区各省（区、市）农村产业结构指数得分与排序

省（区、市）	2013年 得分	排序	2014年 得分	排序	2015年 得分	排序	2016年 得分	排序	2017年 得分	排序
内蒙古	0.0257	11	0.0289	11	0.0341	11	0.0394	11	0.0490	11
广 西	0.0818	8	0.1030	6	0.1157	5	0.1663	4	0.1906	4
重 庆	0.2182	3	0.2411	3	0.2801	3	0.3664	2	0.5236	1
四 川	0.2701	2	0.3003	2	0.3755	1	0.3880	1	0.4134	2
贵 州	0.1075	5	0.0832	10	0.0818	10	0.1268	7	0.1332	8
云 南	0.0861	7	0.0965	8	0.1038	9	0.1125	10	0.1193	10
陕 西	0.1156	4	0.1182	4	0.1300	4	0.1374	5	0.1476	7
甘 肃	0.3486	1	0.3615	1	0.3659	2	0.2596	3	0.2674	3
青 海	0.0726	10	0.0975	7	0.1155	6	0.1204	9	0.1787	5
宁 夏	0.0882	6	0.1140	5	0.1143	7	0.1372	6	0.1548	6
新 疆	0.0789	9	0.0896	9	0.1096	8	0.1255	8	0.1332	9

省（区、市）	2018年 得分	排序	2019年 得分	排序	2020年 得分	排序	2021年 得分	排序	2022年 得分	排序
内蒙古	0.0489	11	0.0478	11	0.0455	11	0.0442	11	0.0647	11
广 西	0.2159	5	0.1881	5	0.1918	5	0.1893	4	0.1925	4
重 庆	0.6287	1	0.6607	1	0.6253	1	0.6508	1	0.6585	1
四 川	0.4624	2	0.5045	2	0.5068	2	0.5083	2	0.5108	2
贵 州	0.1423	8	0.1474	8	0.1392	8	0.1403	8	0.1426	9
云 南	0.1172	10	0.1017	10	0.0731	10	0.0862	10	0.0836	10
陕 西	0.1549	6	0.1577	7	0.1436	7	0.1465	7	0.1483	6
甘 肃	0.2299	4	0.2089	4	0.1927	4	0.1766	5	0.1723	5
青 海	0.2318	3	0.2360	3	0.2588	3	0.2460	3	0.2509	3
宁 夏	0.1527	7	0.1740	6	0.1499	6	0.1487	6	0.1444	7
新 疆	0.1374	9	0.1422	9	0.1379	9	0.1253	9	0.1435	8

注：由于缺少西藏部分数据，本表中未对西藏进行评分与排序。
资料来源：《中国农村统计年鉴》《中国休闲农业年鉴》。

2013~2022年，重庆和四川的农村产业结构指数得分与排序整体在西部地区居于绝对领先地位。2013~2017年，甘肃、陕西的排序较为靠前，2018~2022年，青海和甘肃的排序相对靠前，并且青海产业结构调整速度较快。云南、广西、贵州和宁夏虽然农村产业结构指数得分相对于前述省

（区、市）较低，但农村产业结构仍然在不断进行合理化调整。新疆和内蒙古的排序整体靠后，其农村产业结构有待于进一步调整和优化。与西部地区乡村产业振兴的其他维度不同，农村产业结构指数得分与排序变动较大。

休闲农业营收占农业总产值比重是衡量农村产业结构调整和一二三产业融合的重要指标，具体数据如图1所示。整体来看，西部地区各省（区、市）休闲农业营收占农业总产值比重整体呈现增长趋势。分地区来看，重庆和四川在西部地区稳居前二，2020年分别达到了52.4%和40.5%，成为推进乡村产业振兴的重要支撑点。青海和广西的休闲农业营收占比虽较川渝低，但较其他省（区）高，且涨幅较大，具有良好的发展态势。陕西、内蒙古、云南等省（区）的休闲农业营收占比较前述省（区、市）低，且增长速度较为缓慢，休闲农业发展规模和收益有待进一步扩大与提高。

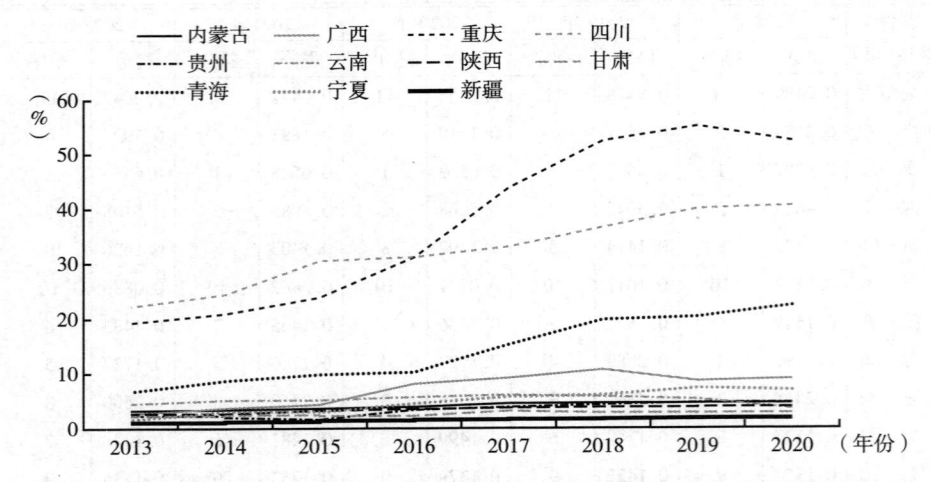

图1 2013~2020年西部地区各省（区、市）休闲农业营收占农业总产值比重情况

资料来源：《中国休闲农业年鉴》。

4.农业市场化程度

本报告通过农产品加工值占农林牧渔业总产值比重、农业规模经营化率两个指标来衡量农产品市场化程度。其中，农产品加工值占农林牧渔业总产值比重的上升反映了农业产业链进一步延伸以及农产品附加值的提高，有助

于推动农业产业化进程。农业规模经营化率，即农业规模经营户占农村总户数的比重，能够有效反映农业经营规模化程度和整体农业劳动生产率。通过熵权法计算得到2013~2022年西部地区各省（区、市）农业市场化程度指数得分与排序情况，具体如表6所示。

表6　2013~2022年西部地区各省（区、市）农业市场化程度指数得分与排序

省（区、市）	2013年 得分	排序	2014年 得分	排序	2015年 得分	排序	2016年 得分	排序	2017年 得分	排序
内蒙古	0.3718	4	0.2946	4	0.3116	4	0.3523	3	0.3783	4
广西	0.1091	7	0.1161	6	0.1220	7	0.1375	7	0.1514	6
重庆	0.0142	11	0.0266	10	0.0241	11	0.0302	10	0.0420	10
四川	0.0491	9	0.0544	9	0.0438	9	0.0605	9	0.0834	9
贵州	0.1312	6	0.1119	7	0.1277	6	0.1484	6	0.1514	7
云南	0.0945	8	0.0929	8	0.0940	8	0.0932	8	0.0993	8
陕西	0.2068	5	0.1953	5	0.2143	5	0.2317	5	0.2493	5
甘肃	0.4964	1	0.5174	1	0.5300	1	0.3380	4	0.4376	2
青海	0.0184	10	0.0195	11	0.0401	10	0.0251	11	0.0224	11
宁夏	0.4280	2	0.4441	3	0.4449	3	0.4454	2	0.4239	3
新疆	0.3805	3	0.4660	2	0.4806	2	0.5081	1	0.5402	1

省（区、市）	2018年 得分	排序	2019年 得分	排序	2020年 得分	排序	2021年 得分	排序	2022年 得分	排序
内蒙古	0.3848	4	0.4742	3	0.4452	3	0.4251	3	0.4520	3
广西	0.1501	7	0.1375	8	0.1417	9	0.1419	8	0.1426	8
重庆	0.0381	10	0.0196	10	0.0152	11	0.0316	11	0.0345	11
四川	0.0887	9	0.0782	9	0.0677	10	0.0656	9	0.0644	10
贵州	0.1616	6	0.1640	7	0.1560	7	0.1638	7	0.1697	7
云南	0.1023	8	0.1962	6	0.2208	6	0.2476	6	0.2376	6
陕西	0.2615	5	0.2521	5	0.2764	5	0.2825	5	0.2755	5
甘肃	0.4136	3	0.3903	4	0.3825	4	0.3823	4	0.4471	4
青海	0.0194	11	0.0154	11	0.1517	8	0.0598	10	0.1161	9
宁夏	0.4199	2	0.5915	1	0.6735	1	0.6511	1	0.6383	1
新疆	0.5646	1	0.5470	2	0.4513	2	0.4606	2	0.4908	2

注：由于缺少西藏部分数据，本表中未对西藏进行评分与排序。

资料来源：《中国工业年鉴》《中国农村经营管理统计年报》《中国农村政策与改革统计年报》。

宁夏、甘肃和新疆的农业市场化程度指数得分在西部地区的排序较为靠前，宁夏4次居于首位，甘肃3次居于首位，新疆3次居于首位。陕西、广西、内蒙古和青海的得分与排序与前述省（区）存在一定差距，其中，陕西虽然在西部地区的排序较为稳定，但得分仍然呈现上升的趋势，可见陕西的农业市场化程度逐渐加深。重庆、四川和云南在西部地区的排序较为靠后，农业市场化程度较低，但整体均有所提升。

5. 农业组织化水平

本报告通过农村集体经济发展程度和农户参与农民专业合作社比率两个指标来衡量农业组织化水平。其中，农村集体经济发展程度通过村级完成产权制度改革的单位数占地区总村数的比重来表示，用来反映农村集体经济覆盖范围和产权制度改革成果。农户参与农民专业合作社比率则反映了西部地区各省（区、市）的农村合作经济组织的发展程度以及对农户的吸收力度，是衡量农业组织化水平的一个典型指标。通过熵权法计算得到2013~2022年西部地区各省（区、市）农业组织化水平指数得分与排序情况，具体如表7所示。

表7　2013~2022年西部地区各省（区、市）农业组织化水平指数得分与排序

省（区、市）	2013年 得分	排序	2014年 得分	排序	2015年 得分	排序	2016年 得分	排序	2017年 得分	排序
内蒙古	0.0272	9	0.0544	7	0.0579	8	0.0668	8	0.0796	8
广西	0.0047	10	0.0039	11	0.0034	11	0.0070	11	0.0174	11
重庆	0.1591	1	0.1839	1	0.2045	1	0.2644	1	0.3094	1
四川	0.0774	2	0.0828	4	0.0980	3	0.1144	3	0.1610	4
贵州	0.0001	11	0.0049	10	0.0047	10	0.0107	10	0.0569	9
云南	0.0301	8	0.0397	9	0.0469	9	0.0736	7	0.0923	7
陕西	0.0610	5	0.0918	3	0.0930	4	0.0894	5	0.1654	3
甘肃	0.0337	7	0.0512	8	0.0740	6	0.0922	4	0.0963	6
青海	0.0709	3	0.1185	2	0.1298	2	0.1671	2	0.1910	2
宁夏	0.0631	4	0.0748	5	0.0770	5	0.0820	6	0.1005	5
新疆	0.0406	6	0.0642	6	0.0605	7	0.0663	9	0.0503	10

续表

省（区、市）	2018年 得分	排序	2019年 得分	排序	2020年 得分	排序	2021年 得分	排序	2022年 得分	排序
内蒙古	0.0813	8	0.4081	4	0.7924	6	0.7971	10	0.7983	9
广　西	0.0246	11	0.1704	9	0.7854	7	0.7897	11	0.7814	11
重　庆	0.3894	2	0.5984	3	0.9306	1	0.9194	2	0.9238	1
四　川	0.1517	5	0.2370	6	0.7355	8	0.8553	6	0.8481	7
贵　州	0.0533	10	0.2027	8	0.8904	2	0.9226	1	0.9151	2
云　南	0.1427	6	0.2273	7	0.5152	10	0.8202	7	0.8684	5
陕　西	0.5714	1	0.7670	1	0.8582	4	0.8918	4	0.8833	4
甘　肃	0.1036	7	0.1470	10	0.6970	9	0.9182	3	0.9065	3
青　海	0.1731	4	0.4005	5	0.8616	3	0.8569	5	0.8564	6
宁　夏	0.2132	3	0.6282	2	0.8002	5	0.8066	8	0.7973	10
新　疆	0.0667	9	0.0907	11	0.3183	11	0.7976	9	0.8005	8

注：由于缺少西藏部分数据，本表中未对西藏进行评分与排序。

资料来源：《中国农村经营管理统计年报》《中国农村政策与改革统计年报》《中国农村合作经济统计年报》。

农业产业组织的合理发展对乡村产业振兴具有极强的推动作用。从时间维度上看，西部地区各省（区、市）的农业组织化水平均具有显著的上升趋势。以2017年提出乡村振兴战略为时间节点，前期农业组织化水平较低，发展缓慢，后期国家重视程度的提高推动农业组织化水平不断上升，目前各省（区、市）均处于较高水平。

从空间维度上看，重庆、陕西的农业组织化水平指数得分在西部地区各省（区、市）中居于前列，其中，重庆7次居于首位，陕西2次居于首位。贵州2018～2020年的得分有较大幅度增长，并且在2021年和2022年继续保持较高水平。而广西、内蒙古和新疆的农业组织化水平相对于前述省（区、市）较低，但发展趋势仍然是稳步向好的。

二 西部地区乡村产业振兴面临的现实约束

（一）西部地区乡村产业劳动力流失严重

第一，西部地区乡村青壮年劳动力流失严重，人口老龄化问题较为突出。由于西部地区乡村的经济发展水平和基本公共服务水平较低，就业机会较少，大量的青壮年劳动力向东部地区转移，其中高素质人才的流失问题更为突出，西部地区乡村产业发展缺少劳动力。

第二，西部地区农民的职业技能水平、知识素养较低。由于农村教育资源以及受教育机会的匮乏，农民的学历水平和职业技能水平较低。加之农民对于新型技术缺少了解，西部乡村地区缺乏专业技术人员，劳动力素质整体较低。

第三，西部地区乡村产业对创业者的吸引力较弱。西部地区乡村现在仍然存在创业市场环境较差、产业发展基础设施不完善和资源整合不到位的问题，成为制约创新产业发展的一个关键因素，加之西部地区乡村供应链并不健全，对创业者的吸引力偏弱。

（二）西部地区农业现代化水平相对较低

第一，兼顾产业发展和安全问题、种业安全与粮食安全问题是实施乡村振兴战略的重中之重。西部地区种业发展存在优质品种少、种子产量低、育种技术弱、种质资源保护体系不够健全等诸多问题，同时农业方面的基础设施仍不完善，对专有产权和优质种粮企业的保护力度较小，粮食产量和农业科技水平有待进一步提高，要加强防范"卡脖子""卡种子"风险。

第二，现代农业基础设施不够完善。西部地区整体的现代农业基础设施体系仍然不够健全。一方面体现在西部地区设施农业发展程度较东部地区低，2021年西部地区各省（区、市）平均温室面积占总播种面积比重[1]为

---

[1] 《中国农业机械工业年鉴（2022）》。

0.97%，而东部地区则达到了2.93%，东北部地区达到了1.48%；另一方面体现在有效灌溉面积比例较东部地区低，2022年西部地区各省（区、市）平均有效灌溉面积比例为47.05%，东部地区则达到60%以上。不同地区间基础设施建设的非均衡性特征较为突出，西部地区基础设施的建设力度和完备程度均落后于东部地区。

第三，数字经济赋能农业力度不足。一是西部地区农业数字化转型能力较弱。西部地区的农产品网络销售额占比①远低于东部地区，2022年东部地区农产品网络销售额占比为17.7%，中部地区为15.6%，西部地区为10.6%，西部地区农村电商发展程度较低。二是西部地区数字经济与乡村产业衔接融合不顺畅，数字技术与农业以及乡村产业的适配度和契合度不高，出现乡村数字产业空心化的现象。三是西部地区农村信息化发展环境有待优化。这主要体现在西部地区农业农村信息化社会资本投入较少，东部地区社会资本投入占全国社会资本投入的58.9%，西部地区为20.8%。

（三）西部地区农村产业结构有待调整优化

第一，西部地区农村产业规模较小，主体集聚程度较低。发展规模经济的难度较大，而且农村产业主体分散，集聚程度较低，产业集群较少，已有的产业集群之间的协同程度较低，基础设施和资源利用的共享难度较大，在一定程度上增加了西部地区农村产业发展的交易成本。

第二，西部地区农村产业链条较短，产业发展以农产品种植和初级加工产业为主，产品附加值较少，产业效益较低。西部地区的农副产品加工业规模比东部地区小，精深加工产业较少，2021年西部地区各省（区、市）平均农副产品加工业产值占农林牧渔业产值的比重为17.63%，东部地区达到了83.83%，中部地区达到了35.83%，区域间不平衡程度较高。这一方面直接反映了西部地区农村产业本身发展的内生动力不足，另一方面反映了西部地区农村产业的产业链条仍不完善，供应链价值链有待进一步延伸、拓

---

① 《中国数字乡村发展报告（2022年）》。

展，西部地区农村产业发展动能有待进一步强化。

第三，西部地区农村产业同质化现象较为严重。西部地区农村产业发展易受趋利性和当地自然条件的影响与制约，加之农村产业管理者的思维局限性和农村产业整体发展程度较低，西部地区农村产业出现主导产业发展方向趋同和产品同质化的问题，产业较为单一，缺少特色产品和市场竞争力，差异化竞争不充分，易陷入区域同质产业竞争的困境。

第四，西部地区一二三产业融合程度较低，农村产业综合发展受限。一方面是西部地区农村的资源、资金等主要集中用于第一产业，农产品精深加工、包装、销售等环节与工业生产衔接不足，西部地区农村产业发展程度较低，生产基础薄弱；另一方面是第一产业与第三产业融合欠佳，缺乏项目整体规划，农文旅融合发展方向、模式趋于同质化，区域产业发展特色不鲜明，发展层次较低，产业链条较短，消费市场受众较为有限，文旅对农业以及其他产业的带动能力较弱，如陕西省安康市龙头村风景秀丽且拥有较为独特的徽派民居建筑群，但由于龙头村的乡村旅游缺乏市场引领力和产业竞争力，未形成规模产业，加之劳动力外流严重，限制了龙头村的进一步发展和农村产业振兴的推进。

（四）西部地区乡村产业市场化程度有待提高

第一，西部地区乡村产业主体不强。一是龙头企业较少且带动能力偏弱。龙头企业在带动合作社、农户和农民增收等方面具有重要作用。相较于东部地区，西部地区乡村的市场环境较差、基础设施建设水平较低，加之部分地方政府统筹规划不到位，制约了龙头企业的发展。同时，西部地区乡村龙头企业联农带农机制不够完善、与农户的利益联结机制灵活性不强、带动引领作用不强的问题仍然突出。二是缺少具有创新精神的企业家。创新型企业家有助于进一步推动农产品市场化和产业化发展。与东部地区相比，西部地区乡村一方面在教育、医疗、社保兜底等方面的基本公共服务不足，对企业家的吸引力较弱，另一方面高等院校、科研院所较少，乡村产业人才输送和企业家培育机制有待完善。三是农户参与程度低。农户是乡村产业发展的核心，但农户思想保守、风险承担能力弱，导致其参与意愿不强，阻碍了西部地区乡村产业的发展。

第二，西部地区乡村产业缺乏优势品牌，市场竞争力较低。一方面是对品牌的重视程度和建设力度不够，忽略了品牌对于产业发展的溢出效应，品牌定位较为模糊，品牌小且较为杂乱，缺乏辨识度高的优势品牌，区域品牌、企业品牌和产品品牌的协同发展有待进一步深化；另一方面是品牌营销力度较小，营销精准度和有效性有待提高，对于利用互联网、平台经济等新方式进行品牌推广营销的意识不强、效率较低、效果欠佳，如四川省攀枝花芒果属于国家地理标志产品，但由于知名品牌匮乏，产品市场营销不够充分，市场竞争力偏弱，不利于该地的农产品推广和乡村产业高质量发展。

第三，西部地区乡村产业要素活力不足，城乡间要素双向流动不合理不充分问题仍然突出。劳动力、资本和土地是乡村产业发展中的关键要素，但产业要素活力不足是当前西部地区乡村面临的突出问题。在劳动力要素方面，西部地区乡村缺乏人才和青壮年劳动力，各类人才的培养机制和激励保障机制尚不完善。在资本要素方面，金融资本和社会资本进入难度较大，资本利用效率和资本要素配置有待提高与优化，乡村金融服务体系不够健全。在土地要素方面，一是农村土地流转效率较低，集约化程度不够，不利于开展规模化经营；二是土地利用率低、土地闲置和土地粗放利用等问题并存；三是西部地区可利用土地占比较低，土地沙化、盐碱化和水土流失等土地生态问题较为严重，耕地质量不高，高标准农田较少。同时，城乡之间要素双向流动不顺畅、流向不合理，要素流动呈现由乡村向城镇单向流动的趋势，优势要素由城镇向乡村流动受阻，西部地区乡村产业空心化的问题亟待解决，这些都不利于西部地区的乡村产业振兴。

（五）西部地区农业组织化水平不高

第一，西部地区乡村集体经济规模较小，综合收益较少。由于管理者和村民缺乏市场敏锐度与管理经验，加之发展定位模糊，以及其他发

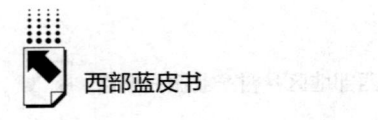

展条件的限制，西部地区部分乡村在发展集体经济的过程中存在投资大、规模小、收益低的问题。2022年，西部地区村均集体经济总收入①为53.62万元，东部地区为217.46万元，中部地区为90.98万元，西部地区与其他地区差距较大，这反映出西部地区集体经济整体发展较为薄弱。同时，需要看到部分乡村受限于区位、资源和人才条件，发展集体经济的难度较大，因此要求所有村都发展集体经济是不合理的，应因地制宜发展集体经济。

第二，农民专业合作社与农户的利益联结机制不完善。目前，"企业+合作社+农户"的合作模式已经形成，但这种模式推动形成的合作社与农户的利益分配和利益联结方式较为单一，利益联结机制不稳定，农户利益保障层面存在较高的不确定性，迫使合作社和农户都处于较为被动的位置。因此，多元化的利益联结机制和相关的保障机制有待完善。

三 西部地区乡村产业振兴的主要目标与重点任务

（一）西部地区乡村产业振兴的主要目标

到2027年党的二十一大召开之际，西部地区农业基础更加稳固，乡村全面振兴不断取得实质性进展，乡村产业振兴取得新成效，农业农村现代化迈出新步伐、取得重要进展，脱贫地区实现巩固拓展脱贫攻坚成果同乡村振兴有效衔接，经济实力显著增强，产业扶贫作用进一步凸显。

根据国家相关政策文件及西部地区乡村产业振兴发展状况，本报告从农民高素质化、农业现代化水平、农村产业结构、农产品市场化程度、农业组织化程度五个方面，提出了西部地区乡村产业振兴要在2027年实现的主要目标（见表8）。

---

① 《中国农村政策与改革统计年报（2022年）》。

表8 西部地区乡村产业振兴的主要指标及2027年目标值

一级指标	二级指标	单位	2027年目标值	指标属性
农民高素质化	农村居民教育文化娱乐消费支出占比	%	12.3	预期性
	农村居民平均受教育年限	年/人	7.8	预期性
	乡村义务教育学校专任教师本科以上学历比例	%	63	预期性
	劳动生产率	万元/人	≥5	预期性
	农村居民人均可支配收入增速	%	与GDP增长基本同步	预期性
农业现代化水平	粮食综合生产能力	亿吨	>2.1	约束性
	耕地保有率	%	54	约束性
	农业科技进步贡献率	%	65.5	预期性
	农作物耕种收综合机械化率	%	70	预期性
	农产品质量安全例行监测合格率	%	99	预期性
农村产业结构	农产品加工业与农业总产值比	%	3.0	预期性
	非农产业从业人员占总劳动力比重	%	≥77	预期性
农产品市场化程度	农产品商品率	%	≥92	预期性
	"三品一标"农产品认证率	%	≥65%	预期性
农业组织化程度	农户参加经济合作组织比率	%	70	预期性
	农业规模经营化率	%	2.0	预期性

（二）西部地区乡村产业振兴的重点任务

1. 农民参与乡村产业高质量发展的综合能力大幅提升

西部地区农民群众的科学文化素养和经营管理能力进一步提高，高素质新型农民队伍日益壮大。农民群众的积极性、主动性、创造性进一步被激发，主人翁意识明显增强，农民群众不断发挥聪明才智和创造精神，利用好当地要素禀赋，在经济发展、民俗文化、乡村建设、生态环境等方面创造新产业新业态，真正把广大农民群众的创造潜力转化为全面推进乡村产业高质量发展的强大动力。

2. 粮食等重要农产品供给有效保障

西部地区种质资源"卡脖子"风险有所减小，种业创新"科技化"含量进一步提高，种子企业"小散化"态势得到明显改善、支持保障机制有所完善。重要农产品综合生产能力进一步巩固提升，粮食、肉和蔬菜等重要农产品供给保障更加有力。粮食播种面积和产量保持稳定，谷物自给率保持稳步提高，玉米、猪肉、乳制品基本自给，牛羊肉、水产品、食用植物油等保持稳定发展。农产品质量安全水平进一步稳中向好，农产品质量安全治理能力和监测监管能力稳步提升。农业高质量发展标准体系进一步完善，农业标准化生产覆盖面持续扩大。绿色优质农产品供给能力提升，农产品"三品一标"认知度和影响力显著提升。

3. 农业基础设施建设取得新进展

西部地区的乡村产业建设取得积极成效，农业基础设施投融资机制更加健全。聚焦农业基础设施短板、弱项，突出抓好重大项目建设，大力推进高标准农田工程建设，农产品加工和冷链物流建设持续推进。现代农业基础设施不断完善，覆盖面更广，现代农业市场竞争力和综合效益不断提高，农民就业、工作环境不断改善。

4. 农业质量效益和竞争力稳步提高

西部地区农业科技发展水平进一步提高，农业科技进步贡献率和耕种收综合机械化率不断提高。农业现代化建设取得明显进展，物质技术装备条件持续改善，以生物、信息、装备等技术为核心支撑的新兴产业快速发展，生物种业、农机装备等产业规模不断壮大。规模化、集约化、标准化、数字化水平进一步提高。数字经济对农业产前、产中、产后赋能充分，农业质量效益进一步提高。

5. 乡村产业结构更加完善，空间布局进一步优化

西部地区乡村产业发展空间结构不断优化，县域统筹持续得到强化，镇域产业不断聚集，县乡联动、以镇带村、镇村一体的格局逐渐形成。乡村产业发展生产结构明显得到完善，产业规模扩大，主体实力强劲。产业集聚度不断提高，积极推进产业的延链、补链、壮链、强链，实现产业链、供应链和价值链的打造、延伸，市场竞争力不断提升。

6. 乡村产业体系不断健全，产业发展内生动力持续增强

西部地区的区域品牌建设不断优化调整，品牌体系的建设不断加强，持续深入推进自然地理、人文历史与当地资源禀赋的结合，推出更多优质农产品品牌。立足品牌特点，不断加大品牌营销，为本土品牌实现定制化发展指明方向。乡村特色产业深度拓展，乡村特色产业附加值不断提升，农业多种功能和乡村多重价值被深度发掘，业态类型不断丰富。龙头企业规模不断壮大，实力持续提升，科技创新能力明显增强，质量安全水平显著提高，品牌影响力不断扩大，新产业新业态蓬勃发展，全产业链建设加快推进，联农带农机制更加健全，保障国家粮食安全和重要农产品供给的作用更加突出。城乡要素双向流动畅通，农业农村发展活力增强，农村创新创业更加活跃。

7. 农村集体经济组织不断壮大，带农意识明显增强

对于不符合当地实际情况、盲目发展的农村集体经济组织，西部地区各省（区、市）因地制宜、分类施策，积极解决发展过程中遇到的问题，不断探索出适合各省（区、市）发展的方式。对于符合当地实际情况发展的农村集体经济组织，农村集体经济体系结构、运行新机制和利益联结机制逐渐完善，集体经济现代化转型基本实现，为实现共同富裕提供新动能、注入新活力。

以家庭农场和农民合作社为代表的农业经营主体发展迅速，新型农业经营主体保障机制不断完善。

8. 农村居民收入稳步增长

西部地区农民增收渠道不断拓宽，农村居民人均可支配收入增长与国内生产总值增长基本同步，城乡居民收入差距持续缩小。城乡基本公共服务均等化水平明显提升，农村生产生活方式绿色转型取得积极进展，产业振兴内生动力持续增强，农民获得感、幸福感、安全感明显提高。

9. 脱贫攻坚成果不断巩固拓展

西部脱贫地区的脱贫攻坚政策体系和工作机制同乡村振兴有效衔接，脱贫人口"两不愁三保障"成果有效巩固。防止返贫动态监测帮扶机制进一步健全，防止返贫就业攻坚行动深入实施，重点区域补短板强弱项持续推

进。脱贫攻坚成果同乡村振兴有效衔接，产业帮扶工作持续推进，脱贫地区和脱贫群众内生发展动力不断增强，产业扶贫作用进一步凸显。

四 西部地区乡村产业振兴目标的实现路径

（一）发挥农民主体作用，壮大产业人才队伍

第一，积极培育打造新型职业农民队伍。不断推动农业龙头企业、家庭农场、农业生产合作社与高等院校开展合作交流，不定期开展专业技术培训交流会，持续提高相关带头人及农民的综合素质与科技技能。设立乡村产业人才专项培养基金，重点针对新型产业经营主体负责人、经理人、技术人员和乡镇农业技术干部，分产业精准开展培训。加强对农业工人和农业雇员的科技知识的普及教育，将理论基础与产业发展实际结合起来，不断提升自身技能水平。发挥好省、市、县三级农业技术推广服务部门的宣传教育作用，为产业持续高质量发展做好保障。

第二，促进农村创业创新。健全人才激励机制，优化人才发展环境，吸引农民工、大中专毕业生、退役军人等返乡入乡创业，并着力培育一批创新人才和创业带头人。将农民创业与小城镇产业支撑和区域经济发展特色结合起来，依托资源禀赋，打造一批更贴近乡村发展的创业创新孵化载体。开展农村创业创新导师队伍建设，为农村创业人员提供精准指导服务。推动创业创新扶持政策和创业补贴政策的落实，加大创业贷款等支持力度。

（二）强化科技创新引领，提升农业质量效益

第一，持续推进粮食安全和种业振兴。压实粮食安全政治责任，加强粮食生产能力建设，优化粮食品种结构，实施大豆振兴计划，并适当扩大优势区玉米种植面积，稳定发展优质粳稻。加强种质资源保护，构建种质资源数据库。推进育种方面的创新攻关，加快实施农业生物育种重大科技项目。

第二，加强农业基础设施建设。着眼于农业农村优先发展，对农业基础设施建设的短板进行精确定位，使财政资源向亟须补齐的短板倾斜，做到财

政优先保障。分区域、分用途解决好生产性基础设施薄弱问题，重点关注制约农业规模化经营的灌溉设施和能源基础设施等，完善农村水利基础设施网络和能源基础设施网络，逐步推动现代化改造，为农业高质量发展和实现产业兴旺夯实基础。完善社会性基础设施，推动城市公共交通线路向农村延伸，加快城乡冷链物流设施建设，完善优化农村物流设施骨干网络。加强防灾减灾基础设施建设，加强公共卫生应急设施建设，布局建设数字化赋能的人工智能平台、宽带基础网络等设施。

第三，提高农机装备研发应用能力。优化农业科技创新战略布局，以发展农业新质生产力为出发点，进行高水平高质量的科技创新。着力推动农机装备补短板行动，协力攻关影响农业机械整体性能提高的关键核心技术和重要零部件。

第四，大力发展乡村数字经济。推进农村数字基础设施建设，持续提升农民数字素养与技能，实现以数字人才和平台赋能乡村建设。大力发展智慧农业，将农业与大数据、云计算等数字化技术有机结合，以无人机械化、无人农场建设为契机，不断提升农业生产的机械化、现代化、智慧化水平。推动数字技术与乡村产业深度融合，加强乡村产业的数字扩链，以数字技术为支撑延伸产业链、贯通供应链、提升价值链，全面提升农业生产经营数字化水平。在遵循乡村产业发展规律的前提下，综合运用金融杠杆政策工具，借助数字化、智能化手段，引导金融机构将金融"活水"精准"滴灌"到乡村产业链上。

（三）积极调整产业结构，推动产业优化升级

第一，延伸产业链，构建农业全产业链。聚焦规模化主导产业，选取一些集聚度高、影响国计民生的粮食和重要农用品，以及满足人们多样化需求的特色农产品，塑强一批精品区域公用品牌，引导企业与农户等共同打造企业品牌，实现"先富带动后富"。围绕建设集约化加工链条开展农业全产业链建设，建设标准化原粮基地，实现真正意义上的"原料车间"；发展精细化综合加工，拓展农产品初加工，提升农产品精深加工水平，推进加工副产

物循环、全值、梯次利用；建设区域性现代农业全产业链综合服务中心，充分发挥人力资源的积极效应。建设网络化服务体系，构建面向全产业链的大数据中心，全方位提供市场信息。大力培育农村电商新主体，强化与电商平台的协作，探索直播带货、直供直销新模式。

第二，畅通循环链，打通产供销全链路。强化农业供应链韧性，鼓励各类农业经营主体合作构建"产购储销"一体化的农业供应链体系。构建农业数字供应链平台，实现农业全产业链生产效率、产业结构、产品市场、主体协同分工等方面的赋能。搭建从商品贮藏、配送到交易一体化的物流网络，提高农产品错峰销售和集散分销能力。创新发展农商直供、预制菜肴、团餐服务等业态，开发推广"原料产地+中央厨房+物流配送""中央厨房+餐饮门店"等模式。

第三，提升价值链，拓展产业增值空间。充分考虑区位优势，挖掘特色产业，赋予产业科技属性、文化内涵等，搭建产需对接体系，推动农户生产、企业加工、客户营销、终端消费等环节的有机结合，实现对市场需求的快速响应。充分利用网络宣传平台讲好地理标志产品和优质农产品，使消费者对地理标志品牌产生地域联想和形成文化认同，培育具有浓郁地方特色的产品品牌。借助直播平台的销售优势，将原生态的场景呈现在消费者面前，并配合场景内容的讲解，提升消费者的认知和体验，促进新农业经济的发展。

（四）健全乡村产业体系，发展壮大产业新业态

第一，继续培育壮大品牌。充分发挥各地资源优势，大力实施"三品一标"战略，继续推进农产品品牌建设与培育计划。立足于产业和地区发展的多维视角，做好特色产业的品牌战略定位，对接市场需求，不断挖掘消费者对产品或服务的偏好，做消费者喜闻乐见的大众品牌。在提升原本品牌竞争力的基础上，支持行业协会、企业等的合作，制定区域品牌质量标准、认证与可追溯机制，宣传推介区域品牌形象，促进产业集群的质量品牌建设。立足于产业和地区发展的文化视角，坚持绿色发展理念，加强绿色、有

机和地理标志农产品培育发展，促进地理标志与特色产业发展、生态文明建设、历史文化传承、乡村振兴等的有机融合，打造具有浓郁地方特色的产业品牌和新型农业服务品牌。

第二，培育产业龙头企业标准"领跑者"，建设优势特色产业集群。基于市场的主导地位，促进龙头企业不断壮大，稳步提升龙头企业的内生动力和市场竞争力。加强对企业家的战略引导和服务，提高企业科技创新主体地位，推动企业在技术创新、人才配套、资金安排等方面的规划落到实处。提高企业和要素集中度，促进政策集中发力，实现企业联结、区域联动、政策联通发展。发展壮大产业集群，集中优质资源，加快形成产业规模效益、特色品牌优势，全面提升产业、区域竞争力，并依托特色产业集群，培育更多的龙头企业"领跑者"。

第三，促进产业融合，发展乡村产业新业态。推动乡村三次产业的融合发展，纵向延伸产业链条，把产业链主体留在县域，把就业机会和产业链增值收益留给农民。横向拓展产业功能，进一步优化乡村休闲旅游业，将农业与旅游、教育、康养等产业相融合，发展田园养生、研学科普、农耕体验等乡村产业新业态；进一步发展乡村新型服务业，积极引导生产性服务业领域的市场主体将服务网点延伸到乡村，拓展生活性服务业，加快农村电子商务发展，深入推进"互联网+"农产品出村进城工程，规范引导网络直播带货发展，提升乡村农民生活水平。

第四，畅通城乡要素循环。围绕"人、地、钱"等要素，逐步畅通城乡要素双向流动渠道，助力乡村产业振兴和农业农村现代化。继续深化户籍制度改革，加快健全农业转移人口市民化配套政策体系、畅通城市人口向乡村流动的制度性通道，为产业体系的健全提供持续动力。优化土地资源配置，建立健全城乡统一的建设用地市场，逐步破解企业用地难题。加强财政资金支持，统筹整合、利用各方面的资金，尤其是积极引导工商资本投入农业农村。县域是农业生产的主体空间，要强化县域统筹规划，统筹县域基础设施和公共服务设施建设，完善县镇村联动发展体系，助力乡村产业振兴和农业农村现代化。

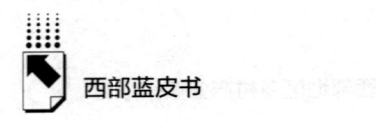

（五）发展壮大产业组织，激活产业振兴新动能

第一，要突出抓好家庭农场和农民合作社两类农业经营主体，鼓励包括合作经营在内的多种形式的适度规模经营。实施家庭农场培育计划，把农业规模经营户培育成有活力的家庭农场。开展农民合作社规范提升行动，从章程制度、组织机构、财务管理等方面加以规范，以维护农民成员合法权益、增强农民合作社内生发展动力。支持农业产业化龙头企业创新发展、做大做强。

第二，要完善新型农业经营主体保障机制。推进农村数字金融发展，减少家庭农场融资约束，提高家庭农场经营活力。完善用地保障政策，引导家庭农场和农民合作社有序健康发展。创新主体联合机制，组织龙头企业与农村集体经济组织、社会化服务组织组建农业产业化联合体。建立科研院所、农业高校等社会力量对接服务新型农业经营主体的长效机制。推动新型农业经营主体与小农户建立利益联结机制，推行保底分红、股份合作、利润返还等方式。

B.4 西部地区乡村人才振兴报告*

张冰冰 周浩宇 姚聪莉 胥晚舟**

摘　要： 西部地区乡村人才振兴是实现乡村振兴战略不可或缺的重要环节。2018~2022年，西部地区明确并制定了人才发展规划和发展目标；培养了大量农业生产经营人才，农业合作带头人数量排名全国第一；农业农村科技人才年均增长率排名全国第二，但高等院校涉农研究人员数量较少；电商人才崭露头角并带动新业态蓬勃发展。同时，存在区域内乡村人才振兴关注度不均衡、人力资本制约本土人才发展、教育资源制约涉农科技人员发展以及数字鸿沟阻碍电商人才成长等现实约束。因此，需要通过做好顶层设计、优化人才培养和吸引机制以及强化保障支持，促进农业实用人才的培养，壮大乡村第二、第三产业的人才队伍，实现乡村振兴与人才发展的双向促进。

关键词： 西部地区　乡村振兴　人才振兴

乡村振兴，产业是基石，人才是关键。[①] 中共中央办公厅和国务院办公

---

* 本报告为教育部人文社科重点研究基地——西北大学中国西部经济发展研究院项目（项目编号：XBLPS202404）阶段性研究成果；陕西高等教育教学改革研究项目（23ZG013）阶段性研究成果。
** 张冰冰，西北大学公共管理学院讲师，博士，硕士生导师，主要研究方向为教育经济与管理；周浩宇，西北大学公共管理学院博士研究生，主要研究方向为教育政策；姚聪莉，教育部人文社会科学重点研究基地——西北大学中国西部经济发展研究院兼职研究员，西北大学高等教育研究中心主任，教授，博士生导师，主要研究方向为教育理论及政策；胥晚舟，西北大学公共管理学院博士研究生，主要研究方向为教育政策。
① 《人民网评：围绕"五个振兴"全面推进乡村振兴》，人民网，2022年12月27日，http://opinion.people.com.cn/n1/2022/1227/c223228-32594414.html。

厅联合发布的《关于加快推进乡村人才振兴的意见》将开发乡村人力资本作为乡村人才振兴的主要任务。农业农村部发布的《"十四五"农业农村人才队伍建设发展规划》则对乡村人才振兴所需人才类型进行了明确，包括村基层组织负责人、农业带头人、农业科技人才、创新人才和公共服务人才等。

乡村人才振兴的目标是培养与打造乡村振兴所需关键领域的人才队伍。通过打通知识传递、技能优化以及下乡渠道，提升乡村本土人员知识水平、技能和综合素质，推动乡村人才内生式发展，并实现本土人才和外来人才有机结合。

一 西部地区乡村人才振兴的现状

乡村人才泛指在空间上与乡村有直接联系，具有一定的技能、学历，并愿意为乡村做出贡献的人。[①] 乡村人才振兴的主体是"当地人"。[②] 广大生于农村、长于农村、留在农村、心系乡村的农民群众则成为农业生产力中富有活力和创造力的重要因素。[③] 因此，打破乡村人才瓶颈，是实施乡村振兴战略的核心所在。近年来，西部地区各级政府对乡村人才振兴高度重视，通过制定人才发展规划与采取有效措施，在乡村人才振兴方面取得了一系列显著成效。

（一）制定了乡村人才发展规划，明确了乡村治理和公共服务人才发展目标

截至 2024 年 3 月，西部地区 11 个省（区、市）（西藏相关规划未公

[①] 刘玉侠、张剑宇：《乡村人才振兴：内涵阐释、困境反思及实现路径》，《重庆理工大学学报》（社会科学）2021 年第 11 期；王俊程、窦清华、胡红霞：《乡村振兴重点帮扶县乡村人才突出问题及其破解》，《西北民族大学学报》（哲学社会科学版）2022 年第 4 期。
[②] 韩利红：《新内生发展理论与乡村人才内外联动发展模式》，《河北学刊》2023 年第 6 期。
[③] 韩利红：《乡村振兴内生动力与本土人才生成的逻辑关系》，《理论视野》2023 年第 3 期。

布)已陆续出台了各自的"十四五"规划。这些规划作为促进经济和社会进步的关键,为"十四五"期间各地的乡村振兴指明了方向,提出了发展目标、任务、策略以及保障措施,展现了各地对乡村振兴未来几年的宏观规划和细致布局。

1. 教育、乡村医疗卫生、农业科技、涉农人才培养及相关人才政策支持等核心领域被放在了优先发展的位置

具体而言,这些规划包含了一系列旨在加强乡村发展的重要措施,如加强农村教师队伍的建设、提高职业教育的质量、加强基层医疗卫生人才的建设、推动农业科技人员深入农村基层,以及培育乡土人才和致富带头人等。这些措施为乡村振兴提供了坚实的人才支撑,确保了乡村发展在新的五年规划期间能够实现质的飞跃(见表1)。

表1　西部地区各省(区、市)乡村人才振兴主要目标及相关措施

省(区、市)	主要目标	相关措施举例
内蒙古	教育、干部培养	一线基层专业技术人才职称倾斜、农技人员包村联户、干部下乡
广西	教育、农业科技	农业科技推广人员下沉到村、粤桂培训协作
重庆	教育、医疗卫生	"三支一扶""三师一家"
四川	教育、医疗卫生	"9+3"职业教育计划、医疗基础设施
贵州	教育、干部培养	高职、中职教育机构作用的发挥,村干部、乡村教师待遇保障政策的完善
云南	教育、医疗卫生	普通话培训、"菜单式"培训、致富带头人培养
陕西	教育、医疗卫生	加强农村教师队伍的建设、职业教育支持、加强基层医疗卫生人才队伍的建设
甘肃	教育、医疗卫生	免费师范生培养、全科医生特岗、农村订单定向医学
青海	教育、干部培养	培训乡土人才、基层示范干部
宁夏	教育、医疗卫生	九年义务教育巩固率提升、基层医疗卫生人才建设
新疆	教育	职业教育和技能培训

注:西藏相关内容未公布。
资料来源:根据西部地区各省(区、市)政府网站、《巩固拓展脱贫攻坚成果同乡村振兴有效衔接"十四五"规划》整理。

2. 西部地区各省（区、市）在具体实施过程中对乡村人才振兴关注度存在较大差异

通过对西部地区各省（区、市）政府网站发布的有关乡村人才振兴方面的信息（含新闻、政策、政务公开）进行梳理发现，西南地区关注度较高，省均乡村人才振兴关注度达到了91.3条，而西北地区关注度不高，省均乡村人才振兴关注度仅为6.8条，西南地区是西北地区的13.43倍（见图1）。

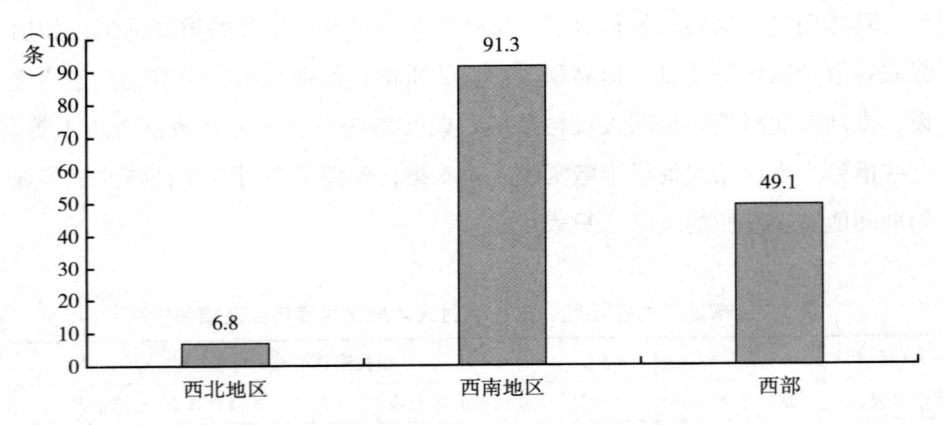

图1 2022年西部地区及其内部地区省均乡村人才振兴关注度

注：西部地区内按自然地理划分。
资料来源：西部地区各省（区、市）政府网站。

3. 西部地区"三支一扶"（支教、支农、支医、扶贫）工作发展态势良好，除陕西外，西北地区发展情况优于西南地区

受国家相关政策影响，2018~2022年，我国西部地区"三支一扶"计划招募数量上升趋势明显，为我国西部地区输送了大量从事公共服务和乡村治理的优秀大学生。其中，宁夏"三支一扶"每万人服务数量领跑整个西部地区，青海、西藏、内蒙古、新疆等省（区）紧随其后，其他省（区、市）稳步增长，云南略有下降（见图2）。

值得注意的是，虽然"三支一扶"包含"支医"，但2018~2022年的数据显示，我国西部地区乡村每万人拥有乡村医生和卫生员数量，除重庆、青海上涨趋势显著外，其余省（区）则呈现下降趋势或变化不大（见

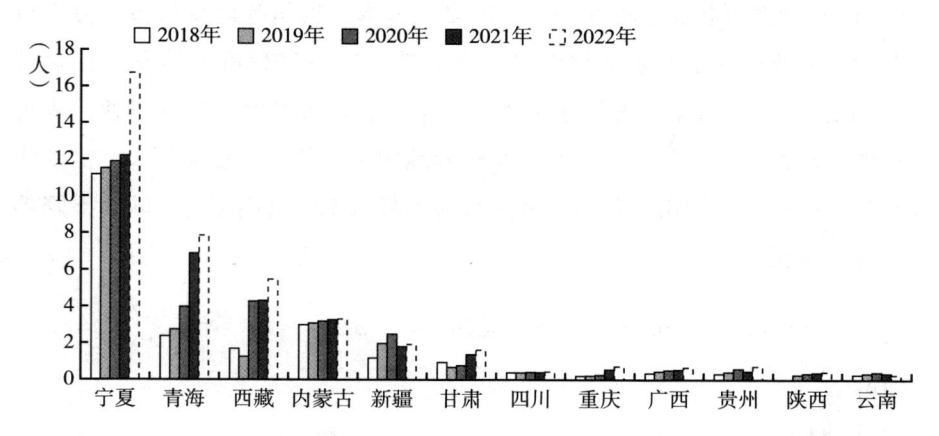

图 2　2018~2022 年西部地区各省（区、市）"三支一扶"每万人服务数量

资料来源：国家公务员考试网、西部地区各省（区、市）人力资源和社会保障厅公告。

图3）。这一方面反映出"三支一扶"队伍中医生数量的不足，另一方面则表明乡村缺乏保障机制，人才流失情况较为严重。

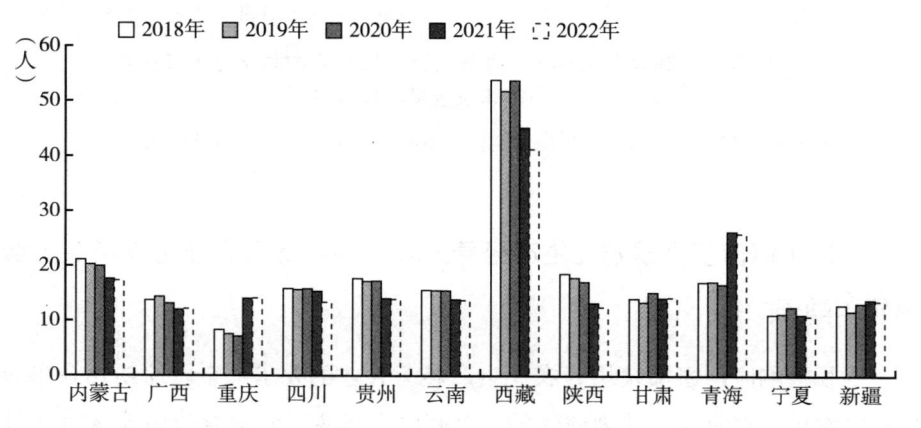

图 3　2018~2022 年我国西部地区各省（区、市）乡村每万人拥有乡村医生和卫生员数量

资料来源：2019~2023 年《中国统计年鉴》。

4. 西部地区各省（区、市）职业教育发展存在差异

中等职业教育作为西部地区乡村本土人才培养的重要环节，在各省

153

（区、市）的发展状态也存在差异。宁夏、云南、贵州等地乡村每十万人口拥有中等职业技术学校数量整体呈上升趋势，在一定程度上体现了以上省（区）在涉农教育政策方面的连贯程度；重庆、青海发展则较为迅速，表现出对涉农教育的重视程度；广西、新疆两地则保持稳定，变化不大。需要注意的是，内蒙古、四川、陕西、甘肃呈现下降状态，且内蒙古、陕西下降趋势明显（见图4）。

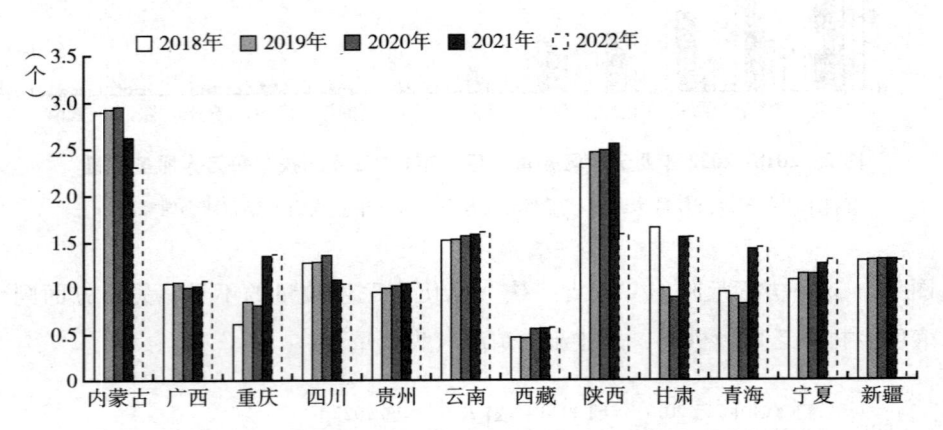

图4　2018~2022年西部地区各省（区、市）乡村每十万人口拥有中等职业技术学校数量

资料来源：2019~2023年《中国统计年鉴》、2019~2023年《中国教育统计年鉴》。

（二）培育了大量农业生产经营人才，西部地区农业合作带头人数量居全国第一位

为积极响应国家加快培养农业生产经营人才的要求，全国纷纷出台各自以家庭农场、农业合作社为载体的，以家庭农场主、农业合作带头人为主体的农业生产经营人才的发展规划和措施。据不完全统计，截至2022年底，西部地区共有农业合作社约27万家，家庭农场约23.59万家；西部地区乡村每万人拥有农业合作带头人数量高于国内其他地区，居全国第一位（见图5）。

1. 从西部地区范围内来看，整体呈现"北高南低"的格局

西北地区乡村每万人拥有农业合作带头人数量高于西南地区，表明西北

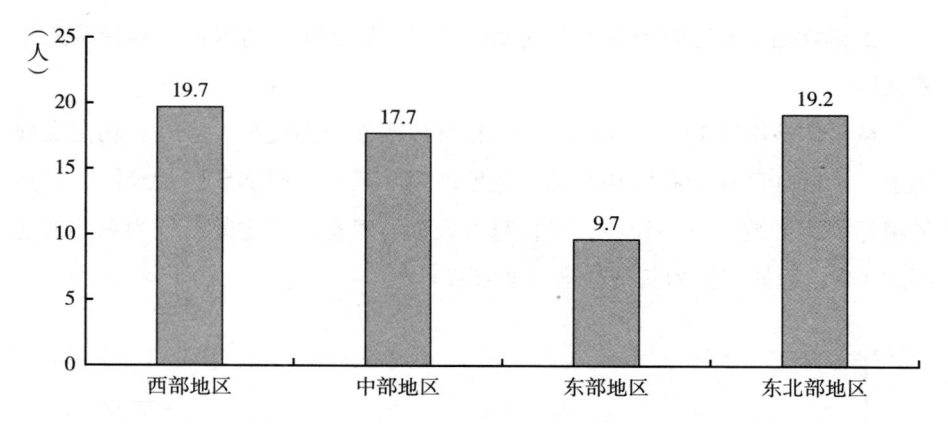

图 5 截至 2022 年底全国分地区乡村每万人拥有农业合作带头人数量

资料来源：根据企查查网站（https://www.qcc.com/）相关数据统计得出。

地区在产业发展、激活人力资本、整合乡村其他社会组织方面较西南地区有一定的优势。[①] 2022 年，甘肃名列前茅，内蒙古、新疆、青海、西藏、陕西等地乡村每万人拥有农业合作带头人数量高于西部平均水平，重庆、广西、四川等地则发展较慢（见图6）。

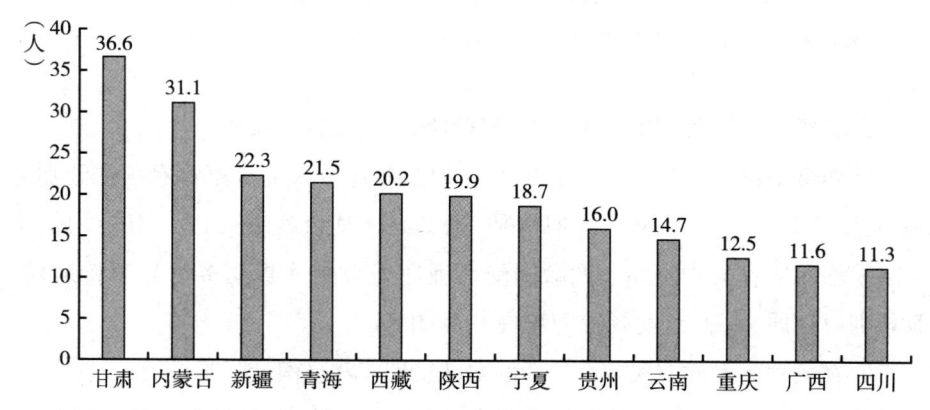

图 6 2022 年西部地区各省（区、市）乡村每万人拥有农业合作带头人数量

资料来源：根据企查查网站（https://www.qcc.com/）相关数据统计得出。

---

① 《让新型农村合作社在乡村振兴中发挥纽带作用》，光明网，2022 年 2 月 23 日，https://theory.gmw.cn/2022-02/23/content_ 35537873.htm。

西部蓝皮书

2. 西北地区家庭农场主发展程度落后于全国水平，与农业合作带头人相差甚远

从全国范围来看，东北部地区依托其广袤平原的优势，家庭农场主发展迅速，中部地区作为我国传统的农业地区紧随其后，西部地区受经济、自然环境等因素影响，发展较慢，乡村每万人拥有家庭农场主数量仅为东北部地区的1/5，远低于国内其他地区（见图7）。

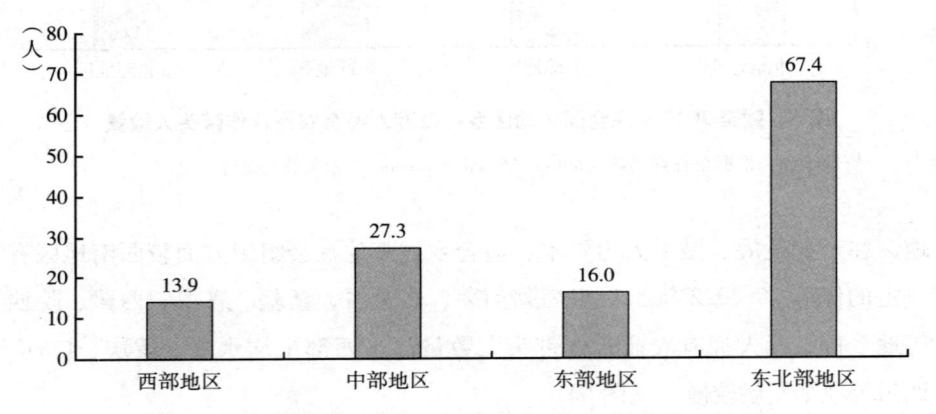

图7 2022年全国分地区乡村每万人拥有家庭农场主数量

资料来源：根据企查查网站（https://www.qcc.com/）相关数据统计得出。

3. 青海、四川两省乡村每万人拥有家庭农场主数量较多

从西部地区范围内来看，青海和四川乡村每万人拥有家庭农场主分别为36.3人和32人，高于全国平均水平31.1人，其余各省（区、市）均低于全国平均水平，其中贵州、西藏因受地理环境影响（贵州多为喀斯特地貌，西藏则以高原为主），发展较为缓慢（见图8）。

4. 在培育高素质农民方面，西部地区呈现"北高南低"的格局

以2022年农业农村部印发的"头雁"项目实施方案为例，西部地区各省（区、市）乡村每万人拥有"头雁"数量存在较大差异，西北地区乡村每万人拥有"头雁"数量要远高于西南地区。其中，内蒙古和青海在该项目上培育力度较大，乡村每万人拥有"头雁"数量较多，分别达到1.0人

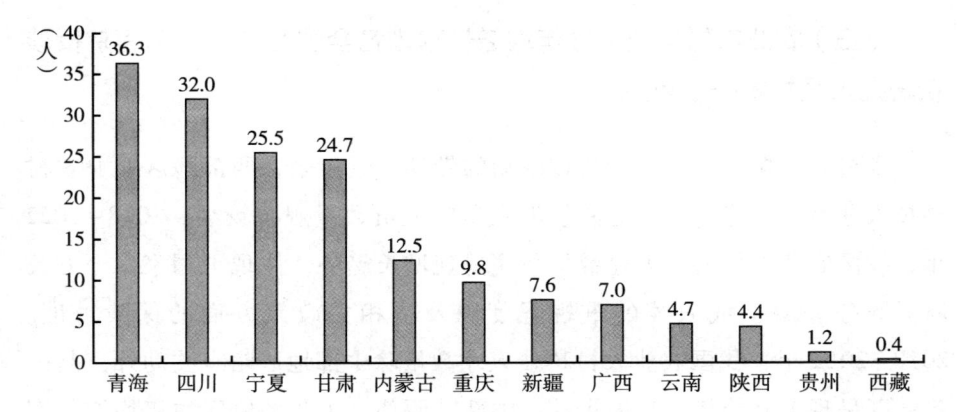

图8 2022年西部地区各省（区、市）乡村每万人拥有家庭农场主数量

资料来源：根据企查查（https://www.qcc.com/）网站相关数据统计得出。

和0.7人；甘肃、新疆、宁夏紧随其后，分别是0.6人、0.6人和0.5人，其他如贵州、云南、四川、重庆、陕西等的数量在0.4～0.2人；广西乡村每万人拥有"头雁"数量最少，仅为0.1人（见图9）。

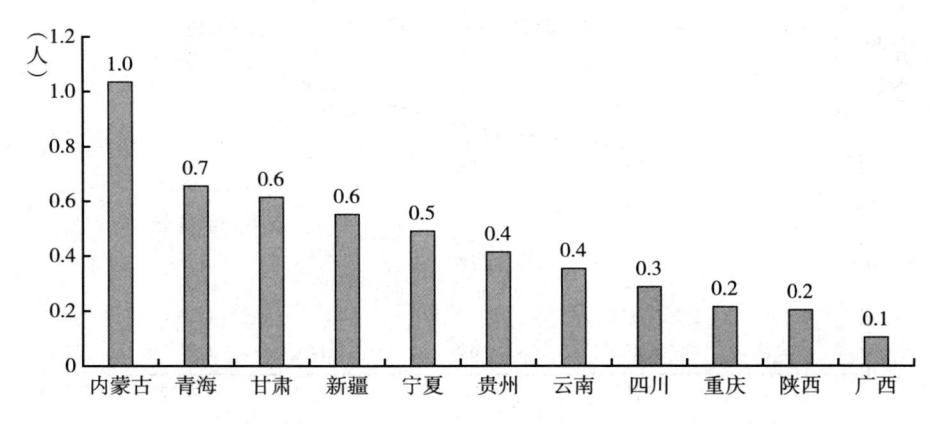

图9 2022年西部地区各省（区、市）乡村每万人拥有"头雁"数量

注：乡村每万人拥有头雁数量的计算方式为"头雁"计划培训人数/乡村人口数（万人），并保留小数点后两位；西藏数据缺失。

资料来源：农业农村部乡村产业振兴带头人培育"头雁"项目、"头雁兴农"微信公众号、西部地区各省（区、市）政府网站搜集整理。

（三）农业农村科技人才年均增长率排名全国第二，但高等院校涉农研究人员数量排名垫底

乡村人才振兴，离不开科技活动的带动。近年来，西部地区农业农村科技人才增长平稳，但高等院校涉农研究人员数量规模较小。2018~2022年，我国农业农村科技人才数量普遍呈现增长趋势，体现了国家、地方政府对服务基层一线人才的重视程度以及在相关政策方面的保障力度。2018~2022年，我国农业农村科技人才数量除中部地区略有波动外，其余各地区呈现上升趋势。其中东部、中部、西部、东北部地区的年均增长率分别是12.04%、6.33%、13.01%和24.20%，西部地区农业农村科技人才年均增长率高于东部、中部地区。此外，西部地区与东部地区在农业农村科技人才数量方面的差异，也从2018年的2.13倍缩小至2022年的2.06倍，农业农村科技人才助力乡村人才振兴取得显著成效（见图10）。

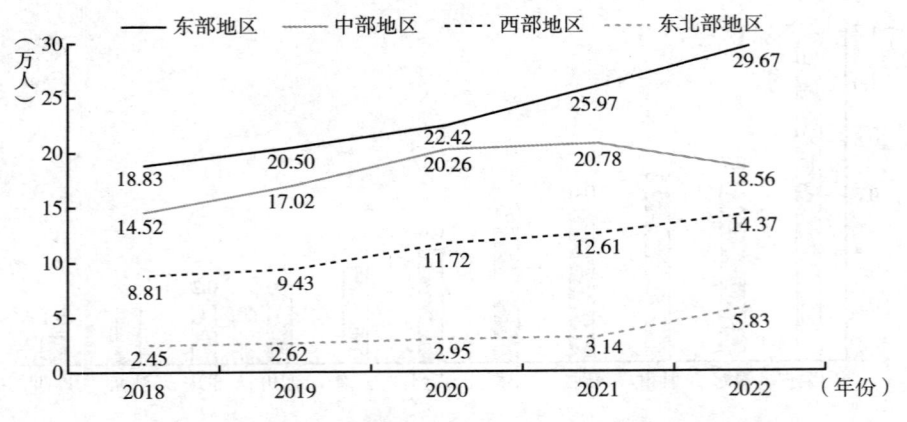

图10 2018~2022年全国按地区分布农业农村科技人才发展趋势情况

注：农业农村科技人才数量用R&D人员数量乘以农林牧渔业总产值占地区生产总值的比重来衡量并保留小数点后两位。

资料来源：2019~2023年《中国统计年鉴》、2019~2023年《中国科技统计年鉴》。

但西部地区各省（区、市）对农业科技人员队伍建设的重视程度差异较大。陕西、重庆、四川等地乡村每万人拥有农业科技人员数量增幅较大，其余省（区）紧跟其后。西藏由于受自然环境、经济发展水平以及基础设施缺乏等多方面因素影响，在增幅和储量方面没有较大改变（见图11）。

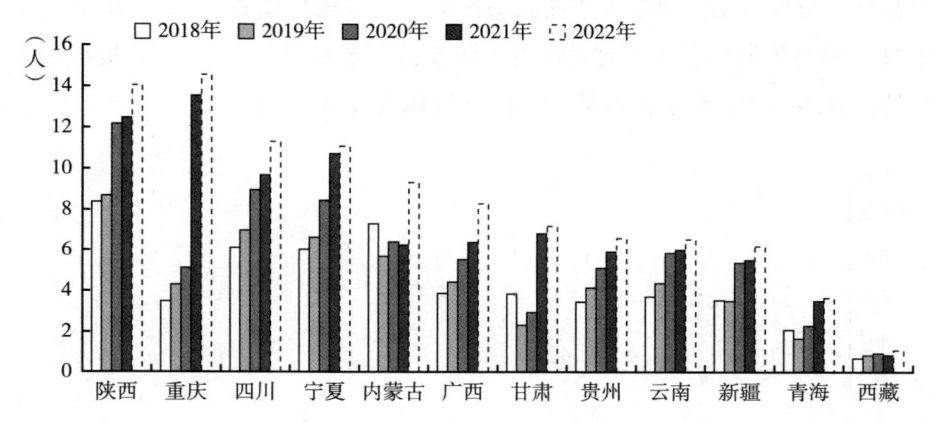

图 11　2018~2022年西部地区各省（区、市）乡村每万人拥有农业科技人员数量

资料来源：2019~2023年《中国统计年鉴》、2019~2023年《中国科技统计年鉴》。

（四）电商人才崭露头角，农村新业态蓬勃发展

近年来，西部地区电商人才不断涌现，农村新业态发展为乡村人才振兴提供了新的土壤。以阿里、字节跳动为代表的12家头部互联网企业纷纷下沉乡村，助力乡村人才振兴。以阿里"淘宝村"为例，阿里"村播"计划、电商创业大讲堂等项目，不仅提升了农民群众电商技能和数字素养水平，而且优化了农村产业结构和推动了县域数字化转型。西部地区"淘宝村"自2018年之后高速发展，由最开始的14个发展至2022年的114个。其中，西北地区拥有37个，占32.46%，西南地区拥有77个，占67.54%，西南和西北在"淘宝村"数量方面的差异接近一倍。[①] 此外，需值得注意的是，可能

---

① 根据阿里研究院2018年、2022年发布的《淘宝村名单》整理得出。

受地域、生产结构、人口等因素影响，内蒙古、青海、西藏尚未出现"淘宝村"。

1. 从全国范围来看，西部地区"淘宝村"建设情况远落后我国其他地区

西部地区"淘宝村"虽然近几年发展迅猛，但体量与我国其他地区相差甚远，呈现由东向西断崖式递减的态势。东部地区以省均722.40个"淘宝村"遥遥领先，而西部地区省均"淘宝村"数量仅为9.50个，虽与东北部地区差距不大，但远远落后于全国其他地区（见图12）。

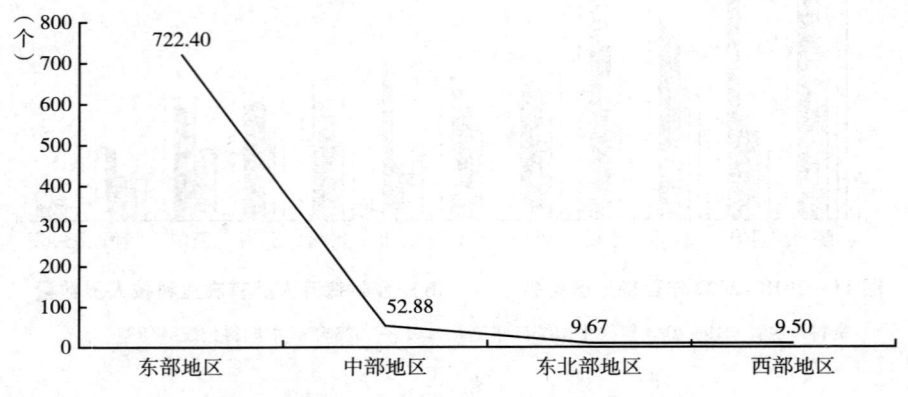

图12　2022年我国分地区省均"淘宝村"数量

资料来源：阿里研究院发布的《2022年淘宝村名单》。

2. 西部地区电商人才"多点开花"，在以"抖音"为代表的短视频平台稳健发展

根据抖音KOL等级划分，10万以上粉丝数的账号属于平台的"腰部"力量，在作品质量、受关注程度、广告、电商变现等方面都有着非常优异的表现。①因此，基于字节跳动旗下抖音业务板块中获认证的"乡村新农人"进行筛选，以10万~100万和100万以上粉丝数为标准，筛选出全国拥有10万~100万粉丝数的抖音认证"乡村新农人"共67人，其中西部地区27人，占比达到40.30%；100万以上粉丝数的有14人，其中西部

---

① 《KOL营销白皮书（2022）》。

有4人,仅占28.57%,值得注意的是,甘肃、西藏在该筛选范围内均未有人入选(见表2)。此外,西部地区内部也存在较大的差异,以10万~100万粉丝数为例,西南地区省均约4.2人,而西北地区省均仅为0.9人,不足1人。

表2 全国及西部地区抖音认证"乡村新农人"数量

单位：人

地区	10万~100万粉丝数	100万以上粉丝数
四 川	10	1
贵 州	2	0
云 南	3	0
重 庆	3	1
广 西	3	1
陕 西	3	0
宁 夏	1	0
青 海	1	0
内蒙古	1	0
新 疆	0	1
甘 肃	0	0
西 藏	0	0
全 国	67	14

注：相关数据官方未公布的,由编者自行搜集并整理。

资料来源：在抖音(https://www.douyin.com/)以"乡村新农人"为标题进行搜索,以粉丝数量为筛选标准,范围选定为10万~100万粉丝数及100万以上粉丝数。

3. 西部地区头部电商人才展现出了较高的数字素养

当下,农村新业态的发展对复合型电商人才提出了更高的要求。以"中国地理标志农产品品牌声誉"为例,西部地区拥有的中国地理标志农产品百强品牌数量居全国第二位,与东部地区差距不大,但远高于中部地区的24个和东北部地区的4个,这显示出西部地区头部电商人才拥有较高的数字素养(见图13)。

（个）

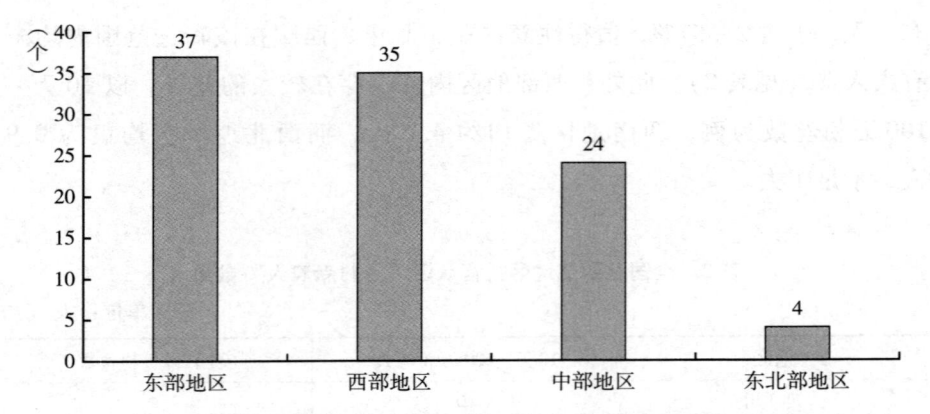

图13 2022年我国各地区拥有中国地理标志农产品百强品牌数量

东部地区 37，西部地区 35，中部地区 24，东北部地区 4

资料来源：《2022中国地理标志农产品品牌声誉评价报告》。

二 西部地区乡村人才振兴面临的现实约束

（一）区域内乡村人才振兴关注度不均衡，公共服务人才数量逐年递减

西部区域内乡村人才振兴关注度不均衡，呈现"南高北低"的格局。西部地区各省（区、市）在"十四五"期间纷纷制定并公布了各自的乡村人才振兴规划，设定了清晰的发展蓝图，不仅明确了未来的发展方向，也体现了各省（区、市）对于乡村人才振兴的高度重视。然而，通过对西部地区各省（区、市）政府网站公开信息进行梳理和分析发现，区域内在乡村人才振兴方面的关注度呈现明显的差异，出现这一结果的原因可能与经济发展程度密切相关。以2022年GDP统计数据为例，区域范围内，西北地区省均GDP远低于西南地区，且两者的差距近2倍。这使得西南地区在乡村人才振兴方面有着充足的经济保障，通过发挥经济优势，提供更完善的基础设施、服务保障体系以及多元的发展机会，提升对人才的吸引力。此外，西南地区温热多雨，自然资源丰富，加之临近我国东部、中部地区，使得外部人才获取渠道多元化、所需人才类型多样化，

各地政府出台的乡村人才振兴政策也逐渐丰富。相比之下，西北地区经济发展较为缓慢，在乡村人才振兴政策中无法提供足够的经济支持。加之西北地区人口密度低、气候干旱寒冷，地形主要为沙漠和戈壁，基础设施和服务保障体系构建存在困难；农业生产结构单一，以畜牧业、绿洲农业和灌溉农业为主，限制了政府在乡村人才振兴政策中的发挥空间。

此外，公共服务人才数量逐年递减，相关人才发展不够充分。虽然区域内各省（区、市）政府都对"完善公共服务"给予了极大的关注，并尝试从各种角度提升乡村公共服务水平，但实际上，除重庆、青海乡村每万人拥有乡村医生和卫生员数量上涨趋势显著外，其余如内蒙古、四川等省（区、市）则多呈现下降趋势。收入可能是造成这一现象的主要因素之一，在西部地区呈现上升趋势的重庆与青海两个省（市）中，重庆卫生和社会工作行业从业者工资水平高于该行业的全国平均水平，青海虽略低于全国平均水平，但差距较小，且高于青海全行业平均工资11.59万元（见图14）。西藏从业者工资水平虽高于全国平均水平，但因地理环境恶劣，受高寒、高海拔、缺氧等因素影响，人员流失较为严重。

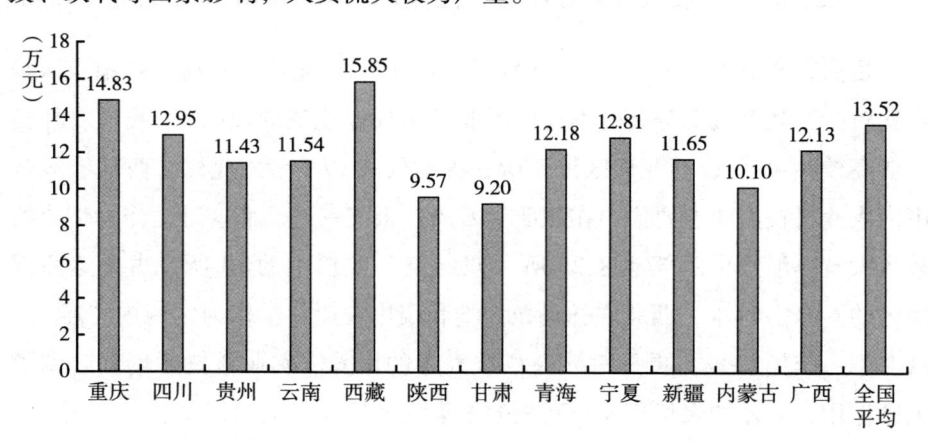

图14 2022年全国平均及西部区域内卫生和社会工作行业工资水平

资料来源：《中国统计年鉴2023》。

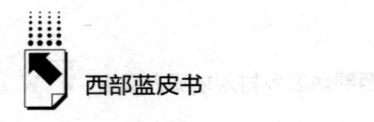

（二）本土人才发展受限，区域内农业产业现代化人才发展规模不均衡

从现有数据来看，西部地区本土人才发展受到较大限制。以家庭农场主为例，目前，西部地区乡村每万人拥有家庭农场主数量，除青海、四川高于全国平均水平外，其余各省（区、市）均低于全国平均水平。

此外，西部农业产业现代化人才的发展也呈现不均衡的现象，西南地区未充分发挥自身的经济优势。以"头雁"项目为例，该项目旨在培养具有现代农业发展新理念、熟悉农业产业现代化的乡村产业人才。2022年实施以来，全国取得了一定成效，但就整体而言，"头雁"项目在一定程度上呈现了"北高南低"的格局。虽然西南地区经济发展水平普遍高于西北地区，且自然环境、产业结构均优于西北地区，在实施"头雁"项目中理应有着更为充足的资金和培训力量，但是在实际中，西南地区乡村每万人拥有"头雁"数量却低于西北地区。这说明西南地区未充分发挥其地区经济、社会、自然环境等优势，在培训力度方面存在一定程度的不足。

（三）涉农科技人才分布不均，西南地区科技小院涉农服务程度低

目前，农业科技人才主要集中在陕西、四川、重庆，青海、新疆、西藏占比较少，教育资源分布的不均衡可能是出现该现象的原因[1]。我国农林类专业高校共40所，西北地区仅8所，省均仅0.67所。[2] 此外，西部区域范围内农业科技人才主要集中在陕西、四川、重庆三地，而这三地作为传统的教育大省，汇集了西部地区28所"双一流"院校中的18所，占比达西部地区的64%。其中，西北农林科技大学和四川农业大学作为区域内"唯二"的"双一流"高校，更是对涉农科技人才的培养、农业科技的创新起到了关键作用，人才的聚集程度与高校的聚集程度具有一定的相关性。

---

[1] 赵志强、蔡文伯：《我国高等教育、乡村振兴与共同富裕的耦合协调研究》，《重庆高教研究》2023年第4期。

[2] 2023中国大学排名，软科，https://www.shanghairanking.cn/。

此外，西南地区科技小院涉农服务程度低。经测算，西南地区每十万乡村人口拥有科技小院涉农研究生数量①为2人，而西北地区则接近8人，两地之间相差4倍，西南地区科技小院涉农服务程度低。虽然西南地区教育资源较西北地区有较大优势，但每十万乡村人口数却少于西北地区，这表明西南地区在涉农研究人员服务农业生产方面与西北地区存在较大差距。

（四）电商复合型人才发展不充分，急需外部专业人才助力

近些年，虽然我国西部地区电商人才逐渐崭露头角，但同我国其他地区相比，仍然存在较大差距。一是数字鸿沟阻碍本地电商复合型人才发展。随着新媒体的快速发展，电商行业也面临着精细化运营，这对农业电商人才培养提出了更高要求，农村电商人才不仅需要了解电子商务相关知识，还需了解农业相关知识。②然而，传统农民在电商领域缺乏知识，导致在账号维护、品牌运营和产品质量保障等方面面临挑战。二是急需外部人才助力。西部地区农村老龄化加剧，数字人才储备不足，对泄露个人信息的担忧和缺乏网络安全知识，降低了村民从事电商的意愿。③因此，农业电商发展需积极引入外部专业人才，一方面要通过外部专业人才，带动村民参加农业电商实践活动，提高村民参与电商活动的意愿；另一方面要提供实践平台，引导村民在"干中学，在学中干"，提升村民数字素养水平，实现"授之以渔"。

三 西部地区乡村人才振兴的主要目标与重点任务

（一）主要目标

1. 专注培养和发展农业生产经营人才

培养专业的农业生产经营人才，对于保障粮食供给、提高农业生产力、

---

① 每十万乡村人口拥有科技小院涉农研究生数量=科技小院研究生数/乡村人口数。
② 邹良影、叶听蕉：《新媒体时代农村电商直播现象探析》，《传媒》2023年第4期。
③ 龚晓莺、王丹：《平台经济助力乡村振兴的基本逻辑、困境审视及实现路径》，《贵州师范大学学报》（社会科学版）2024年第1期。

推进农业现代化具有至关重要的作用。一是大力提升西部地区人力资本。对于乡村地区，高质量的基础教育是关键，有学者研究表明，如果中等职业教育能够得到普及，西部农村居民的人均收入水平将提高32.4%。① 我国西部地区平均受教育水平不高，通过基础教育或职业技能培训，能较快地提高其综合素质水平，促进农业产业发展。二是着重培养新型农业生产经营人才，新型农业生产经营人才以规模化、产业化促进农业现代化发展，同时有效促进小农户与现代农业的结合，进而实现资源整合和生产要素的高效配置。三是促进乡村文化的传承和创新。乡村文化是乡村内生式发展的重要资源，通过挖掘和传承乡村传统文化，结合现代科技和文化元素，创新乡村文化产品和服务，不仅能够增强乡村的文化自信和吸引力，也能为乡村人才提供更多展示才华的舞台。以贵州黔东南地区为例，该地区重视技艺传承和人才培养，通过举办民族工艺品设计大赛发现和培养民间艺人、民间匠人，每年吸引300余家民族工艺品企业、工艺大师和非遗传承人参加。②

2. 优化人才结构，拓展农业多维功能

西部地区受经济、自然环境等因素影响，农业产业较为单一，农产品同质化率较高，需要进一步优化人才结构，拓展农业多维功能，这不仅能够提高农业经济效益，还能促进乡村社会和生态的全面发展。一是鼓励优秀人才下乡创业。这类人才往往接受了较好的教育、拥有较多的社会经验和社会资源，能够以非传统的思维模式来看待传统的农业产业，创新能力较强，实现农业的多维发展。二是吸引和培养农业科技创新人才。通过与高校、科研机构的合作，引进农业科技创新项目，培养一批懂技术、会经营的新型农业经营主体和科技创新人才，推动农业向现代化、智能化方向发展，为农民的持续稳定增收提供了更强有力的产业支撑。三是鼓励农村新业态人才发展。通过针对性培训，降低技术门槛、孵化本土电商人才，依托短视频、直播等方

---

① 栾江：《中国西部地区农村居民受教育程度对收入水平的影响研究》，博士学位论文，北京林业大学，2014。

② 安治民、任坤：《贵州少数民族地区乡村振兴的内生路径》，《贵州民族研究》2019年第12期。

式，打造农村电商地域品牌，推动优势产业发展，提升产品加工能力。

3.实现本土人才和外来人才的有机融合

实现本土人才与外来人才的有机融合是西部地区实施乡村振兴战略的核心任务。本土人才对当地的社会文化和生活生产方式有着深刻的理解，他们在乡村发展的过程中发挥着根基性的作用，同时外来人才带来的新理念、技术和管理经验，无疑给乡村带来了活力和动力。因此，高效促进这两种人才的有机融合，成为推动乡村振兴的关键。目前，我国西部地区已通过构建多元化的机制，拓展了外来人才下乡的途径，并取得了初步成效。然而，从整体上看，这一领域仍有较大的提升空间。乡村振兴存在"接口悖论"，外部资源无法进入没有资源接口的乡村。① 有研究指出，乡村地区的外来人才在入乡过程中，可能遭遇一系列挑战，包括基础服务设施的匮乏、公共服务的不平等分配、创新创业政策的不完善以及干部和群众观念的落后等，这些因素叠加导致外来人才难以融入乡村基层工作。在西部地区，这类问题尤为明显。一方面，硬件支持不尽如人意；另一方面，软件支持力度不够。因此，西部地区在乡村人才振兴过程中，必须克服硬件和软件方面的困难，进而真正实现本土人才与外来人才的有机融合。

（二）重点任务

1.制定具有当地特色的乡村人才发展规划

乡村振兴战略的成功实施，关键在于人才。因此，各地区急需紧密围绕相关关键文件，制定具有明确目标的乡村治理与公共服务人才发展规划，旨在为乡村振兴的道路指引方向，并确保人才发展与乡村振兴目标的同步推进。一是进一步明确发展目标。乡村人才发展规划需要明确地界定人才发展的目标与路径，包括具体化乡村治理能力与公共服务水平的提升目标，以及为达成这些目标所需的人才种类与数量。该规划中还应涵盖对教育资源的有

---

① 傅安国、岳童、侯光辉：《从脱贫到振兴：民族地区人口内生动力的理论缺口与研究》，《民族学刊》2022年第9期。

效投入、人才培养机制的构建，以及人才吸引与保留的策略，而目前，多数省份将目标落实停留在较为模糊的政策阶段，目标设置不具体、可达成性不强、关联度不高。二是理清实际需求。乡村人才发展规划不单单着眼于培养专业技能人才，更重要的是培养能够针对乡村实际问题提出解决方案、推动乡村持续发展的综合型人才。为此，该规划中应包含对乡村实际需求的深入分析，并据此制订人才培养计划，而通过对相关政策的梳理发现，大部分政策同质性较强，没有展现出地区特色。三是完善评估机制。随着乡村振兴战略的深入推进以及外部环境的不断变化，乡村对人才的需求也有所变化。因此，该规划应定期对人才发展的目标与策略进行评估和调整，确保乡村人才发展规划始终与乡村振兴的最新目标保持一致。

2. 加强高等教育对农业农村科技人才的补充与强化作用

科技创新作为推动农业及乡村发展的核心动力，对提升乡村的科技支撑能力、促进农业和乡村的可持续发展具有不可或缺的作用。因此，加强农业农村科技人才队伍的建设，是实现目标的关键。一是通过整合高等农业教育、职业教育以及继续教育等资源，培养一批具备现代农业科技知识和技能的专业人才，为农业科技创新提供坚实的人才基础。二是鼓励科研机构和高等教育机构开展与农业生产紧密结合的科研项目，通过科技成果的转化和应用，有效提高农业生产效率和产品质量，进而推动农业朝现代化、高效化方向发展。三是建立针对农业农村科技人才的激励机制，激发科技人才的创新热情，吸引更多优秀人才投身农业科技事业之中。通过提供科研经费支持、成果奖励、鼓励职称晋升等多种措施，营造有利于科技创新的环境，从而促进农业科技的持续进步。

3. 完善乡村治理和公共服务人才建设

乡村治理和公共服务水平的提升是实现乡村振兴战略目标的基础。因此，培养具备高效治理和优质公共服务能力的人才，对提高乡村基层服务水平、增强乡村治理能力具有重要意义。一是加强对乡村治理人才的培训和教育是提升乡村治理水平的关键。通过组织乡村治理培训班、研讨会等形式，不仅可以提升乡村干部的治理能力和服务水平，还能够促进乡村治理理念和方法的更新，为乡村治理提供科学指导。二是引入专业人才参与乡村治理，是提高乡村治理效率和质量的有效途径。通过实施"千村整治""百村示范"等项目，吸引城市专业人才来农村开展公益活动，这不仅可以传递先进的管理理念和技术，还能够促进城乡人才交流，提升农村治理的现代化水平。三是建立乡村公共服务人才的支持和激励机制，对提升乡村公共服务质量具有重要作用。通过提供专业培训、制定职业发展路径规划等措施，不仅可以提高乡村公共服务人才的专业技能，还能够激发其工作热情，从而提升乡村公共服务的整体效率和质量。

四 西部地区乡村人才振兴目标的实现路径与政策建议

（一）实现路径

1. 加强农业生产经营人才培训

一是培训内容的设计需紧贴现代农业发展的需求，涵盖现代农业技术、农产品市场营销、农业企业管理等方面。具体而言，现代农业技术的培训应包括但不限于智能农业设备的操作使用、生物技术在农业生产中的应用、可持续农业生产方法等，以提升职业农民在农业生产中的技术应用能力。农产品市场营销的培训则应关注市场需求变化、农产品品牌建设、电子商务平台的利用等，以增强农民的市场竞争意识和营销能力。农业企业管理的培训则应围绕企业战略规划、财务管理、人力资源管理等，以提升新型农业经营主体的综合管理能力。

二是培训方式的多样化是提升培训效果的关键。传统的面对面教学方式虽然便于交流和互动，但在一定程度上受到地域和时间的限制。因此，结合线上和线下资源，采取混合式学习方式成为提供灵活、高效培训的有效途径。线上平台可以提供视频教程、在线讲座、互动讨论等多种形式，使学习者能够根据自身时间灵活安排学习。线下实践活动则可以增强学习者的实践操作能力和解决实际问题的能力。此外，引入案例教学和现场教学，让学习者直接接触先进的农业生产实践，也是提升培训效果的重要方式。

三是建立长效的培训机制是确保培训内容与时俱进、满足农业发展新需求的基础。这要求培训机构和政府部门定期对培训内容进行评估和更新，引入最新的农业科技成果和经营管理理念。同时，应进一步完善职业农民和新型农业经营主体的持续教育体系，鼓励他们终身学习，不断提升自身的专业技能和管理水平。

2. 壮大乡村第二、第三产业的人才队伍

乡村第二、第三产业的发展对实现乡村振兴具有重要意义，通过教育和培训提升乡村第二、第三产业人才的技能和能力，以适应新的经济发展需求，显得尤为关键。

一是鼓励和引导城市人才下乡创业，城市人才普遍学历较高，具备较强的专业技能、创新能力和较多的市场运营经验，他们下乡创业不仅可以带动乡村产业的升级和转型，还能促进城乡资源的有效整合，加速乡村社会经济发展。政府可以通过提供创业资金支持、实施税收优惠政策，降低城市人才创业的资金门槛和风险。

二是强化与第二、第三产业相关的职业教育和培训，特别是在旅游、服务、加工制造等关键领域，建立专业的培训中心并提供系统的培训课程，有助于农村劳动力掌握必要技能，提高其就业竞争力。

三是鼓励企业参与乡村第二、第三产业的人才培养，通过实施实习实训项目、科技支持项目等方式，实现理论知识与实际应用的结合，培养出能够满足乡村经济发展需求的高素质人才。

3. 构建乡村振兴与人才发展的双向促进机制

乡村振兴与人才发展的双向促进是实现乡村全面振兴的关键。人才作为乡村振兴的重要支撑，其培养与引进需与乡村发展需求紧密结合，确保人才与乡村发展的互利共赢。

一是乡村人才振兴与乡村全面振兴应同步推进，通过培育和引进多元化人才，形成人才赋能乡村发展的良性循环。在乡村人才建设中，应遵循普遍性与特殊性相结合的原则,特别是在西部地区,乡村人才建设应既关注普遍性问题,又考虑地区之间在经济发展水平、人才存量和结构以及人才发展需求上的差异,实施精准的乡村人才振兴策略,确保乡村人才建设的针对性和有效性。

二是强化内生人才培育与外生人才引进的有效结合。内生人才与乡村发展之间存在天然的联系,但往往缺乏先进的知识和技能,而外生人才虽掌握先进技术,但对乡村的了解有限。因此,应充分发挥二者的优势,通过有效结合,为乡村振兴提供强有力的人才支持。

三是加强乡村人才全流程管理的系统化。从人才培育、引进的前端流程到人才管理、评价奖励的中端流程,再到人才服务保障、统筹使用的后端流程,应形成一套完善的人才管理体系,最大限度地发挥人才的潜能,促进乡村振兴。

(二)政策建议

1. 做好顶层设计,确保乡村人才振兴的有效实施

"十四五"时期,我国对乡村人才振兴的顶层设计已经形成了较为完善的政策框架,为乡村人才的培养和发展提供了明确的方向和政策支持。为了进一步做好顶层设计,需要从以下几个方面着手。一是明确人才发展目标。坚持以农民发展为主体不动摇,根据国家发展战略和乡村振兴的实际需求,明确乡村人才培养的具体目标,包括培养目标、数量、质量和结构等,确保人才培养与乡村发展需求相匹配,完善政策支持体系。二是做好政策衔接,在现有政策基础上,进一步完善和优化乡村人才培养的配套政策,包括财政支持、税收优惠、人才引进、创业扶持、职业发展、职称晋升等多个方面,为乡村人才的培养和发展提供有力的政策保障。三是加强组织协调,建立健全跨部门、跨层级的乡村人才振兴工作协调机制,形成政府引导、社会参与、多方协作的乡村人才振兴工作格局,加强乡村人才振兴投入保障,支持涉农企业加大乡村人力资本的开发投入,确保各项政策措施的有效实施。

2.优化人才培养和吸引机制,激发乡村人才的创新活力与发展潜力

乡村人才的培养和引进是一个系统性工程,需要政府、社会等多方共同参与和支持。一方面,需要加强对本土人才的培养。一是加强各级院校的合作,开展有针对性的教育培训项目,提升本土人才的专业技能和综合素质。鼓励涉农高校和职业院校开设涉农专业和传统技艺技能相关专业,培养乡村特色人才,并通过建立农业产业与教育的合作平台,促进高校、职业院校与农业企业、农村合作社等的深度合作,实现教育资源与农业产业的有效对接,提升乡村人才的实用技能和创新能力。二是发挥示范作用,通过建立合作平台,强化农民之间的联系,不仅可以共享资源,提供技术交流、市场信息等服务,还能增强本土农民的凝聚力和影响力。三是搭建多元培养平台。利用现代信息技术,建设线上线下相结合的乡村人才培养平台,提供多样化、个性化的学习资源和培训课程,满足不同人才的学习需求。另一方面,需要吸引外来人才。一是增强人才下沉意愿,涉农高校要发挥文化育人的作用,培养学生爱农基因,打造一支懂农业、爱农村、爱农民的"三农"工作队伍。二是重点关注返乡大学生的就业与创业。首先,要关注和引导有农村情感、党性修养高的大学生及热爱乡村的人才投身乡村建设;其次,组织经验丰富的"老农人"帮助大学生适应乡村生活,促进其在乡村茁壮成长;再次,强化日常管理和提高纪律要求,引导人才深入了解和融入乡村;最后,根据人才特点合理使用人才,加强后备人才培养,营造良好环境,确保人才在乡村能引得进、干得好、留得住、上得去。三是创新柔性人才引进方式,支持科研院所、高校等专业技术人才在农村开展科研、经营和服务活动,推动专家工作站、联系点、技术试验点在农村扎根,提升涉农人才对农村服务的实用性、准确性和长期性。

3.强化保障支持,为乡村人才振兴提供坚实的资源基础

乡村人才振兴的实施离不开强有力的保障支持。一是干部能力保障。通过学习、培训,加强农村基层干部服务能力,提升农村基层干部综合素质水平。强化各级领导干部的责任意识,强化指挥调度和责任担当。各级党委要加强对乡村人才振兴工作的组织领导,建立联席会议制度,明确各方在乡村振兴中扮演的角色。同时，以大学生村官、西部行、"三支一扶"等相关计划为基础，引导大学生向基层一线流动，充实乡村学校、医院等基层队伍，为乡村振兴注入新鲜力量。二是财政投入保障，提升公共服务水平。加强农村基础设施和公共服务设施建设，提升城乡公共服务均等化水平，在子女教育、养老保险、医疗保险、公共文化、社会组织服务等方面提供保障，为人才留在乡村做好硬件支撑。三是文化氛围保障。一方面，增加公共文化服务产品，提供充足的公共文化场所，缩小城乡在公共文化产品服务方面的差距；另一方面，孕育文化新风貌，在对传统物质文化、非物质文化进行挖掘的同时，积极吸收并利用好互联网文化。四是考核机制保障。加强乡村人才振兴工作考核，将乡村人才振兴执行情况作为年度成效的重点考核内容，考核结果将影响干部综合评价，部门和乡镇街道需细化任务、制定实施方案，建立督导机制，加强工作责任。

B.5 西部地区乡村文化振兴报告*

赵勋 赵汗青 祝培茜**

摘　要： 文化振兴是乡村振兴战略的关键一环。在西部地区乡村振兴中，乡村文化振兴面临着前所未有的良好机遇，推动西部地区乡村文化振兴，具有重大而深远的意义。近年来，西部地区乡村传统文化保护和传承取得显著成效、乡村文化资源保护与开发力度加大、公共文化服务体系逐步完善、文旅赋能乡村振兴取得新进展，但仍面临着乡村居民人均文化娱乐消费支出及其增速下滑、乡村文化服务设施及从业人员呈减少趋势、乡村传统文化传承面临挑战等现实约束。西部地区各地应采取针对性政策措施，加大对乡村文化振兴的投入，引导和鼓励多方力量参与乡村文化振兴；以乡村非遗为着力点，创新传统文化保护和传承模式；加快推进文旅融合，给乡村文化发展带来活力；注重培养乡村文化人才，使乡村文化振兴后继有人。

关键词： 西部地区　乡村振兴　文化振兴　文旅融合　乡村非遗

习近平总书记指出，文化是一个国家、一个民族的灵魂。文化兴国运兴，文化强民族强。没有高度的文化自信，没有文化的繁荣兴盛，就没有中华民族伟大复兴。① 党的十九大首次提出实施乡村振兴战略，加快推动乡村

---

* 本报告为教育部人文社科重点研究基地——西北大学中国西部经济发展研究院项目（项目编号：XBLPS202405）阶段性研究成果。
** 赵勋，西北大学新闻传播学院教授、博士生导师，主要研究方向为文艺与文化传播、传媒与社会发展；赵汗青，西北大学新闻传播学院硕士生，主要研究方向为新闻学；祝培茜，西北大学新闻传播学院博士研究生，主要研究方向为文艺与文化传播。
① 《决胜全面建成小康社会　夺取新时代中国特色社会主义伟大胜利》，《人民日报》2017年10月28日，第1版。

振兴，使城乡平衡、协调发展成为当下我国经济社会发展的重要环节。2024年中央一号文件提出，要有效推进乡村全面振兴的"路线图"，将繁荣发展乡村文化作为乡村全面振兴的重要组成部分。文化是民族的根，也是乡村的魂，乡村文化振兴是乡村振兴战略的关键一环。在乡村振兴战略中，乡村文化振兴有助于发挥乡村优势、凝聚力量，调动广大群众投身乡村建设的积极性。

一 西部地区乡村文化振兴现状

近年来，随着国家乡村振兴战略的推进，西部地区各省（区、市）乡村文化振兴取得了长足进步，在西部地区经济和社会发展、脱贫攻坚中发挥的作用愈加显著。

（一）乡村传统文化保护和传承成效显著

近年来，随着国家对乡村文化发展的重视，西部地区乡村传统文化保护和传承成效显著，主要体现在乡村传统文化蓬勃发展、非物质文化遗产（简称"非遗"）保护取得进展、以"村超""村BA"等为代表的新型乡村文体活动兴起。

非物质文化遗产是活态的乡土文化，是我国农耕文明的具体体现。据统计，我国73%以上的非遗项目保存在乡村，非遗产业已经成为助力西部地区乡村振兴的重要力量。[1] 近年来，随着乡村振兴战略的推进，西部地区各省（区、市）依托非遗资源，创新非遗产业，传承民族文化，成为各地乡村群众增收新门路，也为非遗项目传承开辟了新的空间。

我国目前已公布1557个国家级非物质文化遗产代表性项目3610个子项目，其中西部地区各省（区、市）共有国家级非物质文化遗产子项目1228个，占全国总数的34.02%；截至2022年底，国家级非物质文化遗产代表性

---

[1] 《乡村非遗系列谈①：产业化是非遗的另一种表达方式》，《农民日报》2023年11月8日，第8版。

传承人共3057人，其中西部地区各省（区、市）共有980人，占全国总数的近1/3（见表1）。

表1 西部地区各省（区、市）国家级非物质文化遗产子项目及代表性传承人数量

	陕西	甘肃	宁夏	青海	新疆	四川	重庆	云南	广西	贵州	西藏	内蒙古
国家级非物质文化遗产子项目（个）	91	83	28	88	147	153	53	145	70	159	105	106
国家级非物质文化遗产代表性传承人（人）	78	68	22	88	114	105	59	125	49	94	96	82

注：新疆数据含新疆生产建设兵团。
资料来源：中国非物质文化遗产网。

近年来，西部地区各省（区、市）创新非遗文化传承模式，以非遗工坊为依托，助力乡村文化传承创新。四川省兴建非遗工坊900多个，其中4个非遗工坊入选"全国非遗工坊典型案例"，出台《四川省非遗工坊管理办法》，探索非遗创造性转化、创新性发展的新路径。①

西部地区各省（区、市）加强乡村非遗的传承和发展，以"非遗+"为突破口，创新非遗产业发展新模式，为乡村振兴注入了新的动力。随着短视频和直播的发展，越来越多的非遗传承人借助短视频、直播等平台展示传统技艺，使更多的人领略到非遗的魅力，打开了市场。这种方式使非遗文化走入现代生活，不再是"博物馆里的古董"。《2021非遗电商发展报告》显示，淘宝天猫平台上，14个非遗产业带的年成交额超过亿元，其中近一半位于县域及以下地区，可以说，淘宝非遗店铺为乡村地区提供了众多就业岗位，让年轻人能够回得去、留得下。

报告还显示，西部地区非遗产业增速领跑全国其他地区；与之前两年相比，淘宝天猫平台上的西部地区非遗店铺数量增幅显著，在全国前十位中，

---

① 《四川900余个非遗工坊：点燃乡村振兴"新引擎"》，《中国文化报》2023年7月5日，第2版。

西部省（区、市）占据 6 席之多。其中，甘肃省的非遗店铺数量增幅高达145%，居全国第一位。此外，西部地区非遗店铺的非遗产品销售额同比增长超过 30%，领先东部、中部地区。西部地区非遗店铺快速发展，在年成交额超百万元的非遗店铺中，西部地区的增速也连续两年超过全国其他地区。其中，两个西部地区省份的淘宝非遗"皇冠店铺"数量增幅超过100%，即甘肃省超过 250%，青海省超过 100%。新疆、甘肃还出现了销售额超过千万元的非遗店铺。

西部地区历史文化悠久，一些地方保留了种类繁多的传统民俗文化活动，随着近年来经济社会的发展，乡村传统文化蓬勃发展。陕西武功县的千年"河滩会"，相传已有 4000 多年历史，是关中西部历史悠久的因纪念农业始祖后稷而形成的传统古会，列入陕西省非物质文化遗产名录，自农历十一月初七到十七日，在教稼台前的漆水河滩上举行，成为当地民俗展演、物资交易的盛会。

此外，近年来，西部地区以"村BA""村超"为代表的新型乡村文体活动兴起，成为令人瞩目的乡村文化现象。如果说非遗文化是乡村文化的历史积淀，那么近年来走红的"村超""村BA""村晚"则展现出新时代农村的活力与生机。

中国乡村体育的兴起，丰富了乡村群众的文化和娱乐生活，带动了乡村文化和旅游消费市场发展，形成了现象级的乡村嘉年华。围绕世界"三大球"（篮球、足球和排球），依托以群众为基础的"村BA""村超""村排"的品牌和影响力，当地开始大力发展乡村体育产业，打造乡村特色的户外运动消费场景，传递新时代农村的活力与生机。乡村体育赛事无疑是乡土文化和现代体育的完美融合，不仅让人们感受到乡土文化旺盛的生命力和强大的感召力，而且让人们从更深层次审视乡村文化的独特价值。

世界"三大球"在中国拥有非常广泛的人民群众基础，如今在中国乡村地区也很受欢迎。自 2022 年夏天开始，"村BA""村超""村排"等这些植根于广大群众的业余球赛，融合了乡村旅游、文化交流体验等活动，吸引了乡村群众的广泛参与，形成了新型的乡村文化现象。2023 年 5

月13日至7月29日的贵州"村超"总决赛，吸引了国内外游客338.42万人次，在线观看人数高达5000万人次，全网浏览量突破300亿人次，成为丰富乡村群众文化生活、促进文化交流的现象级文体活动。①

（二）西部地区乡村文化资源不断丰富

西部地区地域广阔、历史文化悠久、乡村文化资源丰富，在乡村振兴中能够发挥重要作用。近年来，在文化与旅游部、国家文物局、农业农村部以及住房和城乡建设部等部门的相关评选中，西部地区各省（区、市）入选中国历史文化名村、中国历史文化名镇、中国传统村落、中国少数民族特色村寨、中国民间文化艺术之乡的数量稳步增加，成为西部地区乡村振兴的重要依托。

由住房和城乡建设部、国家文物局共同组织评选的中国历史文化名村、中国历史文化名镇，旨在命名保护那些保存文物特别丰富、具有重大历史价值或纪念意义、能较完整地反映一些历史时期传统风貌和地方民族特色的村和镇。到2023年，全国共有487个村、312个镇入选。其中，西部地区12个省（区、市）共有87个村、111个镇分别入选中国历史文化名村、中国历史文化名镇，分别占全国总数的17.86%和35.58%（见表2）。

表2 西部地区各省（区、市）入选中国历史文化名村、中国历史文化名镇的数量

单位：个

	陕西	甘肃	宁夏	青海	新疆	四川	重庆	云南	广西	贵州	西藏	内蒙古
中国历史文化名村	3	5	1	5	4	6	1	11	29	16	4	2
中国历史文化名镇	7	8	0	1	3	31	23	11	9	8	5	5
合计	10	13	1	6	7	37	24	22	38	24	9	7

资料来源：依据国家文物局网站资料整理。

---

① 杨军、朱兴鑫：《中国乡村体育赛事"燃爆"海外的启示意义》，《对外传播》2023年第11期。

西部地区保存着大量传统村落,这些传统村落虽年代久远,但至今仍具有独特的民俗民风。这些村落蕴含着丰富的历史信息和文化景观,是物质文化遗产与非物质文化遗产的结合。自2012年起,住房和城乡建设部会同文化和旅游部、财政部、国家文物局等部门,以"守护中华农耕文明、传承优秀传统文化"为使命,启动了中国传统村落保护工程,先后公布了六批中国传统村落名录,将具有重要保护价值的村落列入国家级保护名录,并挂牌保护。到2023年底,全国共有8155个村落入选。其中,西部地区12个省(区、市)共有3141个村落入选中国传统村落,占全国总数的38.52%,尤其是云南、贵州两省,入选村落数量分别达到778个、757个,分别占全国总数的9.54%和9.28%,在全国遥遥领先(见表3)。

表3 西部地区各省(区、市)全国乡村特色文化资源情况

单位:个

	陕西	甘肃	宁夏	青海	新疆	四川	重庆	云南	广西	贵州	西藏	内蒙古
中国传统村落	182	112	26	187	53	396	166	778	342	757	80	62
中国少数民族特色村寨	11	27	20	42	57	124	26	247	137	312	29	88
中国民间文化艺术之乡	26	8	9	29	26	62	18	34	19	50	14	15

注:新疆数据含新疆生产建设兵团。
资料来源:依据住房和城乡建设部、国家民委、文化和旅游部网站相关资料整理。

中国民间文化艺术之乡是指基于民间文化资源或某一特定艺术形式,通过创新发展,成为当地广大群众喜闻乐见并广泛参与的群众文化主要活动形式和表现形式,并对当地群众文化生活及经济社会发展产生积极影响的县(县级市、区)、乡镇(街道)。自1987年开展创建以来,中国民间文化艺术之乡已经成为推动民间文化艺术事业繁荣发展、丰富活跃基层群众文化生活的重要公共文化品牌项目。到2023年,西部地区各省(区、市)命名挂牌"中国民间文化艺术之乡"的总数已达到310个,占全国总数的1/3左

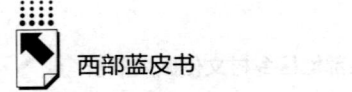

右,成为推动西部民间文化艺术发展、丰富乡村群众文化生活的重要基地。

西部地区各省(区、市)加大中国传统村落保护力度,在改善自然村落功能的基础上,保持传统村落的乡村风貌、民族文化和地域文化特色,保护有历史、艺术、科学价值的传统村落、少数民族特色村寨和民居。

中国少数民族特色村寨是指少数民族人口相对聚居,且占比较高,生产生活功能较为完备,少数民族文化特征及其聚落特征明显的自然村或行政村。西部地区中国少数民族特色村寨数量众多。国家民委等部门自2009年启动中国少数民族特色村寨的遴选保护工作以来,先后公布了三批1652个中国少数民族特色村寨,并予以挂牌保护。其中,西部地区共有1120个少数民族特色村寨入选,占全国总数的67.80%。

(三)西部地区乡村公共文化服务体系逐步完善

近年来,西部地区加快构建现代文化服务体系,农村公共文化服务日趋完善,服务能力不断提高。西部地区乡镇综合文化站、村文化活动中心(室)等文化设施逐渐完善。

2015年1月,中共中央、国务院发布《关于加快构建现代公共文化服务体系的意见》,提出以县级文化馆、图书馆为中心推进总分馆制建设,加强对农家书屋的统筹管理,实现农村、城市社区公共文化服务资源整合和互联互通,推动革命老区、民族地区、边疆地区、贫困地区公共文化建设实现跨越式发展,力争在较短时间内使老少边穷地区公共文化服务能力和水平有明显提升。2021年6月,文化和旅游部发布的《"十四五"公共文化服务体系建设规划》提出,推进城乡公共文化服务体系一体建设,进一步完善公共图书馆、文化馆(站)和基层综合性文化服务中心等公共文化机构建设、管理、服务和评价标准规范,健全城乡公共文化服务标准体系。

2022年西部地区各省(区、市)乡镇文化站机构数与从业人员数如表4所示。

表 4　2022 年西部地区各省（区、市）乡镇文化站机构数与从业人员数

	陕西	甘肃	宁夏	青海	新疆	四川	重庆	云南	广西	贵州	西藏	内蒙古
机构数（个）	1467	1228	245	388	1330	4063	1031	1459	1176	1603	692	1083
从业人员数（人）	—	3841	725	892	—	—	—	—	3435	—	—	3144

注："—"为该项未统计。
资料来源：2023 年西部地区各省（区、市）统计年鉴，中国西藏网。

新疆不断完善基层公共文化服务体系。全区现有 1130 个乡镇（街道）文化站；每万人拥有群众文化设施面积 421.86 平方米，排全国第 7 位。此外，以县级图书馆、文化馆为总馆，以乡村两级基层综合性文化服务中心为分馆或延伸服务点，在 96 个县市区建成 1033 个文化馆分馆，建设新型公共文化空间 411 个。全区挂牌 398 个"文化大院"，覆盖 13 个地州市 47 个县市区 86 个乡镇。[1] 与此同时，新疆着力打通基层文化服务的"最后一公里"，近年来启动"石榴籽"文化小分队项目和"文化大院"示范点建设项目，大力提升基层公共文化服务水平。开展"文化大院"建设，利用农家院落开展文化服务活动，把农家院落变成农村文化新阵地。"石榴籽"文化小分队依托"文化大院"等阵地开展基础文化活动，开展各类群众性文化活动 8641 场，服务群众 942 万人次。[2]

西藏着力提升全区公共文化服务水平，逐步健全公共文化服务制度，完善文化设施。文化阵地实现了区、地、县、乡、村 5 级服务网络全覆盖，截至 2022 年底，西藏已建成 6272 个公共文化服务场馆，基本形成覆盖全区各级的公共文化设施网络，74 个县区有综合文化活动中心，基层文化站覆盖 692 个乡镇，文化活动室或农家书屋、文化广场覆盖 5492 个村。到 2022 年底，西藏自治区村级演出队已有 5492 支，10 余万名群众参与演出；基层田

---

[1] 《新疆维吾尔自治区群众文化活动蓬勃发展》，文化和旅游部网站，2023 年 4 月 19 日，https://www.mct.gov.cn/preview/whzx/qgwhxxlb/xj/202304/t20230419_ 943196.htm。
[2] 《新疆：推进文旅融合　赋能乡村振兴》，文化和旅游部网站，2022 年 4 月 25 日，https://www.mct.gov.cn/whzx/qgwhxxlb/xj/202204/t20220424_ 932648.htm。

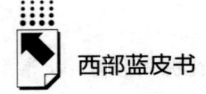

间地头的文化专干人数达到3400多人。此外，西藏还投入资金对100个村综合文化服务中心示范建设和高海拔、边境地区行政村文化活动室提档升级，加强基层文化阵地建设。①

广西引导公共文化基础设施建设向乡村振兴区域倾斜，基本实现了"乡镇有站、村有中心"的目标。目前，广西的124个文化馆、1176个乡镇综合文化站免费开放，积极打造乡村新型公共服务空间，增加乡村优质文化产品和服务供给。② 四川省实施了乡村文化振兴"百千万"工程，建成348个省级样板村、镇，推动建成2058个市级、7409个县级样板村镇。以中心乡镇为重点，在119个乡镇开展乡镇公共文化服务提质增效试点，新建、改建和扩建269个乡镇公共文化设施，总面积达到18.8万平方米，建成一批县域文化副中心。③

（四）文旅赋能西部地区乡村振兴取得新进展

西部地区乡村特色文化旅游产业发展态势良好。全国乡村旅游重点村镇（乡）建设是依据《中华人民共和国乡村振兴促进法》和《"十四五"旅游业发展规划》所确定的重点任务开展的。2019年以来，文化和旅游部会同国家发展改革委开展全国乡村旅游重点村镇名录建设工作，先后推出四批，共1399个全国乡村旅游重点村、198个全国乡村旅游重点镇（乡）。其中，西部地区以其独特的自然和人文资源，有563个村入选全国乡村旅游重点村，有83个镇（乡）入选全国乡村旅游重点镇（乡），分别占全国总数的40.2%和41.9%（见表5）。

---

① 《让群众收获满满幸福感 西藏公共文化服务体系建设成果丰硕》，中国西藏网，2023年8月2日，http://www.tibet.cn/cn/news/zx/202308/t20230802_7459682.html。
② 《文旅赋能壮乡美》，《中国文化报》2023年10月26日，第2版。
③ 《2023年四川省乡村文化振兴省级样板村镇名单公布，全省建成348个省级样板村镇》，《四川日报》2023年12月6日，第7版。

表5 西部地区各省（区、市）入选全国乡村旅游重点村、镇（乡）数量

单位：个

	陕西	甘肃	宁夏	青海	新疆	四川	重庆	云南	广西	贵州	西藏	内蒙古
全国乡村旅游重点村	46	44	40	39	78	49	41	50	47	52	41	36
全国乡村旅游重点镇（乡）	6	6	6	7	14	6	6	6	6	7	7	6
合计	52	50	46	46	92	55	47	56	53	59	48	42

资料来源：依据文化与旅游部网站资料整理。

贵州省、广西壮族自治区印发政策文件，给予全国乡村旅游重点村配套奖补资金。云南省依托云花、云茶、云咖等优势产业资源，开发花旅、茶旅、咖旅融合的特色乡村旅游目的地产品和线路，传承利用145项国家级、686项省级非遗项目，打造35家非遗工坊，开发"金木土石布"等乡村文创商品，推出"滇西·丝路云赏之旅""滇西·艺美云南之旅"等10条非遗主题线路。

创新打造"彩云奖""百场村晚进万家""大地欢歌"等10余项云南特色乡村文化活动品牌。打造"乡愁书院""文化院落"等新型公共文化空间400个。推进边境"文化睦邻示范区"试点、国门文化交流中心、友谊广场、国门书社等项目建设。建设提升85个民族传统文化生态保护区、29个少数民族特色乡镇、780个少数民族特色村寨。创建国家首批文化产业赋能乡村振兴试点2个。持续开展示范创建活动，引导乡村文旅向特色化、品质化发展。①

广西将乡村旅游、文化产业作为巩固脱贫攻坚成果同乡村振兴有效衔接的重要产业来打造。截至2022年底，广西共建成8家国家文化产业示范基地和174家自治区级文化产业示范园区（基地），53个村和镇（乡）被评为全国乡村旅游重点村、重点镇（乡），四星级（含）以上乡村旅游区（农

① 《我省以文旅融合赋能乡村振兴》，《云南日报》2023年12月10日，第8版。

家乐）715个，各类旅游民宿1万多家。2022年，广西乡村旅游接待游客约1.7亿人次，乡村旅游收入达1505.23亿元。文旅项目带动、企业联合、景区辐射、开办农家乐等直接带动广西30多万人脱贫，辐射带动80多万名群众积极参与文化和旅游创业就业，有效提升农村居民收入水平。

二 西部地区乡村文化振兴面临的现实约束

（一）西部地区乡村居民人均文化娱乐消费支出增速下滑

西部地区乡村居民人均文化娱乐消费支出增速和占比呈现下滑趋势。一是西部地区各省（区、市）近年来乡村居民人均文化娱乐消费支出增速呈现下滑趋势。二是人均文化娱乐消费支出在消费支出中所占的比重下降，与全国平均水平相比，差距仍在增大。

近年来，陕西、宁夏、广西和内蒙古等省（区）乡村居民人均文化娱乐消费支出增速总体上呈现小幅下降趋势，除广西在2022年恢复到2018年消费支出水平之外，其余三省（区）均出现下降，这表明乡村居民虽然收入水平提升，但文化娱乐消费支出并未同步增加，需要进一步分析其原因（见表6、图1）。

表6 2018~2022年西部地区部分省（区）乡村居民人均文化娱乐消费支出及其增速

单位：元，%

省（区）	2018年 支出	2018年 增速	2019年 支出	2019年 增速	2020年 支出	2020年 增速	2021年 支出	2021年 增速	2022年 支出	2022年 增速
陕 西	216.6	9.95	198.7	-8.26	165.3	-16.81	199.9	20.93	183.8	-8.05
宁 夏	286.2	11.32	306.7	7.16	327.1	6.65	354.5	8.38	363.6	2.57
广 西	200	21.21	210	5	186	-11.43	168	-9.68	214	27.38
内蒙古	256	-12	275	7.6	262	-4.7	286	9.2	274	-4.2

资料来源：2019~2023年各省（区）统计年鉴。

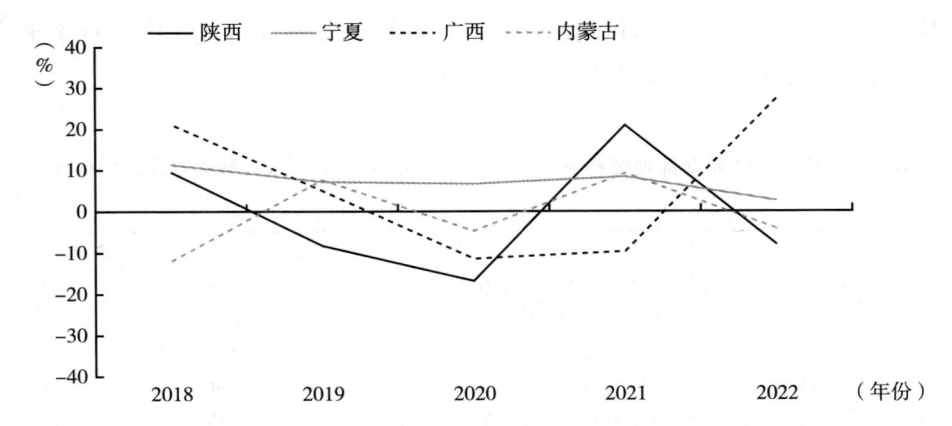

图1 2018~2022年西部地区部分省（区）乡村居民人均文化娱乐消费支出增速变动情况

此外，在未单独统计文化娱乐消费支出的西部地区其余省（区、市）中，从乡村居民人均教育、文化娱乐消费支出也可以看出，部分省（区、市）近年来消费支出同样呈现停滞或下降趋势，如青海、新疆、四川等（见表7）。

表7 2018~2022年西部地区部分省（区、市）乡村居民人均教育、文化娱乐消费支出

单位：元

省（区、市）	2018年	2019年	2020年	2021年	2022年
甘肃	1202	1330	1211	1293	1236
青海	945	1033	989	1136	799
新疆	—	—	1230	—	1076.4
四川	934	1065	1107	745	—
重庆	1345	1423	1290	1566	1663
贵州	881	997	1030	1499	1694
西藏	—	—	—	—	555.4

注："—"为数据暂缺。
资料来源：2019~2023年西部地区各省（区、市）统计年鉴，其中西藏数据来自政府统计公报。

（二）乡村文化服务设施及从业人员呈减少趋势

近年来，西部地区乡村文化设施建设仍面临诸多困难，乡村文化活动有

减少趋势。从乡镇文化站机构数来看，西部地区部分省（区、市）近年来呈现小幅减少趋势；从业人员数也呈现减少趋势（见表8）。

表8 2018~2022年西部地区各省（区、市）乡镇文化站机构数与从业人员数状况

单位：个，人

省（区、市）	2018年 机构数	2018年 人员数	2019年 机构数	2019年 人员数	2020年 机构数	2020年 人员数	2021年 机构数	2021年 人员数	2022年 机构数	2022年 人员数
陕西	1507	7057	1498	7.31	1483	6883	1477	6838	1467	6846
甘肃	—	—	1231	4252	1227	3968	1229	3920	1228	3841
宁夏	245	745	245	785	245	741	245	799	245	725
青海	361	502	361	654	388	837	388	823	388	892
新疆	—	—	—	—	1121	3666	1130	—	1330	—
四川	4574	8408	4410	8253	4231	8118	4089	7992	4083	—
重庆	1027	4648	1028	4238	1030	4108	1031	4034	1031	4056
广西	—	—	1174	3041	1175	3189	1175	3451	1176	3435
云南	1445	—	1450	—	1434	—	1459	—	1459	—
贵州	1588	—	1599	—	1602	—	1622	—	1603	—
内蒙古	1093	3066	1086	3237	1085	3049	1083	3099	1083	3144

注："—"为数据暂缺或未统计；西藏数据缺失。
资料来源：2019~2023年西部地区各省（区、市）统计年鉴。

西部地区部分省（区）乡镇文化站机构数呈现减少趋势。例如甘肃省，2019年共有乡镇文化站机构数1231个，从业人员数4252人，到2022年，乡镇文化站机构数微幅下降至1228个，从业人员数下降至3841人；陕西省2018年共有乡镇文化站机构数1507个，从业人员数7057人，到2022年乡镇文化站机构数下降到1467个，从业人员数减少到6846人；四川省2014年有乡镇文化站机构数4601个，为历年最多，此后逐渐减少，2022年有4083个[①]，2023年下降到4063个[②]，比2014年减少538个，从业人员数也相应减少。此外，西部地区的广西、云南、青海、重庆和宁夏，乡镇文化站机构数略有增加或保持不变。

---

① 《四川统计年鉴（2022）》，中国统计出版社，2023。
② 《2023年四川省国民经济和社会发展统计公报》，四川省统计局网站，2024年3月14日，https://tjj.sc.gov.cn/scstjj/c111701/2024/3/14/f403a921ad204ecfaecde2866aec3aac.shtml。

（三）西部地区非遗传承人青黄不接，乡村传统文化传承面临严峻挑战

乡村文化遗产保护和传承仍旧是西部地区乡村文化振兴的关键。一些乡村文化遗产传承困难，或乡村非遗文化传承人到城市发展，导致乡村文化面临消失的威胁。

乡村非遗是我国非遗项目的主要组成部分，大多数非遗项目扎根于乡村地区。但是，随着时代的发展，乡村非遗传承越来越紧迫。以传统手工艺为例，中国社会科学院等机构的相关调查报告显示，55岁以上的手艺人占比超过五成，且有近60%的传统手艺人尚未找到继承人。[1] 非遗传承人青黄不接，发掘、培养传承人已经成为西部地区乡村文化振兴的一个重要和紧迫的议题。乡村非遗文化离不开传承，需要新鲜血液的注入。扎根于乡村的非遗项目，也离不开乡村，必须采取有力措施，让更多的乡村非遗得到保护和传承，应鼓励更多热爱乡村文化、懂市场、擅经营的年轻人投身乡村非遗保护和传承，在乡村振兴中发挥作用。

此外，乡村传统文化传播方式面临新媒体冲击，这既是西部地区乡村传统文化传播面临的问题，也是全国的共同问题。在新媒体环境下，乡村传统文化传播所面临的社会环境发生了很大变化，以往依靠人际传播、群体传播等传承、推广乡村传统文化的方式，已经不能满足现代生活的需要，迫切需要改变观念，以全新的理念对乡村文化的传播方式进行更新、改造。

（四）乡村文化人才匮乏，公共文化服务人员不足

文化从业人员是乡村文化发展的核心力量。西部地区乡村自然条件差，环境艰苦，基层文化站面临着专业人才不足、文化活动开展困难等诸多问题。近年来，西部地区各省（区、市）基层文化站大多面临着文化站从业人员减少、文化活动开展乏力的问题。此外，从业人员年龄偏大、文化程度

---

[1]《非遗活态传承，关键在人——对话张志颖、宁维茂、田静》，《农民日报》2023年11月16日，第8版。

较低，使文化活动的开展受到影响。

从全国来看，2022年末全国乡镇综合文化站机构数为33932个，比上年末增加1408个；群众文化机构从业人员数达到195826人，比上年末增加5819人。① 而西部地区文化站机构数与从业人员数均有所下降，与全国整体增加的趋势不协调。除内蒙古外，其他各省（区、市）乡村每万人拥有公共文化服务人员数均低于全国平均水平。四川省乡村每万人拥有公共文化服务人员数2.26人，甘肃省乡村每万人拥有公共文化服务人员数3.36人，广西壮族自治区乡村每万人拥有公共文化服务人员数仅1.53人（见表9）。基层文化站专业人员匮乏，使得乡村文化活动的组织、文化遗产的保护以及文化管理等工作的推进受到影响。

表9 2022年全国及西部地区部分省（区、市）乡村每万人拥有公共文化服务人员数

	甘肃	宁夏	青海	四川	广西	内蒙古	全国平均
乡村人口数量(万人)	1141.78	245	229	3531.3	2238	753.97	49104
文化站从业人员数(人)	3841	725	892	7992	3435	3144	195826
乡村每万人拥有公共文化服务人员数(人)	3.36	2.96	3.89	2.26	1.53	4.17	3.99

注：四川省为2021年数据。
资料来源：依据2023年西部地区各省（区、市）统计年鉴整理。

2014~2021年，四川省基层文化站机构数呈现减少趋势。2014年四川省基层文化站机构数4601个，从业人员数7526人；2018年机构数4574个，从业人员数达到8408人，为历年来最多。2019年以来，机构数与从业人员数逐年减少，到2021年机构数下降到4089个，从业人员数减少到7992人（见图2）。

---

① 《中华人民共和国文化和旅游部2022年文化和旅游发展统计公报》，文化和旅游部网站，2023年7月13日，https://zwgk.mct.gov.cn/zfxxgkml/tjxx/202307/t20230713_945922.html。

图 2　2014~2021年四川省基层文化站机构数及从业人员数

三　西部地区乡村文化振兴的目标及对策建议

乡村要振兴，乡村文化必须要振兴。加快推进西部地区乡村文化振兴，是西部地区经济社会发展的重要环节，针对存在的问题与不足，应采取有针对性的政策措施，使乡村文化振兴更好地发挥其软实力的作用，推动西部地区的平衡、协调发展。在政策层面上，西部地区各省（区、市）首先应着力加大对乡村文化振兴的投入，采取政策扶持、补贴、优惠等途径引导和鼓励多方力量参与乡村文化振兴，丰富乡村文化生活。其次，以乡村非遗为着力点，创新传统文化保护和传承模式。再次，积极采取措施，加快文旅融合，以乡村文化旅游产业发展为源头活水，给乡村文化带来生机和活力。最后，注重培养乡村文化人才，使乡村文化振兴后继有人。

（一）以"非遗+"为突破口，发挥非遗在乡村文化振兴中的重要作用

西部地区要抓住乡村振兴的契机，创新传统文化保护和传承模式，以"非遗+"为突破口，如"非遗+电商""非遗+乡村旅游""非遗+乡村文创"等，要加大西部地区"非遗"产业化发展力度，扶持非遗文化与新媒

体平台的合作，更好地保护和传承西部地区乡村非遗。

非遗文化只有被"看见"，才有可能更好地被保护和传承下去。借助短视频直播等新媒体场景，让西部地区乡村非遗"活"起来。走出传统文化保护传承的窠臼，拥抱新兴媒体，让非遗文化被更多的人看到。在电商平台上，非遗文化产品受到不少人的追捧，说明传统文化在现代社会并不是缺乏喜爱的群体，而是缺少适合现代社会的接收渠道。短视频、直播等多元场景，使非遗传承人、消费者能够相互"看见"，传统技艺与深厚文化能够借助新媒体平台走出去，并获取经济价值，这也是乡村传统文化走出乡野、迈向更广阔天地的重要途径。因此，西部地区应抓紧时机，积极利用互联网平台、电商平台，让更多的非遗传承人、非遗手艺人出现在互联网，让淘宝、天猫、抖音等电商平台，成为西部地区乡村非遗文化传承、保护、发展的助推器。

（二）以"村超""村晚"等为新的生长点，倡导新型乡村文体活动

要想留住乡村的魂，守护精神家园，既要保护和传承传统乡村文化，也要顺应时代发展，大力倡导新型乡村文体活动。在开展乡村传统节日民俗活动的同时，扶持、鼓励"村超""村BA""村晚"等群众广泛参与的新型乡村文体活动。一是要牢牢占领乡村文化阵地，以正确的价值观引导西部地区乡村文化发展。随着乡村传统文化的发展，一些不符合社会主义核心价值观的传统文化现象借助传统文化的名义有所抬头。西部地区乡村文化振兴，应是在正确的价值观引导下的振兴，要大力扶持健康向上的乡村文体活动，推进社会主义核心价值观进乡村，使之成为乡村文化的主流和主导力量。二是要因地制宜，大力发展新型乡村文体活动。以"村BA""村超"为代表的新型乡村文体活动兴起，带来了诸多启示。西部地区应抓住机遇，因地制宜，依据不同的地域特色开展健康向上的新型乡村文体活动，并在发展新型乡村文体活动中，切忌不能简单复制、重复雷同。要利用新媒体手段，培育乡村"网红"，采用短视频、网络直播等手段，传播新时代的西部地区乡村文化。

（三）以"文旅融合"为着力点，推动西部地区乡村文化产业协调发展

文旅融合是推动乡村文化产业发展的重要途径。把文化资源、旅游资源结合起来，使之成为乡村振兴新的增长点，既能够提升农村居民的生活品质，又能够推动乡村发展，实现乡村文化振兴。西部地区应依托丰富的乡村文化旅游资源，以中国历史文化名村、名镇以及中国传统村落、中国少数民族特色村寨、中国民间文化艺术之乡、中国美丽休闲乡村为文旅融合的重点，大力开展民族、民俗文化旅游，打造一批具有较高水准和示范性的乡村旅游线路，助力乡村文化振兴。西部地区乡村文旅融合发展，必须立足乡村传统文化，开发西部地区乡村特色文化。在文旅融合中，充分挖掘西部地区乡村传统文化因素，以传统手工艺制作、传统生活习俗、传统文艺形式及传统休闲方式等为切入点，吸引游客参与，在旅游中体验文化。要围绕西部地区乡村文化特色，把乡村特色文化与现代旅游融合起来，加强文旅融合产品的开发，打造西部地区乡村特色文化品牌，探索"文旅+"新业态模式，实现乡村文化振兴的可持续发展。

（四）打造西部地区特色文化品牌，让西部地区乡村文化产品走出去

在乡村文化振兴中，特色文化品牌发挥着引领示范作用。西部地区应充分利用自身优势的文化资源，大力开发非遗知名品牌；打造西部地区乡村特色文化新品牌。大力开发非遗知名品牌，促进非遗产业化发展。

西部地区许多乡村非遗尚处于"养在深闺人未识"的境地，亟须开发、推广出去。藏在大山深处的非遗文化灿若星辰，非遗的传承与发展能够为乡村振兴注入新的活力。2021年2月，习近平总书记在贵州省黔西新仁苗族乡化屋村考察时指出："特色苗绣既传统又时尚，既是文化又是产业，不仅能够弘扬传统文化，而且能够推动乡村振兴，要把包括苗绣在内的民族传统文化传承好、发展好。"[1] 苗绣把苗族古歌、传说及故事等苗族民间文化，

---

[1] 《圆梦小康｜"民族的就是世界的"总书记点赞的苗绣有怎样的魅力？》，人民网，2021年7月22日，http://cpc.people.com.cn/n1/2021/0722/c164113-32166034.html。

以刺绣的形式表现出来。苗家儿女代代相传，以绣布为画纸、以针线为笔墨，将历史文化及秀美山水、美好生活定格在精美的刺绣作品中。化屋村利用这一传统文化品牌，开发出一系列文创产品，逐渐走红市场。目前，黔西已有苗绣文化企业 65 家，从业人员 222 人，形成以"化屋苗绣"公共品牌为引领的多元化品牌发展格局。① 同样，在云南省楚雄彝族自治州，"彝绣"这一古老的非遗手工技艺，也已传承了上千年。近年来，彝家阿姐们凭借精湛的技艺，一针一线绣出了新生活，使得彝绣文化开始走出国门，为乡村振兴绘出了新图景。② 这些成功的范例，为西部地区乡村特色文化品牌发展提供了借鉴。非遗技艺只有与现代生活、现代时尚相结合，开发特色品牌，才能让乡村非遗不断传承和发展。

（五）健全乡村文化服务体系，加强乡村文化人才队伍建设

在西部地区乡村文化振兴中，必须进一步健全乡村文化服务体系，要充分发挥乡村基层公共文化设施、组织体系等方面的作用，提升综合性文化服务中心功能。与此同时，要稳定乡镇文化站人才队伍，确保基层公共文化服务岗位充实，提升从业人员素质，提高从业人员待遇，改变人员老化、专业能力不足的状况。

文化振兴，关键在人。制约西部地区乡村文化振兴的突出问题是乡村文化人才匮乏。西部地区经济社会发展滞后于东部地区及全国其他地区，加之西部地区自然条件艰苦，导致乡村文化人才流失、乡村文化活力不足。随着市场经济的发展，西部地区乡村的民间手工艺者、非遗传承人等逐渐向城市或经济发达地区流动。因此，西部地区乡村文化振兴必须采取有力措施，通过优惠政策留住本地文化人才，发展乡村文化，吸引更多的人才投身乡村文化振兴。

---

① 《让古老苗绣"绣"出幸福美好新生活——贵州黔西化屋村创新发展民族特色文化产业的实践与启示》，《光明日报》2023 年 5 月 5 日，第 5 版。
② 《千年技艺助力乡村振兴，彝绣"绣"出美好新生活》，央视网，2024 年 2 月 8 日，https://news.cctv.com/2024/02/08/ARTImHHLuVfHx6yBhvCiI5G8240208.shtml。

B.6 西部地区乡村生态振兴报告*

岳利萍 魏家豪**

摘 要： 生态振兴是乡村全面振兴的绿色引擎。加快建设农业强国，扎实推动乡村产业、人才、文化、生态、组织振兴，良好的生态环境是乡村振兴的基础和保障。西部地区高度重视农村生态文明建设，乡村生态振兴事业取得重大进展，但新型农业经营体系推动农业绿色生产动力不足、科技支撑农业绿色生产能力不强、农村老龄化空心化削弱农业绿色生产根基；部分人居环境领域治理不充分、农村基础设施短板明显、农村人居环境整治的主体错位等阻滞了农村绿色生活品质的提升；农村生态环境治理机制不健全、污染监管力度不够等制约了西部地区农村生态文明建设。西部地区应立足乡村生态振兴主要目标和重点任务，通过"生态修复+""环境整治+""生态农业+""清洁能源+""制度创新+"等五大路径，从增强乡村生态振兴规划的引领效能、推动农业绿色低碳发展、持续改善农村人居环境、加强农村生态文明建设等方面推进乡村生态振兴。

关键词： 西部地区 乡村生态振兴 农业农村现代化

《中共中央 国务院关于学习运用"千村示范、万村整治"工程经验有力有效推进乡村全面振兴的意见》提出，建设宜居宜业和美乡村，是全面

---

* 本报告为教育部人文社科重点研究基地——西北大学中国西部经济发展研究院项目（项目编号：XBLPS202406）阶段性研究成果。
** 岳利萍，教育部人文社科重点研究基地——西北大学中国西部经济发展研究院研究员，西北大学经济管理学院教授、博士生导师，主要研究方向为区域经济发展、城乡一体化；魏家豪，西北大学经济管理学院硕士研究生。

推进乡村振兴的一项重大任务。扎实推进宜居宜业和美乡村，关键在于推进乡村生态振兴，优化乡村生产生活生态空间布局，建设农业绿色生产空间、农民绿色生活空间、人与自然和谐共生的乡村生态空间。西部地区是我国乡村生态振兴的重点和难点地区，其区域战略地位重要、自然资源相对丰富，但是大多数省份经济社会发展相对滞后，生态环境较为脆弱。① 因此，本报告通过探讨西部地区乡村生态振兴的现状以及亟待破解的主要问题，指明西部地区乡村生态振兴的主要目标和重点任务，寻找西部地区实现乡村生态振兴的路径并提供政策建议，具有重要的理论和实践意义。

一 西部地区乡村生态振兴的现状

2018年，中共中央、国务院印发的《乡村振兴战略规划（2018—2022年）》明确指出，要科学有序推动乡村产业、人才、文化、生态和组织振兴。过去六年，西部地区乡村生态振兴取得显著成效，农业绿色发展步伐显著加快，农村绿色生活品质得到有效提升，农村生态文明建设取得一定成效。

（一）农业绿色发展步伐显著加快

1. 资源保护和节约利用水平不断提高

耕地保护切实加强，高水平实现占补平衡。2022年，我国各省份陆续公布第三次全国国土调查数据，以2019年12月31日为标准统一时点汇总数据。对比此次调查数据和各省份土地利用总体规划（2006~2020年），全国仅9个省份达到耕地保有量指标，西部地区甘肃、内蒙古、宁夏、青海、西藏、新疆6个省（区）均超额完成任务，其余省（区、市）实有耕地面积虽未达到耕地保有量指标，但基本达到基本农田保护面积指标（见图1）。在切实加强耕地保护，严守耕地红线的同时，西部地区各省（区、市）不断落实耕地占补平衡，完善相应制度。例如，云南省自然资源厅下发《关于按管理新方式做好耕地占补平衡工作的通知》，针对县域内难以实现耕地

---

① 《构建绿色发展体系助力西部绿色发展》，《经济日报》2019年11月28日。

占补平衡的现象，提出可在州（市）乃至省域内调剂补充；广西出台并实施《耕地"进出平衡"实施细则》，按照"谁组织谁负责、谁占用谁负责"的原则，确定了耕地"进出平衡"实施主体和经费；陕西省下发了《陕西省耕地占补平衡指标交易管理办法》，强调无法自行补充相当耕地的地区和建设单位，可通过交易向指标所有人购买指标，落实补充耕地责任的行为。在乡村生态振兴进程中，西部地区严守耕地红线，耕地资源保护水平不断提高。

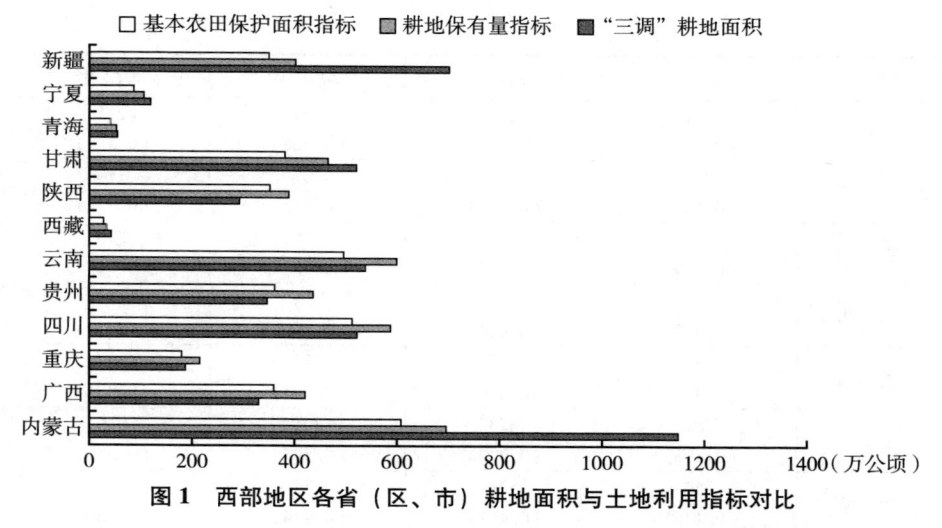

图1 西部地区各省（区、市）耕地面积与土地利用指标对比

资料来源：根据第三次全国国土调查数据、各省（区、市）土地利用总体规划（2006~2020年）整理所得。

农业节水持续推进，助力农业提质增效。我国西北地区大部分位于干旱半干旱地区，区域水资源短缺，西南地区水资源较为充沛，但降水季节分布高度不平衡。因此，各地政府高度重视西部地区农田水利建设，大力发展节水灌溉，加快推进农业节水，不断提高农业用水效率和效益。截至2022年，我国已建成耕地灌溉面积70358.9千公顷，其中西部地区已建成耕地灌溉面积22927.8千公顷，占比约32.59%。① 2019~2022年，西部地区大多数省（区、市）耕地实际灌溉亩均用水量总体上呈下降趋势，下降速度远快于全国耕地实际灌溉亩均

---

① 《中国统计年鉴2023》。

用水量；西部地区各省（区、市）农田灌溉水有效利用系数逐年提升，陕西、新疆、甘肃的农田灌溉水有效利用系数均高于全国水平（见表1）。根据《中国农村统计年鉴》，2015~2022年，西部地区新增有效灌溉面积5305多万亩，新增粮食生产能力911多万吨，有力促进了粮食增产、农业增效。

表1 2019~2022年全国及西部地区耕地实际灌溉亩均用水量及农田灌溉水有效利用系数

单位：m³

地区	2019年	2020年	2021年	2022年
内蒙古	271（0.547）	256（0.564）	241（0.568）	211（0.574）
广西	787（0.501）	764（0.509）	769（0.515）	776（0.521）
重庆	325（0.499）	319（0.504）	316（0.507）	313（0.511）
四川	365（0.477）	359（0.484）	359（0.490）	373（0.497）
贵州	386（0.479）	307（0.486）	371（0.491）	399（0.494）
云南	382（0.485）	373（0.492）	345（0.502）	336（0.510）
西藏	544（0.446）	521（0.451）	517（0.454）	513（0.457）
陕西	287（0.577）	260（0.579）	256（0.582）	267（0.583）
甘肃	446（0.565）	425（0.570）	404（0.574）	397（0.578）
青海	478（0.500）	442（0.501）	447（0.503）	447（0.506）
宁夏	706（0.543）	643（0.551）	577（0.561）	524（0.570）
新疆	553（0.561）	547（0.570）	545（0.575）	530（0.579）
全国	368（0.559）	356（0.565）	355（0.568）	364（0.572）

注：《中国水资源公报》中自2019年开始有各行政区主要用水指标数据，在此之前仅为全国性数据，2018年全国耕地实际灌溉亩均用水量为365m³，全国农田灌溉水有效利用系数为0.554。本表括号中为各省（区、市）农田灌溉水有效利用系数。

资料来源：根据2019~2022年《中国水资源公报》整理所得。

2. 农业清洁生产持续推进

农业投入品减量显著，面源污染得到有效控制。乡村生态振兴以来，西部地区各省（区、市）深入贯彻绿色发展理念，多次开展农药施用调查监测，组织农业投入品减量增效示范，总体而言成效显著。我国西部地区农用化肥施用量、农药使用量在2016年后整体呈下降趋势，2021年西部地区农用化肥施用量为1618.6万吨，与2015年相比减少187.9万吨，与2016年的最高值1813.3万吨相比下降10.74%；2021年西部地区农药使用量为25.99万吨，与2015年相比减少12.08万吨（见图2）。得益于农用塑料薄膜回收行动，全国农用塑料薄膜回收率稳定在80%以上[①]，农用塑料薄膜使用量基本保持稳定。

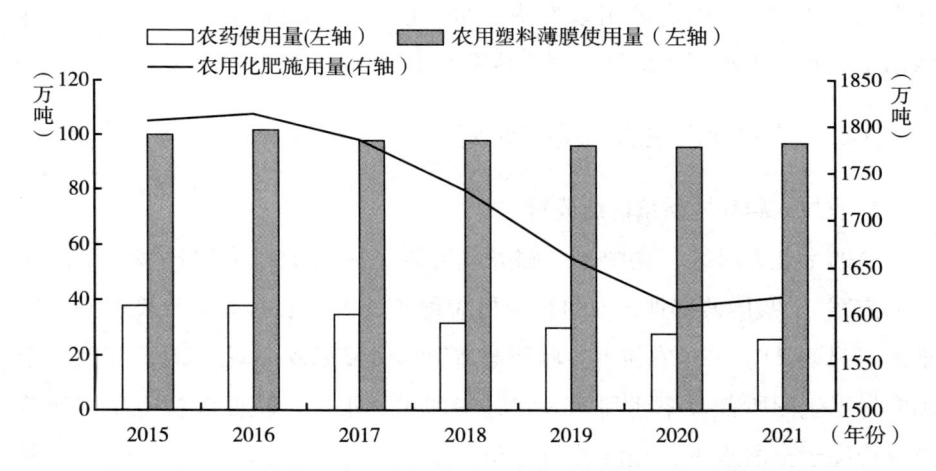

图2 2015~2021年西部地区农药、农用塑料薄膜、农用化肥使用情况

资料来源：根据2016~2023年《中国环境统计年鉴》整理所得。

农业废弃物利用水平稳步提升，政策体系基本建立。西部地区农业废弃物可利用资源丰富，农作物秸秆和畜禽粪污的年平均可利用量分别为16363.40万吨、62375.57万吨，其资源化利用不仅能够解决自身产生的环

---

① 农业农村部。

境污染问题，而且能够发挥节能减排的重要作用。① 截至2020年底，宁夏农作物秸秆综合利用率达87.6%，畜禽粪污综合利用率达90%，陕西禽畜粪污综合利用率达89.3%，超过全国秸秆、禽畜粪污综合利用水平②。同时，党的十九大以来，西部地区多个省（区、市）陆续出台秸秆综合利用、禽畜养殖废弃物资源化利用相关政策。例如，2017年12月，宁夏出台了《宁夏回族自治区加快推进畜禽养殖废弃物资源化利用工作方案（2017年—2020年）》，着力构建畜禽养殖粪污资源化利用市场化机制，明确要求到2020年全区畜禽粪污综合利用率达到90%以上；2022年1月，广西出台了《广西加快农作物秸秆综合利用工作方案（2021—2025年）》，要求加快推进秸秆变肥工程、秸秆禽畜工程、秸秆能源工程、秸秆原料工程，到2025年全区农作物秸秆综合利用率维持在86%以上。总体而言，西部地区农业清洁生产整体水平不断提升，制度体系基本建立。

（二）农村绿色生活品质不断提升

1. 农村人居环境质量持续改善

党的十九大以来，党中央、国务院部署实施《农村人居环境整治三年行动方案》，我国西部地区农村村容村貌稳步改善，农村人居环境得到有效整治（见表2）。一是农村卫生厕所改造取得明显成效。截至2020年底，全国农村卫生厕所普及率达到68%，其中四川、重庆、陕西农村卫生厕所普及率均高于全国水平，经济较为薄弱的宁夏、青海、云南等省（区）农村卫生厕所普及率也超过50%。二是农村生活污水处理取得明显成效。受限于资金、技术、设施上的瓶颈，我国农村生活污水处理率仍有待提高，截至2020年底，全国农村生活污水处理率仅为25.5%，西部地区大多数省（区、市）均达到全国水平。三是农村生活垃圾处理水平稳步提升。陕西、四川、

---

① 张红丽、李洁艳：《西部地区农业废弃物可利用潜力及环境效益研究》，《生态经济》2022年第10期。
② 根据《"十四五"推进农业农村现代化规划》，2020年全国秸秆综合利用率达86%，畜禽粪污综合利用率达75%。

青海、宁夏等省（区）农村生活垃圾处理率均在90%及以上，不少省（区、市）相继开展农村生活垃圾分类行动，实现源头减量。四是农村供水保障水平稳步提升。根据《2022年农村水利水电工作年度报告》，该年度我国共完成农村供水工程建设投资987.8亿元，其中西部地区共完成农村供水工程建设投资262.7亿元，占总投资的26.59%。截至2020年底，西部地区部分省（区）农村自来水普及率已达到全国水平。五是农村基础设施不断完善。截至2020年底，甘肃较大人口规模自然村（组）通硬化路率达到70%；宁夏建制村全部实现通硬化路、通客车，4G网络覆盖达到98%；内蒙古较大人口规模自然村（组）通硬化路率达到82%，西部地区农村基础设施短板日益补齐。

总体而言，《农村人居环境整治三年行动方案》的目标任务全面完成，西部地区农村人居环境得到明显改善，农村长期存在的脏乱差局面得到扭转，农民群众环境卫生观念显著增强，村庄环境基本实现干净整洁有序。

表2 2020年全国及西部地区乡村宜居宜业主要指标

单位：%

地区	农村卫生厕所普及率	农村生活污水处理率	农村生活垃圾处理率	农村自来水普及率	较大人口规模自然村(组)通硬化路率
内蒙古	35	—	—	77	82
重 庆	82	28	—	82.5	92
四 川	86	58.4	92	82	—
云 南	57.5	30	90	66.2	59.97
陕 西	70.2	27.9	93.4	93.5	
甘 肃	33.2	25	—	90	70
青 海	54.4	11	91.7	78.1	71
宁 夏	58	20.5	90	91	
全 国	68	25.5	—	83	—

注：由于不同省（区、市）"十四五"推进农业农村现代化规划指标披露不一，部分指标缺失。
资料来源：根据全国及西部地区各省（区、市）"十四五"推进农业农村现代化规划整理所得。

2. 农村绿色消费活力强劲

一是分布式光伏等清洁能源消费快速增长。据国家统计局数据，西部地区可再生能源资源占全国资源总量的70%以上,其中风力资源占85%以上,太阳资源占90%左右。同时,"十四五"期间我国将重点发展九大清洁能源基地,其中7个在西部地区。这种独特的区域资源禀赋,极大地推动了西部农村地区清洁能源消费。随着光伏发电技术的不断进步和成本的降低,西部农村太阳能热水器应用面积逐年增加,占全国农村太阳能热水器应用面积的比重不断上升,2021年,我国西部地区农村太阳能热水器应用面积占比为24.76%。[1] 二是绿色消费打开乡村振兴新格局。绿色建材、绿色家电消费日渐兴起。2022年3月,工业和信息化部、住房和城乡建设部等6部门联合发布了《关于开展2022年绿色建材下乡活动的通知》,这是2010年中央一号文件提出"建材下乡"以来,国务院有关部门时隔12年再一次开展的以推动建材及相关产品进万家的扩内需、促消费活动。2022年7月,商务部等13部门出台了《关于促进绿色智能家电消费若干措施的通知》,提出推进绿色智能家电下乡,扩大绿色智能家电供给。新能源汽车加快进入乡村市场。2020年7月起,工业和信息化部、农业农村部等部门连续开展新能源汽车下乡活动,引导新能源汽车消费市场下沉。据中国汽车工业协会充换电分会统计,2022~2023年,农村新能源汽车的渗透率从4%上升到17%,增幅显著。总体而言,绿色消费在乡村地区蓬勃兴起,这不仅顺应了乡村消费模式升级的趋势,还有力推动了绿色发展理念在乡村地区的落细落小落实,在助力乡村产业振兴、文化振兴、生态振兴等方面越来越显现出积极成效。

(三)农村生态文明建设持续推进

1. 生态系统保护和修复建设效果显著

一是区域植被覆盖率不断提高。根据第九次全国森林资源清查数据,西部地区2014~2018年森林面积达1.33亿公顷,占全国森林总面积的60.3%,森林蓄积量达100.99亿立方米,比十年前增加了18.2亿立方米,

---

[1] 《中国环境统计年鉴2022》。

森林覆盖率达到19.3%。二是水土流失治理与荒漠化防治效果显著。《中国水土保持公报》数据显示，2022年西部地区水土流失面积为223.35万平方公里，较2018年减少了5.73万平方公里，接近一个宁夏回族自治区的面积。此外，西北地区荒漠化和土地沙化面积较2004年分别减少了0.45万平方公里和200平方公里，土地沙漠化趋势得以有效遏制，潜在沙漠化区域逐年减少。三是生物多样性保护步伐加快。根据国家林业和草原局，2021年西部地区有国家级自然保护区212个，占总数的44.7%，国家级自然保护区面积8825.3万公顷，占总面积的89.9%。

2. 生态系统保护制度不断健全

西部地区始终坚持以习近平生态文明思想为指导，贯彻"绿水青山就是金山银山"理念，不断完善生态文明制度体系。陕西省先后下发《陕西省污染防治攻坚战成效考核实施方案》《陕西省生态环境保护责任清单》《陕西省生态环境保护督察工作实施办法》等政策文件，制定、修正《陕西省秦岭生态环境保护条例》等9项地方性法规，17项地方生态环境标准。云南省在完善生态文明制度建设的基础上大力推进生态文明建设示范区的创建，"十三五"时期累计建成10个国家生态文明建设示范市县，5个县市区获得了"绿水青山就是金山银山"实践创新基地称号。广西壮族自治区先后颁布并实施《广西壮族自治区大气污染防治条例》《广西壮族自治区水污染防治条例》等地方性法规，陆续出台《关于构建现代环境治理体系的实施意见》《广西壮族自治区有关部门生态环境保护责任清单》等文件，基本完成生态环境机构管理体制调整和自治区以下环保机构监测监察执法垂直管理制度改革。

3. 生态产品价值实现机制基本建立

乡村振兴战略实施以来，西部地区始终坚持以生态优先、绿色发展为导向，生态产品价值实现机制基本建立。一是生态产品调查监测机制初步建立，价值评价机制基本形成，为生态产品价值实现机制的建立提供重要支撑。宁夏通过开展黄河宁夏段自然资源调查监测工作，基本摸清了黄河宁夏段两岸各类自然资源的基本情况，并建立四级生态产品分类体系、制定宁夏生态产品核算方案。二是生态产品经营开发机制逐步完善，生态产业化和产业生态化扎实推进，生态权益交易的活力不断增强。重庆开展地票交易探索，将农村闲置宅基地复垦成耕地、林地、草地等生态用地，减少的建设用地指标经过认证后成为可交易的地票，依托生态资源产权实现生态产品价值交换。三是生态产品保护补偿机制的制定有序推进，生态保护补偿和生态环境损害赔偿体系日益明确。云贵川赤水河流域跨省横向生态保护补偿机制、甘肃省渭河流域水环境生态补偿机制、重庆首轮流域横向补偿机制等的实施均取得成功，流域水源涵养、水质净化等生态产品得到有效保护，流域水环境改善显著。

二 西部地区乡村生态振兴面临的主要困难

（一）西部地区农业绿色发展水平较低

1. 新型农业经营体系推动农业绿色生产动力不足

西部地区新型农业经营体系推动农业绿色生产动力不足，主要表现在以下几个方面。第一，西部地区家庭农场、农民合作社、农业企业等新型农业经营主体数量较少，单体规模较小，阻碍了绿色生产技术、装备的广泛应用，从而导致西部地区农业绿色发展技术突破的动力不足。同时，在单一化农业经营范围下，西部地区农业种养分离、农牧分离，造成了严重的资源浪费。第二，西部地区面向小农户的农业社会化组织发育不完全。我国小农户基数大，农业社会化组织可以通过向小农户推广应用绿色先进技术装备、改善资源要素投入结构等方式有力地支持农业绿色发展，但西部地区农业社会化组织发育不完全，农业社会化服务难以惠及广大普通农户。例如，作为农业大省，截至2020年底陕西省农业社会化组织共惠及小农户222.7万户[①]，

[①] 《陕西省加快推进农业社会化服务》，农业农村部网站，2021年12月8日，https://www.moa.gov.cn/xw/qg/202112/t20211208_6384175.htm。

占全省农户数量的29.07%,西部地区推广农业社会化服务任重而道远。

2. 科技支撑农业绿色生产能力不强

构建支撑农业绿色发展的技术体系,是实施可持续发展战略、破解我国农业农村资源环境突出问题的根本途径。2020年,我国主要作物耕种收综合机械化率超过70%[①],但与全国农业机械化水平相比,西部地区尤其是丘陵地区地块起伏变化较大,耕地分散,破碎化程度高,农机作业难度较大,农业机械化发展举步维艰。一方面,西部地区农业机械化率仍然偏低,依靠人力耕种收容易造成农业生产资源的过度施用,对农业生态环境造成巨大的压力;另一方面,西部地区绿色农机和绿色机械化技术应用不足,已有农机存在高污染、高能耗、低效益等问题,老旧农机超期服役,据调查测算,超期使用的拖拉机油耗比正常值高15%~25%,超期使用的联合收割机油耗比新机高15%以上[②],大量应淘汰的农机充斥使用领域,不可避免地增加了能源消耗和农业面源污染治理的负担。

3. 农村老龄化空心化削弱农业绿色生产根基

随着工业化、城镇化快速发展,大量农村人口尤其是青壮年劳动力不断外流,农村常住人口逐渐减少,很多地区出现了农村空心化现象。同时,这种人口城乡流动加快了农村人口老龄化,农村老人留守现象普遍,农村老龄化问题严重。根据第七次全国人口普查数据,截至2020年底,全国60岁及以上的老年人口占总人口的18.7%,西部地区内蒙古、广西等7个省(区、市)的农村老龄化率高于全国水平,重庆农村老龄化率31.86%,远超其他省(区、市)(见图3)。

西部地区农村人口老龄化空心化问题已然严重削弱农业绿色生产根基。一是农村老龄化空心化减少了西部地区农业劳动力的供给,劳动生产效率下降,平均农地规模逐年减少,对我国耕地保护与粮食安全造成了威胁。二是农村老龄化空心化不利于西部地区农村人力资本的积累,阻碍了农业机械化的推广。

---

① 农业农村部。
② 《治理农机面源污染之我见》,农机新闻网,2021年8月27日,https://www.nongji1958.com/node/21186。

现有研究发现，农村老龄化与农地规模的变化使农业机械投入减少6%，使化肥和有机肥投入分别减少2%和64%，但化肥投入的减少并没有减少化肥流失，农村老龄化导致与化肥流失相关的环境污染效应增长3%。[1]

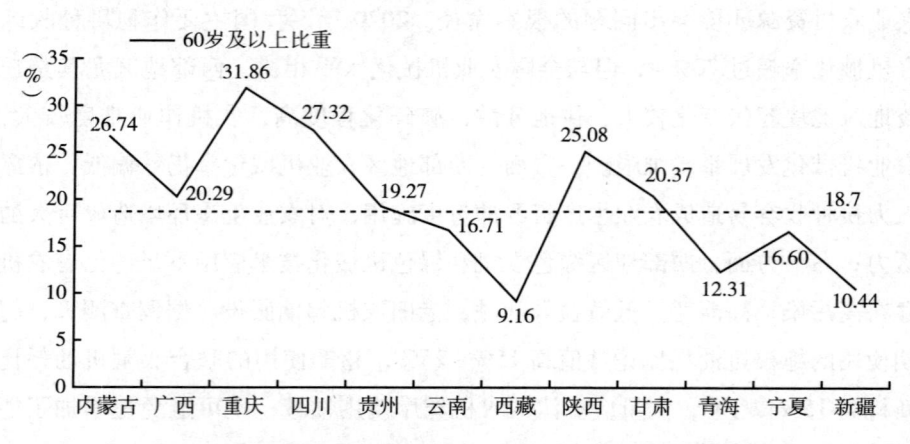

图3 2020年我国西部地区各省（区、市）农村老龄化程度

资料来源：《中国人口普查年鉴2020》。

（二）西部地区农村绿色生活品质有待提升

1. 部分人居环境领域治理不充分

当前，西部地区农村人居环境整治仍然存在不充分不深入的问题，在生活垃圾处理、生活污水处理、卫生厕所改造等方面仍存在一定问题。一是生活垃圾处理方面，"未分类直接清运"仍然存在，资源化利用率不高。对于日产垃圾规模较大的县域，焚烧发电项目深受地方政府欢迎，产生了重集中、轻分类的反向激励。在一些缺乏发电项目或不具备发电条件的地区，仍采用简单填埋或直接焚烧的方式，对城镇填埋场及垃圾渗滤液处理能力造成极大压力，二次污染严重。

二是生活污水处理方面，农村生活污水处理设备和处理水平远少于与远低

---

[1] C. C. Ren et al., "Ageing Threatens Sustainability of Small Holder Farming in China," *Nature* 7955 (2023): 96-103.

于东部地区，农民对污水处理的意识还比较淡薄。根据住房和城乡建设部的统计，2019年西部地区每个行政村污水处理设施投资强度为2.88万元，仅为东部地区污水处理设施投资强度的29.8%。

三是卫生厕所改造方面，"一刀切"式的推进在部分地区出现了"水土不服"，甚至招致农民的抵触。西部地区不少农村出现了缺水、无法上水导致的改而不用、用后更不卫生等情况。

2. 农村基础设施短板明显

截至2020年底，西部地区约20%的行政村没有实现集中供水，不少通村（组）道路尚未实现硬化；约5%的行政村生活垃圾没有得到处理，农村生活污水护理率不足30%。农村社区综合服务设施覆盖率不到50%，自然村普遍缺乏基本的公共服务功能。此外，基础设施建设普遍照搬城市做法，宽马路、大广场、大公园等现象较为突出，与周边自然环境极不协调。不少村庄照搬先进示范村建设，同质化严重，乡村传统民居和历史建筑拆旧建新、拆真建假等现象仍然存在。

3. 农村人居环境整治的主体错位

广大农民群众是农村人居环境整治的重要参与者、建设者，也是直接受益者，整治农村人居环境，最关键的是要提高农民的参与度。在西部地区农村人居环境整治过程中，农民的参与度不高、积极性不强，存在"干部干，群众看"的现象。部分地区甚至忽视农民的主体作用，为了完成上级下达的任务，基层及相关部门替代农民成为农村人居环境整治的主体，而农民则因缺乏有效的参与机制，成为局外人。

（三）西部地区农村生态文明建设面临诸多挑战

西部地区农村生态文明建设面临的挑战主要表现为以下几个方面。第一，西部地区农村生态文明建设时间短，农村生态环境治理机制不健全，存在治理主体各自为政，地方分割、条块分离，治理手段相对滞后等问题，对于防控环境污染具有一定的阻力。第二，农村生态环境污染监测难度大、监管力度不够。我国农村地区污染排放兼具点源与面源污染的特征，加上范围

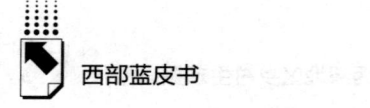

较大，多数农村污染源分布在偏远地区，具有较强的隐蔽性，环保监管的广度和深度亟待拓展。第三，生态产品价值实现保障体系不健全。一方面，区域间价值核算体系不统一、指标体系不全面、评估方法不完善，生态产品价值评估结果难以让人信服；另一方面，生态产品经营开发渠道堵塞，供需匹配不畅，西部地区农村生态经营性产品变现面临基础设施配套建设不足、人才支撑乏力、市场推广投入不足等问题。生态补偿等机制落地难，主要依靠纵向财政转移支付，资金渠道来源较为单一。

三 西部地区乡村生态振兴的主要目标与重点任务

（一）西部地区乡村生态振兴的主要目标

生态振兴作为乡村五大振兴之一，其阶段性目标和任务与乡村振兴进程密不可分。西部地区乡村生态振兴工作可以分为三个阶段有序推进。第一，"十四五"期间，西部地区农村生态环境质量总体改善，村庄规划实现全覆盖，公共基础设施、人居环境全面改善，生产生活方式向绿色转型。第二，到2035年，西部地区农村生态环境状况实现根本好转，生态安全屏障更加牢固，生产生活方式绿色转型成效显著，美丽宜居乡村基本建成。第三，到2050年，西部地区农村生态文明全面提升，绿色生产方式和生活方式全面形成，生态环境健康优美，生态环境治理体系和治理能力现代化全面实现，美丽乡村全面建成。

（二）西部地区乡村生态振兴的重点任务

1. 农业绿色生产环境的治理和改善

第一，培育壮大新型农业经营主体，健全专业化社会化服务体系。通过完善家庭农场名录管理制度，实施农民合作社创建提升行动，培育或引进一批农业产业化龙头企业，不断提升新型农业经营主体实力，推动新型农业经营主体与小农户建立利益联结机制，发挥新型农业经营主体在联农带农、推动农业绿色生产、绿色优质农产品价值实现方面的作用。同时，要推进资源整合，盘活存量设施、装备、技术、人才及各类经济要素，培育发展各类专业公司、农村集体经济组织、服务专业户等服务主体，拓展服务领域。鼓励服务主体充分利用大数据、人工智能等信息技术手段，提升农业的信息化、智能化水平。

第二，强化农业科技支撑，提高农业科技创新能力。一是要提高农机装备研发和推广应用水平，做大做强农业机械化产业群、产业链，完善主要农作物机械化生产保障体系，加快全程机械化推广应用。二是要完善农业科技领域基础研究稳定支持机制，提升农机装备研发创新能力。三是要加强农业科技人才培养，依托省内外农业科研院所和高等院校，培养高水平、专业化的农业技术人才，健全农民教育培训体系，培育高素质农民队伍。

第三，统筹完善农村社会保障体系。聚焦解决农村老龄化空心化问题，一方面要加快打造适应现代农业发展的高素质生产经营队伍，另一方面要完善农村社会保障体系，确保病有所医，老有所养。要推进覆盖全民、城乡统筹、可持续的多层次社会保障体系建设，完善农村基本养老、医疗等社会保险制度，提高社会保障统筹层级和质量，扩大社会保险覆盖面。健全农村留守儿童和妇女、老年人关爱服务体系。

2. 农村绿色生活环境的保护和修复

第一，整治改善农村人居环境。一是按照宜水则水、宜旱则旱原则，科学选择改厕技术模式，因地制宜推进厕所革命。二是加强农村生活垃圾污水处理，实现农村生活垃圾、生活污水源头减量，探索资源化利用方式，推广低成本、低能耗、高效率、易维护的生活垃圾污水处理技术。三是整体改善村容村貌，深入开展村庄清洁和绿化行动，实现村庄公共空间及庭院房屋、村庄周边干净整洁。

第二，推动农村基础设施提档升级。加快推进乡村道路网、自然村（组）道路、抵边自然村通硬化路。实施农村供水保障工程，加快规模化供水保障工程建设和小型供水工程标准化改造，扩大农村供水管网覆盖面。加强乡村清洁能源建设，因地制宜推动农村地区光伏、风电发展，推进农村生物质能源多元化利用，加快构建以可再生能源为基础的农村清洁能源利用体系。

第三，调动农民内生动力。依法完善村民（代表）会议制度和村级民主协商、议事决策机制，健全村民参与村级公共事务平台。发挥村民议事会、乡贤组织等团体，以及退休人员联系村民的作用，提高村民参与村庄重大事务的积极性。

3. 农村生态文明治理体系的健全和完善

第一，加强乡村生态保护和修复。围绕美丽宜居乡村建设，强化乡村自然生态空间保护。积极开展乡村河湖湿地生态系统保护，推进生产清洁小流域建设，实施流域环境和水土综合治理。

第二，健全生态产品价值实现机制。加快建立生态产品调查、登记、评价、融资和交易的全链条保障体系，积极开展生态产品价值实现机制试点，探索政府主导、企业和社会各界参与、市场化运作、可持续的生态产品价值实现路径。

第三，强化乡村污染治理。建立健全森林、草原、河湖、湿地、荒漠等生态系统和耕地、水质、气象等农业资源环境监测网络，加强乡村生态环境监督执法，推进乡村生态环境科技创新和成果转化，持续打好农业农村污染治理攻坚战。

四 西部地区乡村生态振兴目标的实现路径与政策建议

（一）西部地区乡村生态振兴目标的实现路径

1. 探索"生态修复+"路径，增进西部地区乡村生态福祉

西部地区是我国生态环境脆弱的地区，生态系统稳定性差，西北地区土地沙化、土壤盐渍化问题，西南地区水土流失、森林资源无序开发[1]等生态

---

[1] 《绿色的启示——西部地区生态问题典型个案再调查》，中国政府网，2019年11月16日，https://www.gov.cn/xinwen/2019-11/16/content_5452777.htm。

环境问题不断暴露。针对自然生态系统被破坏或生态功能缺失的乡村地区，实现乡村生态振兴需要探索"生态修复+"路径，增进西部乡村生态福祉。要统筹生态修复和生态惠民，坚持山水林田湖草沙一体化保护和系统治理，因地制宜发展惠民产业，将生态修复与生态产业发展相结合，在恢复生态系统功能和增加生态供给的同时，将生态产品的价值附着于农产品、工业品、服务产品的价值中，实现百姓富、生态美的有机统一。

2. 探索"环境整治+"路径，打造宜居宜业和美乡村

针对人居环境"脏乱差"的乡村地区，实现乡村生态振兴需要探索"环境整治+"路径，打造宜居宜业和美乡村。学习运用"千万工程"的经验，以实施农村人居环境整治工程为抓手，以建设和美乡村为导向，统筹推进环境整治与设施建设、产业发展、乡风文明等，解决与农民生产生活息息相关的厕所、污水、垃圾等关键小事，提升乡村"颜值"，培育特色生态产业，让"好风景"成为乡村振兴的"好钱景"。

3. 探索"生态农业+"路径，推动乡村产业融合发展

针对农业面源污染突出的乡村地区，实现乡村生态振兴需要探索"生态农业+"路径，推动乡村产业融合发展。要加快推广种养结合、生态健康养殖等方式，推进农业资源利用集约化、投入品减量化、废弃物资源化、产业模式生态化。同时，依托优质的农产品、优美的自然环境、特色的文旅资源等，实施农文旅深度融合工程，发展特色生态产业，打造乡土特色品牌，发展生态旅游新业态，增加农产品附加值和农民收入，推动一二三产业融合发展。

4. 探索"清洁能源+"路径，增添乡村绿色发展动能

针对清洁能源丰富、土地资源充沛的乡村地区，实现乡村生态振兴需要探索"清洁能源+"路径，增添乡村绿色发展动能。通过实施农村光伏、生物质能等清洁能源项目，推动清洁能源优势转化为产业发展优势，带动百姓就地增收致富，助力国家"双碳"战略。在"光伏+"模式方面，利用建筑屋顶、院落空地、设施农业、集体闲置土地等，通过屋顶光伏、农光互补、牧光互补、渔光互补等方式，推动光伏发电发展，为乡村振兴注入绿色新动

能。在生物质利用方面，利用畜禽粪便、秸秆等，发展生物天然气和沼气，助力改善人居环境，服务取暖用能。

5. 探索"制度创新+"路径，加快乡村自然资本增值

针对生态环境优良、生态产品富足的乡村地区，实现乡村生态振兴需要探索"制度创新+"路径，加快乡村自然资本增值。通过建立资源权益交易、生态补偿等制度，解决生态产品难度量、难抵押、难交易、难变现等问题。在权益交易方面，通过政府管控或设定限额等方式，健全碳权、能权、水权、排污权等交易机制，创造生态产品交易需求，引导和激励利益方交易。在生态补偿方面，按照"谁受益、谁补偿，谁保护、谁受偿"的原则，由政府或生态受益地区以资金补偿、产业扶持等方式向生态保护地区购买生态产品。

（二）西部地区乡村生态振兴的政策建议

1. 增强乡村生态振兴规划的引领效能

推进西部地区乡村生态振兴，关键在于增强乡村生态振兴规划的引领效能，科学合理规划乡村发展路径。首先，针对西部地区乡村人口老龄化空心化的变化趋势，要优化村庄布局、产业结构和公共服务配置，强化县域国土空间规划对城镇、村庄、产业园区等空间布局的统筹。其次，各地要结合实际加强村庄规划编制分类指导，可单独编制，也可以乡镇或若干村庄为单元编制，不需要编制的可在县乡级国土空间规划中明确通则式管理规定。最后，要加强村庄规划编制实效性、可操作性和执行约束力，强化乡村空间设计和风貌管控。

2. 推动农业绿色低碳发展

首先，要加快农业基础设施建设。一是加快灌区续建配套和现代化改造，分区域规模化推进高效节水灌溉。结合高标准农田建设，加大田间节水设施建设力度。二是分区分类开展盐碱耕地治理改良，加快选育耐盐碱特色品种，推广改良盐碱地有效做法。根据第三次全国国土调查结果，全国盐碱地共有 1.15 亿亩，其中 96.1% 的面积分布在新疆、青海、内蒙古、宁夏等干旱半干旱地区，盐碱地综合改造利用对西部地区耕地保护和改良至关重要。三是加强农业防灾减灾基础设施建设、重大工程建设，建立和完善农业灾害预警体系，健全农业防灾减灾救灾长效机制。

其次，要强化农业科技支撑。针对西部地区农业生产方式粗放、农业生产资源浪费、劳动生产率低等问题，要大力实施农机装备补短板行动，完善农机购置与应用补贴政策，加快老旧农机淘汰升级，开辟急需适用农机鉴定的"绿色通道"。同时，要加强基层农技推广体系构建，强化公益性服务功能。

最后，要加快构建现代农业经营体系。充分利用西部地区幅员辽阔、农业生态环境良好的优势发展适度规模经营，培育规模化经营主体和服务主体，加快构建职业农民队伍，形成一支高素质农业生产经营者队伍。要加强西部地区农业社会化服务平台和标准体系建设，创新组织形式和服务模式，拓宽服务领域和范围，更多依靠服务实现小农户和现代农业的有效衔接。

3. 持续改善农村人居环境，建设美丽乡村

首先，要深入实施西部地区农村人居环境整治提升行动。农村人居环境整治提升是一项系统性、复杂性、长期性的民生工程，需要持续推进、综合发力。一是要改善庭院环境，以房前屋后、庭院、公共死角等为重点，全面整治农业废弃物和其他杂物乱堆乱放，组织和引导农户清理与拆除侵路占道、占用河坡的乱搭乱建棚舍。二是要提高农村生活垃圾治理能力，健全农村生活垃圾分类收运处置体系，完善农村再生资源回收利用网络。三是要加快推进农村生活污水处理，分类梯次推进生活污水处理，加强农村黑臭水体动态排查和源头治理。四是要加快农村厕所改造，因地制宜推进农村改厕，探索农户自愿按标准改厕、政府验收合格后补助到户的奖补模式。

其次，要推动西部地区农村基础设施补短板。要加快完善农村供水工程体系，深入实施农村供水水质提升专项行动。推进农村电网巩固提升工程，充分利用西北地区太阳能资源、风能资源，西南地区丰沛的水能资源，推动农村分布式新能源发展，建设绿色低碳农村。

最后,要有效激活农民主体性。一是要加大对政策内容的宣传力度,加深农民对乡村振兴战略的认识。利用短视频、微信公众号、新闻广播等多种宣传方式提升农民对政策内容的熟悉程度,对其中关系农民切身利益的政策内容进行重点宣传,增强农民的心理认同感。二是要发挥村民议事会、乡贤组织等团体,以及退休人员联系村民的作用,引导村民改变"乡村振兴与我无关"的旧有观念,提高村民参与村庄重大事务的积极性。

4. 加强农村生态文明建设

一是要持续打好农业农村污染治理攻坚战,整县推进农业面源污染综合防治,扎实推进化肥农药减量增效,循环利用农业废弃物,推广种养循环模式。二是要加强西部地区乡村生态保护修复,健全草原森林河流湖泊休养生息制度,扎实推进黄河流域深度节水控水,推进水系连通、水源涵养、水土保持,改善河湖生态环境。加强荒漠化综合防治,探索"草光互补"模式。优化草原生态保护补奖政策,健全对超载过牧的约束机制。三是要深化生态产品价值实现机制建设,在生态条件优、工作基础好、探索意愿强的农村地区,进一步开展生态产品价值实现机制建设与试点,围绕生态产品价值核算及应用、生态产品认证评价、可持续经营开发、生态保护补偿、评估考核等方面深化探索,不断拓宽绿水青山转化为金山银山的路径。

B.7 西部地区乡村组织振兴报告*

李莉 翟绍果 陈爽 李希**

摘 要： 组织振兴作为乡村振兴的"第一工程"，是新时代党领导农业农村工作的重要保障。近年来，西部地区以组织振兴引领乡村振兴，并取得一定进展：基层党组织的党建工作引领能力不断提升，为推动乡村振兴释放强大的"头雁效应"；村民自治组织的内生动力持续激活，共建共治共享美好家园；集体经济组织不断发展壮大，助推形成集体经济发展的强大聚合力；社会力量协同发力，社会组织参与乡村振兴活力初显。然而，西部地区乡村组织振兴仍然面临部分基层党组织的组织力相对薄弱、村民自治组织建设中村民主体性部分缺失、集体经济组织发展创新性不足以及社会组织参与乡村振兴的前瞻性动力不足等问题。为形成"一核多元""四共三治""内外互动"的乡村组织振兴局面以及实现乡村组织规模的拓展、效能的提升、制度的规范、技术的升级、生态的优化等主要目标，未来西部地区乡村组织振兴的重点在于打造"数智党建"西部高地、实现集体经济组织全覆盖、推动社会组织孵化繁荣和培育村民现代治理精神。为此，要坚持突出党建引领，铸牢基层组织乡村振兴价值；优化组织结构，理清多元组织主体权责边界；推动协调共治，激发各方干部群众内生动力；提升治理能力，促进乡村治理体系现代化。

关键词： 西部地区 乡村振兴 组织振兴

---

* 本报告为教育部人文社科重点研究基地——西北大学中国西部经济发展研究院项目（项目编号：XBLPS202407）阶段性研究成果。
** 李莉，西北大学公共管理学院讲师、硕士生导师，主要研究方向为基层治理和乡村振兴；翟绍果，西北大学公共管理学院教授、博士生导师，主要研究方向为社会保障和基层治理；陈爽、李希，西北大学公共管理学院硕士研究生，主要研究方向为基层治理。

扎实推动乡村组织振兴，既是全面推进乡村振兴的重要组成部分，也是乡村振兴的组织体系保障。然而，西部地区乡村组织面临的基层党组织的组织力较薄弱、村民主体性自治作用缺失等困境导致乡村组织振兴难度加大。对此，本报告总结西部地区乡村组织振兴的成效、正视存在的问题，从而明确未来西部地区乡村组织振兴的主要目标、重点任务以及实现路径显得尤为重要。

一 西部地区乡村组织振兴的成效

（一）基层党组织的引领能力不断提升

1. 基层党组织的源头活力不断增强，党建培育创建工作稳步推进

一是系统培育配强后备干部队伍。坚持好中选优，严格对照"双好双强"标准和负面清单审查人选，建立村级后备力量数据库，落实帮带机制并跟踪教育培养，注重动态调整，定期对村党组织班子运行和成员履职情况进行研判，结合研判情况适时调整优化。例如，贵州省沿河土家族自治县夹石镇采取把致富带头人培养成党员、把党员培养成致富带头人，带动农村经济发展的"双培养"机制，积极培养一批政治素质好、善管理、有一技之长的优秀人才。同时，夹石镇以换届为契机，深化推广"党支部+村集体股份经济合作社+能人+基地+农户"的组织模式，实现18名党组织书记和村集体股份经济合作社法人"一肩挑"。[①]二是持续强化党员干部教育培训。立足干部干事创业能力提升，将村党组织书记能力提升纳入干部教育培训规划和年度计划，开展"头雁"导师帮带，以老带新、以强带弱，强化乡镇党政正职全覆盖培训和农村党员进党校集中轮训，全面提升乡镇领导班子贯彻落实乡村振兴的能力。例如，陕西省永寿县每年举办镇村干部履职能力集中培训班，采取"课

---

① 《沿河："党建+"引领乡村"五个"振兴》，人民网，2023年9月16日，http://gz.people.com.cn/n2/2023/0916/c375236-40573249.html。

堂讲授+分组讨论+实地观摩"和"集中学+现场学+赴外学+网络学"等方式，不断拓宽学习培训渠道，全面提升干部履职能力。① 三是坚持充分发挥典型示范引领作用。坚持以"千万工程"为指引，以先导工程为示范，以宜居宜业和美示范村建设为抓手，通过点上示范、逐步推进、整体提升，充分发挥示范建设的引领作用，助推乡村全面振兴提速增效。例如，四川省九寨沟县坚持"抓点示范、串点成线、连线成片、连片推进"的工作思路，聚焦布局、产业、环境、生活、风尚"五美"标准，整合各类资金1.67亿元扎实推进乡村示范创建行动，成功创建省级乡村振兴先进镇1个、省级乡村振兴示范村1个，有力带动全县宜居宜业和美乡村建设工作。②

2. 基层干部内生动力不断被激发，激励保障措施精准落实

一是强化待遇保障。将村组干部报酬纳入财政保障范围，高标准落实村干部报酬；出台相关政策健全以财政投入为主、以村级集体经济收益为补充的村干部待遇补贴机制，足额落实离任村干部补贴，为村干部干事提供物质保障。例如，西藏自治区拉萨市墨竹工卡县建立"基本报酬+考核绩效"的村干部报酬发放模式和村干部报酬正常增长机制，为村干部购买人身意外保险，激励村干部干事创业。③ 二是强化政治保障。树立正确用人导向，推荐优秀村干部作为各级党代会代表、人大代表、政协委员人选，面向优秀村干部定向招录乡镇公务员，选拔优秀村干部进入乡镇领导班子，着力营造"干好有发展前途"的氛围。例如，西藏自治区拉萨市墨竹工卡县2024年先后从村干部中推选区市县三级"两代表一委员"107名，推荐村干部担任县级妇女代表35名，推荐村干部转（聘）公务

---

① 《永寿县："三举措"建强基层党校助推党员干部培训质效》，陕西党建网，2024年3月13日，http://www.sx-dj.gov.cn/gbgz/gbjy/1767828333333368833.html。
② 《四川省九寨沟县：奋力书写新时代乡村振兴新篇章》，"人民网"百家号，2023年12月8日，https://baijiahao.baidu.com/s?id=1784661983300778310&wfr=spider&for=pc。
③ 《墨竹工卡县以建强村干部队伍筑牢乡村振兴组织基础》，墨竹工卡县人民政府网站，2023年11月29日，http://www.xzmzgk.gov.cn/mzfkxzf/fpjz/202311/dc1cdcd2024b4186b3327534efd1ecce.shtml?userInfo=notlogin。

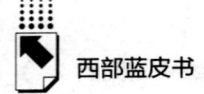

员（事业编制人员）11名。① 三是强化激励保障。通过对村级组织和优秀村干部奖优评先，不断增强和调动村干部工作荣誉感与积极性。例如，西藏自治区拉萨市墨竹工卡县在落实"一类班子"市级奖励资金 2 万元的基础上，每村配套本级财政 3 万元奖励资金予以嘉奖；按照成功创建区市县三级基层党组织示范点分别给予资金奖励标准，协调本级财政资金 16 万元优先向 2 个成功创建自治区级村级党组织示范点各发放 8 万元创建奖励资金。②

（二）村民自治组织的内生动力持续激活

1. 聚力建立健全体制机制，村民自治组织自身建设持续加强

一是注重推进村委会规范化建设，依托村民会议、村民代表会议、村民议事会、村民理事会、村民监事会等，引导村民全程参与乡村建设，保障村民的知情权、参与权、监督权。例如，甘肃省酒泉市紧紧围绕组织体系、职能事务、制度章程、阵地建设"四个规范"，按照 1 年初见成效、3 年整体跃升的思路，全面推进村委会规范化建设工作，村规民约和居民公约修订率、约束性措施达100%。③ 二是注重推进村务精细化管理，从"晾晒"村务清单、"晾晒"操作流程、"晾晒"防控警示等方面对村级事务实行清单管理，着力构建形成民主自治、权责明确、公开透明、规范高效、监督有力的一整套村级事务精细化管理运行机制。例如，四川省广安市广安区紧盯村级组织权力运行、财务管理、干部作风、公开公示等，从健全制度机制、规范资金管理、延伸监督"触角"、做实"阳光"公开等四个方面着力，切实强化村级监督、持续规范基层治理。④

---

① 《墨竹工卡县以建强村干部队伍筑牢乡村振兴组织基础》，墨竹工卡县人民政府网站，2023年11月29日，http://www.xzmzgk.gov.cn/mzfkxzf/fpjz/202311/dc1cdcd2024b4186b3327534efd1ecce.shtml?userInfo=notlogin。
② 《墨竹工卡县以建强村干部队伍筑牢乡村振兴组织基础》，墨竹工卡县人民政府网站，2023年11月29日，http://www.xzmzgk.gov.cn/mzfkxzf/fpjz/202311/dc1cdcd2024b4186b3327534efd1ecce.shtml?userInfo=notlogin。
③ 《酒泉市民政局：积极推进村民委员会规范化建设》，中国甘肃网，2023年12月20日，https://gansu.gscn.com.cn/system/2023/12/20/013072240.shtml。
④ 《清廉四川｜广安区：切实加强村级监督 着力规范基层治理》，搜狐网，2021年3月3日，https://www.sohu.com/a/453767388_785300。

三是注重推进村委会班子科学化建设，持续优化村委员会班子结构，择优选出懂农业、爱农村、爱农民、有技术、善经营、会管理、能带动的产业发展带头人，切实提高村干部的领导力、执行力和战斗力，带领群众创业增收。例如，贵州省黔南州各地不断夯实驻村力量，2023年增派驻村第一书记和驻村干部1138名，县级增派驻村业务骨干434名，实现了对镇、村、网格基层力量的充实调整。①

2. 聚力推进平台载体创新，村民自治组织管理服务效能持续提升

一是注重协商议事平台创建，针对新时代背景下基层治理中"议事议什么、怎样议，如何沟通、落实、反馈"等问题，采取"请进来"和"走出去"相结合的办法，创新村民议事机制，推动村级民主协商制度化、规范化。例如，甘肃省索池镇扎实开展主动创稳行动，全面推行陇南民事直说1234工作法，严格落实每月固定说事日制度，累计收集办理民生实事878件，打造规范运行示范村4个，切实解决部分群众问题。② 二是注重村务办理数字化平台建设，从打造简约便捷的数字平台、以群众需求为导向健全功能、提升农村干群的数字素养等方面，立体式推进数字乡村建设，为乡村振兴插上"数字翅膀"。例如，陕西省三原县陵前镇以"提升服务能力、简化办事流程、创新服务方式"为抓手，开发以宣传、智慧政务等为主要内容的数字乡镇平台"陵前在线"，以小程序对接群众需求，打通8大类55项政务服务线上通道，有效提升了乡村治理水平。③ 三是注重引导群众广泛参与，将乡村治理和农村集体产权制度改革、人居环境整治、现代农业产业发展、乡村生态文明建设等工作有效融合，通过民主协商、多元调解、积分治理、群众评议等方式有效促进群众积极参与乡村治理各项工作。例如，云南省凤庆县凤山镇通过设置社会和谐稳定

---

① 《黔南州"四个聚焦"增派精锐力量到村攻坚》，都匀市人民政府网站，2023年9月19日，https：//www.duyun.gov.cn/xwzx/bmdt/202309/t20230919_82431059.html。

② 《走进索池：谋新篇、促发展》，成县人民政府网站，2023年12月19日，https：//www.longnan.gov.cn/zfxxgk/public/content/147808546。

③ 《陕西三原：为乡村振兴增添数字动能》，农业农村部网站，2023年8月30日，http：//www.scs.moa.gov.cn/xxhtj/202308/t20230830_6435507.htm。

"调解员"、兴办公益事业"议事员"、建设美丽乡村"领航员",对辖区内事关群众切实利益的民生实事实行民主议事,邀请村民参与,由村民做主,做到"共谋、共建、共管、共享",有效解决了农村基层社会治理痛点难点。[1]

(三)集体经济组织不断发展壮大

1. 坚持党建引领示范,集体经济发展合力不断凝聚

一是充分发挥区域党建联建优势,利用基层党委的引领作用,统筹项目、资金、技术、人才等产业发展资源要素,深入开展村集体经济强化行动。例如,贵州省贵阳贵安积极探索以村集体经济组织为主导,村干部、村民及其他市场主体共同参与组建股份制公司的"1+1"混合所有制组织形式和商业运营模式,2023年50个"1+1"试点村混合所有制公司实现新增经营性收入共计1776万余元。[2] 二是全面推行"党建+集体经济"发展模式,以中央和省财政扶持壮大集体经济项目村、集体经济薄弱村为重点,通过持续开展农村集体"三资"清理,盘活农村集体资产资源,集聚资金、资源、人才等发展要素,大力发展农业产业化项目和农业适度规模经营,推动村级集体经济持续增收。例如,云南省大理州整合各类衔接资金、帮扶资金,鼓励村集体以自主开发、合资合作、投资入股和就业参与等方式,因地制宜发展农村新产业新业态。[3] 三是探索打造"村'两委'+合作社+农户"的种植经营模式,带动农户从事规模化种植,给村集体经济组织带来固定收益。例如,甘肃省瓜州县等地全面推广"五链"建设模式,大力推行"党支部+合作社+基地+农户"模式,扶持村党组织书记和能人党员领办创办合作社,

---

[1] 《凤山镇打造共建共治共享社会治理新格局》,凤庆县人民政府网站,2023年11月29日,https://www.ynfq.gov.cn/info/1023/150652.htm。

[2] 《党建引领聚合力 乡村振兴正当时——贵阳贵安探索"1+1"村级集体经济发展新模式》,贵州省人民政府网站,2023年10月29日,http://www.guizhou.gov.cn/ztzl/jfschlwzjjzz/dtyw/202310/t20231029_82887952.html。

[3] 《云南大理"五个坚持"助推新型村级集体经济发展》,云南省乡村振兴局网站,2023年9月20日,https://ynxczx.yn.gov.cn/html/2023/zhoushizaixian_0920/9695.html。

成立合作社党支部，培树示范合作社，培育党员致富能人、创业致富带富标兵，推动建成特色产业，确保集体经济稳定增收。①

2. 坚持产业先行带动，集体经济规模效益不断提升

一是深入挖掘各村产业发展优势、生态环境条件、劳动力技术等资源，探索创新多种形式发展村级集体经济项目，推动形成以资产经营、资源开发、联合经营等带动产业配套、为农服务、电商创业等多种发展模式的集体经济发展体系。例如，甘肃省魏岭乡沈家岭村党支部以沈家岭战斗遗址红色资源为依托，抢抓全国红色美丽村庄试点村项目机遇，整合约3000万元资金建成"五位一体"的红色美丽村庄，2022年该村注册成立了红岭文化发展有限公司，利用"党支部+公司+农户"的发展模式，创造了村集体经济公司化运作的崭新模式。② 二是采取土地流转、资源出租、乡村服务等方式发展壮大集体经济，积极探索转包、互换、出租、股份合作等土地流转模式，盘活土地资源，大力引进发展新型农业经营主体。例如，宁夏回族自治区隆德县探索实行"村企联营"，由村党组织与企业协商，将农户联结到村集体产业链上，让农户通过土地流转、务工、分红获得租金、薪金、股金，多渠道实现增收，将村集体资源与龙头企业的资金、技术、管理等有效融合，实现了"1+1>2"的效果。③ 此外，各地还探索建立发展壮大村级集体经济工作领导小组工作联席会议制度，组织各成员单位定期研判、协调解决重点难点问题，定期听证、评审村级集体经济项目，推动形成上下联动、齐抓共管的工作格局，助力集体经济组织和村集体经济不断发展壮大。④

---

① 《瓜州：强化组织"三力"驱动集体经济"换挡提速"》，"中国新闻网"百家号，2024年1月10日，https://baijiahao.baidu.com/s?id=1787680529905868479&wfr=spider&for=pc。
② 《魏岭乡：党建引领乡村振兴"1+3+N"助力村集体经济发展壮大》，七里河区人民政府网站，2023年6月5日，https://www.qilihe.gov.cn/art/2023/6/5/art_1529_1238827.html。
③ 《隆德：党建引领村集体经济高质量发展》，宁夏新闻网，2023年9月7日，https://www.nxnews.net/zt/2021/qngxwhld/wztt/202309/t20230908_8447054.html。
④ 《魏岭乡：党建引领乡村振兴"1+3+N"助力村集体经济发展壮大》，七里河区人民政府网站，2023年6月5日，https://www.qilihe.gov.cn/art/2023/6/5/art_1529_1238827.html。

（四）社会组织参与乡村振兴活力初显

1. 社会参与体制机制逐步建立，社会帮扶平台日益优化

一是实施"党建引领+社会组织"合力促进乡村振兴，以基层社会组织培育行动为抓手，培育支持以服务乡村振兴为宗旨的农村基层社会组织。例如，陕西省洋县充分挖掘社会组织潜力，鼓励"多元化"的参与模式，先后在溢水镇后坝河、纸坊街道任桃等209个村开展"党旗领航+六个专项行动""振兴合力团+乡村行""万社助万家"专项行动299场次，投入款物636.62万元，受益6.1万人。① 二是积极探索建立社会组织助力乡村振兴体制机制的制定，定期掌握推进情况，分析研究并制定行动计划结对帮扶的路线图，形成重点帮扶村捆绑社会组织的联合帮扶格局。例如，陕西省洋县动员191个社会组织参与乡村振兴，选拔15个县级社会组织共同组建汉中市社会组织助力乡村振兴洋县合力团，形成以10个重点帮扶村为主、以其他村为辅的帮扶机制。② 三是注重提高社会组织参与乡村振兴的效度与精准度，召开社会组织助力乡村振兴业务对接会，积极搭建项目对接平台，促进社会组织资源、服务与驻村工作队帮扶需求信息相对接，推动社会组织帮扶工作靶向化发展。例如，贵州省组织52家优质社会组织与20个国家乡村振兴重点帮扶县集中签订结对帮扶协议，围绕脑瘫儿童救助、乡村幼儿读书、村级卫生室人员培训等项目开展精准帮扶行动，以此链接社会资源，合力提升帮扶效能。③

2. 顶层政策设计日臻完善，社会帮扶效能持续提升

一方面，2022年制定的《社会组织助力乡村振兴专项行动方案》明确

---

① 《洋县：社会组织"11166N"模式赋能乡村振兴》，汉阳市人民政府网站，2024年2月21日，http：//www.hanzhong.gov.cn/hzszf/xwzx/qxdt/202402/75458f85f1d74cd6abbd1c88fcb834f9.shtml。

② 《洋县：社会组织"11166N"模式赋能乡村振兴》，汉阳市人民政府网站，2024年2月21日，http：//www.hanzhong.gov.cn/hzszf/xwzx/qxdt/202402/75458f85f1d74cd6abbd1c88fcb834f9.shtml。

③ 《贵州：多措并举推动社会组织助力乡村振兴》，"天眼新闻"百家号，2023年12月8日，https：//baijiahao.baidu.com/s?id=1784725242533836954&wfr=spider&for=pc。

提出，国家乡村振兴局、民政部要为社会组织参与乡村振兴搭建平台、提供信息服务，并鼓励通过政府购买服务推动社会组织参与乡村振兴，鼓励各地民政、乡村振兴部门出台配套扶持政策，为社会组织开展活动提供政策支持。从地方层面来看，西部地区各省（区、市）结合各自实际陆续出台相关政策，支持社会组织助力乡村振兴。例如，云南省颁布《云南省社会组织助力乡村振兴三年行动方案（2023—2025年）》，明确建立健全横向互通、上下贯通、精准施策、一抓到底的工作机制，推动构建社会组织、理事单位、团体会员、会员企业、个人会员广泛参与的结对帮扶合作体系，形成常态长效机制，为云南乡村振兴事业不断注入新的活力，开创云南社会组织助力乡村振兴新局面。另一方面，国家鼓励支持加大高校培养力度，为社会组织和专业人才投身乡村振兴提供教育助力，从群众热切需要、社会组织服务乡村振兴遇到的实际问题出发，积极培养政治过硬、志存高远、德才并重的应用型人才。例如，四川农业大学聚焦国家乡村振兴战略，探索知农爱农新型人才培养改革，增设智慧农业专业，贯通培养服务乡村振兴的拔尖创新人才；发挥学科优势，拓展耕读教育的内涵和外延，将乡村振兴产业需求和学校人才培养相结合，着力构建具有四川农业大学特色的"四读五耕"耕读教育体系；打造产学研融合培养范式，加强与60余家行业领军企业的深度合作，强化企业见习期，提高服务乡村振兴的实践能力。[①]

二 西部地区乡村组织振兴面临的现实约束

（一）部分基层党组织的组织力相对薄弱

一是基层党组织人才及其能力相对匮乏，组织培养渠道狭窄。囿于社会发展水平相对落后，西部地区乡村人才外流、年轻人迁出等现象比较严重，

---

① 《2023高考情报局 | 四川农业大学：聚焦国家乡村振兴战略 为乡村振兴提供人才和智力支持》，新华网，2023年6月14日，http://www.xinhuanet.com/edu/20230614/cc9f444c96db408fb682039af6e48846/c.html。

导致当地党员干部文化程度偏低、老龄化、后备人才不足等；部分基层组织党员培养仍未纳入相关部门的固定培训计划，缺乏对乡村组织人员的常规化、专门化培训，造成亟须培训、提升的地区未能得到及时有效培训的问题，阻碍乡村振兴战略的实施。二是基层党组织体系尚未健全，党支部凝聚力不足。有些乡村党员对村级集体事务的积极性不高，对组织生活的参与度偏低，导致基层组织力下降；部分乡村在探索村支书和村主任职业化改革时对村支书政治要求重视不够，导致党组织威信受损；在派驻第一书记时责任不明或者频繁更换，忽视第一书记肩负的组织建设任务，影响基层党组织体系的良好建设和高效稳定运转。三是组织制度落实不到位，形式化现象比较突出。有的党支部负责人不能严格执行民主集中制，民主意识不强，存在独断专行或决而不议、议而不决等情况；有的党支部对党员教育管理与监督不到位，"三会一课"组织不够规范，碍于人情、老好人思想等对党员的纪律要求有所放松。

（二）村民自治组织建设中村民主体性部分缺失

一是村民自治组织过度依赖乡镇政府，成为乡村振兴的"旁观者"。有的村委组织缺乏担当作为，不能结合当地特色资源与国家发展机遇谋划乡村发展，仅仅被动执行乡镇政府指令，"等靠要"思想严重；有的村委组织核心成员缺乏积极参与、主动融入乡村振兴大局的意识，对乡村振兴战略的作用与自身在乡村振兴中的职责认识不足，甚至对乡村振兴战略缺乏信心；有的村委组织班子配备不强，成员老龄化，人心不齐，服务意识与服务能力无法满足当前乡村经济发展状况。二是村民对村民自治组织发展的认识不足，参与程度较低。部分村民对村民自治制度认识不足，甚至存在误区，认为村委应是政府选出来的，投票只是走形式；部分村民认为谁当选村民自治组织班子成员与自己无关，投票时采取随意、跟风的方式；部分村民认为村民自治组织成员以个人利益为先、忽视村民群体利益，更不能为自己争取利益，因而对村民自治组织提供的乡村振兴方案持不认可、不配合的态度。三是村民参与村级治理的渠道相对狭窄，参与积极性受阻。由于乡村信息化技术条件等因素的影响，部分乡村公共事务决策仍以传统的现场议事、当场票决为主要形式，影响村民参与乡村治理、表达自我选择权利渠道的通畅；部分乡村因地理条件限制，村民与村民自治组织之间的面对面沟通相对费时、费力，而线上沟通因基础设施、技术条件、运用能力等因素制约亦存在障碍；部分村民自治组织在及时了解村民需求、听取和吸纳村民意见等方面缺乏相应的制度支撑。

（三）集体经济组织发展创新性不足

一是对成立村级集体经济组织的认知不足、重视程度偏低。有些乡村未能充分认识发展村级集体经济和成立集体经济组织对乡村振兴的重要意义，甚至认为集体经济组织会引发内部矛盾，或者削弱村委的威信；有些乡村担心组织或村民对田地或山川的经营权造成侵害，在响应国家鼓励发展集体经济和组建集体经济组织时被动应付；有些乡村党组织未发挥有效推广和宣传村级集体经济与集体经济组织的重要作用，导致广大村民的相关认识亦比较落后。二是集体经济组织结构模式比较单一、运行不够规范。有的村级集体经济组织成立后组织管理运行不太规范，呈现"政经不分离"的特征，尚未形成科学的公司运营管理结构，导致后期经济组织在内部岗位设置上普遍存在一人多职情况；不少村级集体经济组织采用单一管理运营模式，导致集体经济组织经营范围较小，经营类型以集体资产承包和租赁为主，产业单一且层次低，受市场等因素影响较大，自身产品的竞争力低，易遭受经济损失。三是对集体经济组织的管理服务不太到位，组织威信有待提升。部分村党组织前期思路清晰、落实责任担当，但集体经济组织建成后管理不到位，工作人员的工作能力和服务意识存在不足；有的集体经济组织仅重视集体经济发展、招商引资和发展产业，忽视了组织的内部监督与外部监督；有的集体经济组织虽然制定了一些管理规章制度，但并未严格落实制度要求，未能按时按期召开理事会、监事会，致使村集体经济组织成员的权利得不到保障，进而使得村民对村级集体经济组织的认同感不强、参与度不高。

（四）社会组织参与乡村振兴的前瞻性动力不足

一是农村社会组织的自主发展能力仍需进一步提升。西部地区大部分农村社会组织种类较少，村庄中的社会组织以志愿者协会、老年人协会、舞蹈队等服务型社区社会组织为主，完全民间性质的社会组织数量稀少，对政府部门的依附性较大，组织本身可供使用的会费较少，自身发展受到限制导致其社会影响力相应较低。二是农村社会组织的管理体系和监督自律机制尚未健全。西部地区农村社会组织的建设发展起步较晚，缺乏体系化的组织队伍建设，农村社会组织的成立、审批、监管、运行等多个方面都处于探索之中，有的社会组织甚至缺乏组织章程、成员发展、组织班子成员产生等相关方面的成文制度，组织的规范化、制度化还存在较大提升空间。三是农村社会组织缺乏专业人才。西部地区农村的人才队伍因青壮年人口和人才的流出呈现留守化、空巢化趋势，相对落后的管理方式和观念也使其在参与乡村治理方面受限；社会组织专职工作人员的薪酬水平偏低，导致难以吸引到专业人才或高级人才；基层社会组织以社区社会组织为主，专业的社会组织较少，并且由村民自行组建的社会组织管理松、人员不足、缺少经费支持，在村民有限的精力下难以形成规模化组织。

三　西部地区乡村组织振兴的主要目标与重点任务

（一）主要目标

结合国家乡村振兴的总体要求，西部地区乡村组织振兴的总体目标包括：一是健全"一核多元"的乡村振兴组织体系，即建立和完善以党的基层组织为核心，以村民自治组织和村务监督组织、集体经济组织和农民合作组织、其他经济社会组织为多元补充的组织体系；二是形成"四共三治"的乡村振兴组织局面，即构建共商共建共治共享的乡村治理新格局，健全自治、法治、德治相结合的乡村治理体系，实现乡村善治；三是构建"内外互动"的乡村振兴组织理念,即扎实推动多元组织参与西部地区乡村振兴,深化内生动力与外在动力相互融合、相互促进的新内源式发展理念。为此,需要逐步实现以下主要具体目标。

第一,乡村组织规模的拓展与完善。具体包含以下方面:健全以党的基层组织为核心,以村民自治组织和村务监督组织、集体经济组织和农民合作组织、其他经济社会组织为多元补充的乡村振兴组织体系;持续推进基层党组织在西部地区乡村全覆盖,充分发挥基层党组织的作用,为乡村组织振兴蓄势添能;全力抓实村民自治组织,创造良好的环境,为乡村组织振兴保驾护航;振兴壮大集体经济组织和农民合作组织,促进一二三产业融合发展,为乡村组织振兴奠定物质基础;培育引进各类社会组织,激发乡村组织振兴活力,促进构建新时代乡村治理体系。

第二,乡村组织效能的强化与提升。具体包含以下方面:探索提升农村基层党组织引领乡村全面振兴的有效实现路径,不断增强其政治功能和组织功能,夯实乡村振兴政治根基;全面推进村民主体性建设,调动村民参与乡村振兴的积极性、主动性、创造性,培育乡村振兴内生动力;充分发挥农村集体经济组织在管理集体资产、开发集体资源、发展集体经济等方面的功能作用,引领村民实现共同富裕;积极动员社会组织参与乡村振兴,提高其提供公共服务的能力和参与乡村治理的水平,增添乡村振兴外在动力。

第三,乡村组织制度的规范与健全。具体包含以下方面:探索和完善坚持西部地区农村基层党组织对农村各类组织和各项工作全面领导的体制机制,持续发挥其在乡村振兴战略中的政治引领作用;规范和健全基层党组织领导的村民自治机制,激发村民参与乡村振兴的活力;巩固和完善农村基本经营制度,促进新型农村集体经济健康发展;建立和健全社会组织参与乡村振兴的长效机制,推进乡村全面振兴。

第四,乡村组织技术的优化与升级。具体包含以下方面:运用现代信息技术,优化与健全基层党建数字化发展的平台和机制,提升基层党建数字化发展的能力;推进"千万农民素质提升工程",培养一批有知识、懂技术、高素养的信息时代新农民,提升农民在乡村发展中的参与度;探索数字技术

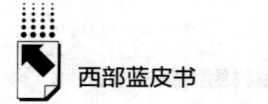

赋能村集体经济发展的路径，激活村集体经济发展的动能，推动新型农村集体经济发展；发挥数字技术的支撑作用，构建乡村数字治理平台，促进社会组织、村民自治组织等乡村组织间的相互融合和互动，构建共商共建共治共享的乡村治理新格局。

第五，乡村组织生态的优化与改善。具体包含以下方面：通过党建引领，凝聚治理共识和价值认同，建立健全多元主体的利益联结机制；全面落实乡村振兴责任制，明确各主体参与乡村振兴的使命与责任，形成西部地区乡村各类组织踊跃入局、争相发展的生动局面；实现乡村资源优化配置、乡村发展思路共谋共享，引领乡村走向协同共治，推动乡村持续振兴。

（二）重点任务

1. 打造"数智党建"西部高地

"数智党建"是新时代党的建设与组织工作的重点发展方向。一方面，党的建设是各项事业有序开展的前提，也是乡村组织振兴的灵魂。《中共中央 国务院关于学习运用"千村示范、万村整治"工程经验有力有效推进乡村全面振兴的意见》明确要求"推进抓党建促乡村振兴"，并对此做出了具体规定。另一方面，在信息时代，党的建设要顺应时代变化，更新技术手段。习近平总书记多次强调："实现党在新时代新征程的使命任务，党的建设和组织工作要有新担当新作为。"[①] 因此，"数智党建"将成为党未来工作的重点方向之一。《中共中央关于加强党的政治建设的意见》要求各级党组织"增强党内政治生活的时代性，主动适应信息时代新形势和党员队伍新变化，积极运用互联网、大数据等新兴技术，创新党组织活动内容方式，推进'智慧党建'"。

对西部地区而言，"数智党建"工作的加强，一要全面认识开展"数智党建"的重要性和必要性，站在推进乡村组织振兴的高度来谋划、推进

[①] 《党的建设和组织工作要有新担当新作为——认真学习贯彻习主席对党的建设和组织工作作出的重要指示》，中国共产党新闻网，2023年7月10日，http://dangjian.people.com.cn/n1/2023/0710/c117092-40031941.html。

"数智党建"工作；二要不断完善"数智党建"顶层设计，加大党建数据研究和应用平台建设力度；三要建强"数智党建"人才队伍，进一步提升党务工作者的数字化能力和素养；四要健全"数智党建"制度体系，持续筑牢党建工作数据安全屏障。

2. 实现集体经济组织全覆盖

培育农村集体经济组织是发展新型农村集体经济的重要组织保障，是全面实现乡村振兴战略的内在要求。

对西部地区而言，农村集体经济组织的培育与发展，一要提高对集体经济组织重要性与必要性的认知，加快推进集体经济组织建设，实现集体经济组织优先成立、集体经济组织全面覆盖；二要严把关口，打破身份、行业、地域限制，从致富能人、返乡创业人员、退伍军中大胆选用懂经营、善管理的各类人才担任组织骨干，选优配强集体经济组织领导班子；三要依托党建引领加强集体经济组织管理，优化组织决策机制，加强组织资金监管，结合各地特色探索集体经济组织发展与建设经验。

3. 推动社会组织孵化繁荣

社会组织是社会治理的重要主体，在乡村振兴中能发挥连接村民与基层政府、整合社会资源、助推产业融合、关爱特殊群体等作用，是全面实现乡村振兴的强大助力。

对西部地区而言，社会组织的发展，一要注重整合当地社会资源，出台相关政策性文件，成立孵化、培育各类社会组织基地；二要为社会组织争取资源、链接项目和搭建共享共建平台，拓展社会组织发展空间与服务领域；三要强化对社会组织的分类指导，利用结对帮扶方式的优势，创新社会组织孵化与发展模式，为社会组织发展构建全面支持体系；四要把社会组织人才纳入当地人才工作规划，开展引才计划和培训项目，发展和壮大社会组织专业化人才队伍。

4. 培育村民现代治理精神

培育村民现代治理精神有助于发挥村民主人翁精神、提升村民治理能力，为加强村民自治组织建设提供精神源泉。2023年，国家乡村振兴局等

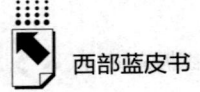

七部门印发的《农民参与乡村建设指南（试行）》指出，"落实乡村建设为农民而建的要求……全过程、全环节推动农民参与，使农民内生动力得到充分激发、民主权利得到充分体现、主体作用得到充分发挥"。

对西部地区而言，村民现代治理精神的提升，一要切实增强村民治理意愿，着力解决村民身边热点、难点问题，引导村民在产业振兴、文化振兴、生态振兴中感受到村民自治的优势；二要搭建和畅通村民参与治理的渠道，在组（队）一级建立党小组、理事会、监事会等自治组织，形成民事民议、民事民办、民事民管的协商共治格局；三要系统提升村民参与治理的能力与素质，设立公益岗位或监督岗位，以实际岗位体验与锻炼提高村民参与乡村振兴的认知和能力；四要引导乡贤能人参与集体决策与村务治理，探索建立乡贤理事会，发挥本土青年人才、返乡创业人才的才智干劲与引领作用。

四 西部地区乡村组织振兴的实现路径与政策建议

（一）突出党建引领，铸牢基层组织乡村振兴价值

第一，基层党组织要切实坚持和加强党的建设，不断提升村党组织的凝聚力和战斗力。着重加强基层党组织的作风建设，规范党内教育和组织生活，强化党员干部党性淬炼，彰显党内政治生活的政治性、时代性、原则性、战斗性；深入贯彻落实改进工作作风、密切联系群众等各项具体规定，大力整顿软弱涣散的农村基层党组织，特别是针对基层党员干部懒散、"躺平"、应付等问题开展专项整治，持续推进党员干部作风改善；持续解决群众身边的"微腐败"问题，推动干部监督、干部问责、巡视巡察等工作深入基层、融入基层，严厉打击损害群众切身利益的行为；认真落实和严格执行"两学一做""三会一课"制度，建立健全相关议事规则、决策程序，完善支部书记抓基层党建纪实、党建工作动态跟踪督查等制度，提升相关制度的落实质量。第二，村民自治组织要坚持党建引领，不断夯实村民在乡村振兴中的主体地位。着重发挥村民自治组织在乡村振兴中的组织、沟通和协调

作用，减少和化解村民之间、村民与组织之间的矛盾，努力形成大抓乡村振兴的工作合力；完善和深化基层党组织领导下的议事协商机制，多渠道听取村民的意见和建议，努力构建完善、系统的协商民主体系；有效拓宽村民参与自治的渠道，鼓励创造性发展村民参与自治的方式，不断增强村民参与自治的主动性、有效性。第三，集体经济组织要着力加强自身组织建设，不断推动集体经济发展壮大。着重建立健全基层党组织引领集体经济组织发展的制度和机制，支持集体经济组织深度融入乡村振兴各项事业，将集体经济组织的发展纳入基层党建考核，以党建引领探索发展壮大集体经济的新路径、新模式，不断提升集体经济发展的动能；注重加强集体经济组织带头人队伍建设，实行村党组织书记对集体经济发展负责制，持续选派第一书记和驻村干部充实集体经济组织领导力量。第四，社会组织要坚持筑牢政治思想阵地不动摇，不断提升融入乡村振兴的服务水平。着重加强社会组织的政治思想建设，全面推动各类党的主题教育在社会组织扎实开展落地，强化党组织对社会组织的政治引领作用；加强社会组织规范化运行，发挥平台载体作用，持续打造"党建引领+社会组织"合力兴乡村促振兴的品牌，引导社会组织聚焦社会服务，推动乡村公共服务高质量发展。

（二）优化组织结构，理清多元组织主体权责边界

第一，农村党组织是乡村组织振兴组织体系的"主心骨"，要切实发挥好党组织的政治与组织功能。要加强农村党员的思想教育和党性修养，提高党员的综合素质和在乡村振兴中的引领能力；加强领导班子自身建设，不断完善决策程序，加强同群众的沟通联系，广泛搭建联系、服务群众的渠道，通过了解群众的需求、意愿和解决实际问题，着力构建融洽和谐的党群关系。第二，村民自治组织是乡村组织振兴组织体系的"大动脉"，要切实发挥好村民的主体性作用。着重依法管理村民集体所有的土地和其他财产，并对相关资源的使用依法向村民公示；关注村民收入与产业发展，支持和组织村民积极进行生产活动；宣传党和国家各项政策法规，教育引导村民遵纪守法，认真、有效调解民间纠纷，协助维护社会治安，维护村民的合法权益，

切实当好"连心桥"。第三，集体经济组织是乡村组织振兴组织体系的"硬支撑"，要切实发挥好集体经济组织的"造血"功能。积极探索强村辐射带动、联村抱团发展、村企合作共赢、跨村建立联合党组织等方式，做好农民合作社、产业链上的党组织建设工作，促进"薄弱村"提高收益、示范村做大做强；丰富集体经济组织发展形式，支持村集体创办公司，以资金、土地、资产入股形式参股农民合作社、企业、项目等；支持农村党员拓宽发展思路，树立捆绑、联动发展思维，通过领办、创办、入股、引进龙头企业，增强村集体"造血"功能。第四，社会组织是乡村组织振兴组织体系的"活关节"，要切实发挥好社会组织的服务功能。充分发挥社会组织的专业技术优势，系统推进社会工作、志愿服务平台的搭建与运营，助推法律服务、志愿服务等多种人才扎根乡村、服务乡村振兴；支持社会组织充分利用组织资源开展行业对口帮扶或者提供技术、信息支持，大力发展特色农业产业，促进西部地区农业产业的转型升级和高质量发展；加大社会公共服务力度，连同基层党委提供优秀幼教、养老服务，协力建设幸福美好新农村、新家园。

（三）推动协调共治，激发各方干部群众内生动力

第一，加强要素整合，推动西部地区乡村主体协同。注重建立由村委会、驻村企事业代表、集体经济组织、社会组织、村民代表等多方参与的协商机制，充分整合外部能人资源和内生要素，形成乡村振兴组织合力；组织带动村民建立由基层党组织引领的，自治、法治、德治相结合的基层治理体系，形成协同共治的制度基础。第二，创新发展模式，推动西部地区乡村资源协同。充分发挥基层党组织的引领作用，采用联村党组织、党建联盟等村村、镇村联建的方式，深入推广"党支部+集体经济组织+合作社+农户"的发展模式，盘活新型农村集体经济发展的资源；紧密结合各地实际发展水平，探索建立"基本报酬+绩效奖励+集体经济奖补+专项经费补助"等薪酬体系，激励各类组织成员聚合资源、共谋发展。第三，完善培育机制，推动西部地区乡村人才协同。重视发挥西部地区高等院校、科研院所和其他人才

资源等的优势，选聘高效毕业生到村任职，完善科技特派员、"三支一扶"、西部志愿者计划等机制，引导大学生和其他各类人才到西部乡村创业、就业和从事志愿服务；实施高素质农民培育工程，吸纳科研院所、高等院校等社会组织提供农民素质培育的教育资源，提升农民的综合素质和能力；加强对新乡贤返乡创业的政策激励，吸引更多外出人才回乡创业、发展产业、带动致富。第四，优化治理手段，推动西部地区信息协同。持续完善和发展"互联网+"治理模式，加强乡村网格化治理，搭建乡村组织协同共治平台；加强乡村治理数字平台建设，打通主体间的信息壁垒，畅通村民、社会组织、经济组织等主体参与乡村治理的渠道，加强对乡村产业链的动态监测，推动实现乡村产业链数字化转型，助推乡村产业高质量发展，激发乡村组织的"造血"潜能。

（四）提升治理能力，促进乡村治理体系现代化

第一，加强队伍建设，汇聚基层治理合力。强化村党组织书记后备力量的培养，将后备力量纳入村干部日常管理，设岗定责，安排后备力量积极参与乡村振兴、产业发展、便民服务、环境整治、综治维稳等任务，在实践锻炼中成长成才；建立村级在外人才台账，用好"乡情牌""乡愁牌"，加强与毕业大学生、复退军人、外出务工人员、经商人员的联系沟通，吸引并动员其回乡创业、到村任职；运用好绩效考核制度，加强正向激励和反向倒逼，鼓励村干部担当作为。第二，健全组织体系，织密基层治理网络。全面推行村党组织书记通过法定程序担任村委会主任，推行村"两委"班子成员交叉任职，提高村委会成员和村民代表中党员的比重；推动网格治理精细化，按照"人口规范适度、服务管理方便"的原则，各项工作开展均以网格为基础，切实提高治理的精准性；用好村级"小微权力"清单制度，增强群众监督意识，督促村干部正确行使权力、为民服务。第三，健全议事决策机制，提升民主管理水平。不断健全规范"支部提议、两委商议、党员大会审议、村民代表大会决议"的民主议事决策机制，建立县镇村三级定期分析研判制度，增强村民主人翁意识，实现"管理我"到"我管理"的

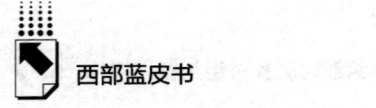

思想转变。第四，推进信息化建设，夯实基层治理数字基础。充分发挥数字技术优势，大力实施大数据、互联网等数字技术进村入户工程，统筹推进基层治理数字化制度创新、基础设施建设、参与主体和对象数字化能力提升等工作，将数字化治理同社会治安、产业发展、医疗保障等深度融合，为基层治理提供重要支持，持续推动基层治理提质增效。

西部地区
省域乡村振兴研究

B.8
内蒙古自治区乡村振兴研究报告[*]

乔光华 马志艳 祁盈 薛芳 裴杰[**]

摘　要： 2023年，内蒙古乡村振兴各项工作成效显著，种业快速发展，园区建设与科技支撑作用有效发挥，产业体系不断完善，社会化服务范围不断扩大，农畜产品供给保障能力稳步提高，农牧业生态持续向好；文化和旅游产业赋能乡村振兴已见初步成效，农牧业品牌知名度和影响力不断提升，嘎查村集体经济提前实现"十四五"规划目标；农村牧区基础设施、公共服务和人居环境持续改善；农牧业人才培养、激励与保

---

[*] 本报告为教育部人文社科重点研究基地——西北大学中国西部经济发展研究院项目（项目编号：XBLPS202413）阶段性研究成果。

[**] 乔光华，博士，内蒙古农业大学经济管理学院院长、教授、博士生导师，主要研究方向为农业经济理论与政策；马志艳，博士，内蒙古农业大学经济管理学院讲师，主要研究方向为农业品牌发展；祁盈，内蒙古农牧厅农艺师，主要研究方向为农业领域发展新质生产力；薛芳，博士，内蒙古财经大学会计学院讲师，主要研究方向为草原畜牧业绿色转型；裴杰，博士，内蒙古财经大学会计学院讲师，主要研究方向为奶业经济。

障机制不断完善；乡村自治、法治、德治相结合的治理体系逐渐形成；乡风文明建设的系统性、针对性、操作性不断增强。面临的现实问题有：资源约束产业发展、产业效益不高、三产融合发展水平低、面源污染治理机制不成熟、基础设施和公共服务资金缺口大、老龄化与人才缺乏问题突出、乡村治理多元力量不足等。今后内蒙古将积极学习运用"千万工程"科学经验，聚焦优势产业提升融合发展水平，坚持科技引领发展绿色集约高效农牧业，加强品牌建设强化终端市场控制力，提升产业效益，同时提升农牧民组织化程度，分享产业收益，创新和完善激励机制，增强乡村振兴多元筹资和持续投入能力，提升科技成果转化能力，内培外引强化人才支撑能力。

关键词： 乡村振兴 产业振兴 内蒙古

一 内蒙古自治区乡村振兴的成效

（一）农牧产业发展

1. 农畜产品供给保障能力稳步提高

根据第三次全国国土调查数据，内蒙古现有耕地面积为1150.36万公顷（17255.43万亩），其中旱地占50.67%，可利用草场面积为6818万公顷，现累计建设高标准农田5237万亩。2023年农作物总播种面积为880.9万公顷。其中，粮食作物播种面积为698.5万公顷，粮食产量为3957.8万吨（791.6亿斤），居全国第6位，主要粮食作物平均单产为755.5斤/亩，总产和单产增幅居全国前列。设施农业面积已有234万亩。2023年猪牛羊禽肉产量为285.4万吨，其中牛肉、羊肉产量居全国第一。全区奶产量稳居全国首位，牛奶产量为792.6万吨。饲草种植面积突破2000万亩，各类饲草产量达7543万吨。①

2. 重点产业种业振兴成效显著

截至2023年，内蒙古已有国家级肉牛、肉羊核心育种场14家和种公牛站5家，数量保持全国首位，已培育肉牛、肉羊品种23个，是全国培育品种最多的省份。赤峰家育种猪群体规模和性能指标均居全国前列。全区核心育种场数量已达到20家，居全国第2位。奶牛规模养殖场良种覆盖率达到100%，奶牛种业产销量居全国首位。国家级畜禽遗产资源保种场数量达到11家，数量居全国第4位。创建的9个国家级良种繁育基地，建成130万亩农作物良种繁育基地，其中，马铃薯种薯、大豆、玉米制种繁育面积分别居全国第1位、第2位和第5位。培育出全国排前100名的乳肉兼用西门塔尔种牛32头，优质种公羊供种能力超20万只，均居全国首位。新建苜蓿良种繁育基地3万余亩，年产草种能力达1000吨以上。2023年内蒙古建设了"看禾选种"示范平台60个、自治区级区域性示范点5个，启动育种联合攻关工程11个，乌珠穆沁羊、蒙古马、华子鱼分别入选国家十大优异畜禽和水产种质资源名录，国家肉羊遗传评估中心和肉牛、肉羊生产性能测定中心落户内蒙古。2023年全区良种覆盖率达到98%以上，对增产的贡献率达到16%。

3. 农牧业园区引领作用与科技支撑能力有效发挥

围绕优势特色主导产业，内蒙古创建国家级现代农牧业产业园9个，自治区级现代农牧业产业园27个，盟市、旗县级现代农牧业产业园50个。2023年新创建奶业、马铃薯2个国家级产业集群、3个现代产业园和8个产业强镇，创建数量全国第一。入园就业农牧民达65.73万人，园内农牧民人均年可支配收入达2.51万元。推动建设奶业、肉羊、肉牛、羊绒、马铃薯、玉米、饲草7条重点产业链，2023年奶业、玉米产业集群突破千亿级，肉用牛羊、马铃薯、小麦等10个产业集群突破百亿级。

内蒙古创建了8个农牧业领域的国家重点实验室、50个"政产学研用"

---

① 本报告数据来自内蒙古统计局《内蒙古自治区2023年国民经济和社会发展统计公报》，内蒙古自治区政府及各厅局网站，内蒙古自治区农牧厅、乡村振兴局等的工作总结、乡村振兴工作审核评估报告等文件。

科技小院，遴选810项农牧业科技成果推动转化应用。2022年农牧业科技进步贡献率达61%，农牧业劳动生产率达到5万元/人。首创"农牧业科技110"模式，实现农技人员直接到田间地头开展服务。依托基层农技推广体系改革与建设项目，组建了13支双首席农牧业重大技术协同推广团队，2023年，遴选发布了自治区级主导品种32个、主推技术60项。

4. 新型经营主体数量增长迅速，社会化服务范围不断扩大

截至2022年，内蒙古培育合作社、家庭农牧场、社会化服务组织等新型农牧业经营主体12.07万个，县级以上示范家庭农牧场达到5942家、旗县级以上农牧民专业合作社示范社达到5519个，农牧业社会化服务组织达到15299家。2023年，内蒙古开展社会化服务集中连片示范行动，服务面积达到2400万亩，兽医社会化服务覆盖全区60%的养殖户。2023年，中央和自治区巩固拓展脱贫攻坚成果衔接乡村振兴资金中有67.3%用于产业帮扶，超过国家要求7.3个百分点，主要围绕奶业、玉米等重点产业集群，肉牛、肉羊、马铃薯等特色产业链延链补链强链。为20个边境旗县下达8.6亿元中央和自治区衔接资金，支持巩固拓展脱贫攻坚成果。首创"金融副村长"模式，在2353个嘎查村推广，协助10846户农牧户用信9.38亿元。在全区41个产粮大县开展三大主粮作物完全成本保险。2023年内蒙古国家级农业产业化重点龙头企业有59家，自治区级农牧业产业化重点龙头企业有711家，农牧业产业化联合体有500家，80%以上的农畜产品加工企业与合作社和农牧户建立了稳定订单、保底收益、按股分红等利益联结机制。国家产业集群项目60%以上的资金用于提升加工业水平，将农畜产品加工业列入国家产业强镇和自治区产业化发展项目重点支持范围。全区农畜产品加工业增加值增长11.6%，规模以上农畜产品加工业营业收入达到4500亿元，同比增长6%；主要农畜产品加工转化率将达到72%，同比增长2个百分点左右。2022年内蒙古农畜产品加工业与农牧业总产值之比为1.8∶1，低于全国水平（2.4∶1）。

5. 文化、旅游产业赋能乡村振兴取得初步成效

持续加大资金投入力度，创新营销方式，延长产业链条，形成满足不同消费需求的乡村旅游新业态体系。加强对乡村生态环境和乡村特色风貌的保护，将非遗、民俗、美食等特色产品融入乡村旅游，举办那达慕大会、采摘节、冰雪节、露营大会等节庆活动，培育乡村旅游特色品牌。截至2023年底，累计创建全国乡村旅游重点村36个、重点镇6个，自治区乡村旅游重点村87个、重点镇7个，"中国美丽休闲乡村"50个，累计支持全国乡村旅游重点村600万元、全国乡村旅游重点镇450万元。发展"观光+餐饮+娱乐"链条式观光休闲乡村旅游，在环城镇地区，重点建设露营地141个，发展农牧业观光、亲子体验、休闲采摘等周末乡村游。在沿交通干线地区，现有建成和在建自驾车旅居车营地95个，发展特色餐饮和民俗体验等。有序推进3个国家农村宅基地改革试点工作，盘活2055宗闲置宅基地发展特色产业。打造研学基地，推出非遗转化、红色引领、农事体验、森林体验、科学观察、野外生存等多种研学产品，推动乡村变成研学大课堂。截至2023年底，内蒙古已有精品旅游路线23条、具有一定规模的休闲农牧业经营主体4290家，休闲农牧业从业人数达11.5万人，年接待游客1998.5万人次，营业收入额达40.5亿元，其中农畜产品销售收入达18.3亿元，休闲农牧业带动14.5万户农牧户增收。

（二）乡村人才建设

围绕《内蒙古自治区推动乡村人才振兴实施方案（2018—2022）》，在加强各类乡村人才培养、畅通人才服务乡村机制、人才激励保障工作等方面稳步推进工作。

1. 乡村人才数据库建设

通过农业农村部农民教育培训信息管理系统，管理全区培育机构、师资和基地数据库，将农牧业经营主体、返乡下乡创业人员、退役军人等培育对象以及师资、乡土专家等登记入库。

2. 有序开展各类乡村人才培养工作

大力推进高素质农牧民和乡村产业振兴"头雁"培育工作。近些年，内蒙古建立高素质农牧民培育实训基地近700个，累计培育高素质农牧民

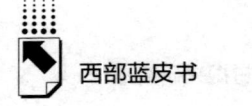

14.71万人，每年培育780余名"头雁"。加强乡村人才职业教育培训，有针对性地开展"农（牧）家乐"、家政服务、电商等各类特色培训班。聚焦脱贫地区产业帮扶、农牧民创新创业和乡村基层治理，开展农村实用人才带头人和大学生村官示范培训工作，开办"乡村振兴巾帼行动"农村妇女带头人专题培训班。成立科技服务体系示范推广团队，推动"万名专家下基层"活动，采取专题讲座、实践教学、专题研讨与现场答疑等形式进行农技推广。实施精准帮扶和京蒙合作专家服务基层项目，建设示范基地，围绕医疗卫生、农村电商、生态保护等领域培训基层专业技术人才。2023年开始建设100个县级新型农牧业经营主体服务中心，全区选聘1000名新型农牧业经营主体辅导员，构建"辅导员+服务中心"基层指导服务体系。

3. 畅通人才提升机制，实施职业农牧民职称评审政策

对于长期扎根基层的优秀专业技术人才，重点考察工作实绩和基层工作经历，其可不受学历、专业限制破格参加高一级职称评审。截至2023年底，内蒙古已有1678名基层人员获评高、中、初级职称。

4. 优化创业创新环境，加强人才激励保障

明确符合政策规定的农牧民工返乡创业可享受的失业保险费率、住房保障等税费减免政策。返乡农牧民工创办的企业吸纳就业困难人员、边境农牧民、脱贫人口和监测对象等，按规定给予社会保险补贴。遴选典型旗县和创业创新园区（孵化实训基地），评选农村创业创新优秀带头人参加国家级培训班，举办创业创新大赛，树典型，促交流，引导和鼓励更多返乡人员积极投身创新创业。

（三）乡村文化发展

1. 紧跟时代步伐找准精神文明建设着力点

深入贯彻党的民族政策，铸牢中华民族共同体意识，在公共场所利用不同媒介进行宣传。推广国家通用语言文字，使用国家统编教材。2023年底，民族地区普通话普及率达80.32%。广泛开展党的二十大精神和社会主义核心价值观宣传宣讲及主题文明实践活动。建设标准化新时代文明实践中心，高质量发展县级融媒体，办好嘎查村文明实践广播站。开展乌兰牧骑"学创演"活动，支持群众自办文化活动。

2. 全面推进实施文化产业赋能乡村振兴计划

深入实施农耕文化传承保护工程，内蒙古库伦荞麦旱作系统、阿鲁科尔沁草原游牧系统被认定为全球重要农业文化遗产。部署开展非遗保护工作，2023年底内蒙古申报成功10项国家非物质文化遗产项目，4家从事地毯织造、皮艺、拉弦乐器制造以及蒙古包营造技艺的企业被认定为国家级非物质文化遗产生产性保护示范基地。赤峰市喀喇沁旗和鄂尔多斯市伊金霍洛旗入选全国首批文化产业赋能乡村振兴试点名单。征集各地文化产业赋能乡村振兴的典型案例，总结推广宝贵经验和创新点。2023年，内蒙古自治区农牧厅组织推介的3个案例成功入选第三届全国乡村文化产业创新发展典型案例。

3. 农村牧区乡风文明建设的系统性、针对性、操作性不断增强

内蒙古先后制定出台《内蒙古自治区2016—2022年文明村镇创建五年行动计划》《推动移风易俗树立文明乡风的实施意见》《开展乡风文明提升行动推进乡村振兴战略实施的意见》等文件，加大乡风文明建设投入力度和干部考核权重。将传统媒体与新兴媒体相结合，广泛宣传移风易俗、精神文明工作。依托文化广场、农牧民之家开展文艺活动，交流推广乡风文明建设的先进经验和做法，把社会主义核心价值观、传统文化、乡风文明融入其中。截至2023年底，已创建新时代文明实践中心104个、文明实践所1097个、文明实践站13658个。

推进"一约四会"建设，完善村规民约，将移风易俗内容纳入其中。组建基层红白理事会，对红白事操办进行引导和监督。组织党员干部、群众共同参与村庄和家庭环境整治，积极开展帮扶邻里、卫生整治、孝老爱亲等志愿服务活动。评选表彰道德模范、身边好人、文明示范户等，组建宣讲团，身边人讲身边事，宣传本土典型人物和乡贤的先进事迹，让群众学有标杆、做有榜样、见贤思齐。2023年底，已评选全国文明村镇141个、自治区文明村镇1085个、文明家庭289个。

（四）乡村生态与人居环境整治

1. 生态治理成效显著

2023年底，内蒙古共有自然保护区216个，自然保护区面积达1294.7万公顷。创建13个国家生态文明建设示范区和10个"绿水青山就是金山银山"实践创新基地，累计造林、种草、防沙治沙规模均居全国第一。2023年，森林覆盖率达到20.8%，草原植被盖度达到45%。2023年下达草原生态奖补资金45.75亿元，全区每年有4.04亿亩草原禁牧、6.16亿亩草原实行草畜平衡政策。50万亩农田实施黑土地保护工程，保护性耕作实施面积达1936万亩，改良盐碱地12.2万亩。下达水利发展专项资金26.28亿元，统筹衔接资金2.81亿元，支持河流治理、水土流失、安全度汛等工程建设。

2. 农牧业生态持续向好

2023年底，农业统防统治面积达5696万亩，绿色防控面积达5567万亩，化肥、农药使用量实现负增长，农畜产品质量安全合格率连续5年保持在97%以上。2023年，下达地膜科学使用回收资金2.58亿元，农膜回收率达80%以上，推广加厚高强度地膜659万亩、全生物降解地膜119万亩。下达农作物秸秆综合利用资金1.65亿元，秸秆综合利用率达到91.2%，畜禽粪污综合利用率达到82%。全面推进节水工程，农业节水3.73亿立方米，农田灌溉水利用系数首次高于全国平均水平，达到0.574。

3. 农村牧区人居环境持续改善

2023年，内蒙古下达农村牧区供水保障工程建设资金4.8亿元，实现农村牧区饮水安全工程全覆盖，自来水普及率达83.65%，牧区远距离拉水基本控制在5公里之内；全区电网供电可靠率在99.8%以上；全区行政村4G网络覆盖率达99.7%，5G覆盖率达85.4%，光纤通达率达99.5%，宽带通达率达100%；全区嘎查村物流综合服务实现全覆盖，寄递物流点累计4829个，形成县乡村三级快递物流网络体系。2018~2022年，全区农村牧区建成卫生户厕92.78万个，卫生厕所普及率达37.06%。2023年，下达农村牧区户厕改造奖补资金2.32亿元，因地制宜推广8种户厕改建模式，新建6.2万个卫生户厕；下达垃圾、污水处理专项资金4.48亿元，完成3711个行政村生活污水处理，治理率达到33.5%，完成国家下达的任务；生活垃圾收运处置体系覆盖7871个村，占比71.4%；99%的行政村建立村容村貌长效管护机制。2018~2022年，内蒙古累计绿化美化乡村2159个、嘎查村7337个，着力打造乡村绿化美化示范县9个、示范村3563个，增加乡村生态绿量97万亩、庭院及四旁植树630余万株，村庄绿化覆盖率平均达到30%以上。

4. 农村牧区基础设施建设水平和公共服务能力不断提升

2023年，内蒙古安排农村公路建设资金24.4亿元，新开工建设农村公路里程为5828公里。苏木乡镇（街道）硬化路应通尽通，村村通水泥路全部实现。下达6.14亿元资金改善农村牧区义务教育阶段学生营养和办学条件，支持公办学校校舍维修和改扩建。下达1.33亿元资金落实农村义务教育学校教师特设岗位计划和乡村教师生活补助政策。安排资金0.32亿元发放乡村教师生活补贴。2023年末，内蒙古共有乡镇卫生院1240个、病床21846张、农村牧区村卫生室1.3万个、乡村医生和卫生员1.2万人，城乡统一的居民医保政策内住院费用报销比例达到75%左右。城乡居民养老保险制度实现全覆盖。2023年，下达社区养老服务补助资金0.8亿元，支持基层新建乡镇养老服务中心、村级养老服务站、农村互助养老幸福院。当前农村牧区低保平均标准提高到每人每年8040元，同比增长9.9%。

（五）乡村组织建设

1. 乡村自治、法治、德治相结合的治理体系逐渐形成

选优配强嘎查村（社区）党组织带头人，2023年完成全区16187名驻村干部的业务培训。新一轮选派了11555名驻村干部到6049个嘎查村工作，其中，驻村第一书记6017名、工作队4608支，实现四类重点村驻村帮扶全覆盖。2022年书记、主任"一肩挑"比例已提高到40%，班子成员"交叉任职"比例达26.6%。2023年开展嘎查村（社区）党组织书记大学习、大练兵、大比武，推进"头雁"能力提升，表彰优秀党组织书记。深化村民

自治，提升德治水平。嘎查村（社区）"四议两公开"全面落实，村务公开常态化，60%以上的旗县（市、区）建立了民主协商目录制度。全部嘎查村（社区）制定修订了村规民约，苏木乡镇（街道）、嘎查村（社区）人民调解组织和嘎查村（社区）法律顾问实现全覆盖。推广草原"110"等群防群治经验做法，常态化开展安全隐患排查整治。深入推进扫黑除恶专项斗争，依法打击非法宗教活动和境外渗透活动。

2. 社会组织助力乡村振兴积极性不断提高

依托社会组织助力乡村振兴服务平台，对接需求信息，商洽合作项目。引领龙头企业联农富农、订单助农，开展产业结对帮扶。选树、宣传、推广典型案例，促进社会组织相互学习借鉴好的帮扶经验与做法。2023年，全区2000多家社会组织筹措资金超10亿元，开展帮扶项目1100多个，累计受益群众超过80万人。推动东西部协作和定点帮扶，先后邀请北京、上海等地的社会组织与重点帮扶旗县（市、区）签订合作协议，在产业园区、清洁能源产业、农村集体经济、教育、消费、法律、医疗等领域探索多元化帮扶新路子。

二 内蒙古乡村振兴面临的现实约束

（一）产业发展方面

1. 资源要素不匹配，制约产业发展

内蒙古着力建设国家重要农畜产品生产基地，但水资源严重缺乏，耕地面积占全国的8.97%，水资源只占全国的1.92%，农牧业生产可用水量相当有限。农业用水和亩均灌溉用水量双低，2022年全国农业用水总量为3781.3亿立方米，内蒙古为143.4亿立方米，排全国第11位。全国耕地实际灌溉亩均用水量为364立方米，内蒙古为211立方米，排全国第26位。农牧业用水量占总用水量比重和人均农业用水量双高，农牧业用水量占总用水量的72%，高出全国平均水平10个百分点，人均农业用水量是全国平均水平的2倍多。内蒙古农田灌溉有效利用系数为0.574（全国为0.572），排全国第16位。水资源与人口和耕地分布不相适应，64%的水资源集中在面积仅占26%的两个盟市，大部分地区水资源紧缺。水粮矛盾和区域水资源分布不均衡等现状制约农业的发展。另外，乡村振兴需要农村产业规模化、集聚化发展，发展农产品加工、电商、物流以及乡村旅游等产业，需要加强基础设施建设，建设用地与生态保护和基本农田保护的矛盾日渐突出，第二、第三产业发展缺乏足够的用地指标，经济社会发展面临资源刚性约束。

2. 产业效益不高，传统农牧业持续增收乏力

随着农牧业规模化发展，土地流转价格不断上涨，同时农资和劳动力价格不断上涨，农牧业边际收益下降，传统农牧业持续增收乏力，农牧民收入中经营性收入占比下降。当前，内蒙古较大规模的国家级龙头企业数量仍较少，带动作用有限。全区农业产业化国家重点龙头企业有59家，仅占全国的3%，特别是肉羊产业还没有产值达到10亿元以上的大企业引领。农畜产品深加工能力仍待提高，农畜产品加工转化率以及农畜产品加工业与农牧业总产值之比均低于全国水平，初级加工产品占比仍较大，产品附加值不高。农畜产品规上加工企业有1610家，占全区规上企业总数的38%，但增加值只占7%。2023年前三季度，内蒙古农林牧渔业总产值排全国第24位，与产量排名不相称。农牧业产业化和品牌化程度仍较低，相关服务业发育不足，多数农畜产品区域品牌知名度不高，辐射范围窄。农牧产业发展受市场波动影响大，产业韧性不强。

3. 产业协同发展不足，融合发展水平低

内蒙古大部分合作社发展不良或成员数量少，带动广大小农户提高组织化程度和参与分享产业链利益的能力不足，暂时无法退出土地的老龄农户进退两难。多数龙头企业产业链延伸能力有限，与上下游利益联结不紧密。农畜产品初加工多，精深加工不足，全区农畜产品加工业与农牧业总产值比为1.8∶1，远低于全国2.5∶1的平均水平，加工转化率为72%，低于全国平均水平2个百分点。各类涉农产业链之间紧密合作、互为支撑的网络体系尚未形成，产业链组织与协作模式创新不足。内蒙古乡村旅游、休闲农牧业、

农产品电商等业态发展不充分,服务业对农牧业的支撑有限。休闲农牧业以观光和餐饮服务为主,同质性强,特色与优势不突出。农牧业融入生态、文化、旅游、教育等产业程度低,创意农牧业、深度体验农牧业、数字农牧业等新兴业态刚刚起步,农牧业多功能拓展不足。

4. 集体经济模式单一,内生发展动力不足

内蒙古多数嘎查村集体的资源和资产少且单一,加之缺少"能人"带动,村集体经济可持续发展能力不足。受区位和产业规模等因素的影响,多数嘎查村独立创收或引进项目的能力有限,可选择的发展模式不多,大多数嘎查村以财产租赁和帮扶资金入股分红为主。集体经济的激励与约束机制不健全,对嘎查村"两委"干部缺乏明确的引导,多数干部顾虑重重,发展集体经济的主动性不强。另外,村集体经济发展不均衡。一般嘎查村和重点帮扶嘎查村集体经济收入差距较大,重点帮扶嘎查村受益于政策倾斜,容易获得帮扶项目或转移性资金,集体经济收入水平普遍较高,而多数一般嘎查村集体资源少,集体经济收入低。

5. 地方财政困难,农村金融体系不完善

乡村振兴需要大量的资金投入,当前许多产业项目依赖财政补贴和帮扶资金,地方财政收入少,可持续支持能力不强,"造血"能力差,影响乡村产业项目的发展。金融服务方式和信贷投入强度远不能满足农村产业发展对融资的需求,中小企业融资难且成本高,金融支持体系不健全。活畜活禽理论上可以抵押,政策上也明确指出可以抵押,但是实际操作过程中抵押难度比较大。产业不够发达,导致资金结算、委托收付款、农产品定价、保险甚至期货和证券等大金融业务没有"用武之地",农村金融发展缓慢。

(二)生态与生活方面

1. 草原生态脆弱,制约草原畜牧业生产

草原是内蒙古最大的陆地生态系统,占土地面积的46%,生态区位十分突出,也是广大农牧民赖以生存的基本生产资料。但目前草原退化、沙化及盐渍化的面积占总面积的60.95%,局部超载问题仍未解决,草原生物灾害还时有发生,水资源匮乏的系统性风险长期存在。草原植被盖度为45%,低于全国50.32%的水平,已修复治理区再次退化的风险依然很大,人、畜与资源环境的矛盾仍不可忽视。

2. 面源污染比较严重,治理机制还不成熟

随着农牧业生产规模和生产方式的改变,面源污染问题逐渐凸显。为提高产量,农民对化肥、农药和地膜等的依赖性很强,大规模集中畜禽养殖产生大量废气、废水,对生态环境造成损害。生产和生活、经济效益和社会效益经常存在冲突。市场化回收和绿色消费机制尚未完善,政府虽通过多种形式政策性引导绿色生产,但效果不显著。

3. 基础设施发展不均衡,运维投入缺乏可持续性

近年来,乡村基础设施建设投入不断增加,部分城郊和发展基础较好的嘎查村生产、生活基础设施相对完备,相对偏远的嘎查村仍较落后,交通物流、通信、供电供水、垃圾污水处理等设施存在很多问题。乡村基础设施很难在实现"均等化"的同时提高利用效率,许多自然村规模小且过于分散,难以实现水路电网等的全覆盖。已建成的供水管网、乡村道路、垃圾处理等公共设施维护维修难以为继,缺少可持续的资金投入机制。

4. 公共服务与需求不匹配,服务水平仍待提高

随着乡村振兴工作的推进,农村教育、医疗卫生和养老等条件有所改善。但农村牧区学校布局"村空、乡弱、城挤"现象仍较突出,乡村办学条件与教学质量仍较差,农村牧区孩子"就近"义务教育难以实现,陪读成本高。农村青壮年外出比例不断提高,乡村老龄化程度日趋加深,农村居民养老待遇低,看病难、看病贵的问题依然困扰着农牧民。合作医疗制度虽在一定程度上缓解了医疗负担,但统筹层级低,作用有限。

(三)人才与文明建设方面

1. 老龄化严重,专业人才缺乏

内蒙古农村牧区人口老龄化严重,留下来的劳动力多数文化素质较低,劳动力和人才供给与乡村振兴的需求存在较大差距。乡村振兴是一个多产

业、多主体参与的创新发展过程，需要生产要素的同步升级。农牧民学会有效使用现代要素是农牧业增长的关键，然而，内蒙古多数农牧民文化素质和技能水平尚待提高，现有返乡人员和新型经营主体带动能力有限，能够长期扎根农村牧区的"土专家""田秀才""乡村匠人"等还很稀缺。技术类、管理类人才与农牧业现代化生产和服务发展需求不匹配，农村牧区教育、医疗卫生、养老服务等方面的专业人才不但数量不足，专业水平和服务能力也较低。

2. 社会服务人员退出与更新机制不健全

农村牧区教育、医疗卫生、文化体育、养老服务等事业的推进依靠政策扶持，乡村教师、医生、技术人员等存在严重的老龄化问题，基层公共服务与农技推广人员老龄化、断层、流失问题突出，科学的人才引进和退出机制还不完善，公共服务水平难以提高。

3. 农牧民参与建设主动性不强

乡村文化发展呈现不平衡现象，与具有历史传承或旅游资源的嘎查村和城乡接合部的嘎查村相比，大部分农村牧区缺少发展文化市场的资源和经济条件。文化活动主要依靠政府的引导，依托文化惠民和"文化三下乡"等活动，很多时候形式化严重，内容单一，很难调动村民参与文化建设的积极性。农村常住人口大多是留守老人，妇女和儿童都已很少见，村民缺乏文化创新的意识与热情。农村人口的年龄构成、文化水平和信息化技能远不能满足乡村文化建设的需要。

（四）乡村治理方面

1. 乡村治理主体多元化不足

当前，乡村治理仍以政府推动为主，农牧民、社会组织和企业等主体参与数量有限，参与积极性不高。多数乡镇政府财权事权不对等，事务繁杂却缺少项目和资金，基层工作压力大且创新不足，嘎查村集体经济实力不足以支撑乡村治理和公共服务事务，多元化的治理形式和筹资模式还不成熟。留在农村牧区生活的农牧民对乡村振兴战略不了解，依赖政府部署和推动乡村振兴工作，有些基层干部为了及时完成工作，甚至代办农牧民事务，农牧民仍存在"等、靠、要"思想。

2.政策与市场矛盾仍待协调

乡村振兴既涉及产业发展，也涉及生态治理与人居环境改善、乡风与基层治理等多方面的工作，需要众多管理部门耗费大量非生产性成本去协调处理，才能取得成效，如粮食生产和经济作物种植的矛盾，建设用地与农业用地的矛盾，禁牧与发展畜牧业的矛盾等。协调好政府与市场、生态与生产的关系，协调好各管理部门的关系，仍需各级地方政府结合当地实际认真研究政策。

三 内蒙古乡村振兴的主要目标与重点任务

（一）2024年乡村振兴的主要目标

2024年，通过不断延伸产业链、优化供应链、提升价值链，力争使内蒙古玉米、奶业、肉牛、肉羊、羊绒、马铃薯、饲草7条重点产业链产值突破7000亿元，推动农牧业产值突破万亿元。全面提升农牧业发展水平，经济指标实现"两个高增长"，力争第一产业增加值增长5%以上，第一产业固定投资增长20%以上。强化产业帮扶，衔接资金65%以上用于产业发展，坚决守住不发生规模性返贫底线。千方百计拓宽农牧民增收渠道，力争全区农牧民人均可支配收入增长8%以上，增速不低于地区生产总值和城镇居民人均可支配收入增速。

（二）产业振兴重点任务

开展农牧业提升十大行动，高质量推进农牧业规模化、产业化、品牌化，促进农牧业从分散式向集约化转变，加快推进乡村全面振兴和农牧业强区建设。

1. 耕地地力提升行动

力争建设高标准农田850万亩；新增高效节水灌溉面积200万亩；黑土地保护工程实施面积达900万亩，黑土地保护性耕作面积达2130万亩；完成盐碱地综合改造利用50万亩以上。加强农业面源污染防治，推进化肥农药减量增效和农业废弃物资源化利用。

2. 粮食、肉类产能提升行动

推进新一轮千亿斤粮食产能提升行动，重心放在提高单产。确保粮食播种面积稳定在1亿亩以上，大豆播种面积稳定在1823万亩以上，油料作物播种面积稳定在1200万亩以上。整建制建设单产提升示范园区面积600万亩以上，新建设施农业面积24万亩，改造提升5万亩。大力发展舍饲圈养，新扩建舍饲标准化暖棚500万平方米以上，提升改造规模养殖场户200个，力争肉类产量达到300万吨。实施池塘标准化改造2000亩，建设盐碱地水产养殖场2000亩，建设工厂化循环水养殖水体10万立方米以上。

3. 现代种业提升行动

实施育种联合攻关项目，争取使2~3个品种进入国家主推品种目录。新建4家自治区级奶牛、奶羊核心育种场，1家华西牛核心育种场。全区良繁面积稳定在130万亩以上。提升60个"看禾选种"平台建设水平，创建7个区域性示范推广基地，加快优良品种推广应用步伐。

4. 奶业率先振兴行动

聚焦"种源、奶源、加工"三个关键环节，加快优质奶畜扩群增量速度，抓好8个奶业生产能力提升县试点，力争牛奶产量突破800万吨。加快奶酪等固态乳制品精深加工和地方特色乳制品提档升级，奶业全产业链产值突破2500亿元。

5. 饲草保障能力提升行动

种植青贮玉米、饲用燕麦、苜蓿、羊草等人工饲草2000万亩以上，建设羊草生产基地100万亩，柠条饲料化利用量达到7万吨以上，秸秆饲料化利用量保持在2800万吨左右，利用率提高到64%。建设5个5万亩以上草产业全产业链示范园区，提升草种培育研发、收储加工水平，做大产值规模。

6. 农牧业产业链提升行动

坚持"粮头食尾、畜头肉尾、农头工尾"发展思路，打造乳制品世界级先进制造业集群和牛羊肉加工、绒纺加工等两个自治区级先进制造业集群。坚持工业化思维抓"百园"，集中力量建设100个以上产业示范园区，力争创建1个国家产业集群、2个产业园和8个产业强镇项目。坚持链式思维抓"百企"，聚焦农牧业7大重点产业链，培育壮大100家以上产业链领军企业。重点扶持精深加工环节，提升产品附加值。

7. 农牧业品牌提升行动

做优绿色生态的"蒙"字标，塑强30个区域公用品牌、150个企业产品品牌，新培育绿色有机产品220个、名特优新农产品100个。用好"官方+"农推官队伍，全力拓宽线上新媒体营销渠道。在全国重点城市布局优质农产品展销旗舰店，让生态内蒙古、绿色好味道成为家喻户晓的"大品牌"。

8. 经营主体能力提升行动

创建旗县级以上合作社示范社、示范家庭农牧场各500家，新增国家级龙头企业13家、自治区级龙头企业30家。推动农业社会化服务面积突破3000万亩。在22个牛羊养殖大县推广4种兽医社会化服务模式。选聘新型农牧业经营主体辅导员1000人左右，培训新型农牧业经营主体带头人和乡村治理业务骨干1000人以上，培育高素质农牧民1.5万人以上。

9. 巩固拓展脱贫攻坚成果同乡村振兴有效衔接提升行动

推动防止返贫和农村牧区低收入人口帮扶两个政策衔接并轨，推动脱贫户和监测户收入增速高于当地农牧民收入增速。深入推进产业帮扶，将衔接资金的65%以上用于产业发展。在全区未享受光伏扶贫政策的行政村实施光伏帮扶工程，开工建设光伏帮扶村级电站装机容量达50万千瓦以上。深化京蒙协作六个"倍增计划"，确保北京市本级协作资金不低于14.9亿元，开展"京蒙百企情""绿品出塞"等活动，引进北京企业10家以上，新增投资10亿元以上，进京销售农畜产品销售额达到300亿元。积极推动中央单位定点帮扶和"万企兴万村"，发动各界力量参与乡村振兴。学习运用

"千万工程"经验，开展"十县百乡千村"创建行动，持续推进国家乡村振兴示范旗县评定验收和申报创建，建设一批宜居宜业和美乡村示范样板。

10. 农牧民收入提升行动

确保脱贫人口监测对象就业人数达到19.62万人。大力推进以工代赈，积极引导农牧民参与"三北"工程、高标准农田建设等重大项目，高标准农田项目按照不低于合同额10%的标准实施以工代赈，提高农牧民工资性收入。实施庭院经济"百乡千村万院"示范创建行动，在150个嘎查村推行"统种（养）共富"模式，健全联农带农益农机制，提高农牧民经营性收入。在844个嘎查村实施新一轮农村牧区集体经济扶持行动，在1000个嘎查村大力推广"三变"改革，提高农牧民财产性收入。

（三）其他任务

1. 公共服务提供

新建3176个嘎查村医保服务点，实现全覆盖；实现农村牧区适龄妇女"两癌"筛查；开工建设170个苏木镇区养老服务中心、1500个村级养老服务站，拓展提升200个农村互助养老幸福院，新增1200个老年助餐点，落实农牧民320万吨以上冬季取暖用煤；选派1000名以上优秀教师到乡村支教帮扶。

2. 基础设施建设

农村牧区危房改造3419户，农村牧区新建和改造提升270处集中、900处分散式供水工程，建设5000个标准化村级寄递物流综合服务点，完成偏远农牧户电网延伸通电工程2022户和新能源通电升级工程2万户，开工建设农村牧区公路5000公里。

3. 人居环境整治

协同推进农村生活污水和垃圾处理，有序推进村庄清洁行动，开展美丽宜居村庄示范创建。新建农村牧区卫生户厕5.5万个，完成100个千人以上行政村生活垃圾集中处理，完成400个行政村生活污水治理、10个三千人以上行政村生活污水集中处理。

4. 文化建设

组织"乌兰牧骑演出万村行"演出1万场次以上。

四 内蒙古乡村振兴目标的实现路径与政策建议

（一）科技引领发展绿色集约高效农牧业

推进农业生态链变革，推广循环经济、绿色农业发展理念。面对资源环境约束，创新、引进农业节水灌溉技术，探索旱作农业发展模式；引导实施化肥农药减量措施，稳步提升全区农畜产品质量安全水平；采取过渡性政策补贴，鼓励农牧民购买加厚地膜，支持地膜回收利用设备、技术的研发，推动市场化回收利用体系的形成。构建严格的生态环境监督和惩罚机制，完善社会监督体系，与农牧民的"奖励积分制"有效结合，发挥村民自治的作用。降低技术应用和推广成本，提高单产及效益，构建农业循环利用生态系统，发展集约高效高质量的绿色农牧业。

（二）聚焦优势产业提升融合发展水平

围绕优势产业，大力发展县域经济，推动形成旗县、苏木乡镇、中心村功能衔接的乡村产业结构布局，积极打造农业全产业链典型县，引导条件较好的苏木乡镇引进农畜产品加工、流通企业，以拓展第二、第三产业为重点，纵向延伸产业链条，实现加工在苏木乡镇、基地在嘎查村、增收在农牧户，使农牧民可以就近兼业，降低生活成本，拓展收入来源。同时，横向拓展产业功能，围绕农村牧区和农牧民，挖掘农牧业多种功能，开发乡村多元价值，培育壮大现代种业、乡村特色产业、农畜产品加工流通业、乡村信息产业、乡村休闲旅游业、康养业、劳动与专业教育等乡村新型服务业，形成类型丰富、协同发展的乡村产业体系，吸引生产要素从城市流向农村牧区。

（三）强化品牌建设提高终端市场控制力

传统产销模式下，农畜产品生产标准低、产品溢价少、市场应对能力差。继续加大投入力度创建和推广农产品区域公用品牌，提高优质农畜产品知名度，拓宽农畜产品"出口"渠道；加强"蒙"字标和农产品地理标志的认证管理，提高农畜产品生产标准和安全性；挖掘农畜产品深加工潜力，创新农畜产品形式和包装加工技术，提升农畜产品附加值；通过区域品牌建设协调并紧密产业链主体间的合作关系，创新一体化经营和利益分配模式，提高生产者参与积极性；利用品牌旗舰店、电商等新兴营销模式，缩短产销链条，直达终端市场，提高市场控制力。继续深化消费协作，创新消费助农机制，构建有利于农产品生产、分选包装、保鲜等的技术支撑与服务体系，建设区域性农产品保鲜冷藏基地。探索创新智慧快速物流模式，鼓励发展和系统整合各类消费协作网络与平台。优化京蒙协作对接帮扶机制，做好产业项目的后续扶持，推进消费协作企业在北京等一线城市的专柜、专区、专馆建设，完善农产品销售实体平台，实现"实体—网络"无缝衔接。

（四）壮大集体经济增加农牧民权益

继续引领和培育合作社、集体经济等经济组织发展壮大，提高农牧户的组织化程度和创收能力。通过发展特色农牧业、乡村旅游和现代服务业等产业，探索资产租赁型、服务创收型、乡村旅游型、产业融合型、资本收益型等多种创收模式，条件成熟的可以突破地域限制，实现集体经济组织"抱团"发展、优势互补、合作经营。提高合作社和集体经济的经营能力和产品转化能力，推广"三变"改革，强化其在产业链上的分工和作用，使分散的农牧民有统一途径参与商业资本合作，提高农牧民在产业链上的利益分享能力，有效促进农牧民增收。

（五）多元筹资增强基础设施和服务持续投入能力

农牧区基础设施和公共服务的提供与维护应形成多元筹资模式，利用政府的项目资金或政策补贴，增加集体经济投入资金或引入社会资本辐射村域，开拓投资渠道，减轻财政压力，提高持续投入能力。政府通过政策和项目倾斜引导专业企业将农牧民组织起来进行自我服务，既可以利用专业企业的管理经验提高公共服务水平，提高基础设施质量和维护能力，还可以促进农牧民就近就业。另外，可以通过加大补贴力度，鼓励部分有意愿从事公共服务行业的农牧民成立专业化服务组织，为本村甚至外村提供卫生打扫、厕所清掏、代购跑腿、老人陪护等服务，使农村牧区的社会服务分工进一步细化和完善。

（六）内培外引强化人才支撑

乡村振兴人才缺乏是较为突出的问题。首先，应结合当前人才现状，查摆各种人才培育与引进政策措施的不足之处，完善现有制度和工作方式。其次，应立足本土，继续挖掘家庭农场主、农牧业大户、职业经纪人、合作社领办人等本土人才的潜力，为其提供更多学习培训和交流的机会。同时畅通返乡创业渠道，有的放矢地引导外出人才返乡创业。根据不同类型返乡人员的需求，为他们创造良好的创业环境和条件。最后，应充分发挥地理位置优势，通过支援、合作、鼓励创业等模式，积极引进京津冀以及呼包等城市的人才，有针对性地充实乡村干部、乡村教师、医师、农技推广人员、养老服务人员等专业人才，并完善退出机制。在改善经济环境的同时，提升地区公共服务水平，增强地域吸引力。

（七）完善科技服务与支持体系

积极寻求与高校、科研院所的深度合作，建立科研基地、实习实践基地等，将乡村产业、文化、环境改善、治理等各方面的建设与这些机构的专业建设、实习实践等工作有机结合，提高科技与农业、农村、农民的契合度。政府加强相关项目和资金的引导，鼓励财政、担保、金融、保险等各部门协同发力，支持科技成果的转化，发挥现代科技对乡村振兴的支撑作用。

B.9 广西壮族自治区乡村振兴研究报告[*]

蒋团标 张家良 姜文杰[**]

摘 要： 广西壮族自治区深入学习贯彻党的十九大及二十大报告中关于乡村振兴的政策精神，凝聚共识，砥砺奋进，乡村振兴事业取得重大进展。但也存在产业振兴缓慢、人才吸引力不足、文化产业化水平较低、生态治理仍存在短板、政府组织工作效率有待提高等问题。因此，广西应立足自治区乡村振兴主要目标与任务，努力强化产业振兴动力，筑牢壮乡人才基础，深入推进壮乡文明创建，持续改善人居环境，优化乡村治理体制机制，根据自治区实际因地施策，以期加快实现习近平总书记对广西提出的"五个更大"工作目标，建成壮美新广西。

关键词： 乡村振兴 特色产业 人才强桂 文旅融合 广西

一 广西壮族自治区乡村振兴的成效

自 2017 年党的十九大报告提出乡村振兴战略以来，广西壮族自治区党委和人民政府遵循产业振兴、人才振兴、文化振兴、生态振兴、组织振兴要求，团结领导广西 5000 万各族人民艰苦奋斗、攻坚克难，在各方共同努力、密切协同下，在乡村振兴事业上取得了辉煌成就。

---

[*] 本报告为教育部人文社科重点研究基地——西北大学中国西部经济发展研究院项目（项目编号：XBLPS202412）阶段性研究成果。

[**] 蒋团标，广西师范大学二级教授，广西教育厅重点研究基地西南城市与区域发展研究中心主任，主要研究方向为区域经济可持续发展；张家良，广西师范大学经济管理学院硕士研究生，主要研究方向为区域经济学；姜文杰，广西师范大学经济管理学院硕士研究生，主要研究方向为区域经济学。

（一）产业基础全面夯实，内生动力逐步增强

1. 贫困清零胜利完成，脱贫攻坚成果持续巩固

广西有54个贫困县、5379个贫困村、634万建档立卡贫困人口，是脱贫攻坚任务最重、难度最大的省份之一。习近平总书记十分关心广西扶贫工作，提出要用绣花功夫精准扶贫。2020年，广西最后8个贫困县、660个贫困村、24.5万贫困人口摘帽，实现全面脱贫[1]。2023年，自治区继续巩固脱贫成果，完善乡村产业在技术、设施、营销等方面的缺陷。健全产业联农带农机制，完善订单收购、吸纳务工、土地流转、技术培训等10种具体联农带农方式，产业帮扶覆盖率维持在90%以上，受益脱贫人口（含监测对象）达151.59万人次，脱贫人口小额信贷增加78.59亿元，同比增长57.3%，惠及16.34万户[2]。

2. 特色产业争奇斗艳，集群效应成果丰硕

广西所有县或村从全区选定的特色产业中选取5个或3个重点发展，再根据自身特色自主选定2个或1个特色产业自由发展，打造优势特色产业集群。"5+2""3+1"扶贫产业模式入选全国产业扶贫十大机制创新典型。2023年，广西新建和改造高标准农田211万亩，粮油种植面积超额完成国家下达的任务，粮食播种面积达到4252.05万亩，产量达到1395.4万吨；水果产量连续五年保持全国第一，广西蔗糖产量占全国的六成以上，为守护全国人民的"糖罐子"做出了重要贡献；立足林果蔬畜糖等"土特产"，培育"桂字号"农业品牌。百色芒果、梧州六堡茶入选农业品牌精品培育名单，14个地理标志品牌入选中国品牌百强，数量居全国第二[3]。

---

[1] 广西壮族自治区乡村振兴局：《自治区乡村振兴局2018年以来工作总结及未来五年工作思路》，2022年10月。

[2] 中共广西壮族自治区委员会、广西壮族自治区人民政府：《广西2023年巩固拓展脱贫攻坚成果同乡村振兴有效衔接工作情况汇报》，2024年1月。

[3] 《2024年政府工作报告》，广西壮族自治区人民政府网站，2024年1月27日，http://www.gxzf.gov.cn/zt/sz/zfgzbg/。

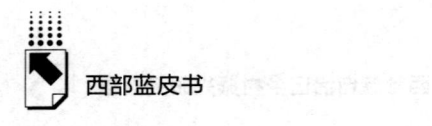

（二）根植八桂培英才，开放交流育"能人"

人才振兴是乡村振兴的重要基石，人才振兴需要内外协同培养一支懂农业、爱乡村、爱农民的复合型人才队伍。

1. 自主培育"领头雁"，百万英才兴"三农"

自2022年起，广西每年投入近3000万元实施"千雁万群""头雁"计划，争取用五年时间培养国家级"头雁"3000名以上、自治区级"头雁"1万名以上，打造能引领乡村产业振兴的群雁队伍①。自治区通过科教育才、就业留才，2020年以来累计招录乡镇农技人员定向生471人，为基层培养储备了一批专业技术人员。截至2024年3月，累计投入6亿多元，选聘7460名乡村振兴协理员，为乡村振兴注入新鲜血液。

2. 开放交流育"能人"，创新合作引人才

乡村振兴人才需要国际视野。广西积极开展对外合作，学习国外先进的种植技术，组织农业科技管理人员赴美学习"现代种业技术"，积极选派农业专家参加国际交流，培养专业技术过硬、与国际接轨的乡村人才。广西多次举办发展中国家减贫经验研修班，为国际减贫提供广西经验。同时，加强粤桂合作，组织"组团式"帮扶和"银龄行动"，选派科技特派员团队，开展提升基层乡村振兴干部能力水平的培训。2023年，两省份互派挂职干部243人、专技人才2683人，举办培训班697期，参与人数达5万余人次②。

（三）文化建设支撑有力，文旅融合赋能乡村振兴

文化振兴包括两个方面：一是以社会主义核心价值观为引领的农村思想道德建设、新时代乡村文明教育；二是推广传统优秀民族文化，以文化为灵魂，以旅游为载体，以民族团结助力广西乡村振兴。

---

① 《广西启动实施乡村产业振兴带头人"千雁万群""头雁"培育五年行动计划》，广西壮族自治区农业农村厅，2022年8月19日，http://nynct.gxzf.gov.cn/xwdt/ywkb/t12970216.shtml。
② 中共广西壮族自治区委员会、广西壮族自治区人民政府：《广西2023年巩固拓展脱贫攻坚成果同乡村振兴有效衔接工作情况汇报》，2024年1月。

1. 文化产品丰富多彩，农民素质持续提升

自治区重视乡村文化建设，多次开展文化下乡、送戏下乡、图书下乡等惠民活动。每年安排人员到农村开展新时代文明宣讲超过10万场次、各类文明实践活动超过10万场次，推动社会主义核心价值观融入农村群众生产生活。2023年，自治区免费开放文化场馆超1500家。建设基层公共体育设施项目644个，举办全民健身赛事活动1190多项[1]。农民的道德修养、文化素质持续提升。

2. 优秀传统文化持续创新，文旅融合助力乡村振兴

广西旅游业发达，乡村旅游更是广西旅游的重点。广西依托丰富的民族文化资源和多彩的民族文化风情，培育出众多具有民族文化特色的文化产业，如文化演艺方面打造了阳朔《印象·刘三姐》、宁明《花山》，工艺方面打造了博白编织工艺、钦州坭兴陶工艺等一系列优秀乡村文化精品[2]。2016~2020年，全区累计接待乡村旅游游客14.29亿人次，累计收入为9453.64亿元；2022年接待游客1.70亿人次，收入为1505.23亿元[3]。

（四）生态环境逐步改善，美丽乡村蔚然成形

广西人民牢记习近平总书记"广西生态优势金不换"的殷切嘱托，把节约优先、保护优先、自然恢复作为基本方针，把人与自然和谐相处作为基本目标，使八桂大地青山常在、清水长流、空气常新，让良好的生态环境成为人民生活质量的增长点、展现美丽形象的发力点。

1. 乡村规划有序推进，基础设施不断完善

自治区政府对3000多个村重新进行了乡村规划，实施"多规合一"实用型村庄建设。开展农村厕所革命，卫生厕所普及率超过全国平均水平。积极开展水路电等基础设施建设，2023年新建成农村供水工程2177个，提升

---

[1] 广西壮族自治区文化和旅游厅：《广西文化和旅游赋能乡村振兴调研报告》，2023年9月。
[2] 《广西文化和旅游赋能乡村振兴调研报告》，http://wlt.gxzf.gov.cn/zfxxgk/fdzdgknr/tzgg/P020230925656009179524.pdf。
[3] 《广西统计年鉴2021》。

303.1万人的供水保障水平。乡镇实现5G网络全覆盖，行政村、农业基地和自然村完成4G覆盖。开展公路建设项目140个，新增2071个自然村通硬化路、46个乡镇通三级及以上公路①。

2. 聚焦生态文明建设，绿色转型成效显著

自治区展开生态扶贫专项行动，实施石漠化综合治理、新一轮退耕还林等重点生态工程建设，引导发展生态产业、林下经济。2023年，自治区继续加速推进绿色发展，非化石能源消费比重高于全国平均水平，可再生能源利用率排全国前列。生态质量指数连续两年位居全国第二，生物多样性丰富度位居全国第三。9个设区市断面水环境质量进入全国前30，柳州保持第一，桂林升至第二。宜居宜业和美乡村建设成效显著，八桂大地呈现山清水秀、天蓝地绿、村美人和的美丽画卷。

（五）体制机制创新卓有成效，乡村治理效能显著提高

治理有效是乡村振兴的重要保障，乡村振兴政策的有效实施需要建立党委领导、政府负责、社会协调、公众参与、法治保障的乡村社会治理体系，发挥自治、法治、德治共同作用。

1."三治"协同建设，治理体制不断完善

自治区开展基层党建"五基三化"提升行动，巩固提升农村基层基础工作水平、党组织星级化管理水平。常态化清廉乡村建设，推行"党建+网格+大数据"管理模式，积极推广清单制、积分制、数字化治理等模式，构建起"大事全网联动，小事网格中解决"的乡村治理新格局。加强农村精神文明建设，深入开展"听党话、感党恩、跟党走"宣传教育活动、"推进移风易俗·助力乡村振兴"专项行动、"壮美广西·锦绣乡村"广西乡村振兴主题文化活动。使自治、法治、德治"三治"协同建设，治理体制不断完善。

---

① 《广西全面推进乡村振兴 阔步振兴路 日子有奔头》，广西壮族自治区民族宗教事务委员会网站，2022年12月5日，http://mzw.gxzf.gov.cn/ztzl/zxzt/zzqmzgzwyhmzgzqkjlzl/t14134870.shtml。

2. 考核评估问题及时整改，干部队伍作风焕然一新

自治区政府高度重视中央专项巡视、国家考核评估，坚决扛起脱贫攻坚和乡村振兴政治责任，对反馈的问题及时进行分析研究，制定整改方案。例如，2021年国家巩固拓展脱贫攻坚成果同乡村振兴有效衔接考核评估反馈的27个突出问题、53个具体问题、135项整改措施全部完成，通过高质量整改促进巩固脱贫成果工作提升；为建设一支政治过硬、本领过硬、作风过硬的乡村振兴干部队伍，自治区政府先后开展扶贫干部教育培训年活动、"大学习、大培训、大调研"等活动。2018年至2022年9月，累计培训各级扶贫、乡村振兴干部282.21万人次。强化"抓系统、系统抓"专项整治，集中纠治扶贫领域形式主义、官僚主义问题[1]。

二 广西乡村振兴面临的现实约束

（一）产业振兴缓慢，发展动能不足

广西产业振兴缓慢，主要表现为：第一，高标准农田占比低，农业机械化、基础设施建设与全国水平有较大差距，2020年广西农作物耕种收综合机械化水平低于全国平均水平8.67个百分点[2]，广西丘陵地形山高坡陡、道路崎岖、场地狭窄，农业机械化发展举步维艰；第二，粮食生产总体安全稳定，但对乡村产业振兴拉动力不足，第一产业总产值多年保持高水平增长，但增速放缓，继续上升的压力较大；第三，产业振兴中能起到带头作用的龙头企业少，品牌影响力不足，产品之间同质化严重；第四，一二三产业融合度低，农产品大多只是出售原材料或初级加工品，精加工产业少，产业链不完善，产品附加值低。

---

[1] 广西壮族自治区乡村振兴局：《自治区乡村振兴局2018年以来工作总结及未来五年工作思路》，2022年10月。

[2] 《广西农业机械化高质量发展"十四五"规划》，广西壮族自治区农业机械化服务中心网站，2024年1月2日，http://njfwzx.gxzf.gov.cn/zfxxgkzl/fdzdgknr/ghjh/zcqjh/t17789417.shtml。

（二）人才吸引力不足，青年返乡创业受阻

人才资源短缺、人才吸引力不足是全国乡村发展中普遍存在的问题，但广西较为突出。广西区委联合广西民族大学组成调研团，对南宁、柳州、桂林等八个城市展开考察①。据调查，广西外流返乡青年创新创业意愿普遍较强，但基础设施差、就业岗位少、培训能力弱、薪资待遇低等问题阻碍青年回乡就业创业。乡村专业人才短缺导致乡村创业者难以发展壮大，乡村岗位少的同时乡村企业面临招工难的问题。近年来，广西因水果物美价廉在网络上频频出圈，但乡村缺少精通网络营销、电商直播的专业人才，导致许多乡村企业没能搭上电子商务这趟快车。此外，农村金融配套设施较差，贷款难、融资难，小微企业、创业青年、农民大多缺少能作为抵押物的产权，难以从银行申请到贷款。虽然政府出台过一些小微型企业小额度担保政策，但效果和理想存在差距。

（三）特色文化挖掘不够，产业化水平较低

广西乡村旅游资源丰富，但没有将资源优势转化成产业优势。第一，文化产品科技含量低，特色文化内涵挖掘浅，简单、低档、模仿问题严重，项目大多是餐饮、观光、垂钓、果园采摘，没有真正将广西农业优势与乡村文化旅游融合起来，乡村文旅内涵不够丰富，同质化严重。第二，乡村文化产业发展滞后，产业化水平低。农村经济水平落后阻碍文化产业的发展，乡村文化产业大多是私人经营，总体呈现"小、散、弱"的态势，景区多但都是一两个村"单打独斗"，没有形成跨区域的集群效应。由此也可以看出，广西乡村振兴跨区域跨部门统筹协调能力不足，没能实现各区域之间的资源合作共享。第三，乡村文化公共服务设施薄弱，功能不够健全。例如，河池地区作为少数民族集聚区拥有丰富的体育文化资源，金城江区的行政村已经基本实现"一小时健身服务圈"建设，但体育设施布局不规范、宣传力度

---

① 《三大问题困扰广西外流青年返乡创业》，《中国青年报》2020年6月30日，第7版。

不足，无法吸引广大民众参与。许多乡村文化活动室闲置，没有起到应有的作用，有的乡村图书馆和农村书屋长期封闭，没有及时更新书目。第四，乡村文化旅游品牌塑造和IP建设不足，"乐游广西·乡村旅游嘉年华暨乡村旅游电商大会""壮族三月三"等特色旅游节日活动影响力不够，市场吸引力还需进一步提升。

（四）生态治理存在短板，生态农业技术亟待提高

自治区政府聚焦壮美广西生态建设，积极开展基层环境治理，但仍有不足之处。第一，广西农村人口多，需治理的生活污水基数大，如2020年广西生活污水治理率仅为9.2%，与全国平均水平25%存在差距，黑臭水治理工作还面临资金不足、群众参与程度低等困难[1]。第二，广西作为农业大区，农业生产方式落后，缺乏生态农业意识，农业机械化水平低，生态农业相关技术滞后。农业生产过于依赖化肥、农药来保证农作物的产量，大量农药残留不仅危害消费者的健康，也会对环境造成污染。广西壮族自治区政府积极倡导减肥增效，但水果、蔬菜等化肥需求量大的经济作物执行压力较大。

（五）群众自治机制有待完善，政府组织工作效率有待提高

基层治理工作是政府工作的重要内容，广西乡村基层治理存在短板。第一，乡村数字化建设落后，广西部分地区已经建立起数字化治理平台，但全区整体数字化治理水平还是较为落后，农村社会信息闭塞，村民获取信息的渠道混杂，在面对突发事件时，群众缺乏独立理性的判断，很容易传播虚假信息导致恐慌，同时政府难以高效准确地对社会舆论进行回应。第二，乡村群众自治机制有待完善，广西农村社会是典型的熟人社会，行

---

[1] 《广西农村生活污水治理"十四五"规划》，广西壮族自治区生态环境厅网站，2022年2月25日，http://sthjt.gxzf.gov.cn/zfxxgk/zfxxgkgl/fdzdgknr/ghjg/zdgz/t14372930.shtml。

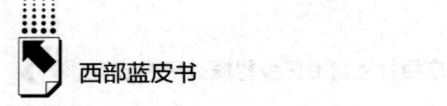

事规则依附于人情纽带、血缘关系、民风民俗①，村民普遍缺乏自治德治能力，个别农村基层干部在执行公务时容易向"人情"妥协，这就导致公众的利益难以得到保障，乡村有待建立民众道德激励约束机制，提高民众法治素养。

三 广西乡村振兴的主要目标与重点任务

（一）广西乡村振兴的主要目标

《中共广西壮族自治区委员会关于实施乡村振兴战略的决定》将广西乡村振兴工作分为三个阶段有序推进。

第一，到2020年，广西如期打赢脱贫攻坚战，历史性消除困扰壮乡百年的绝对性贫困和区域性贫困问题，乡村振兴取得重大进展。2016~2020年，全区已累计实现474.5万贫困人口和5379个贫困村脱贫，54个贫困县脱贫摘帽，2015年底的贫困发生率为10.5%，2020年底实现全部清零。农业供给侧结构性改革取得显著成效，农村三大产业的融合发展实现新提升。在5379个贫困村中，"3+1"特色产业的普及率均超过90%，显示出强劲的发展势头。在54个贫困县中，已有448家县级以上农业产业化龙头企业，为农村经济的持续发展注入了新的活力②。城乡居民生活水平差距持续缩小，2020年底脱贫人口人均纯收入达11529元，农村居民人均可支配收入比2010年翻一番；农村基础设施明显改善，54个贫困县内的建制村硬化路里程达2026.5公里，实现了建制村通硬化路率达到100%的目标。同时，城乡融合发展的体制机制已初步确立，城乡间基本公共服务的均等化水平得到了进一步的提升。

第二，到2035年，广西乡村振兴取得决定性进展，基本实现农业农村

---

① 邓军彪：《农村基层治理的困境与对策分析》，当代广西网，2021年6月11日，https://www.ddgx.cn/show/45840.html。
② 梁艳鸿、覃娟：《2020年广西决战决胜脱贫攻坚发展报告》，《新西部》2021年第C1期。

现代化。届时，农业发展质量得到显著提升，基本建成农业强区，县域综合实力明显增强；农村生态环境和人居环境质量大幅提升，美丽宜居乡村基本实现；乡风文明达到新高度，乡村治理体系更加完善；城乡基本公共服务均等化基本实现，城乡融合发展体制机制更加完善，农村创业就业环境根本改善，农村居民人均可支配收入达到全国平均水平，共同富裕迈出坚实步伐。

第三，到2050年，实现广西乡村全面振兴。届时，广西与全国同步实现农业强、农村美、农民富的乡村振兴目标。农业发展质量大幅提升，全面建成农业强区；乡村基础设施建设水平进一步提升，达到国家标准；人居环境持续改善，全面建成美丽宜居壮乡；乡村一二三产业融合发展迈上更高台阶，农业农村现代化水平达到更高层次；农民安居乐业，物质精神文化需求得到更高程度的满足。

（二）广西乡村振兴的重点任务

根据《中共广西壮族自治区委员会关于实施乡村振兴战略的决定》，广西为实现乡村振兴目标，必须凝聚各界共识，攻坚克难，紧抓以下重点任务。

1. 加强党对"三农"工作的全面领导

办好农村的事情，实现乡村振兴，关键在党。加强党对"三农"工作的全面领导，是推进农业农村现代化的关键，必须坚持把"三农"工作作为全党工作的重中之重。

广西在乡村振兴工作的推进中，一定会面临人力、物力、财力方面的困境，这更需要党的领导进行高位统筹。另外，农村社会环境日趋复杂多变，各种利益诉求交织，权责利划分不清，易产生纠纷进而阻碍政策推进，因此，更需要加强党的全面领导，以有效应对农村社会环境的复杂性，保持农村稳定。

2. 因地制宜推进脱贫地区产业发展

产业发展是强桂之基、富民之要。产业振兴是乡村振兴的重中之重，是促进农民增收、实现共同富裕的必由之路。广西作为重要的农业区域，要致

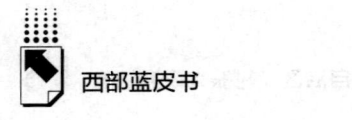

力于实现乡村振兴的跨越式发展,必须在产业发展上下足功夫,只有充分发挥全区产业支撑带动作用,才能持续增强脱贫群众的内生发展动力。

目前,广西面临农业大而不强、大而不富的境况,乡村各产业链上下游协同发展能力不足,乡村第三产业与第一、第二产业融合度不高。广西农业产业规模巨大,原产品资源丰富,但产业链短、深加工不足,电商、冷链及物流支撑薄弱,导致产业效益偏低,特色产业难以形成品牌效应。广西必须因地制宜,认清区内优势与短板,利用好本地区独特的农业优势,做强一产、做优二产、做活三产,将发展潜力转化为发展动力,通过产业链增值和产业融合,拓宽广大农户的增收渠道。

3. 深入实施体制机制创新工程

制度建设是贯穿乡村振兴全程的重点任务。体制机制改革创新,可以为农村产业结构优化、城乡融合发展注入动力;加强基层党组织建设创新,推进村民自治、完善乡村法治体系,可以提高乡村治理能力。

目前,广西农村土地使用权制度受限,流转机制不完善,成为农业规模化与现代化进程中的阻碍;农村金融体系不健全,金融服务覆盖度不高,对农民和乡村企业的金融支持力度不足;乡村治理现代化水平有待提高,基层党建、村民自治、法治体系等存在薄弱环节;城乡二元结构体制仍制约资源配置、公共服务、基础设施等领域发展,影响要素流动和乡村发展效能。因此,广西亟须深入实施体制机制创新工程,打通政策堵点,破除体制机制障碍。

4. 深化拓展区域内外协作

由于各地区存在资源禀赋差异,且发展阶段不尽相同,因此开展跨区域跨领域的各类协作是发挥各地区比较优势、实现资源合理流动的重要举措。推进包括粤桂东西部协作、桂台农业合作、桂滇黔跨省(区)合作在内的区域间协作工作,有利于充分发挥各地的经济优势,高效利用各地农业农村资源,形成互补型产业链和产业集群,从而提高整体经济效率。

广西深化区域内外协作的重点是引进先进技术、资金和人才,推动农村产业结构升级和经济发展方式转变。更值得关注的是,在当下复杂多变的国际形势之中，国内外市场竞争激烈，广西优质农产品面临的竞争压力较大，且由于地域等原因，广西的农业招牌没有打出去，深化拓展区域内外协作将有助于增强广西农产品的市场竞争力，并拓宽其销售途径，以应对全球化带来的挑战。

5. 扎实推进宜居宜业和美乡村建设

乡村振兴还包括文化、生态领域的共同振兴，要扎实推进宜居宜业和美乡村建设。"宜居"即具备现代化的生活条件，让乡村居民生活舒适便捷；"宜业"即提供丰富的就业机会，助农增收；"和美"则是营造和谐美丽的乡村环境，实现生态与乡风文明共融。

生态方面，目前，广西乡村治污防控攻坚战正深入推进，但乡村日常清洁管理工作落后、缺乏专门的垃圾处理制度、乡镇企业以及养殖业排污治理力度不足等问题依然存在。民生方面，乡村就业服务体系仍需健全完善；城乡发展不平衡，城乡二元结构依旧存在。乡风方面，深厚的"桂风壮韵"乡土文化与现存的乡风文明保护传承机制仍存在矛盾，壮乡浓厚的文化底蕴仍无法有效转化为惠民富民的发财树。因此，广西必须扎实推进宜居宜业和美乡村建设，生态、民生、乡风三方面并抓，真正实现惠民富民。

四 广西乡村振兴目标的实现路径与政策建议

（一）立足支柱产业增量延链，强化产业振兴动力

第一，立足主导产业，增强农业生产能力。广西需深入贯彻国家粮食安全战略，确保粮食和重要农产品的稳定供给。必须严格执行粮食安全责任制和耕地保护制度，以有效提升粮食的综合生产能力，夯实农业发展基础。同时，推动现代种植业发展，加强种业自主创新，针对甘蔗、蚕桑、水果等特色产业加大良种研发力度，积极培育具有突破性和竞争力的"桂系"品种，引进加工型品种，延伸产业链。

第二，强化农业和科技改革双轮驱动，加快农业现代化。鼓励支持农业

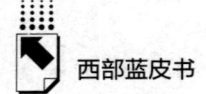

技术创新，加快重大病虫害防控技术攻关，推进农业智能化装备制造技术升级①，做强农业科技企业，承接科研单位成果转化，开展农业科技社会化服务。

第三，促进产业融合，延长农产品产业链和价值链。深化农业与农产品加工业的融合，提升农产品加工转化率；重点发展糖料蔗、蚕桑、食用菌、罗非鱼等特色产业，以及富硒、有机循环、休闲农业，发挥龙头产业的引领作用，形成广西特色"农业+"产业模式。同时，加强农业与乡村物流、旅游、服务业的融合，促进产业间的相互协作与渗透。

（二）引才育才用才依才强桂，筑牢壮乡人才基础

第一，建立和完善有效激励机制，确保人才引得来，留得住。要发挥广西"枢纽+通道+平台"三维叠加的开放潜能先天优势，叠加释放政策红利，打造人才集聚"强磁场"，吸引海内外高端人才来桂创业②。同时以壮乡乡情乡愁作为纽带吸引各式人才返乡下乡振兴乡村，如实施"归雁计划"、大学生暑期"三下乡"计划、乡村振兴"巾帼行动"、"青春建功行动"等项目。更重要的是，要加大财政金融等支持力度，发挥财政资金的引导作用，解决人才用资问题。

第二，加大对乡村振兴人才的培育力度，包括农业科技人才、经营管理人才、市场营销人才等。实施乡土人才培育计划，推进示范性乡土人才培训项目，并落实农村实用人才的学历提升方案，培养一批具备专业技能的"土专家"和"田秀才"③。大力开展职业技能培训，其中尤其要破除任务式机械式培训的弊端，真正帮助人才学好学会实用技能。确保各式人才能够有一技之长，才有所用。

---

① 《中共广西壮族自治区委员会 广西壮族自治区人民政府关于全面推进乡村振兴加快农业农村现代化的实施意见》，广西壮族自治区人民政府网站，2021年5月7日，http://www.gxzf.gov.cn/gxyw/t8787758.shtml。
② 邵雷鹏：《就业优先政策背景下广西吸引人才策略研究》，《沿海企业与科技》2023年第1期。
③ 《广西乡村振兴战略规划（2018—2022年）》，《广西城镇建设》2019年第9期。

第三，用好人才是关键，要为各式人才提供充分发挥才能的舞台。根据乡村发展的需要和人才的特长，合理配置人才资源。将人才安排在能够发挥自身优势的岗位上，充分展现其才能。

（三）深入推进壮乡文明创建，实现文化惠民富民

第一，传承和弘扬壮乡文化。加强乡村文化新风的宣传教育，开展"百县千镇万村"文明创建活动。实施乡村非遗传承工程，特别支持壮族霜降节、苗族芦笙斗马节等民族节庆，以及壮剧、彩调、桂剧等戏曲艺术的传承发展，完善保护机制，确保壮乡文化发扬光大。

第二，加大广西优秀乡村文化产品和服务高质量供给力度，推动公共文化资源向乡村倾斜。加快健全乡村公共文化服务体系，完善文化公共基础设施建设，满足广大乡村群众日益增长的文化需求。强化农村文化队伍建设，选派文化骨干深入"三区"帮扶，推动从"送文化"向"种文化"转变；加强基层文化培训，培育具有壮乡文化情怀的人才团队。

第三，加快文化资源同文化产业的有效衔接转化，将壮乡文化转变为农民增收致富的一大途径。植根文化发展文旅产业，做大做强"广西壮族三月三·八桂嘉年华"、桂林山水文化旅游节等节庆活动品牌，打造"文旅+"融合发展模式，大力推广如"走读广西"等文旅融创品牌。强化文化产业赋能乡村振兴的政策支持，用好用活财政政策；政府加强金融政策支持，拓宽融资途径，形成金融支撑乡村文化产业的发展合力。

（四）加强乡村生态环境整治，持续改善人居环境

第一，加强乡村规划建设，多措并举持续改善人居环境。努力解决"新房无新村、新村无新貌"问题，完善县域乡村建设规划及村庄实用性规划，创新乡村规划编制理念和方法。为建筑注入传统壮乡住建元素，选用壮乡特色建材，提升建筑特色风貌，打造具有壮乡特色、生活条件舒适的村屯景观。

第二，深化污染防治攻坚，强化减排措施。严控秸秆、垃圾露天焚烧；加强种植、畜牧业的污染防控，综合治理畜禽粪便污水，解决养殖业污染问

题；坚决推进"厕所革命"，加大生活污水治理力度，统一规划城乡污水治理，使乡村污水治理率达到全国水平，全面改善乡村环境。

第三，重视广西乡村自然生态保护修复，依托山水特色提升资源价值。强化漓江、左右江等重点流域及北部湾海域的生态修复，特别关注红树林保护。深化生态保护补偿改革，加大财政投入力度，推动跨界生态补偿协议签订。在发掘山水田园经济价值时，注重长远利益，实现生态、民生、经济协同发展，展现广西生态文明建设魅力。

（五）优化乡村治理体制机制，焕发壮乡组织活力

第一，强化乡村基层党组织的领导核心地位。全面落实乡村振兴责任制，五级书记亲自抓，确保党的"三农"政策得到贯彻落实。广西可以充分利用多民族共居特点，强化民族团结在乡村基层党组织建设中的重要作用。通过加强民族团结教育，促进各民族党员之间的交流和融合，使乡村基层党组织成为民族团结的坚强阵地。

第二，深化改革"三农"机制，强化农村工作体系。广西应深化土地制度改革，推进经营权流转与土地股份合作改革；健全农村金融体系，利用广西独有的农业资源创新金融产品与服务，满足农民和农业企业的金融需求，同时利用广西沿海沿边优势，拓展金融国际化合作；打破资源配置障碍，促进城乡区域要素流动，加强边境贸易、跨境物流合作，优化本地资源配置。

第三，全面促进壮乡自治、法治、德治三治结合。自治方面，依托广西深厚的民族文化传统和社区组织资源，加强村民自治组织建设，引导村民依法有序参与村级事务，推广具有广西特色的协商自治模式。法治方面，结合广西独特的法治文化，加强乡村司法保障，完善公共法律服务，确保乡村治理法治化水平稳步提升。德治方面，深入挖掘广西丰富的民族道德传统和家风家训资源，利用这些资源实施村民道德建设工程，弘扬优良家风，树立优良村风民风。建立道德激励约束机制，引导村民向上向善，形成具有广西特色的乡村德治新局面。

B.10
重庆市乡村振兴研究报告*

于秋月 陶利霞 李汶豫 秦宇翔**

摘 要： 作为集大城市、大农村、大山区、大库区于一体的直辖市，重庆市积极响应国家乡村振兴战略，不断推进乡村振兴取得新成效。但不容忽视的是，重庆市在乡村振兴过程中仍然面临城乡差距较大、人才流失严重、文化传承不足、生态环境脆弱、集体经济薄弱等现实约束。本报告从产业兴旺、人才振兴、文化振兴、生态振兴、组织振兴五个维度探索重庆市乡村振兴发展的实现路径和对策建议。

关键词： 乡村振兴 特色农业 重庆市

一 重庆市乡村振兴的现状

重庆市作为中国西部唯一的直辖市，乡村面积约占全市的95%，大部分乡村地区仍属于欠发达地区，城乡和区域发展差距较大，农村基础设施和公共服务等历史欠账多，城乡发展不平衡、农村发展不充分问题仍然突出[①]。近年来，重庆市政府相继颁布《重庆市实施乡村振兴战略规划

---

* 本报告为教育部人文社科重点研究基地——西北大学中国西部经济发展研究院项目（项目编号：XBLPS202409）阶段性研究成果。
** 于秋月，重庆工商大学成渝地区双城经济圈建设研究院博士研究生，主要研究方向为农业经济管理、流域可持续发展；陶利霞、李汶豫、秦宇翔，重庆工商大学成渝地区双城经济圈建设研究院硕士研究生，主要研究方向为区域经济、产业经济。
① 代蕊莲等：《基于乡村多元价值的乡村振兴类型与路径——以重庆市为例》，《资源科学》2023年第2期。

(2018—2022年)》《重庆市推进农业农村现代化"十四五"规划(2021—2025年)》等,推进重庆市乡村振兴不断取得新进展。

(一)重庆市乡村振兴评价指标体系

为了考察重庆市乡村振兴发展的具体情况,参照《乡村振兴战略规划(2018—2022年)》中"乡村振兴战略规划主要指标",利用产业兴旺、生态宜居、乡风文明、治理有效和生活富裕5个一级指标和18个二级指标测度重庆市乡村振兴发展综合指数①。其中,产业兴旺指通过发展和壮大乡村产业,打造具有竞争力和可持续发展能力的乡村产业体系,提升乡村经济发展水平;生态宜居指加强农村生态环境保护和治理,提升基础设施建设水平,完善公共服务设施,提升乡村居民的生活品质和幸福感;乡风文明指弘扬和传承良好的乡土文化传统,培育和践行社会主义核心价值观,促进农村社会道德风尚的形成和良好发展;治理有效指政府、社会组织和市民等各方参与者之间建立起合作、协调、监督机制,以实现资源配置、决策实施和问题解决的有效性,推动乡村经济的全面发展;生活富裕指农村居民享有高质量的生活条件,包括农村居民的收入水平稳步增长、农村基础设施完善、农村社会关系和谐稳定等。各维度具体评价指标见表1。

表1 重庆市乡村振兴评价指标体系

评价维度	评价指标
产业兴旺	单位面积粮食产量(千克/公顷)
	农业劳动生产率(元/人)
	人均农业机械总动力(千瓦)

① 原始数据主要来源于2012~2021年《中国统计年鉴》、《重庆市统计年鉴》、三农大数据平台、EPS数据库及各级农业农村部门的调查统计数据。对于少数数据缺失值采用线性插值法进行处理。

续表

评价维度	评价指标
生态宜居	农村绿化率(%)
	单位耕地农药使用量(吨/公顷)
	单位耕地化肥使用量(吨/公顷)
	卫生厕所普及率(%)
	农村自来水普及率(%)
乡风文明	农村居民教育文化娱乐支出占比(%)
	农村居民平均受教育年限(年)
	农村每万人乡镇文化站个数(个)
治理有效	农村每万人村委会个数(个)
	村卫生室个数(个)
	城乡生活差距(%)
生活富裕	农村居民纯收入(元)
	农村居民恩格尔系数(%)
	人均住宅建筑面积(平方米)
	村庄道路硬化率(%)

资料来源：杨朝娟等：《乡村振兴与新型城镇化时空演化及耦合关系研究》，《统计与决策》2023年第21期；张明斗、周川：《乡村振兴与城乡融合发展的协调度及其空间相关性》，《农林经济管理学报》2024年第1期。

（二）重庆市乡村振兴的现状

图1展示了2012～2021年重庆市乡村振兴综合指数的变化情况。可以看出，重庆市乡村振兴发展水平稳步提升，从2012年的0.169提升至2021年的0.908，增加了4.373倍。特别是党的十九大提出乡村振兴战略和《中共中央 国务院关于实施乡村振兴战略的意见》出台以来，重庆市乡村振兴发展水平增速明显。

图2展示了2012～2021年重庆市乡村振兴分维度的变化情况。可以看出，产业兴旺、生态宜居、乡风文明、治理有效、生活富裕等维度均呈现积极发展趋势。具体而言：从产业兴旺维度来看，单位面积粮食产量从2012年的5038.7千克/公顷上涨到2021年的5428千克/公顷，涨幅为7.7%；农

图 1　2012~2021 年重庆市乡村振兴综合指数

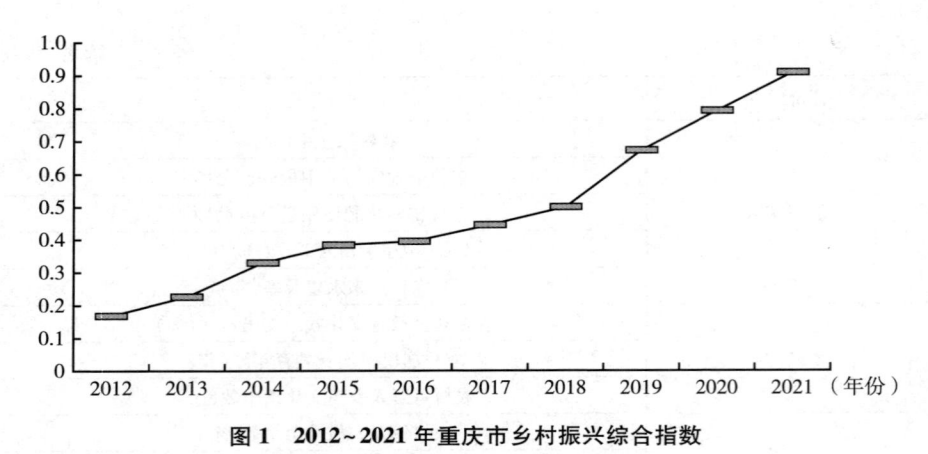

资料来源：根据熵值法计算整理所得。

业劳动生产率从 2012 年的 22398.9 元/人上涨到 2021 年的 80173.9 元/人，涨幅为 257.9%。这与重庆市及相关区县多措并举促进乡村产业振兴息息相关，比如荣昌区设立国家级农牧特色高新区，酉阳县重点发展油茶、青花椒、茶叶三大主导产业等，加速了当地农业产业升级，提升了乡村产业发展水平，带动了农民增收致富。从生态宜居维度来看，农村绿化率从 2012 年的 8.58% 上涨到 2021 年的 11.34%，单位耕地农药使用量减少了 17.9%，单位耕地化肥使用量减少了 5.4%，体现了重庆市及各区县在加强生态修复、减少农药化肥使用量、改善环境等方面做出的努力。其中，较为典型的有綦江区永城镇居民"三清一改"乡村环境行为规范，全域打造生态宜居的乡村环境。从乡风文明维度来看，乡风文明指数呈现稳步增长趋势。乡风文明对于促进社会和谐稳定、提升乡村文化内涵至关重要，重庆市各区县在提高农村生活水平的同时，注重乡风文明建设。比如黔江区石会镇中元村深入开展乡风文明创建工作，于 2017 年获得"全国文明村镇"称号；荣昌区盘龙镇大建社区通过大力弘扬客家文化，深耕夏布产业，于 2021 年成为第二批全国村级"文明乡风建设"典型案例。从治理有效维度来看，其增长速度最为缓慢，农村每万人村委会个数从 2012 年的 2514 个增加到 2016 年的 3048 个，增幅为 21.2%，到 2021 年农村每万人村委会个数为 3273，较 2016 年增长 7.4%；

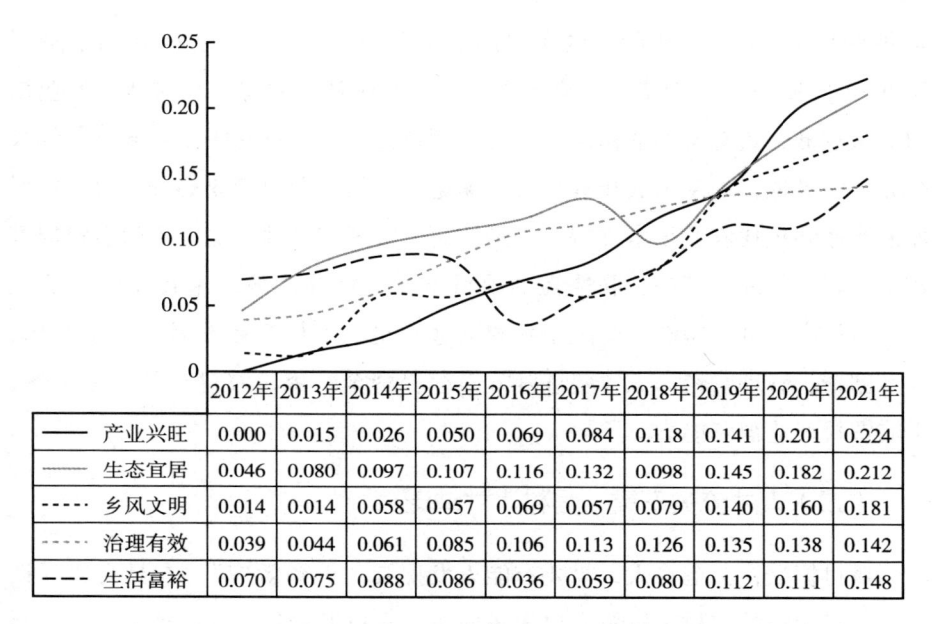

	2012年	2013年	2014年	2015年	2016年	2017年	2018年	2019年	2020年	2021年
—— 产业兴旺	0.000	0.015	0.026	0.050	0.069	0.084	0.118	0.141	0.201	0.224
—— 生态宜居	0.046	0.080	0.097	0.107	0.116	0.132	0.098	0.145	0.182	0.212
---- 乡风文明	0.014	0.014	0.058	0.057	0.069	0.057	0.079	0.140	0.160	0.181
······ 治理有效	0.039	0.044	0.061	0.085	0.106	0.113	0.126	0.135	0.138	0.142
-- -- 生活富裕	0.070	0.075	0.088	0.086	0.036	0.059	0.080	0.112	0.111	0.148

图2 2012~2021年重庆市乡村振兴分维度发展情况

资料来源：根据熵值法计算整理所得。

村卫生室个数从2012年的10642个减少到2021年的9495个，降幅为10.8%。这主要是因为农村人口流失不断增加，基层治理组织与公益单位趋于饱和。但重庆市乡村治理仍朝着规范、科学的方向发展。从生活富裕维度来看，农村居民恩格尔系数从2012年的73.6%下降到2021年的65.7%，村庄道路硬化率从2012年的15.9%上涨到2021年的20.9%。这些数据均表明重庆市通过实施乡村产业振兴不仅提升了农民收入水平，还完善了乡村基础设施，保障了农民生活质量。重庆市乡村振兴中五个维度相互促进、相互支持，共同推动重庆市乡村振兴全面发展。

二 重庆市乡村振兴面临的现实约束

（一）城乡差距较大，经济发展水平较低

重庆市大部分乡村地区基础底子薄、起步缓慢，近年来城乡和区域之间

发展差距有所缩小，比如，城乡居民消费差距由2012年的2.46倍下降至2021年的1.85倍，但依旧不容忽视。一是产业基础薄弱。乡村地区产业结构层次较低，具有典型的初级化、资源型特征，缺乏具有明显区域特色的大企业、大基地，尚未形成具有核心市场竞争力的产业或产业集群，急需高附加值产业和现代农业技术支持。二是招商引资困难。部分地区招商引资规模较小，附加值高、产业关联性强的项目偏少，资源优势尚未转化为经济优势。三是政府资金短缺。受限于政府资金不足，乡村产业发展在市场开拓、技术创新、管理营销、人才引进等方面存在资金约束，农村产品销售不畅，影响农村产业盈利能力。

（二）人才流失严重，强村人才缺乏

乡村振兴，关键在人，需要有能人发挥其"鲶鱼效应"。在具有较强社区性、封闭性的农村，以及人口大量外流、人口老龄化、外出精英回乡意愿不强的大环境下，人才短缺是重庆市乡村振兴发展的瓶颈。一是教育资源匮乏。乡村地区教育资源相对匮乏，学校师资力量不足、教学条件差等问题相对普遍，导致重庆市乡村地区教育水平整体较低，人才培养不足，难以满足乡村振兴发展的人才需求。二是人才引进力度不够。部分区县经济发展相对滞后，人才引进和激励机制不足，更是缺乏高质量就业机会和发展平台，受过高等教育的本土人才大多选择留在城市，导致农村地区人才流失严重。三是基本公共服务水平较低。乡村地区社会保障体系不健全、医疗卫生服务不足、文化娱乐设施匮乏等，制约着人才留存。以上问题进一步导致重庆市缺乏乡村振兴建设的强村人才，更是缺少专业的产业带头人或职业经纪人，严重影响农村集体经济发展。

（三）文化认可度低，资源转化不足

重庆市拥有丰富的农耕文明、多彩的民俗文化以及独特的手工艺等传统文化资源，但面临传统文化认可度低、文化资源创造性转化与创新性发展不足的困境。一是乡村传统文化认可度低。由于现代生活方式的冲击以及外来

文化的渗透，乡村地区的传统文化在一定程度上逐渐被边缘化，许多人对传统习俗、民俗文化和手工艺的了解越来越少，乡村传统文化的社会认可度不高。二是重庆市乡村文化挖掘不够。重庆市乡村文化振兴过程中，暂未形成统一有效的文化资源规划和开发利用机制，造成乡村文化资源开发利用的碎片化、同质化、无序化困境，削弱了乡村文化的整体影响力。同时，缺乏科学的管理和监管机制，一些乡村地区的文化资源在开发利用过程中遭到破坏和浪费，甚至出现了过度商业化、低俗化等不良现象，制约了乡村文化产业的可持续发展。

（四）生态环境脆弱，污染治理困难

重庆市地处长江上游生态敏感区，人均耕地面积不足，人多地少。一是农业面源污染防控较难。以山地和丘陵为主的农用地污染时有发生，农户在生产过程中存在化肥、农药、农膜使用不当，秸秆等农业废弃物综合利用率较低等问题，农业面源污染难以有效控制。二是公共服务设施建设不足。重庆市集大山区、大库区、大城市与大农村于一体，目前仍以传统农业生产方式为主，农村发展基础仍较薄弱，对农业基础设施投入力度不够，道路、供水、供电等方面无法满足农村居民生产生活需要，农业基础设施短板亟须补齐。三是管理体制不完善。重庆市农村生态环境保护缺乏统一的农业生态环境数据，对农业生态环境的监控、监管能力较弱；同时秸秆综合利用、畜禽粪肥利用、农业绿色发展转型等的激励机制不完善。

（五）集体经济薄弱，体制机制不全

重庆市农村集体经济的发展存在一些问题。一是与发达地区相比，重庆市农村集体经济尚未形成规模，缺乏能够带动农村集体经济发展的龙头企业，且大多数集体经济组织知名度不高，发展水平有限，外界潜在投资者对其后续可开发潜力持保留态度，制约了乡村可持续发展能力。二是在无专业经营管理人员的情况下，部分乡镇简单地将原有村级管理与组织机制直接移入集体经济组织，农村工作队伍建设较为薄弱，容易出现职能混乱现象，加上考核、收益分配等机制不够完善，在一定程度上影响了新型农村集体经济

的发展。同时，由于村集体经济组织运行不健全，农村"三资"管理制度制定了不少，但相对零碎，未成体系。

三　重庆市乡村振兴的主要目标与重点任务

重庆市乡村振兴的主要目标是确保实现"一个衔接、两个赶上、三个突破"，即实现巩固拓展脱贫攻坚成果同乡村振兴有效衔接，农民收入赶上全国平均水平、乡村振兴"先行示范类"区县赶上东部地区平均水平，农业科技创新、农业农村高质量发展、城乡融合发展取得重大突破。

重庆市乡村振兴战略的重点任务包括七项内容：一是粮食等重要农产品供给有效保障，其他重要农产品保持合理自给水平；二是农业质量效益和竞争力显著提升，现代山地特色高效农业产业体系、生产体系、经营体系更加健全完善，农村一二三产业深度融合；三是乡村建设行动取得明显成效，交通、供水、能源、信息等农村基础设施更加完备，农村人居环境整体提升；四是城乡区域发展更加协调，城乡一体融合发展的体制机制更加健全；五是乡村生态环境显著改善，山水林田湖草沙系统治理扎实推进，农业面源污染得到有效遏制；六是乡村治理能力明显增强，基层群众自治组织、村级集体经济组织功能作用充分发挥；七是农民获得感幸福感安全感显著增强，农民收入增长与经济增长基本同步。①

四　重庆市乡村振兴目标的实现路径与政策建议

（一）产业兴旺实现路径与政策建议

1. 发展特色农业，打造山地品牌

"菜篮子""米袋子""果盘子"牵动着群众的"钱袋子"。要发挥重庆

---

① 《〈重庆市推进农业农村现代化"十四五"规划（2021—2025年）〉解读》，重庆市人民政府网站，2021年9月9日，http://www.cq.gov.cn/zwgk/zfxxgkml/zcjd_120614/bmjd/202109/t20210909_9678458.html。

具有大城市、大农村、大山区、大库区的显著特征，发展特色农业，打造山地品牌。首先，在重庆市乡村振兴小组的统筹规划下，各区县要发挥重庆的农业资源优势和生态优势，借助已经形成的绿色蔬菜、玉米制种、设施农业、林果、小杂粮、农产品加工等产业优势，以及区位、土地、人力等有利条件，宜种则种、宜养则养、宜游则游、宜工则工、宜商则商，精准对接，对外开展经济合作、招商引资，争取本地市场、拓展外部市场，实现良性互动共赢。其次，要进一步加强农产品品牌建设的乡村振兴专项资金支持，增加对获得"三品一标"以及重庆品牌农产品认证经营主体的直接补贴和政策优惠。鼓励新型农业经营主体投身重庆特色农产品品牌打造，集中力量打造一批在国内乃至国际市场上立得住、叫得响、卖得好的拳头农产品。最后，要做实品牌宣传推介。以绿色化、优质化、特色化、品牌化为引领，深挖文化内涵和地域价值，打造具有地域特色和文化内涵的农产品品牌。重视山地特色农业宣传和推广路径，充分利用农产品交易会、博览会、展销会、电子商务等平台，加大国家媒体、区域性交通枢纽中心的广告投放力度，通过重庆广播电视台、《重庆日报》、新媒体等多渠道，全方位宣传重庆市特色农产品，不断开拓农产品市场，拓展销售渠道。

2. 依靠科技创新，赋能产业转型

重庆山地地形复杂，气候多变，土壤条件各异，科技创新应注重研发适应性强的农业技术，如适应山地农业的种植模式、适应高海拔环境的新品种、适应陡峭地形的农业机械等。推动适应性科技为重庆山地特色农业赋能，加强产业技术体系创新团队建设，提高重庆市农业生产效率和抵御灾害能力。引入智能化农业技术是提高重庆农业生产效益的重要途径。例如，利用遥感技术、无人机和地理信息系统对山地农田进行精准测绘和监测，帮助农民科学合理地利用土地资源。同时，加强农业关键核心技术攻关，突出生产环节的高效种养、品质提升等科技创新，加工环节的工艺改进、产品研发等科技攻关。科技创新应注重研发环境友好型农业技术，减少对土壤、水源和空气的污染。例如，推广有机农业技术、生物防治技术，减少农药和化肥的使用，保护生态环境的可持续发展。建立健全农业科研成果产权制度，落

实兼职取酬、成果权益分配政策，调动农业科技人员的积极性。通过建立农业信息平台，收集和整合农业数据，为农民提供准确的农业信息和决策支持。同时，加强基层农业服务体系建设，开展农技人员素质能力提升培训，鼓励新型农业经营主体开展农业科技推广服务，推广应用新技术、新机具、新模式。推广农业物联网技术和大数据分析应用，实现农业生产的精细化管理，提高农业生产的可控性和可预测性。

（二）人才振兴实现路径与政策建议

1. 明确人才需求，注重内培外引

根据重庆市乡村振兴的主要任务和目标，各区县政府及相关部门修改完善本地区乡村振兴项目的具体内容和发展方向，从农业、农村、农民等维度，考虑专业领域、专业技能、创新能力、运营能力、管理能力等，明确本地区农业技术人才、乡村规划人才、农村管理人才、科技创新人才等的需求清单。由重庆市政府牵头，联合重庆市农业科学院、重庆大学等高等院校，以及重庆市农业学校、重庆三峡职业学校等高等职业学校开展重庆市乡村振兴发展培养专项行动，围绕重庆市典型"三农"问题开展一系列科研项目和人才培养，促进科研成果转化为乡村振兴实践的有效力量。注重乡村振兴人才队伍的实践锻炼，形成懂农业、爱农村、爱农民的"三农"工作队伍，为重庆市乡村发展输送新鲜血液。同时，政府可以组织重庆市三峡牧业（集团）有限公司、重庆科瑞南海制药有限责任公司、重庆太极实业（集团）股份有限公司等重庆市农业产业化龙头企业针对乡村振兴发展的人才缺口以及人才需求，开展综合培训、专项培训等，培养实用型"三农"人才，增强其适应现代化农业发展的能力。制定灵活多样的人才引进政策，在重庆市政府的统筹下，给予各区县充分的自主权，简化人才引进政策，吸引国内外乡村振兴发展的顶尖人才、专业人才、实用人才，为重庆市乡村振兴工作添砖加瓦。完善人才评价和激励政策，加大重庆市乡村建设突出贡献奖的支持力度，全面激发人才投入乡村振兴工作的积极性、主动性和创造性，增强乡村振兴人才的幸福感和归属感。

2.搭建人才平台,鼓励返乡创业

根据重庆市和各区县乡村振兴的人才缺口及人才需求,借助官方网站、App等,加强人才驿站、人才服务站、专家服务基地、青年之家、妇女之家等人才服务平台建设,提供乡村振兴专项政策解读、培训资源发布、创业扶持及线上招聘等功能,建立健全乡村振兴人才服务平台。设立乡村振兴人才交流中心与培养基地,通过举办政策解读会、专题研讨会、农村座谈会、农民培训会等,加强各区县乡村振兴人才的合作交流,实现"1+1>2"的效果。支持重庆市高等院校和高职院校毕业生、农村实用人才、务工经商返乡人员等返乡创业,设立返乡创业园区,提供办公场地、专项指导、技术支持等服务。加强创业服务和法律保障,保护返乡创业者的合法权益,营造公平竞争的市场环境。对返乡创业者制定减免税收、财政补贴等政策优惠,设立重庆市返乡创业专项资金,引导金融机构等社会资本积极开发返乡创业的金融产品和服务形式,不断改善乡村创新创业生态。通过专题培训、实践锻炼、学习交流等方式,完善乡村企业家培训体系,完善涉农企业人才激励机制,加强对乡村企业家合法权益的保护,壮大新一代乡村企业家队伍。

(三)文化振兴实现路径与政策建议

1.坚守传承创新,培养文化自信

乡土文化是中华文化的本质,也是民族根脉之缘起。重庆市乡村拥有丰富的传统文化资源,如农耕文明、民俗传统和非物质文化遗产等,文化振兴是乡村振兴中非常重要的一环。乡村文化的产生与传承源自乡土社会的发展与变迁,与农民的生产生活息息相关,要坚持以人为本的原则,培养和打造一批传统乡村文化的信仰者、守护者、创作者和传播者。建议由重庆市委宣传部与文化和旅游发展委员会联合牵头,重庆市乡村文化促进会组织,制定乡村文化保护政策,重点保护和传承当地的传统文化、民俗风情等。积极整合各界资源,加强重庆市乡土文化现状调查,加强对文化遗产的保护,修缮传统古村落、古建筑等,建立重庆市乡村文化档案馆、乡土文化馆等机构,收集、整理和展示乡村的历史文化遗产,唤醒农民对乡村文化的自觉,激发

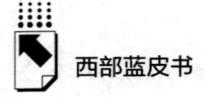

乡村居民对乡村文化的热爱和自豪感。在四川美术学院、重庆文化艺术职业学院等设立乡村文化教育基地，在传统乡土文化的体验过程中，引导青少年热爱乡村文化，传承文化精神；加强重庆出版集团、重庆日报报业集团等对传统乡村文化以及相关活动的宣传，开设乡村文化楷模的宣传专栏，推动乡村文化自信的培养，不断提升乡村文化认同度和软实力。

2. 加深文旅融合，振兴文化产业

重庆市政府针对乡村振兴发展的目标，选择具有悠久历史、独特民俗文化或非物质文化遗产的乡村，统筹规划和建设一批不同类型的乡村文化产业园区，提供优惠政策和资金支持，吸引文化企业和创意团队入驻园区，开发建设一批高品位、有特色的文化创意景区及历史文化街区等文化旅游集聚区，推动文化产业集聚效应的形成。依托一江碧水，彰显自然山水、峡谷港湾、沿线风情等特色，深度挖掘乡村文化资源，开发农事、节庆活动等农耕、民俗体验类产品，打造主题农园、休闲农庄、生态渔村、艺术村庄、乡村民宿、康养基地，串连成综合展示乡村风貌、承载乡土记忆、回味乡愁的文化旅游精品线路，形成民俗、采摘、节庆、休闲度假、养生养老等产业体系。完善乡村旅游基础设施，包括道路、停车场、厕所等，提升游客的出行体验，建立乡村文化活动中心、文化广场、图书馆等，提升乡村文化服务水平。通过"旅游+文化+数智"形式，推进乡村文化旅游资源数字化转型、创新性发展。大力发展云端文旅，拓展重庆乡村文化旅游云端展览，形成5G技术下更高技术格式、更新应用场景、更美视听体验的新业态。开发畅游重庆市乡村文化遗产GIS专题移动终端系统，通过移动化技术手段来展示重庆地区的农耕文明、民俗传统、传统村落、古建筑、传统工艺等。借助AR、VR、人工智能等技术实现虚实融合，增强场景性体验，扩展旅游产品和服务的体验空间。

（四）生态振兴实现路径与政策建议

1. 聚焦污染治理示范，美化乡村生态环境

在农业生产层面，始终坚持生态优先、绿色发展的理念，积极推进绿色

农业、生态农业发展，鼓励农民采用有机农业种植方式，以畜禽养殖污染治理、农膜回收、秸秆综合利用、农药和化肥施用量控制等为重点，保护土壤生态环境。重庆市农业农村委员会及其相关部门，加强有关农业科学生产的科普宣传，突出农药、化肥等不合理施用的严重后果和危害，培养农民在粮食生产过程中要素使用合理性与规范性意识。鼓励重庆市农业科研机构以及相关企业，对当地农业用地进行土壤监测，明晰重庆市各区县耕地土壤微量元素的构成情况，进而判定各区县应当如何正确施用化肥，减少农民在农业生产过程中化肥使用的盲目性，为粮食安全以及乡村生态环境贡献一份力量。在农民生活层面，从生活的需求出发，分步骤、有计划地推进农村生活污水治理，因地制宜进行生活空间、功能空间的规划设计，推动城镇污水管网向周边村庄延伸、覆盖，因地制宜采用适合重庆市农村特点和实际的污水处理技术，重点完善乡村地区的污水管网处理设施和生活垃圾收集处理设施，促进生活污水源头减量和尾水回收利用。重庆市政府要加大对农村厕所革命的支持力度，制定更加具体和有力的政策措施，确保资金和资源到位，提升农村卫生厕所的设施设备水平，提高使用舒适度和便利性；加强与相关部门的合作，形成多部门协同推进的工作机制，提升农村厕所革命的整体效果，改善农村居民的生活环境和卫生条件。

2.完善公共服务设施，引导乡村绿色消费

根据重庆市乡村发展实际，不断完善重庆市乡村基础设施建设和公共服务，包括道路、供水、供电等，为绿色产业发展提供支持。优化农户能源消费结构，鼓励农户安装节能灯具、建设沼气池，提高农村能源利用效率，实现资源循环利用，减少农户对自然资源环境的依赖。加强教育宣传和建立激励机制等措施的实施，促进乡村绿色消费理念的形成和践行，引导消费者选择绿色环保和低能耗的生活用品，避免过度消费，加强物品的循环利用等，推动乡村绿色产业的发展。比如，重庆市政府可以选择美丽乡村建设示范村，安装太阳能灯具，宣传和推广太阳能灯具的节能环保优势，吸引其他农户模仿推广；并将太阳能灯具作为补贴项目，向购买太阳能灯具的农户提供资金补贴，促进太阳能灯具的推广应用。加大农村绿色消费市场建设力度，打击假冒伪劣产品，保护消费者权益，提升农产品的品质和信誉度，消除农民消费的顾虑，促进乡村经济的可持续发展。同时，运用现代流通手段开拓农村绿色消费市场，鼓励大中型商业企业和生产企业把绿色产品经营范围扩展到广阔的农村市场，促进绿色消费理念在农村地区的普及和推广。

（五）组织振兴实现路径与政策建议

1. 加强党建引领，健全组织体系

要加强党建引领，不断优化乡村治理体系和提升治理能力。要贯彻落实习近平总书记重要讲话精神和文件指示精神，加强基层党组织建设工作，以增强农村基层党组织政治功能和组织功能为着力点，确保党的路线方针政策在重庆市农村基层贯彻落实。要建立健全基层党组织的组织架构，优化基层党组织的组织体系，明确基层党组织的职责和任务分工，确保各级党组织之间的协调配合，形成上下贯通、协同配合的工作机制；进一步优化重庆市各区县基层党组织运行机制，简化工作程序，提高工作效率，确保党组织在乡村振兴工作中起到有效的组织领导作用。建立乡村振兴工作的合作机制，组织开展乡村振兴工作的交流研讨会、座谈会等活动，推动经验共享和资源共享，促进基层党组织之间的合作交流，共同推动乡村全面振兴。建立健全乡村振兴工作的监督机制，加强对基层党组织的监督和检查，定期对基层党组织的工作进行考核，及时发现问题，加强整改，提高工作质量和效率，确保政策措施的有效实施；强化对基层党组织负责人的责任追究，确保责任落实到位，推动乡村振兴工作取得实际成效。

2. 壮大集体经济，奠定物质基础

发展农村集体经济，为持续推进乡村全面振兴提供强大动力，是推动乡村组织振兴的重要抓手。要提升重庆市乡村基层党组织人才的能力，坚持把政治标准放在首位，选拔思想政治素质好、道德品行好、带富能力强、协调能力强、公道正派、廉洁自律、热心为群众服务的党员担任村党组织书记；持续加强驻村帮扶工作，形成每个行政村全覆盖选派驻村第一书记、工作队、乡村振兴工作指导员。要提高村级组织服务群众的能力，不断健全村级

集体经济的组织体系、政策体系及责任体系，形成集体经济发展的强大合力。建立政府、农民合作社、农民代表等农村集体经济发展各相关利益方之间的协调机制，形成多方参与、协同推进的工作格局，定期进行沟通、交流，集中讨论集体经济发展中所涉及的重要问题，确保政策的顺利实施和决策民主化。基层党组织要加大对村集体经济组织规范运营的指导力度。进一步健全农村集体经济的组织架构，依法制定完善公司章程，物资采购管理、项目建设投资管理、财务管理等各项制度，理顺村级组织与村集体经济组织运行机制，尽快建立"归属清晰、权责明确、利益共享、保护严格、监督有力"的农村集体经济现代企业化运营模式。同时，对在乡村振兴工作中表现突出的基层党组织和党员进行表彰奖励，激励广大党员和群众积极参与乡村振兴，推动工作取得更大成效。

B.11 四川省乡村振兴研究报告

蒋永穆 李璇[**]

摘　要： 实施乡村振兴战略，是新时代"三农"工作的总抓手，四川省要释放新动能、实现新发展，必须把乡村振兴摆在治蜀兴川的突出位置。本报告以乡村振兴的总要求为依据，立足四川省农业农村发展实际，从产业兴旺、生态宜居、乡风文明、治理有效、生活富裕五个维度，选取相应指标对四川省乡村振兴进行综合评价，客观反映四川省乡村振兴面临的现实约束，深入分析四川省乡村振兴的主要目标与重点任务，进而提出四川省乡村振兴目标的实现路径与政策建议。

关键词： 乡村振兴　产业发展　农业农村现代化　四川省

一　四川省乡村振兴的现状

当前四川省乡村振兴正处于全面发力、持续推进时期。构建符合四川省情的乡村振兴评价指标体系，客观评价四川省乡村振兴现状，能够为四川省推进乡村全面振兴提供可靠依据。

---

[*] 本报告为教育部人文社科重点研究基地——西北大学中国西部经济发展研究院项目（项目编号：XBLPS202408）阶段性研究成果。

[**] 蒋永穆，四川大学马克思主义学院院长、经济学院教授、博士生导师，主要研究方向为中国特色社会主义政治经济学、"三农"问题；李璇，四川大学经济学院博士研究生，主要研究方向为社会主义经济理论与实践、"三农"问题。

（一）四川省乡村振兴评价指标体系

1. 四川省乡村振兴评价指标体系构建依据

四川省乡村振兴评价指标体系最根本的构建依据是2018年中共中央、国务院印发的《乡村振兴战略规划（2018—2022年）》（简称《规划》）。《规划》明确指出按照"产业兴旺、生态宜居、乡风文明、治理有效、生活富裕"的总要求，实现乡村产业振兴、人才振兴、文化振兴、生态振兴和组织振兴。

产业兴旺是乡村振兴的重点。一方面，乡村产业的兴旺能够提高农民的生产能力和收入水平。瞄准城乡居民消费需求新变化，大力发展乡村旅游、农村电商、现代食品产业等新产业新业态，有助于创造就业机会、提升农业产业附加值，实现农民增收致富。另一方面，乡村产业的兴旺能够激活乡村发展内生动力。着眼于加快构建现代农业产业体系、生产体系和经营体系，大力发展乡村特色产业、现代农业产业、推进产业融合，有助于调整和优化乡村经济结构，提高乡村经济的竞争力和可持续发展能力，为高质量实现乡村振兴提供有力支撑。

生态宜居是乡村振兴的关键。乡村生态环境是农业生产和农民生活的关键载体。一方面，宜居的乡村生态环境能够保护农民的身心健康、提高农民的生活质量，同时能够增强乡村吸引力，满足城市居民对美好生活向往的宜居环境诉求。另一方面，宜居的乡村生态环境能够保障农业生产的持续性和可行性，促进乡村产业振兴和经济繁荣，实现绿水青山就是金山银山。

乡风文明是乡村振兴的保障。乡风文明是乡村文化振兴的重要保障，也是乡村德治的本质体现。一方面，乡风文明能够为乡村振兴提供智力支持和精神动力。良好的乡风文明是中华传统农耕文明和现代文明的有机统一，能帮助乡村居民树立发展信心，改变落后思想观念，主动摒弃陈规陋习，提高思想道德水准和自身综合素质。另一方面，乡风文明有助于提高乡村居民的主体意识，使其自觉遵守乡规民约，形成依法办事和民主办事的作风，为农村基层民主政治建设打下坚实基础。

治理有效是乡村振兴的基础。乡村治,百姓安,国家稳。一方面,高效的乡村治理体系能够通过建立有效的决策机制和信息共享平台,协调各方利益,推动多元主体合作,实现乡村振兴共赢。另一方面,推行以自治、法治、德治为主导的"三治"融合路径,能够提升乡村治理效能,释放乡村治理对乡村振兴的乘数效应和引擎作用。

生活富裕是乡村振兴的根本。农民是乡村振兴的主体,乡村振兴最根本的民生目标就是要实现农民生活富裕。生活富裕主要体现在两个方面:一是持续增加农民收入,不断缩小城乡居民收入差距,加快实现全体人民共同富裕;二是着眼于教育、医疗、社保等领域,推动实现城乡基本公共服务均等化,不断提升农民生活质量,促进社会和谐发展。

2. 四川省乡村振兴评价指标体系

基于乡村振兴的实现逻辑,结合四川省实际省情,借鉴现有研究并考虑数据的可获得性,构建由产业兴旺、生态宜居、乡风文明、治理有效以及生活富裕5个维度17个一级指标30个二级指标构成的四川省乡村振兴评价指标体系(见表1)。

表1 四川省乡村振兴评价指标体系

维度	一级指标	二级指标
产业兴旺	农业生产能力	人均农业机械总动力
		粮食产量
	农业生产效率	农业劳动生产率
	产业融合水平	规模以上农产品加工企业主营业务收入
生态宜居	农业绿色发展水平	农药化肥施用量
		畜禽粪污综合利用率
	农村人居环境治理	处理生活污水的行政村占比
		处理生活垃圾的行政村占比
		卫生厕所普及率
	农村生态环境保护	农村绿化率

续表

维度	一级指标	二级指标
乡风文明	家庭之风	农村居民教育文娱支出占比
		农村义务教育学校专任教师本科以上学历占比
		农村居民平均受教育年限
	文化之风	有线电视覆盖率
		开通互联网宽带业务的行政村占比
	社会之风	乡村文化站数量
治理有效	民主自治	村主任书记"一肩挑"比例
	乡村规治	已编制村庄规划的行政村占比
	基层法治	已开展村庄整治的行政村占比
生活富裕	收入水平	农民人均纯收入
		农民人均收入增长率
	收入差距	农村贫困发生率
		城乡居民收入比
		农村居民恩格尔系数
	生活质量	每百户汽车拥有量
		农村居民人均住房面积
	基础设施建设	安全饮用水普及率
		村庄道路硬化率
		人均道路面积
	基本公共服务	农村每千人拥有卫生技术人员数

（1）产业兴旺

产业兴旺衡量的是乡村产业发展的能力和水平，主要利用农业生产能力、农业生产效率和产业融合水平三个指标进行评价。

（2）生态宜居

生态宜居衡量的是乡村生态环境的优劣以及宜居程度，主要利用农业绿色发展水平、农村人居环境治理和农村生态环境保护三个指标进行评价。

（3）乡风文明

乡风文明主要衡量乡村优秀传统文化的保护继承情况及现代文明对乡村的深刻影响，主要利用家庭之风、文化之风和社会之风三个指标进行评价。

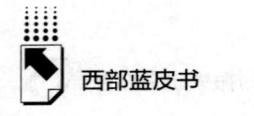

（4）治理有效

治理有效主要衡量乡村利用正式制度和非正式制度的治理效率，主要利用民主自治、乡村规治和基层法治三个指标进行评价。

（5）生活富裕

生活富裕主要衡量乡村居民的实际收入状况和生活质量，主要利用收入水平、收入差距、生活质量、基础设施建设和基本公共服务五个指标进行评价。

（二）四川省乡村振兴水平测度结果分析

1. 四川省乡村振兴总体情况

四川省乡村振兴水平随着时间的推进不断提高。从省内各市（州）来看，2022年资阳市的乡村振兴水平最高，紧随其后的是巴中市、德阳市。资阳市和德阳市紧邻成都市，受益于成都市各类要素的空间溢出效应和区域流动效应，两地产业发展条件和人才流动性优于其他市（州），有利于促进乡村产业发展、夯实乡村振兴的人才基础；巴中市经济发展水平相对落后，但拥有丰富的自然资源，近年来通过加大资金投入和政策支持力度，成为四川省内乡村振兴的"后起之秀"，推进乡村全面振兴取得显著成效。排名靠后的是攀枝花市、自贡市和甘孜藏族自治州，这3个市（州）也是四川省内长期以来发展较为薄弱的地区，这些地区尚未形成畅通的要素流通渠道，城乡要素流动仍存在一定障碍，乡村振兴进程缓慢（见表2）。

表2 2017~2022年四川省乡村振兴评价指数总体情况

地区	2017年	2018年	2019年	2020年	2021年	2022年
四川省	0.4083	0.3447	0.4448	0.5268	0.5651	0.5890
成都市	0.5165	0.4628	0.5207	0.5425	0.4596	0.4132
自贡市	0.5055	0.4067	0.4189	0.3732	0.5723	0.3344
攀枝花市	0.3474	0.3658	0.4099	0.6447	0.6386	0.3473
泸州市	0.2814	0.4130	0.5786	0.5312	0.6794	0.6787
德阳市	0.5798	0.2407	0.5437	0.6039	0.6813	0.7610

续表

地区	2017年	2018年	2019年	2020年	2021年	2022年
绵阳市	0.1557	0.2985	0.4878	0.5061	0.5472	0.5426
广元市	0.2539	0.2297	0.3067	0.3431	0.6706	0.7387
遂宁市	0.4377	0.2363	0.6394	0.5004	0.3385	0.5359
内江市	0.5229	0.1828	0.2444	0.6870	0.4751	0.5912
乐山市	0.5790	0.3141	0.6500	0.2448	0.2741	0.6886
南充市	0.4743	0.3533	0.6281	0.6060	0.5551	0.7289
眉山市	0.2516	0.2455	0.4202	0.5819	0.4891	0.6163
宜宾市	0.4910	0.3747	0.5416	0.6570	0.5540	0.5089
广安市	0.1976	0.3447	0.3802	0.4691	0.6803	0.4406
达州市	0.4367	0.4429	0.2823	0.7028	0.6786	0.5933
雅安市	0.2315	0.2224	0.2333	0.2842	0.3957	0.7332
巴中市	0.4847	0.4197	0.3883	0.6436	0.7018	0.7816
资阳市	0.5701	0.5991	0.2157	0.7577	0.6003	0.8501
阿坝藏族羌族自治州	0.5163	0.5900	0.5386	0.4236	0.6895	0.5725
甘孜藏族自治州	0.3287	0.3233	0.4393	0.5570	0.6723	0.3255
凉山彝族自治州	0.4123	0.1721	0.4742	0.4034	0.5147	0.5861

资料来源：原始数据主要来源于历年《四川统计年鉴》、《中国农村统计年鉴》、《中国人口就业和统计年鉴》、《中国城乡建设统计年鉴》及四川省各市（州）统计局网站，评价结果由笔者计算而来。

2. 产业兴旺指数

2017~2022年四川省内各市（州）产业兴旺指数如表3所示。从四川省产业发展的整体情况来看，除2018年外，产业兴旺指数逐年递增，呈现良好的上升态势。从省内各市（州）来看，2022年产业兴旺指数靠前的有巴中市、资阳市、泸州市、广元市，其中巴中市、资阳市和广元市也是乡村振兴评价指数较高的地区。排名在中间的有雅安市、乐山市、德阳市、眉山市等。排名靠后的有甘孜藏族自治州、成都市、自贡市、广安市和攀枝花市，其中甘孜藏族自治州、自贡市和攀枝花市也是乡村振兴评价指数较低的地区。产业兴旺水平和乡村振兴评价指数的趋同变动再次说明了乡村产业发展在乡村振兴中处于重中之重的地位。

表3　2017～2022年四川省各市（州）产业兴旺指数

地区	2017年	2018年	2019年	2020年	2021年	2022年
四川省	0.4027	0.3332	0.4250	0.5338	0.5748	0.6145
成都市	0.4932	0.5921	0.5476	0.5201	0.3766	0.3242
自贡市	0.4191	0.5112	0.3420	0.3081	0.6659	0.3579
攀枝花市	0.3929	0.2759	0.4158	0.6846	0.7077	0.3721
泸州市	0.2662	0.3914	0.5072	0.5401	0.7276	0.8122
德阳市	0.6648	0.2188	0.4521	0.7072	0.5209	0.7441
绵阳市	0.1159	0.2983	0.4970	0.5225	0.5851	0.5763
广元市	0.2073	0.2640	0.2786	0.3129	0.8036	0.8073
遂宁市	0.4356	0.1594	0.7194	0.4590	0.3765	0.5486
内江市	0.5347	0.1528	0.2377	0.6949	0.4919	0.6763
乐山市	0.6230	0.3748	0.6182	0.2662	0.2252	0.7407
南充市	0.5592	0.2996	0.6461	0.5523	0.5388	0.6809
眉山市	0.2278	0.2072	0.2927	0.5616	0.5039	0.6816
宜宾市	0.4839	0.3728	0.6017	0.6639	0.5677	0.5801
广安市	0.1074	0.2854	0.4255	0.5493	0.6550	0.3592
达州市	0.4495	0.4634	0.3325	0.8198	0.6039	0.6434
雅安市	0.2786	0.1428	0.1242	0.2286	0.3860	0.7769
巴中市	0.4594	0.3688	0.3628	0.7299	0.7953	0.9198
资阳市	0.5540	0.7158	0.1079	0.7285	0.6919	0.9046
阿坝藏族羌族自治州	0.5225	0.4864	0.4665	0.3878	0.5745	0.5249
甘孜藏族自治州	0.2396	0.2631	0.4444	0.5097	0.7777	0.2872
凉山彝族自治州	0.4214	0.1528	0.5059	0.4637	0.4952	0.5864

资料来源：原始数据主要来源于历年《四川统计年鉴》、《中国农村统计年鉴》、《中国人口就业和统计年鉴》、《中国城乡建设统计年鉴》及四川省各市（州）统计局网站，评价结果由笔者计算而来。

3. 生态宜居水平

2017～2022年四川省内各市（州）生态宜居指数情况如表4所示。从四川省整体情况来看，生态宜居指数总体呈上升趋势，但2019～2022年增幅有所下降。从省内各市（州）来看，2022年生态宜居指数排名靠前的有南充市、资阳市、雅安市、德阳市。排名中间的有广元市、凉山彝族自治州、乐山市、巴中市等。排名靠后的有甘孜藏族自治州、自贡市、攀枝花市、广安市,这四个地区中有民族地区、省域边界地区,均与成都市相隔较远。民族地区通常具备良好的生态资源禀赋,关键问题在于如何实现生态效益向经济效益的转化,在提升生态宜居水平的同时实现增收致富。

表4 2017~2022年四川省各市(州)生态宜居指数

地区	2017年	2018年	2019年	2020年	2021年	2022年
四川省	0.4085	0.3684	0.4536	0.4868	0.5370	0.5471
成都市	0.4882	0.4272	0.5294	0.5869	0.4673	0.4460
自贡市	0.5606	0.4082	0.4165	0.3896	0.6133	0.3792
攀枝花市	0.3771	0.4377	0.4173	0.5453	0.5937	0.3613
泸州市	0.2981	0.4370	0.5883	0.5023	0.6352	0.5440
德阳市	0.5187	0.2284	0.5826	0.5214	0.7041	0.7188
绵阳市	0.1200	0.2975	0.5011	0.4240	0.4791	0.4910
广元市	0.2691	0.2337	0.3192	0.3872	0.6103	0.7143
遂宁市	0.4389	0.3131	0.6178	0.4999	0.2287	0.4799
内江市	0.4832	0.3440	0.2871	0.6449	0.4776	0.4674
乐山市	0.4447	0.3432	0.6307	0.3150	0.2849	0.6744
南充市	0.3568	0.3476	0.6326	0.5707	0.5314	0.7513
眉山市	0.3743	0.2813	0.4388	0.4191	0.5060	0.5097
宜宾市	0.4875	0.4670	0.4999	0.6488	0.6145	0.4655
广安市	0.3438	0.3887	0.4165	0.4426	0.5792	0.4164
达州市	0.4983	0.4546	0.2956	0.6140	0.6275	0.5147
雅安市	0.2203	0.2904	0.3055	0.2401	0.4490	0.7236
巴中市	0.5691	0.3876	0.3857	0.5773	0.6714	0.6338
资阳市	0.6054	0.5891	0.2504	0.6334	0.5249	0.7385
阿坝藏族羌族自治州	0.4479	0.5127	0.5694	0.3717	0.6210	0.4938
甘孜藏族自治州	0.3543	0.3470	0.3945	0.5043	0.5992	0.2913
凉山彝族自治州	0.3221	0.1997	0.4469	0.3841	0.4586	0.6747

资料来源:原始数据主要来源于历年《四川统计年鉴》、《中国农村统计年鉴》、《中国人口就业和统计年鉴》、《中国城乡建设统计年鉴》及四川省各市(州)统计局网站,评价结果由笔者计算而来。

4. 乡风文明水平

2017~2022年四川省内各市(州)乡风文明指数如表5所示。从四川省整体情况来看,乡风文明指数总体呈上升趋势,2018~2020年增幅较大,

2021~2022年增幅显著降低。从省内各市（州）来看，2022年乡风文明指数排名靠前的有资阳市、广元市、巴中市、南充市。排名在中间的有德阳市、雅安市、绵阳市、阿坝藏族羌族自治州等。排名靠后的有攀枝花市、自贡市、甘孜藏族自治州。

表5 2017~2022年四川省各市（州）乡风文明指数

地区	2017年	2018年	2019年	2020年	2021年	2022年
四川省	0.3967	0.3150	0.4494	0.5588	0.5736	0.5984
成都市	0.4675	0.4224	0.5316	0.5848	0.4523	0.4334
自贡市	0.5041	0.4444	0.4313	0.3249	0.5237	0.3061
攀枝花市	0.3527	0.3191	0.3435	0.6943	0.6588	0.2860
泸州市	0.2935	0.4100	0.6242	0.5457	0.7360	0.6028
德阳市	0.5074	0.2347	0.5847	0.5766	0.6404	0.7625
绵阳市	0.1380	0.3061	0.4507	0.5690	0.5424	0.6638
广元市	0.2403	0.1565	0.3522	0.3299	0.6727	0.7882
遂宁市	0.4065	0.1918	0.6546	0.5759	0.3713	0.6024
内江市	0.5459	0.0832	0.1519	0.7882	0.4391	0.6183
乐山市	0.6697	0.2618	0.7117	0.2594	0.1996	0.6353
南充市	0.4460	0.2824	0.5941	0.6765	0.5685	0.7670
眉山市	0.1791	0.2654	0.4140	0.6795	0.4238	0.5606
宜宾市	0.5325	0.3860	0.6005	0.6725	0.5317	0.4755
广安市	0.1481	0.2996	0.3922	0.4831	0.7747	0.4449
达州市	0.4323	0.3945	0.2617	0.7690	0.7162	0.6342
雅安市	0.2829	0.1199	0.1863	0.2606	0.4079	0.7015
巴中市	0.4506	0.3813	0.3353	0.6684	0.7188	0.7692
资阳市	0.5117	0.5172	0.2618	0.7994	0.7126	0.9480
阿坝藏族羌族自治州	0.5248	0.6974	0.5471	0.4294	0.7248	0.6469
甘孜藏族自治州	0.2503	0.3346	0.5172	0.6146	0.7127	0.3069
凉山彝族自治州	0.4459	0.1073	0.4913	0.4330	0.5166	0.6120

资料来源：原始数据主要来源于历年《四川统计年鉴》、《中国农村统计年鉴》、《中国人口就业和统计年鉴》、《中国城乡建设统计年鉴》及四川省各市（州）统计局网站，评价结果由笔者计算而来。

5. 治理有效水平

2017~2022年四川省内各市（州）治理有效指数如表6所示。从四川省整体情况来看,治理有效指数趋于平稳,分别在2019年、2020年以及2022年有所提升。从省内各市(州)来看,2022年治理有效指数排名靠前的有德阳市、雅安市、巴中市、阿坝藏族羌族自治州,阿坝藏族羌族自治州属于民族地区,乡风文明指数和治理有效指数表现出同步提升趋势,良好的乡风文明有助于加快实现民族地区治理体系和治理能力现代化,为乡村振兴奠定坚实基础。排名在中间的有资阳市、南充市、眉山市、泸州市。排名靠后的有自贡市、广安市、攀枝花市。

表6 2017~2022年四川省各市(州)治理有效指数

地区	2017年	2018年	2019年	2020年	2021年	2022年
四川省	0.4790	0.4575	0.4787	0.5153	0.5052	0.5429
成都市	0.5992	0.5532	0.5245	0.5138	0.4795	0.4326
自贡市	0.5603	0.5473	0.4256	0.4906	0.4573	0.3496
攀枝花市	0.3832	0.4892	0.4032	0.6321	0.5649	0.4015
泸州市	0.3299	0.5072	0.6057	0.3717	0.4885	0.5889
德阳市	0.6034	0.3625	0.5632	0.5819	0.5708	0.7321
绵阳市	0.3830	0.4111	0.3730	0.5085	0.5040	0.4581
广元市	0.4904	0.4463	0.3698	0.4108	0.5516	0.5739
遂宁市	0.5150	0.3991	0.5602	0.5232	0.3780	0.5751
内江市	0.5026	0.3614	0.4555	0.6227	0.5398	0.5428
乐山市	0.5734	0.3728	0.6166	0.3516	0.4879	0.5224
南充市	0.6093	0.5548	0.5229	0.5669	0.5326	0.6239
眉山市	0.3134	0.4754	0.4435	0.5060	0.5285	0.6186
宜宾市	0.4908	0.4655	0.5000	0.5490	0.4301	0.4719
广安市	0.3294	0.3502	0.4597	0.4575	0.5206	0.3961
达州市	0.4840	0.5066	0.3704	0.5232	0.6465	0.5236
雅安市	0.3068	0.4847	0.3761	0.4271	0.5055	0.7039
巴中市	0.5534	0.5447	0.5389	0.6081	0.4624	0.6552
资阳市	0.5360	0.5251	0.4645	0.6814	0.4796	0.6335
阿坝藏族羌族自治州	0.4593	0.4084	0.5419	0.4952	0.5069	0.6413
甘孜藏族自治州	0.5519	0.4638	0.3484	0.4990	0.4851	0.4556
凉山彝族自治州	0.4840	0.3774	0.5889	0.5003	0.4902	0.5003

资料来源:原始数据主要来源于历年《四川统计年鉴》、《中国农村统计年鉴》、《中国人口就业和统计年鉴》、《中国城乡建设统计年鉴》及四川省各市(州)统计局网站,评价结果由笔者计算而来。

6. 生活富裕水平

2017~2022年四川省内各市（州）生活富裕指数如表7所示。从四川省整体情况来看，自2018年起，生活富裕指数逐年大幅提升。从省内各市（州）来看，2022年生活富裕指数排名靠前的有资阳市、巴中市、德阳市、泸州市，资阳市和巴中市属于全省经济发展较为薄弱的地区，近年来在推进乡村振兴上全面发力，乡村居民生活富裕程度大幅提升。排名在中间的有广元市、雅安市、乐山市、南充市。排名靠后的有自贡市、甘孜藏族自治州、攀枝花市。

表7 2017~2022年四川省各市（州）生活富裕指数

地区	2017年	2018年	2019年	2020年	2021年	2022年
四川省	0.3978	0.3216	0.4364	0.5335	0.5876	0.6093
成都市	0.5407	0.4337	0.5011	0.5150	0.4819	0.4121
自贡市	0.4930	0.3184	0.4386	0.3794	0.5703	0.3124
攀枝花市	0.3053	0.3492	0.4361	0.6633	0.6479	0.3462
泸州市	0.2603	0.3856	0.5699	0.5765	0.7079	0.7606
德阳市	0.6100	0.2270	0.5308	0.6299	0.7697	0.7951
绵阳市	0.1391	0.2674	0.5235	0.5138	0.5828	0.5237
广元市	0.2088	0.1954	0.2732	0.3194	0.6860	0.7466
遂宁市	0.4327	0.2020	0.6364	0.4744	0.3579	0.5206
内江市	0.5342	0.1100	0.2141	0.6759	0.4685	0.6266
乐山市	0.5940	0.2880	0.6507	0.1679	0.2655	0.7443
南充市	0.4860	0.3564	0.6616	0.6200	0.5723	0.7423
眉山市	0.2136	0.1735	0.4504	0.6476	0.4952	0.6744
宜宾市	0.4763	0.2995	0.5264	0.6787	0.5592	0.5320
广安市	0.1417	0.3611	0.3206	0.4523	0.7382	0.4896
达州市	0.3907	0.4362	0.2460	0.7241	0.7211	0.6160
雅安市	0.1792	0.1951	0.2185	0.3009	0.3383	0.7453
巴中市	0.4478	0.4399	0.3847	0.6466	0.7382	0.8491
资阳市	0.5923	0.6209	0.1509	0.8322	0.5874	0.8989
阿坝藏族羌族自治州	0.5602	0.6614	0.5423	0.4422	0.7932	0.5783
甘孜藏族自治州	0.3255	0.2911	0.4481	0.5884	0.7031	0.3323
凉山彝族自治州	0.4228	0.1427	0.4411	0.3554	0.5557	0.5496

资料来源：原始数据主要来源于历年《四川统计年鉴》、《中国农村统计年鉴》、《中国人口就业和统计年鉴》、《中国城乡建设统计年鉴》及四川省各市（州）统计局网站，评价结果由笔者计算而来。

二 四川省乡村振兴面临的现实约束

（一）投资能力不足，乡村产业发展受限

乡村振兴战略的实施特别是乡村产业的发展离不开大量的资金支持，投资不足是当前乡村产业发展面临的重要制约。相较于东部沿海省（区、市），四川省财政实力不强，政府能够投入乡村的财力有限，引导社会资本投入乡村的体制机制障碍尚未完全破除，资金短缺阻碍了乡村产业发展。主要表现在以下三个方面。一是乡村产业发展基础设施薄弱。四川省内山地、丘陵面积占比超过90%，平原面积占比仅有5%左右，产业发展基础设施建设需求大、成本高，尤其是在山区和民族地区，上述问题更加严峻，生产设施改造困难，严重制约乡村产业发展。二是乡村产业发展科技支撑乏力。农业科技研发需要大量的资金支持，并且周期长、具有不确定性。当前农业科技成果转化率偏低，2022年，四川省农业科技进步贡献率为61.5%，明显低于江苏省（71.8%）、山东省（66.3%）、浙江省（66.0%）等农业强省，难以为乡村产业发展提供强有力的支撑。三是乡村产业发展品牌效应微弱。缺乏资金支持导致四川诸多乡村产业无法提供满足消费者需求的高质量产品和差异化服务，同时限制了品牌建设和推广活动，难以形成品牌效应，产业附加值不高。

（二）发展压力增大，乡村生态保护困难

四川省作为全国重要的生态功能区和西部地区重要的经济增长极，同时承担着生态保护和经济发展的重要任务。在经济发展压力不断增大的现实背景下，乡村生态保护也愈加困难，主要表现在以下两个方面。一是四川省内多数山区和民族地区均处于生态脆弱区或生态修复关键区，生态禀赋优势显著但各项社会事业发展滞后，对其进行过度开发会导致区域内生态环境恶化，甚至会对区域外的生态环境造成不利影响。二是四川省内自然资源较为

丰富，但在主体功能定位上主要是限制开发区甚至是禁止开发区，如果无法转变发展方式，实现资源换资金、资源换市场、资源换增长，经济发展将难以实现新的突破。可见，四川省在推进乡村振兴进程中，经济发展压力和生态保护压力并存，如何高效化解经济发展和生态保护这一内在冲突，成为当前乃至今后亟待解决的重要问题。

（三）区域发展不均衡，农民富裕程度较低

四川省城乡之间、山区与平原之间发展较不均衡，存在较大差距，农民富裕程度亟待提升。从城乡差距来看，近年来，虽然城乡居民收入差距在不断缩小，但城乡居民收入比仍然处于高位，2022年四川省城乡居民人均可支配收入比为2.32∶1；四川省工业化和城镇化任务还远未完成，2022年常住人口城镇化率为58.4%，低于65.22%的全国平均水平，更远低于发达国家80%的平均水平。从不同区域间农村的差距来看，全省农村发展不均衡问题严重，成都平原农村地区与丘陵、山区农村地区发展差距扩大，例如，2022年成都市农村居民人均可支配收入已达到巴中市的1.82倍。此外，四川省部分已脱贫地区巩固拓展脱贫攻坚成果、防止规模性返贫仍存在较大压力。区域发展的不均衡使得当前四川省农民总体富裕程度仍然较低，2022年农民人均可支配收入比全国平均水平低14%左右。

三 四川省乡村振兴的主要目标与重点任务

（一）四川省乡村振兴的主要目标

全面推进乡村振兴是党中央着眼全面建成社会主义现代化强国做出的战略部署。以全面建成小康社会和分两阶段实现社会主义现代化强国的战略部署为依据，同时综合考虑四川省的现实需求和前期基础，可将四川实施乡村振兴战略的目标分为近期、中期和远景三个阶段。

四川省乡村振兴战略的近期目标：到2020年，四川省乡村振兴取得重

要进展，城乡要素平等自由流动、公共资源均衡配置的制度框架和政策体系初步形成，城乡融合发展取得突破，乡村经济建设水平和社会发展水平显著提升，脱贫攻坚全面实现，全面建成小康社会。

四川省乡村振兴战略的中期目标：到2035年，四川省乡村振兴持续推进，乡村振兴前期初步目标基本实现，城乡要素平等自由流动、公共资源均衡配置的制度框架和政策体系更加完善，城乡融合发展格局基本形成，农业强省全面建成，基本实现农业农村现代化。

四川省乡村振兴战略的远景目标：到2050年，四川省乡村全面振兴，工农和城乡差距不复存在，城乡融合和一体化发展格局全面形成，全面实现农业强、农村美、农民富的农业农村现代化。

（二）四川省乡村振兴的重点任务

1. 以特色资源和优势产品为重点对象，实现乡村产业振兴

乡村振兴的关键支撑是产业发展和提质，现阶段四川省现代农业发展虽取得了一定的进展，但产业布局仍有待优化，专业化分工仍有待加强，各地农业产业同质化、短期化较为严重，尚未形成具有鲜明地区特色的优势农产品区域布局结构，特色优势产业发展集聚效应较差，农产品品牌效益亟待提升。因此，在乡村振兴战略的推进过程中，一方面，要针对四川省农业资源丰富的特点，充分发挥各地特色资源优势，通过建设农产品示范基地、加大农业科技创新投入力度、加强农产品精深加工、创建优质农产品品牌等途径，推进农业转型升级和三产融合发展，提高现代农业产业竞争力。另一方面，要针对四川地形以丘陵、山区为主，耕地分散、细碎化程度高等特点，立足区域特色，重点发展多种形式的适度规模经营，多渠道加强农业社会化服务，着力破解大规模土地难以集中和农业生产风险难以控制的现实问题，更多地支持家庭农场、种养大户、合作社等各类新型农业经营主体本土化发展、持续性经营，使之成为乡村产业振兴的主力军。

2. 以环境治理和生态保护为重点领域，打造生态宜居乡村

四川作为长江上游生态屏障，全省范围内共有58个县（市）被纳入国家重点生态功能区，数量居全国首位。然而四川生态脆弱区不仅类型多样而且情况复杂，多数地区土地沙化、喀斯特地区石漠化、干旱河谷、灾损及工程创面等兼有，同时，四川又是全国唯一既有大面积沙化土地，又有喀斯特地区石漠化的省份。川西北甘孜藏族自治州、阿坝藏族羌族自治州土地沙化严重，面积接近80万公顷，占全省沙化土地总面积的92.3%，石漠化则主要突出分布在高山峡谷过渡地带和盆地丘陵边缘，干旱河谷主要位于西部横断山区的金沙江、雅砻江、岷江、大渡河、安宁河等地带。在当前乡村局部地区生态环境恶化、面源污染加剧等问题日趋严峻的情况下，必须在推进乡村振兴中更加注重环境治理和生态保护，通过开展乡村人居环境综合整治、结合"绿化全川"行动构建生态修复和功能提升机制、加快完善生态补偿机制等方式，全力打造生态宜居乡村。

3. 以古蜀文明和民俗文化为重点传承，推进乡风文明建设

乡村文明的复兴是乡村振兴的精髓，乡村文化的繁荣是乡村振兴的灵魂。四川拥有悠久的古蜀文明和丰富的民俗文化。巴蜀地区是中国农耕文化的发源地之一，巴蜀农耕文化中蕴含着丰富的精神财富和农业生产智慧，应对其进行创造性转化和创新性发展，使之成为乡村振兴的文化支撑。对于四川地域特色鲜明的民俗文化，要注重深度挖掘和编撰整理，特别是要加强对四川的林盘文化、茶马古道文化、民族特色民居文化等的深入挖掘，加大对古镇、传统村落、民族特色村落和古民宅的保护力度，同时总结推广彝家新寨、藏族聚居区新居、巴山新居等建设经验，充分展现四川省民俗文化的魅力和价值，筑牢乡风文明建设的基础。综上所述，四川省在实施乡村振兴战略的过程中，应重点保护传承古蜀文明和特色鲜明的民俗文化，实现传统文化与现代文明的有机融合，深入推进乡风文明建设。

4. 以民族团结和共同发展为重点目标，提升乡村治理效能

四川是多民族省份，少数民族大杂居、小聚居的特征较为明显。四川拥有全国唯一的羌族聚居区、最大的彝族聚居区和全国第二大藏族聚居区，四川省承担着促进民族团结、各民族共同发展的重要任务。因此，必须加强乡村基层基础工作，深入开展民族理论阐释、民族政策解读和民族团结故事宣

讲，开展铸牢中华民族共同体意识宣传教育，各地要在信息资讯、政策引导、项目推介等方面加强互动互促，在全省范围内推动形成民族团结联创、经济发展联建、社会事业联动的新格局，同时健全自治、法治、德治相结合的乡村治理体系，充分保障乡村居民平等参与、平等发展的权利，推进乡村治理体系和治理能力现代化，走乡村善治之路。

5. 以壮大新型农村集体经济为重点思路，拓宽农民致富渠道

发展壮大新型农村集体经济能够为乡村经济带来多元化的发展路径，拓宽农民增收的渠道，有助于促进乡村振兴和共同富裕。然而，目前四川省仍有少数村是没有任何集体经济收入的"空壳村"，大多数村集体经济收入来源较为单一、经营可持续性较差，以集体资产资源打包出租为主，村集体缺乏对集体资产的经营管理能力。如果"空壳村"的问题无法解决，集体资产难以盘活，集体经济将名存实亡，无力满足乡村各项公共需求，也难以创造带领农民致富的条件。针对上述现实问题，四川省应在全面完成农村产权制度改革特别是集体资产股权改革的基础上，通过加大财政投入力度、放宽涉农贷款条件等方式向集体经济组织注入"启动"资金，深入推进集体经济"启动"、"活化"及"分化"工程，针对当前全省集体经济收入来源单一的问题，加快探索集体资产出租、入股分红、居间服务等多种经营方式，积极盘活资源，多渠道带领农民增收致富。

四 四川省乡村振兴目标的实现路径与政策建议

（一）优化基础设施投建模式，因地制宜发展特色产业

改善农村基础设施是推进乡村振兴的必备条件，也是支撑产业发展的基础保障。在投资主体单一且投资能力有限的情况下，应高效整合政府投资项目资源，拓展基础设施投融资渠道，充分利用涉农领域的政策性贷款，建立起财政资金、金融资本、产业资本以及农民自有资金多渠道投入的基础设施投建模式，提高基础设施使用效率。转变以招拍挂为主的基础设施投建模

式，制定灵活的政策措施，赋予新型农业经营主体基础设施建设申报资格，对于技术含量低、资金额度小、适合自建的项目，积极引导和支持村民自建，提高建设效率、降低建设成本。在优化基础设施投建模式的基础上，应注重扬长避短，充分发挥当地资源优势，推进乡村产业由增产转向提质，做大做强做优特色产业，加快构建现代化特色产业体系。围绕川粮、川猪、川茶、川药等四川特色产业，强化农业科技支撑，构建"区域公用品牌+企业品牌+产品品牌"优质特色农产品品牌体系，培育享誉全国乃至全球的"川字号"品牌。此外，要深入实施"藏粮于地、藏粮于技"战略，建立健全粮食产购储加销体系，保障粮食高效供给，打造新时代更高水平"天府粮仓"。

（二）坚持绿色持续发展道路，破解生态环境治理困境

四川省在推进乡村振兴的进程中，要彻底摒弃以牺牲生态环境为代价的短视化发展道路，坚持走绿色持续发展道路，破解经济发展和环境治理的内在矛盾，进一步凸显四川省生态优势，真正实现绿水青山就是金山银山。一是要完善生态补偿机制。进一步探索拓展生态补偿的领域和范围，重点完善饮用水源保护区生态补偿机制、森林生态效益补偿机制、湿地生态效益补偿机制，形成生态损害者赔偿、受益者付费、保护者得到合理补偿的运行机制，强化内在的生态环境保护动力和重点生态功能区的均衡发展能力。二是健全参与共享机制。加强农村生态文明建设宣传教育，拓宽宣传渠道，健全农村生态文明建设参与决策机制，增强公众参与农村生态文明建设的意识，引导公众积极参与，形成公众参与式的生态保护。三是构建发展型保护机制。在积极推进产业绿色化生态化的基础上，通过发展生态康养业态、打造生态优质农产品品牌等，利用优质优价的市场机制促进生态产品价值实现，倒逼地方政府和农民群众形成内生性的保护动力。

（三）充分利用数字技术手段，创新乡村文明传承机制

数字技术深刻改变着乡村文化的生产方式和传播格局，对创新乡村文明传承机制起到了重要的推动作用。四川在推进乡村振兴的进程中，要注重充

分利用数字技术手段，创新乡村文明传承机制。一是在文化挖掘上，绘制乡村文化资源数字化蓝图。通过图文、影音、VR等多种形式，从乡村文物、乡村文学、乡村居民口述史中提取乡村居民生活方式和生活习惯的共性，凸显乡村历史文化、民俗文化的地域性、差异性和多元性，厘清乡村文化发展脉络，还原乡村传统文化。二是在文化保护上，推进乡村文化资源数字化进程。数字化资料便于存储、检索和分享，能够打破文化保护的地理和时间限制。数字化的存储方式能够将乡村文化资源以数字形式永久保存，为后代留下可探寻的"根"与"源"。三是在文化传播上，借助数字技术拓宽乡村文化传播渠道。扎实推进县级融媒体中心建设，借助智能手机等现代信息工具，为实现文化点对点、多对点精准传播提供有力的支撑。此外，在乡风培育上，注重采用群众喜闻乐见的形式传递身边人、身边事的正能量，常态化举行"文明家庭户""好邻里"等评选活动，促进乡风文明培育从说教式、灌输式走向感悟式、参与式。

（四）深化"三治"融合引领，建立健全乡村治理体系

实施乡村有效治理是乡村振兴的重要内容，在劳动力大量外流、熟人社会弱化的现实背景下，四川应深化"三治"融合引领，建立健全乡村治理体系。一是要加强基层党建。建立健全以党组织为核心，村民委员会、村务监督委员会、集体经济组织、社会组织广泛参与的"一核多元"治理架构和相关制度体系。二是要强化村民自治。推行党务、村务、财务三公开制度，引导民众主动参与村级事务的规划、决策和管理过程，加强村务监督委员会建设和村民自治试点建设，探索构建村党组织领导下的乡村居民自治服务管理机制。三是要深化乡村法治。依法厘清农村基层党组织、基层政府、自治组织、社会组织、集体经济组织等参与社区发展治理的职责边界和事权划分，构建权力分配合理、职责清晰明确、高效协调运行的工作机制。加快推进乡村法律服务体系建设，完善乡村社会治安防控体系，保障乡村各项事业顺利发展。四是要实化乡村德治。大力弘扬社会主义核心价值观，正确引导和发挥"新乡贤"在乡村治理中的作用，为农村矛盾纠纷化解、公共服

务开展和公益事业建设发挥协商协调等作用。积极选树道德模范、乡村好人、最美人物等先进典型，引导乡村居民崇德向善。

（五）塑强新型农村集体经济，全面提升农民富裕程度

农民和集体经济组织是乡村振兴最重要的利益主体，发展和壮大农村集体经济是乡村振兴的重要基础，是实现农民富裕的重要路径。四川新型农村集体经济发展基础薄弱、收入来源单一的特点较为突出，严重制约乡村振兴的实现。塑强新型农村集体经济应重点从以下三个方面着手。一是要实施新型农村集体经济"启动"工程。推广建立新型农村集体经济发展资金、财政支持涉农资金分类量化和集中使用机制，为新型农村集体经济提供一定的启动资金支持。充分赋予农村集体经济组织项目承接权，使其通过承接项目获得启动资金。二是实施新型农村集体经济"活化"工程，鼓励集体经济组织以集体资产入股、劳务入股、自有资金入股等形式组建股份经济合作社等经营实体，为集体经济组织市场化运作提供灵活的政策支持，探索集体资产出租、集体入股分红、集体经营收入等多种经营方式，让集体"死资源"变成"活资产"。三是实施集体经济"分化"工程，对于具备一定发展基础和发展能力的集体经济组织，加快推进政经分离、所有权与经营权分离、经济业务和公共服务分离，构建新型农村集体经济发展壮大的组织架构并提供制度保障。

B.12
贵州省乡村振兴研究报告*

洪名勇 谭宇航**

摘 要： 本报告对贵州省2018~2022年的乡村振兴水平进行了测度，肯定了贵州省乡村振兴在加强产业创新、提升产品差异化、促进农业产业规模化经营、推动乡村产业融合发展等方面取得的成绩；同时指出了贵州省乡村振兴面临商品同质化、产业规模化不足、产业融合度低、乡村治理困难、文化衰落、生态保护任务重和城乡发展不平衡等现实约束；结合贵州省省情，提出了贵州省乡村振兴的主要目标与重点任务；最后提出了目标任务实现的路径及一些针对性政策建议，旨在全面推动乡村振兴，加快农业农村现代化进程，为贵州省乡村振兴和农业农村现代化提供坚实基础。

关键词： 乡村振兴 农业农村现代化 贵州省

一 贵州省乡村振兴的现状

（一）贵州省乡村振兴发展水平评价——来自统计数据的证据

2018年中央一号文件《中共中央 国务院关于实施乡村振兴战略的意

---

* 本报告为教育部人文社科重点研究基地——西北大学中国西部经济发展研究院项目（项目编号：XBLPS202410）阶段性研究成果。
** 洪名勇，贵州大学经济学院院长，浙江大学、贵州大学及云南大学教授、博士生导师，主要研究方向为农村土地制度、农村经济；谭宇航，贵州大学经济学院博士研究生，主要研究方向为乡村振兴。

见》明确乡村振兴的总要求是"产业兴旺、生态宜居、乡风文明、治理有效、生活富裕"。根据现有研究基础[①]，分别从产业兴旺、生态宜居、乡风文明、治理有效、生活富裕5个维度选取指标构建乡村振兴评价指标体系，如表1所示。运用贵州省72个县域的统计数据测度其乡村振兴发展水平，测度结果见表2。

表1 乡村振兴评价指标体系

目标层	准则层	指标层	权重
产业兴旺	农村产业结构	畜牧产值占比	0.025
		非农产值占总产值比重	0.025
		非农产业从业人员占总劳动力比重	0.025
	农业科技水平	每千公顷农业机械动力	0.025
		高标准农田建设面积	0.025
		农药单位产值	0.025
	农村市场化程度	农产品商品率	0.025
		农户参加经济合作组织比例	0.025
生态宜居	自然环境宜居	完成造林面积	0.020
		村庄绿化覆盖率	0.020
	人工环境宜居	安全饮用水普及率	0.020
		旱厕改造率	0.020
		农村道路硬化率	0.020
		家庭信息化覆盖率	0.020
	社会环境宜居	每千人口专职教师数	0.020
		每千人口卫生技术人员数	0.020
		新型农村合作医疗参合率	0.020
		农村养老保险参保率	0.020
乡风文明	文化教育建设	学龄儿童净入学率	0.025
		农村人口平均受教育年限	0.025
		家庭文教支出占总支出比重	0.025

---

① 刘灵辉、张迎新、毕洋铭：《数字乡村助力乡村振兴：内在机制与实证检验》，《世界农业》2022年第8期。

续表

目标层	准则层	指标层	权重
乡风文明	公共文化发展	人均公共文化设施面积	0.025
		党员乡贤在农村基层党组织中的比例	0.025
		文化传媒支出占比	0.025
	优秀文化传承	文化艺术毕业生数	0.025
		群众文化馆举办培训班数	0.025
治理有效	乡村法治建设	万人刑事案件立案数	0.025
		每千户民事纠纷发生数（民间纠纷调解成功率）	0.025
		每万人口平均信访量	0.025
	村民自治实践	村务公开率	0.025
		农村社员大会等自治制度普及率	0.025
	发展均衡程度	农村最低生活保障支出	0.025
		农村贫困人口发生率	0.025
		城乡居民人均可支配收入比	0.025
生活富裕	农民收入水平	农民人均纯收入	0.025
		农民人均纯收入实际增长率	0.025
		农村家庭恩格尔系数	0.025
	农民收入结构	工资性收入占总收入比重	0.025
		财产性收入占总收入比重	0.025
	农民生活质量	人均合格住房面积	0.025
		拥有私家车家庭占比	0.025
		农村居民每百户热水器台数	0.025

以2018~2022年5年间贵州省72个县域为样本，评估贵州省县域乡村振兴水平。从全省来看，2018~2022年贵州省72个县域乡村振兴水平总体呈现正向增长趋势。其中，仁怀市乡村振兴水平达到了0.833，位列全省第一。在5年的观测期内，2020~2021年72个县域乡村振兴水平平均增长量最大，2021~2022年72个县域平均增长量小于0。有个别市（州）在观测期内出现了短暂的负增长现象，但就5年的整体观测结果而言，全省72个县域乡村振兴水平均保持正向增长。2018年，贵州省72

个县域乡村振兴水平呈现顶端小底部大的"金字塔"形分布，最高的盘州市达到了0.656，在［0.5，0.3］区间内仅有2个市，在［0.1，0.3］区间内有44个县域，乡村振兴水平在0.1以下的有23个县域。截至2022年，有27个县域乡村振兴水平高于全省均值，45个县域乡村振兴水平低于全省均值，全省乡村振兴水平开始向"两头小，中间大"的纺锤形结构分布发展，仁怀、兴义、盘州、凯里4个县域的乡村振兴水平都达到了大于0.5的水平。其余各个县域，有10个县域处在［0.3，0.5］的区间内，在［0.1，0.3］的区间内有52个县域，只有7个县域的乡村振兴水平在0.1以下，说明全省乡村振兴呈现整体向上、个别拔尖的良好态势。

对比各市（州），乡村振兴水平排名前十的县域所在的市（州）分别为遵义市、黔西南州、黔南州、六盘水市、黔东南州、毕节市、贵阳市，相对而言铜仁市与安顺市所辖县域乡村振兴水平排名靠后。毕节市所辖7个县域中有3个县域乡村振兴水平排名进入全省72个县域前十，为各市（州）进入72个县域乡村振兴水平排名前十最多的市。对比各市（州）所辖县域平均乡村振兴水平，由高到低分别为六盘水市、毕节市、遵义市、黔西南州、贵阳市、铜仁市、黔南州、安顺市、黔东南州。

对比72个县域，从表中可以看到，截至2022年，乡村振兴水平排名前十的分别是仁怀市、兴义市、盘州市、凯里市、都匀市、金沙县、清镇市、大方县、织金县、桐梓县。其中仁怀市达到了0.833，超过排名第十桐梓县0.506。截至2022年，从72个县域乡村振兴平均水平来看，各县域排名与2018年相比，均没有太大波动，全省排名前十的县长期保持不变。但县域之间乡村振兴水平存在较大差距。截至2022年，乡村振兴水平最高的仁怀市与最低的施秉县乡村振兴水平差距达到0.762。从2018年到2022年的乡村振兴水平增长幅度来看，仁怀市增长幅度最大，达到了0.318，兴义市、盘州市、清镇市、威宁县、金沙县增长幅度均大于0.1，其余各县域虽增长幅度不超过0.1，但从整个观测期来看整体都保持了正增长。

表 2　2018~2022 贵州省 72 个县域乡村振兴水平

地区	县域	2018 年	2019 年	2020 年	2021 年	2022 年
贵阳市	开阳县	0.162	0.170	0.188	0.237	0.228
	息烽县	0.112	0.115	0.130	0.146	0.151
	修文县	0.125	0.145	0.191	0.224	0.213
	清镇市	0.240	0.270	0.317	0.358	0.359
六盘水	六枝特区	0.196	0.207	0.224	0.252	0.260
	盘州市	0.656	0.672	0.700	0.738	0.786
遵义市	桐梓县	0.247	0.264	0.286	0.310	0.327
	绥阳县	0.193	0.204	0.224	0.249	0.261
	正安县	0.203	0.225	0.251	0.289	0.297
	道真县	0.148	0.157	0.174	0.192	0.202
	务川县	0.149	0.167	0.181	0.203	0.214
	凤冈县	0.140	0.152	0.165	0.181	0.191
	湄潭县	0.212	0.233	0.258	0.287	0.294
	余庆县	0.136	0.150	0.161	0.180	0.189
	习水县	0.224	0.245	0.276	0.307	0.317
	赤水市	0.195	0.211	0.230	0.254	0.264
	仁怀市	0.515	0.632	0.717	0.860	0.833
安顺市	普定县	0.108	0.099	0.122	0.135	0.142
	镇宁县	0.123	0.144	0.183	0.237	0.220
	关岭县	0.098	0.111	0.119	0.130	0.139
	紫云县	0.082	0.093	0.104	0.116	0.122
毕节市	大方县	0.266	0.273	0.310	0.332	0.352
	金沙县	0.296	0.317	0.355	0.408	0.408
	织金县	0.257	0.277	0.290	0.317	0.338
	纳雍县	0.167	0.182	0.211	0.238	0.238
	威宁县	0.189	0.242	0.270	0.293	0.308
	赫章县	0.159	0.178	0.205	0.220	0.232
	黔西市	0.233	0.256	0.278	0.309	0.325
铜仁市	江口县	0.087	0.091	0.097	0.109	0.115
	玉屏县	0.085	0.086	0.094	0.106	0.112
	石阡县	0.128	0.137	0.152	0.175	0.182
	思南县	0.182	0.198	0.217	0.245	0.252
	印江县	0.167	0.165	0.181	0.202	0.214
	德江县	0.149	0.155	0.173	0.200	0.207

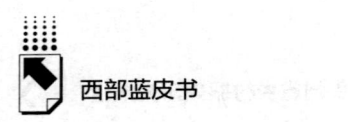

续表

地区	县域	2018 年	2019 年	2020 年	2021 年	2022 年
铜仁市	沿河县	0.170	0.186	0.210	0.231	0.241
	松桃县	0.187	0.201	0.219	0.247	0.255
黔西南州	兴义市	0.637	0.676	0.673	0.768	0.797
	兴仁市	0.161	0.191	0.199	0.215	0.231
	普安县	0.096	0.099	0.110	0.135	0.135
	晴隆县	0.083	0.093	0.102	0.110	0.117
	贞丰县	0.155	0.157	0.169	0.187	0.195
	望谟县	0.064	0.079	0.085	0.094	0.100
	册亨县	0.077	0.098	0.115	0.129	0.133
	安龙县	0.212	0.182	0.205	0.227	0.253
黔东南州	凯里市	0.473	0.446	0.480	0.503	0.521
	黄平县	0.109	0.118	0.128	0.140	0.148
	施秉县	0.052	0.055	0.061	0.069	0.071
	三穗县	0.070	0.076	0.084	0.095	0.098
	镇远县	0.086	0.093	0.100	0.111	0.115
	岑巩县	0.079	0.079	0.089	0.100	0.103
	天柱县	0.171	0.153	0.167	0.184	0.195
	锦屏县	0.088	0.095	0.106	0.118	0.122
	剑河县	0.081	0.098	0.102	0.115	0.121
	台江县	0.054	0.057	0.061	0.069	0.073
	黎平县	0.150	0.161	0.174	0.195	0.202
	榕江县	0.110	0.119	0.122	0.148	0.150
	从江县	0.083	0.090	0.100	0.111	0.117
	雷山县	0.057	0.060	0.065	0.071	0.077
	麻江县	0.071	0.074	0.079	0.088	0.093
	丹寨县	0.057	0.062	0.067	0.075	0.077
黔南州	都匀市	0.385	0.389	0.404	0.437	0.466
	福泉市	0.154	0.160	0.169	0.192	0.199
	荔波县	0.091	0.088	0.090	0.099	0.110
	贵定县	0.111	0.116	0.126	0.136	0.147
	瓮安县	0.230	0.248	0.260	0.289	0.315
	独山县	0.139	0.130	0.159	0.179	0.186
	平塘县	0.079	0.090	0.095	0.107	0.115
	罗甸县	0.096	0.100	0.105	0.116	0.127

续表

地区	县域	2018年	2019年	2020年	2021年	2022年
黔南州	长顺县	0.066	0.069	0.074	0.083	0.093
	龙里县	0.160	0.172	0.178	0.195	0.221
	惠水县	0.143	0.161	0.185	0.225	0.226
	三都县	0.103	0.110	0.114	0.131	0.142
全省均值		0.167	0.178	0.195	0.219	0.227

（二）贵州省乡村振兴典型模式与现状描述——具体案例分析

1. 多业态融合促进乡村产业振兴，产业兴旺取得新成果

贵州省各地依托自身优势条件，利用多山林、多矿产、民族文化丰富等特点，大力发展种植业、林业、旅游业、餐饮业、文化产业等，推动多业态融合发展，实现农民增收致富，推动乡村振兴。

毕节市黔西市新仁苗族乡化屋村因地理条件信息闭塞，随着乡村振兴战略的实施，种植业、旅游业、文化产业、餐饮业等产业融合发展，化屋村乡村旅游、民族文化、特产水果等多种产业协同发力，带来了收入和就业岗位的增加。黔东南州推动民族文化和旅游业融合发展，将民族节庆活动如侗年、苗年、鼓藏节等作为当地特色文化的展现，同时举办芦笙舞、祭萨、祭鼓、侗戏等一系列非遗展演。"全国和美乡村篮球赛总决赛"、"村超"全国美食足球友谊赛总决赛等体育文化产业也为乡村振兴带来了强劲的推动力。黔东南州黎平县高屯街道坚持生态农业产业发展，将林业、旅游休闲业、中药产业、茶产业、养殖业等产业融合，构建生态农业产业格局。通过引入茶叶公共品牌、利用缓坡荒地和林业资源发展中药材种植等，实现产值超2亿元。黔东南州凭借自身得天独厚的资源条件，正全力推进林下种植、养殖以及森林景观利用等多元化林下经济模式的发展，以此实现经济的繁荣与生态的和谐共生，推动单一林业向复合产业转变，通过抚育间伐、调整林种和树种结构等营林措施优化林下种植空间，在林下种植中药材、食用菌等适宜林

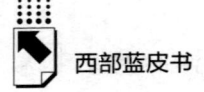

下生长的作物。结合州内蓝莓、油茶、桂花等乡土蜜源植物和良好的生态环境，在林下养殖蜂、鸡、牛、羊等。同时，依托雷公山、月亮山等国家、省、州森林公园，国有和集体乡村林场，湿地等森林资源，积极打造特色森林康养基地、林下赏花景区等森林景观，有效拉动黔东南州生态旅游产业的蓬勃发展，带动一方群众致富。

2. 美丽乡村建设推动乡村生态振兴，生态宜居开创新局面

贵州省贯彻落实"绿水青山就是金山银山"的发展理念，通过深入开展生态环境保护公益诉讼专项工作，加大水域耕地林地保护力度，全面做好农村房屋改造工作，深入推进乡村垃圾治理、农村生活污水治理等举措，全面守护好一方蓝天碧水净土，推动县域经济高质量发展。

余庆县人民检察院紧紧围绕国家重大战略部署，及时回应人民群众对美好生活的新期待和新要求。近年来，该院通过办案督促保护耕林地、清理河道、检查船舶、遏制非法捕捞、索赔治理环境费用、追偿公益赔偿金等方式提升美丽乡村建设水平，同时基于办理公益诉讼案件，推动行政主管部门完善行政监管制度和相关工作机制，区域性、系统性问题得以根本解决。黔东南州通过设立四级河长、招募河湖民间义务监督员、聘请河湖保洁员等方式，完成全州983条河流的河湖管理范围划定工作。在推动农村"治房"的过程中，乌当区结合农户实际情况，深入开展农房改造，有效提升乌当农民住房质量和乡村风貌。为深入推进乡村垃圾治理工作，2023年，乌当区完成30个自然村寨收集点升级改造，实现农村垃圾外运减量80%，农村收运体系实现100%全覆盖。2023年以来，为推进农村生活污水治理，息烽县修建微动力生物滤床处理设施15套，覆盖农户565户，通过分散式治理覆盖农户2019户。

3. 依托民族特色紧抓乡村文化振兴，乡风文明展示新风貌

贵州是一个多民族共居的省份，民族特色是乡村文化的重要组成部分。合理、正确、高效地发扬民族文化，可以为推进乡村振兴提供强大的推动力。乡风文明是长效吸引游客在乡村驻留，同时提升村民生活质量的有效措施。

中国乡村旅游 1 号公路，是黔东南州为了让游客更轻松地了解历史、互动体验，于 2023 年 5 月和《中国国家地理》联合推出的一条推动乡村经济振兴的道路、一条承载着深厚文化底蕴和人民深切期盼的幸福之路。通过挖掘和利用乡村资源，发展乡村旅游产业，促进农民就地就近就业创业，增加农民收入来源，改善农村人居环境，提升乡村治理水平，从而推进乡村全面振兴。以鼓楼闻名的肇兴侗寨推出逛传统村落、赏侗族大歌、品民俗文化活动。随着"2023 黎平·中国侗年"在贵州省黎平县举办，八方游客与侗乡儿女齐聚一堂欢庆"侗年"，黎平县通过不断提升服务质量提升游客体验感和满意度，赢得了广泛的好评，获得了良好的口碑，集聚人气。滥办酒席一直为人所诟病，受到"办酒请提调"传统的启发，赤水市天台镇结合红白理事会开展了"文明提调官"文明实践项目，推动群众根据实际情况分类办酒，促进了邻里间的和谐，营造了节约、简便、文明的办事风尚。厕所是体现乡村振兴民生与文明质量的重要指标，也和农民群众生活的体面与尊严息息相关。自农村"治厕"工作开展以来，开阳县米坪乡党员干部齐上阵，发放农村"治厕"倡议书 500 余份，召开村民会议 15 次、小组坝坝会 60 余次，入户走访 500 余家。先后动员群众主动参与改厕 541 户，改厕第一步取得决定性成果。

4. 数字化手段推进乡村组织振兴，乡村治理得到新加强

数字乡村不仅是乡村振兴战略中的重要方向，也是实现数字中国目标的重要组成部分，更是农业农村现代化发展和转型的必然结果。数字化和信息化已经逐渐渗透到乡村生活的各个方面，改变着农业、农村和农民。在贵州省，数字化手段在乡村振兴事业中发挥着重大的作用。

为解决易地搬迁安置社区的环境卫生和社会治理问题，贵州省搭建了名为"请你来协商"的议事平台，提出共建共治共享的基层治理新模式。利用微信、广播等新媒体技术打造出名为"微协商"的实时信息发布交流商议模式，让群众能够更便捷地参与社区治理，实现了全过程公开、民主的重要事项调研、协商、公示，极大地提升了基层治理的效率和透明度。利用闲置客运站，通过改造升级，新建多个快递分拣和服务大厅，建设"进化镇

交邮融合综合服务站",构建了一个覆盖面广、深入"最后一公里"的农村寄递物流网络服务体系,有效提高了农村物流配送速度,在很大程度上解决了农民群众利用电子商务买卖困难的问题,为乡村振兴提供了切实的推动力。这些举措在破解农村农特产品外销面对的物流难题,帮助农户拓宽农特产品的销售渠道,助力农民群众增收致富的同时,降低了物流企业构建配送网络和农产品到县镇运输的成本。而农民自身的购物需求也可以通过这个物流网络得到很大程度的满足,真正享受到电商带来的便利和实惠,实现性价比的最大化。

5. 东西协作稳步引领乡村人才振兴,生活富裕实现新跨越

按照国家新一轮东西部协作战略要求,东部地区和贵州省建立了"定向帮扶协作"模式,旨在通过共享资源和优势互补,不断促进贵州省经济快速发展。

位于贵州省遵义市的习水县和珠海市金湾区合作,通过编制规划、完善设施、帮助采购、链接资本等方式,将原本闲置的厂房变成一个年产值超过8亿元、集聚了农业加工企业的综合园区。园区还带动了全县规模化辣椒、花椒、方竹笋、小黄豆等订单合计种植近32万亩、带动牛羊养殖1.3万户,共帮助近5.1万户农户实现了增收[①]。毕节职业技术学院抢抓东西部协作和高质量发展政策机遇,与广州酒家、广汽集团等18家头部企业及广州轻工技师学院等院校开展分段培养,实行"订单式"人才培养战略。不仅提升了学生的就业质量,也为近2000户家庭提供了持续巩固脱贫攻坚成果的机会。横琴粤澳深度合作区与贵州省遵义市正安县合作,共同推动吉他文化产业的繁荣发展。2022年,双方开始横琴正安国际吉他文化产业示范园的建设工作,通过连续三年共计1.5亿元资金的投入,共同建设了占地6.5万平方米的产业园区。这一举措不仅促进了横琴与正安之间的经济交流和合作,也为正安县的吉他产业注入

---

① 齐健:《东西部协作 盘活闲置资产带动乡村振兴》,《经济参考报》2023年11月28日,第A05版。

了新的活力，提供了新的发展机遇。截至2023年6月20日，正安县已拥有126家吉他及配套企业，这些企业为当地创造了大量的就业机会，人均年增收约3.6万元。这一举措有效地促进了当地的经济发展和民生改善。正安县还通过深入开展宣传吉他文化的一系列活动，号召5万余人参与吉他文化培训，文化赋能产业发展的作用逐渐显现。此外，正安县还将吉他文化产业园打造成为国家4A级旅游景区，加快推进文旅融合发展。

二 贵州省乡村振兴面临的现实约束

（一）乡村产业同质化，产业融合度不高

第一，各类商品竞相模仿，追求"标准化"的发展模式，在质量、性能、外观设计和营销策略等方面呈现相似性，导致千业一面、同质化竞争严重、产业特色不明显、经济效益不高、产业不兴旺等问题[1]。贵州省茶产业在产品定位方面同质化情况尤为突出，例如，贵州祥华生态茶业有限公司的主要品牌"阡纤美人"与石阡县夷州贡茶有限公司的品牌"夷品红"，二者均定位绿色有机高端茶，难以吸引不同的消费群体。

第二，贵州农业产业的经营依然以小规模生产者为市场的主导力量，小农经济仍然是主要的生产组织形式。生产者数量庞大且规模相对较小，难以形成规模经济。同时，由于生产加工技术陈旧、政府监管成本高昂、质量检测难以有效实施，产品的质量参差不齐。蜂糖李作为安顺市最具竞争力的农产品，在2022年种植面积达到29.78万亩，产值达30.62亿元，但仅有245个新型经营主体从事其种植销售，大多数仍由家庭分散经营，果品质量不稳定、一致性差，降低了市场竞争力和美誉度[2]。

---

[1] 李玉双、邓彬：《我国乡村产业发展面临的困境与对策》，《湖湘论坛》2018年第6期。
[2] 肖祎等：《安顺市蜂糖李产业发展现状及对策》，《中国果业信息》2022年第11期。

第三,贵州乡村产业存在明显的分割现象,产业链短,产业融合程度目前尚处于初级阶段,呈现较低的整合水平。农产品生产主要集中于初级农产品的供应,而加工与销售环节相对较少,产品附加值低、利润不高。2022年,贵州省刺梨产量为180万吨,产值为150亿元①。贵州的刺梨产品以饮料、零食居多,其余均为初加工产品,技术含量低。贵州省的旅游业和茶产业是优势产业,茶旅融合具有天然优势。而在实践中,许多地区过度关注茶产业园和茶旅基地的建设,却忽略了对茶文化和地方特色文化的挖掘与整合,茶旅文化的识别度低,设施同质化严重,茶旅难以形成有效衔接。

(二)乡村治理主体间协作困难

随着经济社会的不断发展,农民的流动性增强,农村人地分离加速,乡村壮年劳动力的流失,改变了乡村治理格局。行政组织通过集体议事"制造同意"难以产生实质性效果。

(三)乡村文化日益衰落,建设主体流失与缺失

农民的"离土离乡"现象改变了以往以土地为核心的生产和生活方式,这一趋势使传统乡村文化发生了转变②。主观上,农民盲目地舍弃乡村文化,摆脱传统风俗习惯、乡规民约对个体的约束,伦理道德对自我的要求,家庭观念和集体意识淡化③。大量的青壮年劳动力从乡村流向城市,难以承担起建设乡村文化的重任,参与意识淡化。在侗族传统村落从江县高增村、纪堂村,许多居民将传统的木房改为砖房,村内几乎看不见青壮年穿着侗族服饰,侗族传统木构建筑营造技艺也难寻传承。

---

① 虞思滔:《贵定:"刺"激三产融合"梨"促富民增收》,《贵州日报》2023年6月12日,第4版。
② 魏玲玲、顿明明:《文化脱域视角下大都市边缘区乡村文化符号化及其内因解析——以上海市金山区山塘村为例》,《小城镇建设》2023年第6期。
③ 吕宾:《乡村振兴视域下乡村文化重塑的必要性、困境与路径》,《求实》2019年第2期。

（四）生态环境保护任务艰巨，各参与主体责任缺失

贵州农村环境整治存在明显短板，农村生活污水治理率低，约90%的行政村还需接续开展农村环境整治。六盘水市、毕节市等部分区域因存在地质高背景，农用地镉"超标"严重，安全利用和严格管控类耕地划定面积过大。贵阳市、黔东南州、黔西南州等地部分地块因存在地质高背景，建设用地土壤环境质量不满足开发利用要求，制约了土地的开发利用。六盘水市、毕节市、铜仁市、黔南州、黔西南州等局部区域由历史上煤矿、硫黄矿、锑矿、锰矿等开采导致地下水污染，矿井涌水对土壤和地表水产生影响，目前尚未探索出适宜喀斯特山区地下水污染防治的技术路径和方法。[1]

在以GDP为主导指标的考核机制下，"环境监管无动力、环境监管无能力、环境监管无压力"现象屡见不鲜，地方政府作为环境治理的主体内生动力不足。外来企业追求利润而不顾生态安全，农民的环保意识普遍淡薄。

（五）城乡发展不平衡，乡村人才流失情况严峻

城乡差异大，2022年，贵州省城镇居民可支配收入是农村居民的三倍，人均消费支出则是其两倍。随着农业生产要素向非农化转变，农村主体老龄化严重，大量乡村人才流入城市，乡村人才长期匮乏，无法满足农业农村发展需求，乡村难以实现与城市的融合发展。缺乏吸引人才的乡村发展平台、福利待遇和生活环境，以及不健全的乡村人才培养、管理和使用机制，进一步加剧了人才流失。农业科技工作者倾向于从事研究课题，但成果转化和推广应用不足；西部计划、"三支一扶"等方式选派的大量村干部很少真正留在基层。茶产业作为贵州的优势产业，面临人才短缺挑战。高等院校中仅有贵州大学设有茶学院，与茶叶相关的人才供给难以满足茶产业快速发展的需求。

---

[1] 《贵州省生态环境厅等七部门关于印发贵州省"十四五"土壤、地下水和农村生态环境保护规划的通知》，贵州省人民政府网站，2023年9月11日，http://www.guizhou.gov.cn/ztzl/gzcxgssthjdltjlsdtfz/zcwj/202310/t20231016_82756494.html。

三 贵州省乡村振兴的目标与重点任务

（一）总体目标

2023年2月3日，中共贵州省委、贵州省人民政府发布《中共贵州省委 贵州省人民政府关于做好2023年全面推进乡村振兴重点工作的实施意见》（以下简称《意见》），对现阶段有效推进乡村振兴提出要求，指出要坚持农业农村优先发展，坚持城乡融合发展，强化科技创新和制度创新，深入实施巩固拓展脱贫攻坚成果、发展乡村产业、农村人居环境整治提升、推进乡风文明、加强乡村治理"五大行动"。建设巩固拓展脱贫攻坚成果样板区，推进宜居宜业和美乡村建设，为全面推进乡村振兴、加快农业农村现代化打下坚实基础。

（二）围绕"二十字方针"的具体目标与重点任务

1.产业兴旺的具体目标与重点任务

产业兴旺，是乡村振兴的重中之重。贵州省在稳步推进农业生产的过程中，持续做大做强特色产业，推动乡村产业优化升级。《意见》中指出，要坚决抓紧抓好粮食和重要农产品稳产保供、加强农业基础设施建设、强化农业科技和装备支撑，并推动乡村产业高质量发展。为实现以上目标，重点任务有以下几点。一是稳定粮食播种面积与产量，提升油料生产能力，发展现代设施农业和多元化食物供给体系，强化粮食和重要农产品调控，管好"贵州粮仓"，落实好"菜篮子"市长负责制。二是加强耕地保护和用途管理，建设高标准农田，增强农业防震减灾能力。三是推动山地农业核心技术攻关，实施种业振兴，研发推广山地农机，推进农业绿色发展。四是巩固提升农业特色优势产业，大力发展农产品加工流通业，加快发展现代乡村服务业，支持发展乡村新产业新业态，培育壮大县域富民产业，实施"一县一业"强县富民工程。

为促进各产业兴旺发展,2023年,贵州省出台了多项相关政策,涉及农业机械化,中医药、油茶产业高质量发展,"乡村外贸"战略,农产品出口贸易工作规范等,为贵州省乡村产业振兴保驾护航。

表3 贵州省围绕产业兴旺出台的部分政策文件与具体内容

政策文件	主要目标	重点任务
《贵州省2023年农业机械化工作方案》	打造水稻、油菜耕种收机械化核心示范区,建设大豆玉米带状复合种植机械化示范点,涉农乡镇成立农机社会化服务组织	(一)夯实研制、推广、人才基础。(二)创评四个十佳:即十佳农机示范县、合作社、农机推广先锋及农机手。(三)实施水稻耕种收机械化行动、油菜耕种收机械化行动、农机社会化服务提升行动、农机安全生产监管行动
《贵州省推动中医药产业高质量发展攻坚行动计划(2023—2030年)》	形成中药材产业集群,中医药民族医药工业产值增加,中医药康养产业实现突破,中药材产业基础夯实,中药制造产业规模壮大,"黔地灵药"品牌效应凸显	(一)推进中药材产业提质增效。(二)畅通中医药产销渠道。(三)发展中医药民族医药制造业。(四)推进"中医药+"产业融合发展。(五)建立健全中药产业标准体系。(六)推动医疗机构制剂研发应用。(七)推进中药配方颗粒研发生产。(八)促进中药民族药创新药研发。(九)夯实中医药产业发展基础
《贵州省加快油茶产业发展实施方案(2023—2025年)》	建设高标准油茶林,抓好种植、低改、加工、科研、品牌、市场全产业链协调发展,提高基地质量、提升茶油产能	(一)加强农产品出口基地建设。(二)培育壮大农产品出口企业。(三)提升出口农产品质量安全水平。(四)加强出口农产品品牌建设。(五)加强技术性贸易措施研究利用。(六)加快发展外贸新业态。(七)大力开拓国际市场。(八)推进降低物流成本。(九)进一步优化开放环境。(十)培育壮大开放型人才队伍

续表

政策文件	主要目标	重点任务
《关于实施"乡村外贸"战略的工作方案》	推动优质农产品走出国门,促进乡村产业和企业发展。培育"乡村外贸"实绩企业,推动试点县范围不断扩大	试点县遴选、增大人才供给力度、加强主体培育、促进基地建设、推进新业态培育、强化政策支撑和破解问题制约
《贵州省农业农村厅 贵州省商务厅 贵阳海关关于印发〈促进贵州省农产品出口贸易工作方案〉的通知》	立足省内农业特色优势产业基础,支持茶叶、蔬菜、生态渔业、辣椒等成熟产业稳定出口;培育特色林业、食用菌、生猪、肉牛、水果等有一定基础和发展前景的产业扩大出口;挖掘生态家禽、中药材、刺梨等具有较大出口潜力的产业取得突破,助推现代山地特色高效农业强省建设	(一)加强农产品出口基地建设。(二)培育壮大农产品出口企业。(三)提升出口农产品质量安全水平。(四)加强出口农产品品牌建设。(五)加强技术性贸易措施研究利用。(六)加快发展外贸新业态。(七)大力开拓国际市场。(八)推进降低物流成本。(九)进一步优化开放环境。(十)培育壮大开放型人才队伍

2. 生态宜居的具体目标与重点任务

生态宜居,是乡村振兴的关键因素。贵州省生态宜居建设的目标是助力农村基础设施提档升级、农村人居环境大大改善、山水林田湖草系统实现统筹治理、农村面源污染治理不断加强。《意见》中强调打造宜居宜业和美乡村这一核心要务,具体任务包括以下几点。一是加强村庄规划建设,统筹管控县乡级国土空间,合理布局和制定实用型村庄规划,并注重对传统村落的特色保护。二是持续深化农村人居环境整治提升,落实乡村建设"八大工程",推进农村厕所革命以及农村生活垃圾源头处理。三是不断完善乡村基础设施建设,推进城乡交通运输一体化进程,重视农村公路建设、供水规模化建设,并加强电力保障。四是加大基层公共服务设施建设力度,着力推动各类公共服务资源向农村倾斜,补齐农村教育和医疗基本条件短板。

为了推进生态宜居乡村建设,贵州省相继出台了《关于加快推进"四好农村路"高质量发展服务乡村振兴的实施意见》《贵州省"十四五"土壤、地下水和农村生态环境保护规划》《贵州省乡村建设行动实施方案(2023—2025年)》等政策文件,助力农村交通运输网络建设,强化农用地和建设用地土壤污染风险管控,推进"四在农家·美丽乡村"建设。

3. 乡风文明的具体目标与重点任务

乡风文明,是乡村振兴的基本保障。贵州省发布的《关于进一步推进移风易俗建设文明乡风的实施方案》《省文化和旅游厅 省人力资源社会保障厅 省乡村振兴局关于持续推动非遗工坊建设助力乡村振兴的通知》等文件均对乡风文明建设做出要求,其发展目标是抓党建树新风促振兴,健全全省文明乡风管理机制和工作制度,有效遏制农村陈规陋习蔓延,形成婚事新办、丧事简办、孝亲敬老、文明卫生饮食等社会风尚,提高乡村社会文明程度。《意见》中指出现阶段的重点任务有以下几点。一是持续推进乡风文明建设五年行动,深入实施"推进移风易俗,树立文明乡风"专项行动。二是强化宣传、教育及引导,广泛开展文明乡风各项实践活动。三是重视家庭家教家风建设,依托基层组织和村规民约、红白理事会等机制,治理高价彩礼、大操大办等不良风气,推进农村丧葬习俗改革。四是继承发展优秀传统乡土文化,加强民族传统手工艺保护和传承,推进非遗工坊认定和建设,开展传统工艺培训,加大带头人支持力度[①]。

4. 治理有效的具体目标与重点任务

治理有效,是乡村振兴的基础要素。乡村治理体系建设与治理能力优化,是实现有效治理、助力乡村振兴的组织保障。贵州省在这一领域设定的具体目标是大力加强农村基层基础工作,实现乡村治理体系的创新,加强农村基层党组织建设、村民自治及农村法治建设,提升乡村德治水平,推动建设平安和谐乡村,构建合理的地方标准供给结构,增强标准化示范作用,形成标准化协调推进机制。《意见》中关于促进治理有效的重点任务可以分解为三点。一是扎实推进抓党建促乡村振兴。"强基础、重治理、树新风",推动乡镇管理体制改革,完善基层党组织建设及监督,实施加强乡村治理五年行动,强化县乡村三级治理体系,并积极开展宣传教育活动。二是加大政

[①] 《省文化和旅游厅 省人力资源社会保障厅 省乡村振兴局关于持续推动非遗工坊建设助力乡村振兴的通知》,贵州省人民政府网站,2022年6月30日,http://www.guizhou.gov.cn/zwgk/zdlygk/jjgzlfz/whly/whzc/202206/t20220630_75345003.html。

策保障和体制机制创新力度。落实资金投入保障、强化金融服务，加强乡村人才队伍建设，推进县域城乡融合发展。三是建设具有贵州特色的农业农村标准化体系。夯实保障粮食安全标准基础、优化乡村振兴标准体系、健全现代农业全产业链标准、探索农业绿色发展标准、强化乡村房屋建设和基础设施建设标准、深入开展试点示范和服务体系建设等①。

5. 生活富裕的具体目标与重点任务

生活富裕，是乡村振兴的根本要求。关于实现生活富裕，《意见》中明确指出要拓宽农民增收致富渠道，着力建设巩固拓展脱贫攻坚成果样板区，持续深化农村综合改革。重点任务在于促进农民就业增收，优化农民工就业环境，维护好其就业权益；促进农业经营增效，支持家庭农场、合作社的发展，引导土地经营权有序流转，促进农业适度规模经营，切实保障农民权益；提升农民转移性收入，落实惠农补贴政策。坚决守住不发生规模性返贫底线，增强脱贫地区和脱贫群众内生发展动力，稳定完善巩固拓展政策，并加大易地扶贫搬迁后续扶持力度。深化农村土地制度改革，发展新型农村集体经济，规范培育新型农业经营主体，提升农村集体产权制度改革成果。

四 贵州省乡村振兴目标的实现路径与政策建议

（一）"一乡一业、一村一品、一产一企、一家一特、一人一技"模式持续促进乡村产业振兴②

第一，推进"一乡一业"，整体发展壮大乡镇工业。围绕省级认定县

---

① 《省农业农村厅 省市场监管局 省住房城乡建设厅关于印发〈贵州省乡村振兴标准化行动实施方案〉的通知》，贵州省农业农村厅网站，2024年1月26日，http://nynct.guizhou.gov.cn/xwzx/tzgg/202401/t20240126_83630289.html。

② 《市人民政府办公厅关于贵阳贵安"一乡一业、一村一品、一产一企、一家一特、一人一技"促进乡村产业振兴的指导意见》，贵阳市人民政府网站，2022年11月4日，https://www.guiyang.gov.cn/zwgk/zwgkzfgb/zwgkzfgb2022/202212/t20221222_77696549.html。

（市、区）的"一主两辅"典型主导产业，支持乡镇主导产业规划布局，扩大产业规模，提升发展影响力。一是加强产业选择，二是提升发展质量，三是促进产业融合。第二，提高村与产业的协同发展程度，践行"一村一品"理念，提高产业和村庄融合发展水平。把农民放在首位。聚焦乡镇重点特色产业。注意做好本村特色产品的定位，使产业链不断延伸、品质不断提升、品牌不断壮大，促进资源转化为产品、产品转化为商品、商品转化为优质产品。一是打造拳头产品，二是创新经营机制，三是突出示范引领。第三，践行"一产一企"，鼓励行业领先的农业产业化企业成长。加大对农业龙头企业的引进和扶持力度，增加行业龙头企业的数量，强调企业作为领导者的重要性，并建立可靠的利益汇集制度，不断提高产业和企业融合发展水平。一是强化头部企业培育，二是提升联农带农水平，三是推动产企衔接发展，四是完善供销服务功能。第四，推进"一家一特"计划，巩固现代农业经营体系基础。重点支持家庭农场、规模养殖户和多元经营农户家庭，培育和扶持形成一批规模适中、效益显著、各具特色、经营多元的农村家庭经营形态。一是加强发展扶持，二是拓展经营业态，三是强化规范管理。第五，实行"一人一技"计划，协助培养乡村产业振兴的人才。一是突出培养重点，二是拓展培训渠道，三是创新服务管理。

（二）农业畜牧业高质量发展，资源化利用促进乡村生态振兴

第一，推进农业绿色发展，坚持生态优先、绿色发展。一是鼓励应用生物农药、天敌等环境友好型防控技术和产品。二是加强耕地轮作休耕，创造性地施用畜禽粪便。三是强化渔政执法能力。全面推行秸秆利用、农膜回收、农药包装物回收。此外，研究、生产和推广可降解农膜。鼓励治理坡耕地水土流失和石漠化，防治土壤污染。整合退耕还林成果，强化河湖治理体系，落实森林经营制度。第二，积极发展生态畜牧业，促进生态畜牧业高质量发展。一是聚焦构建全产业链生态体系，基于扩大规模、增加产量，加强培育规模化企业，降低支出，支持畜牧业科学化、标准化发展；全力支持走

在前列的创新企业，解决深加工、种子供应等关键问题。二是实施奶业振兴计划。三是发展健康环保的生态渔业和水产养殖业。

（三）自上而下，多维度多方位促进乡村组织振兴

第一，加强组织领导。以分解任务、落实责任为重点，及时研究解决工作推进中的重大问题，建立"四好农村路"联席会议制度。省直有关单位和市（州）人民政府负责人为成员，省人民政府分管副省长为召集人。第二，加强农村政权建设和农村基层党组织建设。一是加强对农村基层党组织领导岗位的支持，坚持抓党建促乡村振兴；二是在农村优秀青年中扩大党员队伍，积极培养村级后备干部，着力从村党组织书记中录用公务员、选拔乡镇领导干部和聘用事业编制人员；三是鼓励规范创建村民委员会、村务监督委员会和村务公开"阳光工程"；四是加强村级人民调解组织建设，鼓励就地化解矛盾。

（四）提炼乡村文化灵魂，挖掘乡村文化特色促进乡村文化振兴

第一，凝练乡村文化优势。一是凝练乡村文化的优势，为乡村文化产业发展提供重要依托；二是借助传媒力量帮助乡村人才"走出去"，建立起合作平台和交流机制。第二，保护传统文化遗产。保护和传承当地的传统文化遗产，如非物质文化遗产、乡土建筑等，可以让乡村文化的独特魅力得以传承和发展。第三，挖掘乡村文化资源。深入挖掘乡村文化中的民俗风情、民间艺术、传统节庆等资源，展示当地独特的民俗风情和文化韵味。第四，发展乡村旅游业。将乡村文化融入乡村旅游体验，打造具有地方特色的文化旅游产品，吸引更多游客来到乡村，促进当地经济发展。第五，组织文化活动。举办各类文化活动，如乡村戏剧表演、传统手工艺品展示、文化节庆等，提升乡村居民参与感和归属感。第六，教育培训传统技艺。开展乡村文化传统技艺的培训和传承工作，增强居民对乡村文化的热爱和保护意识。通过以上方法，可以逐步提升贵州省乡村文化的影响力和核心竞争力，推动乡村文化振兴，促进乡村全面发展。

（五）强化人才支撑，加大人才培养引进力度，精心做好人才服务保障，促进乡村人才振兴

第一，乡村振兴必须组建人才队伍，深入引进人才。一是党组织要带头抓好农村人才队伍建设，把乡村振兴纳入党的人才工作总体规划，健全有利于农村发展的人才发展体制机制，强化农村人才激励约束机制；二是引进若干名优秀的乡村振兴和创新创业人才，鼓励培养产业导师。第二，加强乡村人才队伍建设，出台培养优秀农民的举措。为了帮助基层，一是要集聚和指导教育、精神文明建设、卫生、科技、文化和社会工作等领域的人才[①]，鼓励培养未得到充分利用的本地人才；二是要开展农村创业领头人培育行动；三是要鼓励城市专业技术人员兼职兼薪和离岗创业；四是要持续推动激励农业技术人员开展创新创业。

[①]《中共贵州省委 贵州省人民政府关于做好2023年全面推进乡村振兴重点工作的实施意见》，贵州省人民政府网站，2023年2月27日，http：//guizhou.gov.cn/zwgk/zcfg/swygwj/202302/t20230227_78310267.html。

B.13
云南省乡村振兴研究报告[*]

文传浩　薛琴　吴梦晗　王若　曹梦萍[**]

摘　要： 党的二十大报告指出"全面推进乡村振兴，坚持农业农村优先发展"。随着中国经济社会的快速发展，城乡差距逐渐加大，农村发展滞后的问题愈加突出，为实现全面建成小康社会的目标，必须全面推进乡村振兴，解决城乡发展不平衡的问题。2021年以来，云南扎实推动责任、政策、工作"三个落实"，全力巩固拓展脱贫攻坚成果，深入推进农村居民和脱贫人口持续增收三年行动，守牢不发生规模性返贫底线，乡村振兴各项工作取得新成效。2023年是云南省"3815"战略发展目标"三年上台阶"承上启下的关键之年，因此，系统总结云南省近年来乡村振兴的成效与不足对巩固拓展脱贫攻坚成果，深入推进农村现代化发展具有重要意义。

关键词： 乡村振兴　产业结构　农业农民　云南省

一　云南省乡村振兴的现状

在党的二十大报告的指引下，云南省积极响应政策，立足于本地实际，

---

[*] 本报告为教育部人文社科重点研究基地——西北大学中国西部经济发展研究院项目（项目编号：XBLPS202411）阶段性研究成果。

[**] 文传浩，云南大学经济学院教授、博士生导师，主要研究方向为流域经济与绿色发展、生态文明与生态产业；薛琴，云南大学经济学院硕士研究生，研究方向为区域经济与流域绿色发展；吴梦晗，云南民族大学社会学院硕士研究生，研究方向为历史人类学；王若，云南大学经济学院硕士研究生，研究方向为绿色金融；曹梦萍，云南大学经济学院硕士研究生，研究方向为环境绿色发展评估。

大力推进乡村振兴,致力于推进农业农村现代化,遵循"守底线、抓发展、促振兴"的工作主线,将巩固拓展脱贫攻坚成果和提升农民收入视为核心政策任务,通过采取一系列有力的措施,推动了云南省乡村产业、人才、文化、生态和组织振兴的全面发展。

(一)产业振兴

产业振兴是乡村振兴的物质基础、重中之重,云南省通过精准实施农业政策,有效提升了粮食生产能力,促进了特色经济作物产业的发展,并维持了传统优势产业的持续增长。根据云南省统计局发布的《2023年云南农业农村发展报告》,云南省农林牧渔业总产值达到6834.50亿元。乡村振兴战略的成功不仅体现在总产值的增长上,更在于农业、林业、畜牧业、渔业、农林牧渔专业及辅助性活动的均衡发展。

1. 精准实施农业政策,粮食生产能力增强

云南省高度重视粮食生产,作为国家粮食产销平衡省份,云南深入推进粮食增产计划,开展耕地高质量保护和发展,全力推进高标准农田建设,粮食生产和保障能力稳步提高。2023年,云南省实现农林牧渔业总产值6834.50亿元,具体而言,农业、林业、畜牧业、渔业、农林牧渔专业及辅助性活动分别增长4.5%、7.0%、3.4%、3.9%、5.5%。粮食生产能力不断提升,2023年云南省粮食播种面积为6364.83万亩,同比增长0.8%;产量为1974万吨(见图1),同比增长0.8%,产量连续8年实现正增长。其中,谷物产量同比增长0.9%,豆类产量同比下降5.2%,薯类产量同比增长2.9%,为经济持续健康平稳发展夯实了基础。①

2. 调整种植生产结构,特色经济作物产业凸显成效

2023年,云南经济作物播种面积增长1.9%,油料作物产量达68.45万吨,同比增长7.8%;蔬菜及食用菌播种面积达2008.57万亩,产量增至2960.83万吨,同比增长3.6%(见图2)。此外,在耕地保护、种植方式优

---

① 《2023年云南省国民经济与社会发展统计公报》。

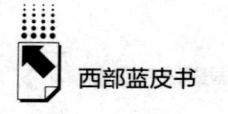

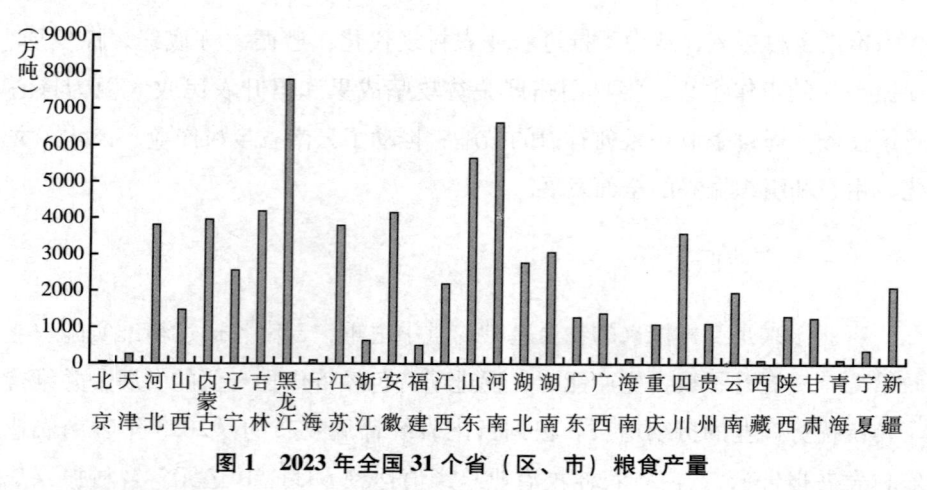

图1 2023年全国31个省（区、市）粮食产量

资料来源：国家统计局。

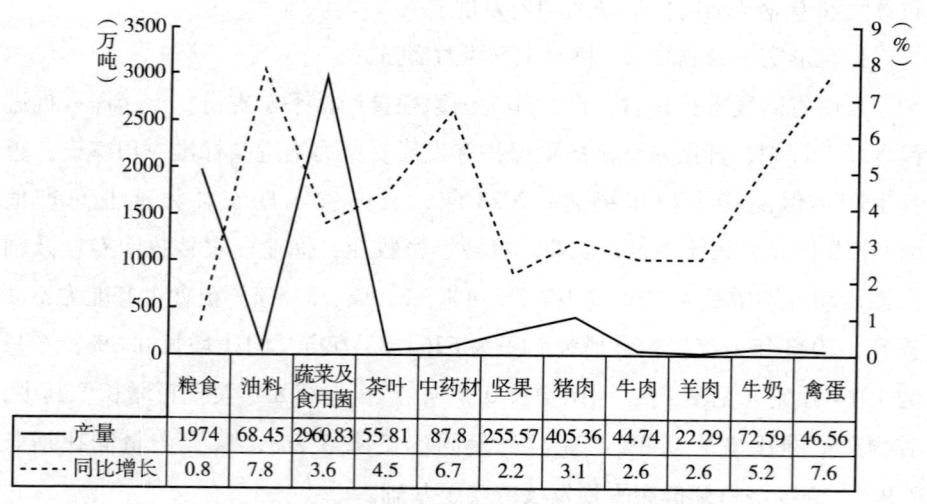

图2 2023年云南省主要农产品产量及同比增长

	粮食	油料	蔬菜及食用菌	茶叶	中药材	坚果	猪肉	牛肉	羊肉	牛奶	禽蛋
—— 产量	1974	68.45	2960.83	55.81	87.8	255.57	405.36	44.74	22.29	72.59	46.56
---- 同比增长	0.8	7.8	3.6	4.5	6.7	2.2	3.1	2.6	2.6	5.2	7.6

资料来源：云南省统计局。

化、科技创新、市场化运作模式探索等方面采取综合措施，如玉溪市培育多元经营主体；易门元瑞农业科技发展有限公司集中流转浦贝乡2046亩土地发展石榴种植，带动周边226户农户就业，农户年增收3000余元；临沧市围绕"茶、果、糖、菜"等高原特色农业产业，着力发展茶叶初制作、农业初加

工,引进实力强、产业链完善、联农带农潜力足的涉农规模型企业44家,累计培育本地龙头企业283家,发展农民专业合作社3828个,成效显著。

3. 推动技术创新,传统优势产业持续增长

云南省传统优势产业的成效显著,特别是在水果、茶叶、花卉及坚果等传统产业领域,不仅提升了市场竞争力,还为农民增收开辟了新路径。云南省水果产业快速增长,尤其是蓝莓、草莓等小浆果的发展,成为农业转型亮点。2023年末,全云南省的园林水果实有面积居全国第7位,水果产量居全国第9位;云南省传统优势产业茶叶以55.81万吨占全国13.3%的产量展示了稳定增长和优质产出。[①] 同时,利用云南省得天独厚的自然气候优势,花卉产业发展提质增效明显,鲜切花产量全球第一;坚果产业发展迅速,2023年坚果产量达255.57万吨,显示了在国内外市场的重要性和发展潜力。

(二)人才振兴

乡土人才作为人才队伍的重要组成部分,是带领群众致富的"头雁",是推动乡村振兴的"基石"。云南省致力于全面推进乡村振兴,近年来采取了人才回引、干部教育提升和治理透明化等关键措施,通过"回引计划"吸引关键人才回乡参与乡村发展,实施"双提升"行动提升村干部的能力和学历,同时推行村务阳光工程,提高治理透明度和效率。通过一系列举措优化了乡村治理结构,增强了基层治理能力,为推动农业发展、文化繁荣及提高治理有效性奠定了坚实的基础,有效推动了乡村振兴战略的实施。

表1　2018~2024年部分云南省关于乡村人才振兴的文件

年份	文件
2018	《云南省乡村振兴战略规划(2018—2022年)》
2021	《关于加快推进乡村人才振兴的实施意见》
2022	《云南省人力资源和社会保障厅等3部门关于进一步引导高校毕业生服务乡村振兴的通知》

---

① 《云南省2023年国民经济与社会发展统计公报》。

续表

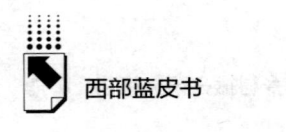

年份	文件
2023	《中共云南省委　云南省人民政府关于做好2023年全面推进乡村振兴重点工作的实施意见》
2024	《云南省乡村振兴人才服务中心2024年预算公开说明》

资料来源：笔者收集整理。

1. "人才回引"促进乡村全面振兴

云南省发布的《云南省"十四五"期间抓党建促乡村振兴规划》明确了农村人才振兴战略，通过推行"回引计划"着力集聚乡村发展所需的关键人才。该计划的实施成功吸引了13576名具备不同背景的杰出人才回乡创新创业。在2021年的村（社区）换届选举中，6679名通过"回引计划"吸纳的人才被纳入"两委"班子，1464名担任了村（社区）党组织书记的重要职务[①]，显著改善了乡村干部的队伍结构，为乡村振兴策略注入了强劲的新动力。此策略不仅提升了乡村的治理效能和服务质量，也为乡村发展注入了新的活力，奠定了乡村全面振兴和持续发展的坚实基础。

2. "村干部双提升"促乡村振兴

云南省坚持实施村干部能力与学历"双提升"行动五年来，依托云南开放大学，设定了每年5000~10000名的招生目标，从村（社区）干部、村民小组长、村（社区）党员及致富带头人中选拔学员进行高等教育，涵盖本科和专科层次。自2018年起，共有25900人加入该提升计划，其中2510人成功获得高等学历认证，73人被提拔至乡镇领导职位，12316人加入了村（社区）"两委"班子，有效促进了基层治理结构的优化。此外，为加强基层党员干部的理论学习和实践能力，2023年云南省已开展了1.5万余期培训，累计培训260余万人次，显著提升了基层人才队伍的整体素质，为推动乡村振兴战略的实施和基层治理能力的提升贡献了力量。

---

① 《「云视角」"引雁归巢"助力乡村振兴　云南的做法亮了！》，"云南网"百家号，2022年4月15日，https：//baijiahao.baidu.com/s?id=1730169927373994329&wfr=spider&for=pc。

3. "万名人才兴万村"赋能乡村振兴

云南从2021年起开展"万名人才兴万村"行动，从全省范围内组织1万名农村急需的专业型人才，结对服务1万个行政村（社区），推动不同单位、地区把资源、资金、项目等引入乡村，助力现代农业发展、集体产业壮大、乡村文化繁荣、乡村治理有效。丽江市自深入实施"万名人才兴万村"行动以来，1200余名人才发挥优势、鼓足干劲，因地制宜、按需发力，到村帮扶9830人次，为群众办实事3603件；富民县在2021年、2022年共选派了2批155名人才对全县73个涉农村进行指导帮扶，两年以来共计到村开展指导2792次，培训409次13885人，帮助村社区引入到位资金3557.6万元，帮助村社区实施项目82个，到村开展"我为群众办实事"890件，[①]为乡村振兴添砖加瓦。

（三）文化振兴

文化振兴作为乡村振兴的重要基石，是激发乡村发展内生动力的关键。近年来，云南省在"文化润滇"行动下，深化了乡村旅游与文化产业的结合，通过提升文化品牌和强化国际文化交流，显著促进了旅游业增长，增强文化自信。2023年，云南省积极响应"十四五"规划，通过文旅融合赋能乡村振兴，2023年云南省乡村旅游业迎来显著增长，接待游客数量达到4.54亿人次，旅游总收入达到2278.60亿元，同比增长38.42%和26.58%，恢复至2019年同期的136.95%和112.74%[②]。

1. 实施"文化润滇"行动

通过"文化润滇"行动，云南省深入推进文化发展和精神文明建设，该行动创新性地推出了"彩云奖""百场村晚进万家""大地欢歌"等十多种云南特色乡村文化活动品牌，极大地丰富了农村文化生活，增强了文化自

---

① 《富民县"万名人才兴万村"行动为乡村振兴　添砖加瓦》，昆明市乡村振兴局，2023年11月22日，https://xczx.km.gov.cn/c/2023-11-22/4797704.shtml。
② 《今年前10个月　云南乡村旅游接待游客4.54亿人次》，昆明滇池国家旅游度假区管委网站，2023年12月14日，https://dianchi.km.gov.cn/c/2023-12-14/6784++652.shtml。

信。同时，构建了400个"乡愁书院""文化院落"等新型公共文化空间，为乡村文化振兴提供了坚实平台。在边境地区，推进"文化睦邻示范区"试点和国门文化交流中心、友谊广场、国门书社等项目，加强文化交流与合作，促进了文化外溢和边疆稳定。此外，还包括85个民族传统文化生态保护区、29个少数民族特色乡镇、780个少数民族特色村寨的建设与提升，这些措施不仅保护了民族文化遗产，也促进了文化多样性和文化可持续发展。

2. 开展示范创建活动

云南省通过持续实施示范创建活动，着力推动乡村文化和旅游的特色化及品质化发展，成功创建了2个国家级文化产业赋能乡村振兴的试点项目，这一举措标志着云南省在文化产业与乡村振兴融合发展方面迈出了重要步伐。同时，云南省3个案例获得2022年世界旅游联盟旅游助力乡村振兴案例的认定，2个乡村旅游案例被中共中央办公厅、国务院办公厅评为2022年度巩固拓展脱贫攻坚成果同乡村振兴有效衔接的典型案例，这些成就展现了云南省在推进乡村旅游和乡村振兴方面的创新和实践成效。此外，12条乡村旅游线路被评为2023年"乡村四时好风光"全国乡村旅游精品线路，进一步证明了云南省在发展乡村旅游产业、促进乡村经济社会发展方面取得的显著成就。

3. 厚植乡村生态文化

云南省致力于深化乡村生态文化，策划建设1000个宜居宜业和美乡村示范点、1000个展现特色民族文化的提升示范村、17个乡村振兴示范园，以及开发30条"中国最美乡愁旅游带"、20条生态特色旅游线路和10条农耕文明旅游线路。这些措施不仅拓展了"有一种叫云南的生活"品牌的深度和广度，同时将云南的生态资源优势转化为广大民众的实际福利。通过这种多维度、全方位的发展策略，云南省不断丰富其乡村振兴的文化内涵和生态价值，促进了地方经济的持续健康发展，提高了居民的生活质量，确保了乡村旅游和文化旅游的持续繁荣，为实现乡村全面振兴奠定了坚实基础。

（四）生态振兴

生态振兴是乡村振兴的内在要求，云南省的生态环境保护和治理工作取得显著成果，涵盖水质改善、空气质量提升、土壤污染控制及农村污水治理等方面，通过加强自然保护区的"绿盾"监管与建设生态文明示范区，云南省有效推进了生态环境的综合治理；通过实施"绿剑云南"行动交叉执法和环境监管措施，加大了对环境违法行为的惩处力度，强化了危险废物管理和核辐射环境安全，确保了公共安全无事故，展现了云南省在生态环境保护和可持续发展方面的坚定承诺及有效实践。

1. 有效管控土壤污染，生态环境显著优化

2023年，云南省环境质量取得了显著进步，国控断面的优良水体比例提高至94.1%，劣Ⅴ类水体比例降至1%，云南省成功减少了10个污染严重的断面[①]。在空气质量方面，云南省保持了全国领先的水平，16个州（市）政府所在地的优良天数比率达到了97.4%。此外，土壤污染风险得到了有效地管控，受污染耕地的安全利用率已达90.69%，重点建设用地的安全使用也得到了持续保障。在农村生活污水治理方面，实现了50%的治理率，相比2022年提高了12个百分点。这些成就标志着云南省在生态环境保护和治理上取得了新的成效。

2. "绿盾"监管成效显，生态文明建设提速

在生态保护与监管方面，持续开展的"绿盾"自然保护地强化监管活动有效推进，成功完成了20个国家级和3个省级自然保护区的生态环境保护成效评估，其中国家级自然保护区的重点问题整改率达到了98%以上。同时，在加强生态文明示范创建方面，累计建立了20个国家生态文明建设示范区和9个"绿水青山就是金山银山"实践创新基地（见图3），2023年分别新增5个和2个，创建数量历年最多。此外，深化拓展COP15成果也取得显著进展，成功举办了5·22国际生物多样性日全球主场活动和COP15主席团会议。在合作方面，云南省生态环境厅与中国科学院昆明植物研究所联合发布了《云南大型真菌图志》，进一步促进了生物多样性保护和科学研究的深入。

[①] 《历史最好 2023年云南省国控断面优良水体比例达94.1%》，"云南网"百家号，2024年4月29日，https://baijiahao.baidu.com/s?id=17976780921827190240&wfr=spider&for=pc。

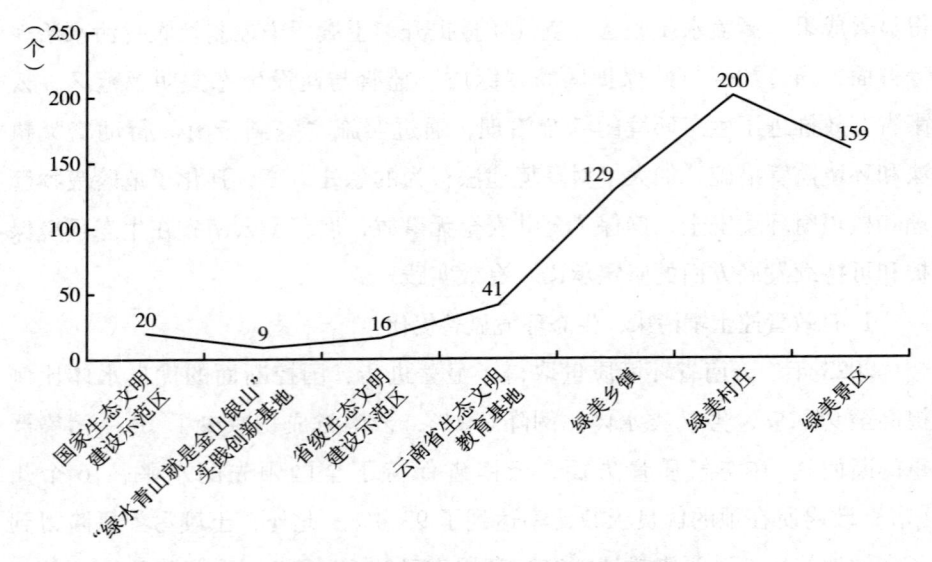

图3 2023年云南省生态文明建设情况

资料来源：云南省统计局。

3. 监管升级清废安全，环境治理效能增强

为提升生态环境监管执法效能，持续执行"绿剑云南"行动交叉执法与专项监督执法检查，云南省累计处理环境违法案件2290起，处罚金额达2.51亿元。在危险废物管理方面，采取"清单—清点—清零"的动态管理策略，实行"一废一库一品一重"的环境风险防控专项整治，实现问题的清零化管理。此外，通过与川黔渝地区建立危险废物跨省转移"白名单"制度，加强了闭环监管。同时，对于核与辐射环境安全监管亦不遗余力，确保云南省全年无辐射安全事故发生。这些措施共同强化了生态环境保护及公共安全，展示了在环境监管与安全保障领域的坚定承诺和有效行动。

（五）组织振兴

组织振兴是乡村振兴的根本保障，要求充分发挥农村党组织的引领作用，确保党建工作与乡村振兴深度融合。云南省实施基层党建和乡村振兴规划相关政策文件（见表2），有效提升了村干部素质和党员引领能力，通过实行五级书记共促战略和深入基层工作，云南省加大了对乡村振兴的领导力度，特别强化了对关键区域的支持。此外，财政投资和政策措施推动了脱贫成果的巩固、民族团结及边境地区的稳定与发展，通过构建示范村和促进产业兴旺，加速了地区的综合发展。

表2 2017～2023年云南省部分关于组织振兴的文件

年份	文件
2017	《云南省人民政府办公厅关于支持返乡下乡人员创业创新促进农村一二三产业融合发展的实施意见》
2021	《中共云南省委 云南省人民政府关于全面推进乡村振兴加快农业农村现代化的实施意见》
2021	《关于向重点乡村持续选派驻村第一书记和工作队的实施意见》
2023	《云南省乡村振兴责任制实施细则》

资料来源：云南省人民政府。

1. 党建促进乡村全面振兴

云南省委推出基层党建高质量发展五年行动和"十四五"乡村振兴规划，提升基层党组织实力。首先，通过每年的评估选拔，连续四年实施教育提升行动，使4.5万名村干部获得高等教育，提高了村党组织书记的素质，其中48.6%拥有大专及以上学历，平均年龄为44岁。其次，开展"万名党员进党校"培训五年计划，覆盖105万名党员，增强党员经济引领能力。同时，设立青年党支部，支持12.3万名返乡人员创业，发展新党员1.1万余名。此外，配合财政部门，出台12项支持措施，确保村干部待遇和组织运转，优化工作机制，通过实施村级"大岗位制"减轻基层负担，推动基层党建和乡村振兴协同发展。

2. 五级书记齐抓共促乡村振兴

实行五级书记共同推进乡村振兴策略，倡导深入基层的传统，确保基层为主要工作阵地。首先，云南省委书记带队，示范性地深入乡村开展调研和现场办公，同时省级领导具体负责县乡村级工作，确保市县级党委书记及组织部长完成"三个走遍"的目标，乡镇领导全面包村联户。其次，针对特定村落，全面派遣 2.7 万名驻村第一书记和工作队员进行精准帮扶，特别是在"三区三州"等关键区域增加支持。最后，通过实施乡村振兴"新力量"计划，动员 2 万余名党员和农技人才支持 1 万余个村的发展，执行 5000 多个村庄发展项目。此外，鼓励基层党组织建立人才库、发出参与倡议、举办恳谈会等，吸引乡贤回乡贡献智慧和力量，为乡村振兴提供新的活力与动能。

3. 加强基层党建，促进民族团结和边境稳定

云南省通过强化基层党组织和党员作用，有效推进脱贫成果巩固、民族团结和边境稳定。省级财政投入 15.1 亿元，促进村集体经济增长至每村 24 万元，建立快速发现和响应机制，持续增加脱贫群众的收入。同时，深化民族团结，通过宣传教育和文化活动，13 个州（市）、44 个县成为国家级民族团结进步示范区，增强民族共同体意识。在边境地区，推动"党政军警民"协同工作，通过结对共建模式促进产业兴旺、环境改善，建立示范村，全面促进边境稳定和发展，共同为云南全面振兴和持续发展打下坚实基础。

二 云南省乡村振兴面临的现实约束

（一）农村基础设施落后，公共服务水平有待提升

首先，云南许多农村地区的交通基础设施建设滞后，路面质量差，交通不便，全省 30 户以上自然村通硬化路比例低，影响了农产品的运输和销售，由于缺乏便捷的交通条件，农民难以享受到城市的发展成果，也难以将农产品运往市场。其次，农村地区的水利设施普遍陈旧，灌溉能力不足，难以满足农业生产的需要，导致农作物减产甚至绝收，对农村地区的粮食安全构成威胁。再次，一些偏远地区的电力供应不稳定，甚至存在无电可用的情况，制约了农村地区的产业发展。最后，农村地区的医疗、教育、文化等公共服务设施普遍落后，难以满足农民的基本需求，农民在看病、上学、文化活动等方面面临诸多不便，制约了农村地区的社会进步。

（二）农村产业基础薄弱，科技创新投入不足

首先，农村产业发展基础薄弱，产业项目同质化现象突出，第一产业以种植业为主，广泛种植花卉、蔬菜、中药材、经济果木，发展畜牧业、生态农业、有机农业发展严重不足，区域间产业比较优势不突出。其次，由于缺乏有效营商环境和龙头企业带动，绿色农产品精深加工亟须优化提升，脱贫地区第二产业发展不足，仍以农产品初级加工为主，产品增值空间小，受生态红线保护影响，资源开发面临环境的约束。最后，云南省脱贫地区高原特色农业总体规模小，农业产业化水平较低，传统农业占主导地位，现代设施农业发展和科技研发推广应用不充分。特色农产品生产规模小、档次低、产品附加值不高，有机绿色知名品牌少，一些脱贫地区高品质资源优势未有效转化为产业优势，只能生产小而散的初级加工产品，很难满足北上广等发达地区对高端产品的市场需求。

（三）农民增收渠道窄，收入结构不合理

作为欠发达省份，云南城乡差距大，全省农村常住居民人均可支配收入长期处于全国较低水平。近年来，云南省农民收入虽然总体保持了较快增长，但由于收入基数低，加之受自然条件、经济发展水平等因素影响，长期以来仅排在全国第28位（见图4），收入绝对数仅占全国平均数的75%，与全国平均水平相比仍有较大差距。尤其是收入结构不合理、增收渠道窄的问题较为突出，仅有家庭经营性收入高于全国平均水平，工资性收入、转移性收入、财产性收入分别仅为全国平均水平的58.5%、58.7%、47.3%，农民收入过度依赖第一产业，二、三产业对农民增收拉动不足。然而，由于农产品市场竞争激烈，价格波动大，农民在销售农产品时往往面临价格低、销售难的问题。同时，由于缺乏深加工和品牌建设，云南的农产品附加值较低，难以形成市场竞争力，进一步影响了农民的收入水平。

（四）农村专业人才匮乏，基础教育落后

农村地区与城市地区相比经济发展机会较少、收入水平普遍偏低，并且

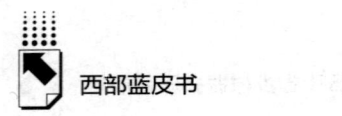

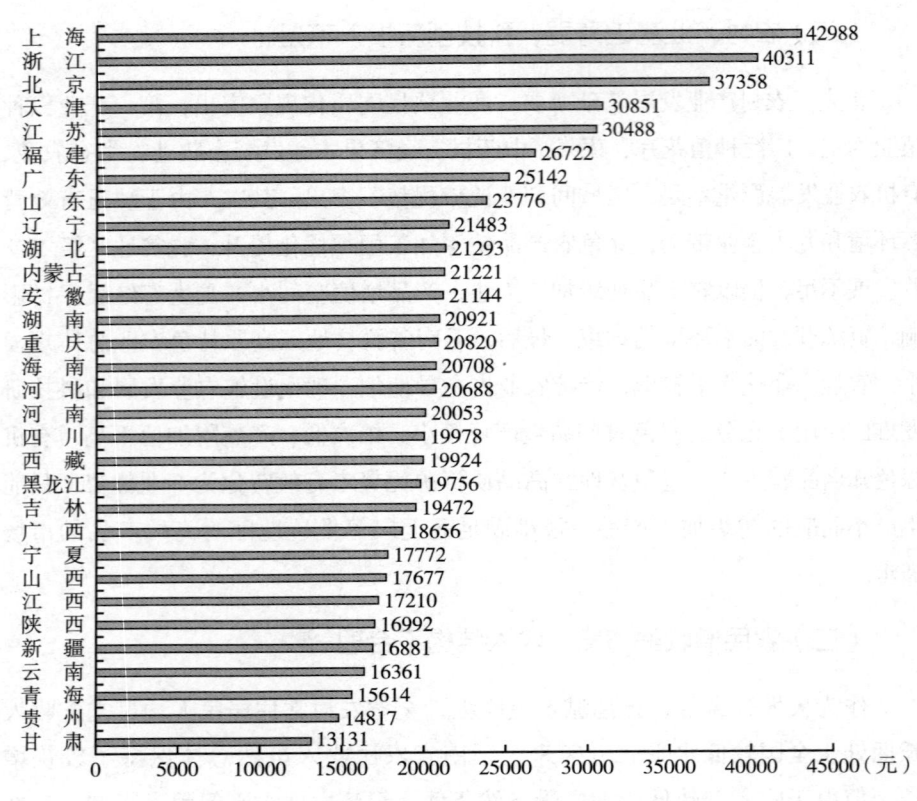

省份	金额（元）
上海	42988
浙江	40311
北京	37358
天津	30851
江苏	30488
福建	26722
广东	25142
山东	23776
辽宁	21483
湖北	21293
内蒙古	21221
安徽	21144
湖南	20921
重庆	20820
海南	20708
河北	20688
河南	20053
四川	19978
西藏	19924
黑龙江	19756
吉林	19472
广西	18656
宁夏	17772
山西	17677
江西	17210
陕西	16992
新疆	16881
云南	16361
青海	15614
贵州	14817
甘肃	13131

图 4　2023 年中国 31 个省（区、市）农村居民人均可支配收入

资料来源：国家统计局。

农村地区的基础设施建设相对薄弱，交通不便、信息闭塞等问题也限制了人才的流入和留任。另外，农村地区的教育条件普遍较差，缺乏优质的教育资源和师资力量，这使得农村学生在接受教育和培养能力方面与城市学生存在明显差距，这种教育差距不仅影响了农村学生的个人发展，也制约了农村地区的人才培养和储备。云南省农村地区部分独特的民族文化和传统习俗在一定程度上影响了人们的思维方式和行为习惯，一些传统的观念和价值观可能不利于现代人才的培养和引进，农村地区的文化氛围相对封闭，缺乏开放性和包容性，限制了人才的成长和发展。

三　云南省乡村振兴的主要目标与重点任务

（一）主要目标

近年来，云南省委、省政府扎实推进乡村建设，强调必须把推进乡村建设行动作为实施乡村振兴战略的重要任务，立足现有村庄条件，加快补齐农村道路、供水、能源、物流、信息化、综合服务、农房、人居环境等重点领域基础设施短板，持续推动城乡基本公共服务均等化，切实加强和改进乡村治理，指出确保到2025年，乡村建设取得实质性进展，农村人居环境持续改善，农村公共基础设施往村覆盖、往户延伸取得积极进展，农村基本公共服务水平稳步提升，农村精神文明建设显著加强，农民获得感、幸福感、安全感进一步增强。

（二）重点任务

1. 实施耕地保护和粮食安全责任制

确保耕地占补平衡改革得到有效实施，并坚决纠正非法占用和破坏耕地的行为；加大对高标准农田的建设及管理力度，新建和改造300万亩农田；强调优质种子、高效农业机械、先进耕作技术、绿色农资的集成推广，以推进全产业链的节粮减损，稳步提高粮食单产。

2. 全面强化脱贫成果

优化动态监控和支援机制，以提高基本生活保障、教育保障、医疗保障和饮用水安全的标准；针对农村低收入群体和发展滞后地区，建立一套常态化的援助体系；加大对乡村振兴关键县、搬迁安置区和边境地带的支持力度，进一步深化东西部地区的合作及针对特定地区的援助。

3. 提升产业效益，增加农村居民收入

按照"巩固、升级、盘活、调整"的原则，中央和省级财政资金投向产业的比例分别保持在65%和53%以上；充分运用针对脱贫人口的小额信贷，优化新型农业经营主体的联动机制；计划培育农村致富带头人，并实施50万人次的技能培训，大力培育新型职业农民；努力实现320万人以上脱贫劳动力的转移就业，动态清零人均纯收入低于1万元的脱贫户和监测户，确保农村居民人均可支配收入年增长率达到6%以上。

4.完善乡村设施，深化治理改革

完善农村的长期管理和保养机制，将农村卫生厕所和生活垃圾处理设施的覆盖率分别提升至75%和88%，并将生活污水治理率提高至55%；计划建设100个绿色美丽的乡镇、200个绿色美丽的村庄和50个绿色美丽的河湖；新建和改建农村公路1万公里，全面改造农村危房和提高农房的抗震能力；深化集体林权、农垦和供销社的改革工作，实行村级事务的透明化管理，推进乡风文明的培育活动。

四 云南省乡村振兴目标的实现路径与政策建议

（一）加快补齐基础设施短板，提升基本公共服务水平

一是加大政府投入力度，优化资金分配，确保农村基础设施建设得到有效资金支持，并鼓励社会资本参与，形成多元化投资格局。二是要精准施策，针对云南省农村地区的实际情况，制定切实可行的基础设施建设规划，特别是要优先解决交通、水利、电力等关键领域的短板问题，为农村发展奠定坚实基础。三是提升基本公共服务水平，加大农村教育、医疗、文化等领域的投入力度，提高服务质量，扩大覆盖面，同时应加强农村公共服务设施建设，改善农村人居环境，提高农民生活质量。四是加强政策宣传和引导，激发农民参与农村基础设施建设和基本公共服务提升的积极性，通过政策扶持和示范引领，推动农村经济社会全面发展。

（二）深入推进农村三产融合，促进产业高质量发展

一是加大政府政策倾斜扶持力度，通过设立专项资金、优化税收政策等方式，鼓励和支持农村一二三产业融合发展，特别是要关注新型农业经营主

体，如农民合作社、家庭农场等，为其提供更好的发展环境。二是加强科技创新引领，依托云南省丰富的农业资源，加强农业科技研发，推广先进的种植技术、养殖技术和农产品加工技术，积极培育农业科技人才，为农村三产融合提供智力支持。三是强化品牌建设与市场开拓，注重培育云南省特色农产品品牌，提升农产品的知名度和美誉度，积极开拓国内外市场，拓宽农产品的销售渠道，提高农产品的附加值和市场竞争力。

（三）统筹农村产业现代化建设，促进农民收入增加

一是深化农业产业结构调整，推动农村产业多元化发展，云南省应依托其丰富的农业资源，大力发展特色种植业、养殖业，并注重培育新兴产业，如农产品深加工、乡村旅游等，以拓展农民的收入来源。二是完善农村市场体系，促进农产品流通和销售，鼓励农民参与电子商务等新型销售模式，拓宽农产品的销售渠道，增加农民的收入。三是加强政策扶持和金融服务支持，制定农村农业优惠政策，为农村产业现代化建设提供有力保障。同时，加强农村金融服务创新，为农民提供多元化的融资渠道，满足其产业发展和增收的需求。

（四）优化农村人才发展环境，完善人才培养机制

一是建立多元化的人才培养体系，结合云南省农业特色和农村发展需求，制定人才培养计划，涵盖农业技术、经营管理、市场营销等多个领域。通过联合高校、科研机构和企业，开展定向培养、实习实训等，为农村输送急需的专业人才。二是优化农村人才发展环境，完善农村基础设施建设，提升农村生活品质，吸引更多人才留在农村发展，建立健全农村人才激励机制，通过提供优惠政策、奖励措施等，激发人才的积极性和创造力。三是加强农村人才服务体系建设。建立农村人才信息库，实现人才资源的共享和优化配置，提供人才咨询、职业规划、技能培训等服务，帮助农村人才提升自身素质和能力。四是推动农村人才与产业融合发展，结合云南省农业产业发展方向，引导农村人才投身农业产业链、价值链建设，推动人才与产业深度融合。

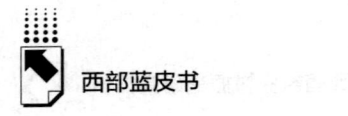

（五）完善乡村环境治理机制，增强生态保护意识

一是建立健全乡村环境治理的法律法规体系，通过制定和完善相关法规，明确乡村环境治理的责任主体、监管措施和处罚标准，为乡村环境治理提供有力的法制保障。二是加强乡村环境治理的组织领导和协调机制，成立专门的乡村环境治理领导小组，统筹协调各方资源，形成工作合力，加强部门间的沟通与协作，确保政策的有效实施。三是推广生态农业和绿色发展模式，通过引导农民采用环保的农业生产方式，减少化肥、农药的使用，保护土壤和水源。四是增强乡村居民的生态保护意识，通过开展环保宣传教育活动，普及环保知识，提高乡村居民对生态保护的认识和重视程度，鼓励乡村居民积极参与环境治理。

B.14 西藏自治区乡村振兴研究报告

杨阿维 黄泯瑜 余峻承

摘 要： 西藏自治区乡村振兴工作取得了显著成效，种业迅速发展，园区建设和科技支撑作用有效发挥，产业体系不断完善，社会化服务范围不断扩大，农畜产品供给保障能力稳步提高，农牧业生态环境持续向好。西藏应发挥资源优势，从做大做强高原特色产业与特色产业品牌，不断提升教育水平与强化人才科技支撑，提升文化服务质量，加强文化生态建设，强化对重要农牧生态资源的保护与修复，通过严格的考核评估加强组织保障等，促进西藏自治区乡村产业、人才、文化、生态及组织的全面振兴。

关键词： 乡村振兴 美丽乡村 西藏自治区

一 西藏自治区乡村振兴的现状

（一）西藏自治区乡村基本情况

2023年，西藏全区拥有7个地市74个县（区）534个乡（镇）（其中有9个民族乡）142个镇。全区各县（区）所辖乡（镇）所在地平均

---

* 本报告为教育部人文社科重点研究基地——西北大学中国西部发展研究院项目（项目编号：XBLPS202419）阶段性研究成果。
** 杨阿维，博士，西藏大学财经学院副院长，教授，硕士生导师，主要研究方向为政治经济学；黄泯瑜，西藏大学财经学院硕士研究生，主要研究方向为财政学；余峻承，西藏大学财经学院硕士研究生，主要研究方向为财政学。

海拔较高，且西藏境内人口主要集中在村委会、乡（镇）、县（区）驻地及其周边地带。乡（镇）驻地海拔最高的是位于日喀则市昂仁县的达若乡，海拔达5150米，海拔最低的是位于林芝市墨脱县的墨脱镇，海拔875米。

根据地域类型，可以将西藏全区的乡村划分为河谷类农区类、高寒牧区类、守土固边类、城郊融合类、搬迁撤并类、特色旅游类六类。2018年西藏自治区根据这六类乡村不同的地域特点，制定了美丽乡村的建设任务，重点围绕推进农村生活垃圾治理、卫生厕所、生活污水治理、人畜分离、村内道路建设、村容村貌提升、庭院改造、生产场地建设等，实施"千村行动"，力争五年建设1000个美丽宜居乡村，确保同全面推进乡村振兴有效衔接。初步计划，2021年建设100个村，2022年建设200个村，2023年建设220个村，2024年、2025年分别建设240个村，"千村行动"村庄规划编制围绕六大类型分类实施，稳步推进（见表1）。

表1 西藏自治区的乡村类型划分

单位：%

类别	全区村(居)占比	各地市村(居)分布
河谷类农区类	58	共3077个：拉萨市161个、日喀则市714个、昌都市1089个、林芝市291个、山南市399个、那曲市423个
高寒牧区类	21	共1121个：日喀则市303个、那曲市723个、阿里地区95个
守土固边类	12	共628个：日喀则市354个、林芝市141个、山南市96个、阿里地区37个
城郊融合类	12	共624个：拉萨市100个、日喀则市297、昌都市53个、林芝市64个、山南市59个、那曲市45个、阿里地区6个
搬迁撤并类		搬迁39万人左右，其中易地搬迁26.6万人

续表

类别	全区村(居)占比	各地市村(居)分布
特色旅游类	3	重点实施149个村(景区景点)建设:拉萨市16个、日喀则市36个、昌都市22个、林芝市17个、山南市24个、那曲市18个、阿里地区16个

注：河谷农区类村（居）比例中扣除了城郊融合类村庄、守土固边类村庄；城郊融合类村（居）分布按《西藏自治区新型城镇化规划（2014—2020年）》明确的重点城镇布局考虑；守土固边类村（居）分布按《西藏自治区边境地区小康村建设规划（2017—2020年）》确定的边境一二线村庄布局考虑；高寒牧区类村（居）分布原则上按海拔4500米以上考虑；搬迁撤并类人数，按《西藏自治区"十三五"易地扶贫搬迁规划》、《极高海拔地区生态搬迁规划（2018—2025年）》和昌都"三岩"片区搬迁方案人数考虑；特色旅游类按"十三五"文化旅游提升工程规划项目考虑。六类乡村之间有所交叉。

资料来源：《中共西藏自治区委员会、西藏自治区人民政府关于印发〈西藏自治区乡村振兴战略总体规划（2018—2022年）〉和6个专项规划的通知》。

（二）西藏自治区乡村振兴取得的成效

"十四五"时期，西藏正处于建设社会主义现代化新西藏的关键起点，同时肩负着创建全自治区民族融合与进步示范区、推动高海拔经济和社会高质量发展的前沿区域、保护全国生态环境和稳定西南边疆发展的责任。因此，农村工作的重点已经从过去的脱贫攻坚转向了巩固拓展脱贫攻坚成果，致力于全面推进乡村振兴。2023年全区经济持续回升向好，供给需求稳步改善，物价总体稳定，民生保障有力有效，高质量发展扎实推进，圆满实现了主要的预期目标。根据对地区生产总值的统一核算结果，全区在2023年实现了2392.67亿元的地区生产总值。按照不变价计算，与上年相比增长了9.5%，增速较上年提高了8.3个百分点。[①]

1. 构建巩固拓展脱贫攻坚成果同乡村振兴有效衔接的长效机制

为保证西藏能够整体享受国家乡村振兴重点帮扶相关政策，确保对口援藏工作深入推进，为实现巩固拓展脱贫攻坚成果同乡村振兴有效衔接提供了政策保障。在新的社会环境下，西藏的社会状态和谐稳定，经

---

① 如无特殊说明，数据来自《2023年西藏自治区国民经济与社会发展统计公报》。

济发展稳步提升且增速加快，城市乡村外观焕然一新，群众生活质量大幅上升，生态环境安全防线得到加强，民族团结日益巩固，中华民族共同体意识不断铸牢。

2. 历史性地解决了西藏绝对贫困以及集中连片整体贫困的问题

到2019年底，有62.8万名贫困人口实现了脱贫，74个贫困县（区）摘掉了贫困帽子，成功解决了集中连片整体贫困问题，完全消除了绝对贫困问题，取得了具有历史意义的进步。连续五年获得中央脱贫攻坚成效考核"综合评价好"。为达成全面建设小康社会的目标，西藏做出决定性的贡献，参与全国共同实现全面建设小康社会的实践。

3. 贫困人口民生福祉实现巨大跨越

成功实现了"两不愁三保障"，使贫困人口的人均净收益提升至2020年的10298元，平均每年增长率达到了47%，比同期农村居民可支配收入的年增长率高34.9个百分点。建立了控辍保学长效责任机制，并确保处于动态清零状态。同时，积极推行"学前学会普通话"活动；此外，实现15年免费教育，学前教育、小学、初中及高中教育得到充分保障。医疗条件得到改善，慢病签约应签尽签，大病救助应救尽救，重病兜底应兜尽兜，医疗保险应保尽保，因病致贫因病返贫得到根本性解决。12.21万贫困人口纳入低保，做到应保尽保。通过发展相关特色产业，23.8万贫困人口整体脱贫。完成了965个移民安置点和超过6万套的住房建设，为26.6万人迁往河谷城市生活提供帮助。4.36万户农村四类危房改造对象住上了安全住房。

4. 农牧区基础设施建设成效显著

实施过1.75万个乡村供水设施建设项目，对3.82万公里的农村道路进行了新建或扩展，增加了2828公里的通信与电力线路，同时建立3755个村委会活动场地。成功解决互联网接入问题，确保了5439个行政村的网络连接，并且大幅提升了通信网络覆盖水平，使5417个行政村都能享受高品质的4G网络服务。行政村光纤宽带上网率由4%上升到99%，4G网络覆盖率由0%上升到99%，提升幅度居全国之首。

5. 农牧民精神面貌焕然一新

贫困人口增收渠道不断拓展，收入不断增加，脱贫致富的热情高涨，内生动力不断激发，开放意识、创新意识、市场意识、主人翁意识不断增强，农牧民对美好生活的向往不断实现。2023年，西藏自治区全区居民人均可支配收入达到了28983元，较上年增长了8.7%，高出全国平均水平2.4个百分点，全国排名第一。其中，农村居民人均可支配收入为19924元，增速为9.4%，超出了全国平均水平1.7个百分点（见表2）。但城乡绝对差距仍然很大。西藏坚持强化技能培训促增收，分类制定培训计划，完成脱贫人口技能培训1.73万人次，力争培训一人、就业一人。此外，西藏还聚焦"富口袋"，出台脱贫人口增收行动实施方案，重点从加大资金投入力度、产业提档升级等七方面，促进脱贫人口持续增收；聚焦重点群体，出台相关政策文件，对53个重点帮扶乡（镇）、964个易地搬迁安置区（点）给予差异化支持、倾斜式帮扶；大力开展驻村帮扶、民企帮扶等社会帮扶活动。2023年上半年，全区共组织开展产销对接活动85场次，推动脱贫地区产品实现销售收入4.54亿元。

表2 2016~2023年全国及西藏自治区城乡居民人均可支配收入比较

单位：元

年份	西藏 全区居民人均可支配收入	西藏 农村居民人均可支配收入	西藏 城镇居民人均可支配收入	全国 全国居民人均可支配收入	全国 农村居民人均可支配收入	全国 城镇居民人均可支配收入
2016	13639	9094	27802	23821	12363	33616
2017	15457	10330	30671	25974	13432	36396
2018	17286	11450	33797	28228	14617	39251
2019	19501	12951	37410	30733	16021	42359
2020	21744	14598	41156	32189	17131	43834
2021	24950	16935	46503	35128	18931	47412
2022	26675	18209	48753	36883	20133	49283
2023	28983	19924	51900	39218	21691	51821

资料来源：历年《西藏自治区统计年鉴》，全国、西藏自治区国民经济和社会发展统计公报。

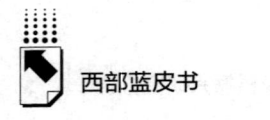

6. 党的执政基础进一步夯实

在脱贫攻坚过程中，西藏始终坚守以党建为引领的原则，通过加强"五级书记"体制中的政治职责来确保扶贫工作的更好开展。与此同时，坚决贯彻执行"省负总责、市县抓落实"的工作机制，不断推动脱贫攻坚工作取得更大成效。为此，进一步加强了脱贫攻坚指挥部的组建，并推动责任、政策、工作三个方面的全面落实。全区累计选派了1.5万名第一书记和10.6万名驻村干部，他们深入到村民中，负责实施精准扶贫政策和帮扶措施，并与当地村民紧密合作，共同致力于打赢脱贫攻坚战。深化援藏扶贫工作，80%以上的援藏资金用于脱贫攻坚和民生改善。持续整顿软弱涣散的基层党组织2890余个。在脱贫攻坚实践中，全区广大干部群众全都秉承着伟大的中国共产党精神、老西藏精神（孔繁森精神）、脱贫攻坚精神、"两路"精神，深入贫困地区参与基层工作，加强基础设施建设改善民生，夯实了党在农牧区的执政基础。

7. 扶贫产业技术供给加强

培育出了十款新的青稞品种，如藏青16号、冬青18号、喜拉23号等；一些农作物品种，如藏冬26号、藏豌2号、艾玛岗2号取得了突破性的进展。各种类农作物种植规模均有所扩大，如藏青2000和喜拉22号的种植区域已经超过了100万公顷，每公顷产量增加了至少25公斤。建立了5个牦牛品种选育核心群，其中包含帕里、斯布、娘亚、九龙、类乌齐等多种类型，总共选育了优质牦牛4000只左右。此外，还制定了娘亚（嘉黎）、帕里以及斯布这3个牦牛品种的繁殖地方标准，成功解决了4750米以上海拔地区"母牦牛每年生产一次"的技术问题。在产业发展方面，注重引进和培育适应当地气候和土壤条件的特色农产品和畜牧业。通过技术创新和示范推广，实现了奶牛高效养殖、萨福克羊繁育和牦牛经济杂交等技术的产业化应用。同时，引进了适应高海拔地区种植的牧草品种，并在当地进行研究和繁育，成功培育出巴青披碱草和小黑麦等多个品种，促进了农牧业的可持续发展。

8. 科技人才服务持续加强

截至2023年已累计选派了5300人次的三区科技人才，并每年选派100个以上科技人才特派团,实现了对全区县域的100%覆盖。同时推动科技特派员全面进驻全区行政村,累计推广了300多项先进实用技术,并成功创建了大约300家科技企业和合作社。此外,还举办了一系列活动,如"科技进乡村"、"科技活动周"和"科普援助西藏",创办了《西藏农村科技(藏文版)》杂志,并编制出各种关于农业与畜牧业的实用技术书籍和光碟,通过无线电、电视台、互联网等多种媒体工具等宣传载体来传播这些知识,鼓励人民群众学习科学、相信科学、应用科学,提高广大群众的科学素质。

9. 数字经济化建设高效进行

"十三五"时期,在西藏全区深入实施"宽带西藏"战略,推动电信普遍服务试点持续开展。截至2021年,光纤接入端口达到了203万个,占互联网接入端口的92.72%,百兆宽带用户占比超过88%。在信息通信方面,4G网络实现有序安全开放,4G基站达到2.79万个,成功实现了4G网络的中心城区、县城和乡镇及以上区域全面覆盖。超过99%的行政村已经通光纤、通宽带和通4G,提升幅度在全国各省(区、市)中居首位,并提前一年完成了国家"十三五"规划目标。与此同时,数字经济产业规模不断扩大,到2021年,全区数字经济营收规模突破了400亿元,同比增长21%。拥有14家规上软件和信息服务企业,营收规模达到5.84亿元。在农业方面,开始试点青稞种植监测、设施农业数字化和畜禽养殖业数字化等一批数字化项目,农村综合信息服务也在深入推进。

10. 现代化治理与服务能力稳步提升

截至2021年底,全区已成功构建了超过6898个电子政务网络连接点,初步形成了上连国家、下通乡镇,覆盖各部门的电子政务"一张网",电子政务系统使政府部门之间的信息共享更加便捷高效,提高了工作效率和服务水平。建立起西藏自治区的基础云服务平台,初步形成人口、法人、地理等基础数据资源体系。"互联网+监管"体系初步建立,基本实现公共信用、市场信用、投诉举报等信息共享。建成"互联网+政务服务"平台,实现全区6万多项高频政务服务事项网上办理。以西藏珠峰旗云平台为核心的"互联网+教育"模式初步形成,优质教育资源不断汇集。智慧健康建设示范城市试点稳步推进,建成基层医疗卫生机构管理信息系统、藏医院健康信息平台、健康西藏网上预约挂号系统等。

二 西藏自治区乡村振兴的主要目标与重点任务

(一)巩固拓展脱贫攻坚成果

对防止返贫监测对象精准识别、精准施策,做到早发现、早干预、早帮扶,常态化动态清零。到2025年,脱贫攻坚成果继续整合和扩大,脱贫人口生活质量持续提高,返贫势头为零。实现防止返贫动态监测和帮扶机制全面高效运行,坚决守住不发生规模性返贫底线。

(二)继续落实乡村振兴战略

预计2025年,乡村产业的质量与竞争力持续提升,带动农牧区经济活力和发展水平显著提高;与此同时,推进美丽可持续乡村稳步建设,乡村文明水平明显提高。乡村治理水平的进一步提升以及农村社会事业的健全发展,为农村地区营造了更加美好、宜居的生活环境,推动乡村振兴战略的顺利实施,增强了农民群体的获得感和幸福感。

1. 产业振兴

产业发展环境明显优化,区域公共品牌建设取得实效,现代冷链物流体系向基层延伸,农村电商和数字农牧业稳步发展,实施扶贫产业项目提档升级行动,新型经营主体联农带农能力明显提升,现代企业治理体系不断完善,以青稞、牦牛、林果为代表的特色产业基地和产业带基本建成,乡村文化和旅游帮扶产业蓬勃发展。培育自治区级农业产业化龙头企业45家、自治区级示范家庭农场100家,农产品加工业产值达115亿元,农业强县牧业强县达25个。

西藏要着重发展数字经济,预计到2025年,西藏数字经济营收规模突破600亿元,其中电子商务交易额突破500亿元,通信、软信、电子信息制造和大数据等数字产业化营收规模达到100亿元以上。立足实际,通过适度超前建设通信基础设施,通信服务水平和能级大幅提升,达到全国中等以上水平。清洁能源、高原农牧业、旅游文化等重点产业数字化水平整体达到西部中等水平。以拉萨为核心节点，初步形成面向南亚地区的数字港，开创了西藏数字时代的新篇章。首先，数字设施体系基本建成。边境村、国省道等区域重点点位通信盲区基本消除，千兆光纤网络建设积极推进，千兆宽带接入端口占比达45%。预计建成5G基站1.8万个，基本实现5G网络乡镇区域全覆盖。互联网省际出口带宽达到4000Gbps以上，移动网络IPv6流量占比达到45.9%（见表3）。特色产业数字化转型基本完成，形成特色突出、内外协同的数字经济生态体系，打造50项以上5G应用试点，建设国家级高原大数据绿色存储与灾备基地，将西藏打造成国家大数据绿色存算新枢纽，数字产业化营收达到155亿元。其次，数字化治理和服务能力大幅提升。"平安西藏"建设深入推进，边境安全、社会安全智能化防控能力显著提升；高原雪域、大江大河、草原森林、湖泊湿地生态保护信息化水平大幅提高，有效发挥筑牢生态安全屏障的支撑作用。在"互联网+政务服务"的推动下，信息化水平全面提升，超过80%的高频事项实现了"掌上办"。教育、医疗、交通、人社、公共文化等社会服务信息化建设取得明显成效，数字乡村建设稳步开展。

表3 西藏自治区乡村振兴数字经济行动计划主要指标

序号	类别		指标	2020年	2023年	2025年	备注
1	产业数字化	智慧农业	益农信息社行政村覆盖率(%)	—	70	80	预期性
2	数字基础设施		5G用户普及率(%)	14	25	45	约束性
3			5G基站数(个)	3577	11000	18000	预期性
4			物联网终端(万个)	44	400	1000	预期性
5			数据中心机型容量(万个)	1.3	5	8	预期性
6			PUE(运行实测)	1.3	≤1.3	≤1.3	约束性
7			IPv6流量占比(%)	15	25	45.9	预期性
8			卫星应用设备(万台套)	1.15	2	3	预期性
9			互联网省际出口带宽(Gbps)	1998	3000	4000以上	预期性
10			国际出入口带宽(Gbps)	—	—	100	预期性

续表

序号	类别	指标	2020年	2023年	2025年	备注
11	数字化治理和服务	政务服务事项网上可办率(%)	95	98	99	预期性
13		电子健康档案城乡居民覆盖率(%)	59	65	75	预期性
14		电子社保卡覆盖率(%)	—	46	67	预期性

2. 人才振兴

预计到2025年，乡村人才制度框架和政治体系基本成熟，乡村再开发不同地区的人才规模不断扩大，并且人才素质不断提高，为乡村振兴注入新的活力，结构不断优化，不同人才支撑、服务乡村的格局基本形成，乡村人才初步满足实施农村改造政策的基本需求，为乡村振兴打下坚实的基础。重点围绕"培养好"、"沉下去"和"留得住"，深化人事制度改革，创新分配激励机制，营造尊重乡村人才、有利于优秀乡村人才脱颖而出和充分发挥作用的社会氛围。

3. 文化振兴

建设乡风文明、文明和谐的乡村。习近平新时代中国特色社会主义思想的深入人心，使得人们"四个意识"更加巩固、"四个自信"更加坚定。同时，社会主义核心价值观成为人们共同的价值追求，群众道德素养和科学文化素质也得到了显著提升，这使得社会更加美好。社会整体文明程度显著提高，农牧区的公共文化服务得到了更加全面和精细化的提升，社会主义文化在这个过程中繁荣兴盛，优秀传统文化在传承中实现了创造性转化和创新性发展。

4. 生态振兴

建设生态可持续发展的村庄。随着乡村生态文明建设的推进，乡村的生态安全屏障功能也进一步加强。河泉、草原、江湖、湿地、天然林等生态系统和生物多样性得到有效保护，做到天蓝、地绿、水清澈。农牧区生态环境持续改善，农牧区人居环境明显改善，农牧业生态服务能力进一步提升，建设特色鲜明、风格迥异、景观多彩、环境优美、人与自然和谐共生的美丽乡村。

5.组织振兴

建设治理有效、民族团结的乡村。随着以党组织为核心的农牧区基层组织建设的明显加强，农牧区法治意识不断增强，伴随乡村治理能力的提升，现代乡村治理体系初步构建，农牧区持续和谐稳定。城乡融合发展体制机制初步建立，城乡联系进一步密切，农牧区吸引人才、留住人才的体制机制逐步完善，人才支撑乡村发展作用显著。提升党组织对农牧区工作的覆盖程度。

三 西藏自治区乡村振兴目标的实现路径与政策建议

（一）产业振兴目标的实现路径与政策建议

第一，做大做强高原特色产业。坚持优势区域、优势资源、优势产业、优先发展，构建"7+N"高原特色产业发展格局，聚力发展现代农牧业、特色文化和旅游业、民族手工业、商贸流通业、清洁能源等产业，高标准建设一批高原特色农畜产品生产基地和产业带，推动农牧业适度规模经营和特色产业集聚发展，统筹农畜产品生产、加工、仓储、营销、流通、服务，加快推进条件相对较好的县（区）建设农产品产业园和加工园，推动特色产业全产业链发展。加强农牧产业基础建设，农区重点支持高标准农田建设，牧区重点支持冬春补饲、畜棚改造和牧道建设。围绕推进种业振兴，大力支持青稞、牦牛良种扩繁。积极支持河谷经济带特色经果林产业发展，壮大林草特色产业。支持健康茶产业发展，推进"高原茶叶"品牌建设，打造文化体验、康养度假、田园乡居、产业带动、景区依托、道路交通六类特色乡村文化和旅游产业，推动要素跨界配置，形成"农牧业+"多业态发展态势，加快构建西藏特色现代乡村产业体系。

第二，扶持壮大龙头企业和新型经营主体。大力发展农业服务公司、集体性的农村经济组织、基层合作社等各类主体，强化农牧民专业合作社等新型经营主体规范化建设、标准化管理、示范化创建，加强跟踪帮扶。释放农村改革红利，实施家庭农牧场培育计划。通过多种形式的参股和合作，农牧区能够多渠道增加村集体和农牧民的收入，推动经济的发展和乡村的振兴，同时逐步改善农牧区的生态环境。鼓励支持龙头企业将劳务和采购订单提供给农牧区专业合作社等新型经营主体，优先吸纳脱贫人口稳定就业。

第三，做优特色产业品牌。加强农畜产品关键环节标准的制定，重点支持青稞、牦牛、藏猪、藏羊、茶叶、藏药和林果等产业认证一批无公害农产品、绿色食品、有机农产品和农产品地理标志认证产品。稳步推进有机农牧业工作，着力创建全国有机产品基地建设。推进食用农产品承诺达标合格证制度，完善全产业链质量安全追溯体系，助力实现农牧业和农畜产品的标准化、品牌化和高质量发展。

第四，创新发展特色智慧农牧业。聚焦青稞、牦牛、藏羊、蔬菜等保供领域，助力实现西藏特色农牧业高质高效发展，重点建设青稞大数据分析应用平台，农情调度智能指挥平台，农牧业数据应用中心，高标准农田、农村宅基地、耕地面源污染等土地资源综合管理平台。重点推动青稞和蔬菜生产、加工、销售全产业链数字化建设，实现生产物联网监测全覆盖，逐步推动牦牛、藏羊等养殖业的物联网技术应用，不断完善农牧业物联网监测综合分析应用平台，建立西藏高原特色农畜产品产地数字化溯源体系。完善农村综合信息服务平台和App功能，使农村综合信息服务落到实处，实现服务便捷化。2022年建成2个数字农业示范基地，益农信息社行政村覆盖率达60%；2023年建成3个数字农业示范基地，益农信息社行政村覆盖率达70%；2025年预计完成5个数字农业示范基地建设，益农信息社行政村覆盖率达80%。

（二）人才振兴目标的实现路径与政策建议

第一，强化人才科技支撑。健全农牧民教育培训体系，继续推进定点、定向、订单式培训，突出实用性、实效性，提高脱贫人口劳动生产技能。充分发挥农牧综合服务中心的作用，统筹村（居）科技专干、农业农村工作专员、三区科技人才、乡村振兴专干以及"三支一扶"人员力量，建立与脱贫人口的联系服务机制。通过线上线下相结合的方式，组织农业科研教育单位、技术专家提供技术服务，为脱贫人口提供生产技能培训。构建农村科技信息支撑体系，逐步开展"互联网+数字农业+乡村文化和旅游示范点"建设，建立并促进农业和乡村地区大数据系统的应用。

第二，不断提升教育水平。坚持乡村义务教育基本均衡发展，确保乡村教育资源的均衡配置，提高乡村教育教学水平。提高农牧区教育保障水平，持续提高教育教学质量。加强国家通用语言文字普及推广。全面提升职业教育水平，实施农牧民学历和能力提升行动计划、农牧区实用人才职业素质能力提升行动和新时代新型农牧民培育工程，加强高校涉农涉牧专业建设，健全经济困难学生的资助体系，加大资助力度和提高资助精准度，确保脱贫家庭和监测对象家庭子女能上学、上好学。

第三，促进高质量充分就业创业。实施脱贫人口增收行动，压实就业帮扶主体责任，提高外出务工组织化程度，加强劳务输出培训指导，推进劳务输出品牌建设，确保每年实现20万以上脱贫人口就业增收。健全帮扶产业联农带农机制，鼓励引导帮扶企业参与帮扶车间建设帮扶项目，为了促进脱贫人口持续稳定就业，应当优先吸纳农民群体就近工作，并合理开发利用乡村公益性岗位，同时调整优化生态岗位政策。办好西藏技师学院，统筹发展技工学校，大力培养西藏技能人才。鼓励退役军人、大学生、外出务工人员返乡创业，落实创业补贴、创业培训等政策，促进脱贫人口创业增收。

（三）文化振兴目标的实现路径与政策建议

第一，提升文化服务质量。精心打造实施文化惠民项目，与农牧民群众的文化需求紧密相连，开展文化惠民工程。同时积极推动文化产品、设施和服务向农牧区倾斜，为这些地区带来更加丰富多样的文化体验。加大乡村公共文化服务的供给力度，加强公共文化阵地的建设，统筹规划各类丰富多彩的活动场所。拓展"美丽西藏、可爱家乡"优秀文化产品乡村供给工程内

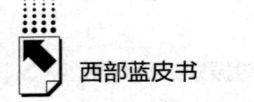

涵，推动"书香西藏"全民阅读活动向农牧区延伸。

第二，做好文化宣传工作。传承和发扬中华优秀传统文化，促进各民族文化的创新发展，并加强对文化传统的保护与传承。不断提高各族群众科学文化素质，积极开展移风易俗活动，通过村规民约，引导脱贫群众自我约束和管理，培养健康文明的生活方式。

第三，完善文化生态建设。大力发掘传统特色文化资源，做好非遗传承与保护。充分挖掘、整理西藏域内的红色遗迹、红色景点与文化资源，做好红色资源的保护与传承，充分发挥红色文化资源的宣传、教育与治理功能。在乡村建设中强化红色遗迹、历史文化保护传承，做好传统村落、历史文化名村、少数民族特色村寨、传统民居、农村文物、地名文化遗产和古树名木保护。

（四）生态振兴目标的实现路径与政策建议

第一，保护修复农牧业生态资源。建立农牧业资源合理利用与生态环境保护的农牧业补贴政策体系和激励约束机制。大力实施耕地质量保护与提升行动，严格把控未被利用的土地开垦，持续完善耕地占补平衡制度。积极实施农牧区土地综合治理，加强对农用地和低效建设用地的整理，推动历史遗留的工矿废弃土地复垦。支持高原生态农牧业、旅游休闲农牧业发展，实现产业模式生态化，提升农牧业的可持续发展能力，加强农牧业面源污染防治，并加强对耕地土壤污染的管控和修复工作。加快推进种养结合、农牧循环一体化，建立农牧区粪污、秸秆、农畜产品加工品"三废"等有机废弃物收集、转化、利用体系，提高农牧区资源利用效率。持续推进农牧业投入品减量，深入推进化肥、农药零增长行动，加速推广应用高效缓释肥料、水溶肥料以及高效低毒低残留农药，力求减少对环境的负面影响。同时大力实施有机肥替代化肥试点，推广使用有机肥。提升兽医卫生风险控制和农畜产品质量安全监管能力。

第二，加强重要生态系统保护与修复。首先，为了进一步改善草原生态环境，需要加大保护和修复力度。全面实施禁牧休牧和草畜平衡制度，加强草原生态保护修复与促进牧民生产生活协调发展，制定和完善草原的监督管理措施，加强对草原资源的保护和管理，加大草原执法力度，科学合理利用草原资源，确立草原生态保护"红线"。其次，实施森林质量精准提升工程，坚持"节约优先、保护优先、自然恢复"方针，积极推进森林防火及有害生物防控、防护林体系建设等工程。扩大退耕还林还草规模，巩固好退耕还林还草成果，实现植树绿化"五消除、五有、五看得见、五确保"。再次，按照"一带三区"水利发展总体布局，加强水土保持生态建设，大力推进水生态文明建设。坚持自然保护为主、人工治理修复为辅，加强高原河湖生态保护与修复，加强雅鲁藏布江源头、藏东"三江"源头、中部河谷区重点河流、羌塘高原生态脆弱河流、东部高山峡谷等区域水生态保护和水源涵养，推进易贡湖、雅江中游河谷等综合治理及水生态修复和保护，维护河湖健康生命，打造水清岸绿、河畅湖美的美丽家园。最后，大力推进重要河道水域、重要水源地及水风侵蚀交织区水土流失防治，加强雅鲁藏布江中游、藏东南"三江"河谷地区、山洪灾害易发地区水土流失综合治理，推进生态清洁小流域水土流失治理，加大水土保持生态修复力度。以雅江河谷中游、拉萨河、雅砻河、年楚河流域、阿里狮泉河盆地、日喀则西部、昌都干热河谷地带、中喜马拉雅山脉北侧山原宽谷盆地为重点，通过退化、沙化草地实施禁牧、草方格固沙、砾石压沙、生物措施治沙等手段，持续推进土地沙化治理，打造综合治理示范区，做好日喀则、阿里国家沙化土地封禁保护区建设。指导和监督矿山企业落实治理资金和治理措施。

（五）组织振兴目标的实现路径与政策建议

第一，加强组织保障。进一步完善西藏自治区负总责、市县乡抓落实的工作机制。建立乡村振兴联系点制度，将乡村振兴责任压紧压实。建立联系点制度，可以增强各级地方政府对乡村振兴工作的关注和支持，做好政策的贯彻和落实，坚持群众主体地位，充分调动农牧民积极性，倾听群众意见，尊重群众意愿，把好事办好。加强人才和干部队伍建设，健全符合乡村特点的人才培育机制，推动各类人才往乡村振兴前线输送。注重发挥能人带动作

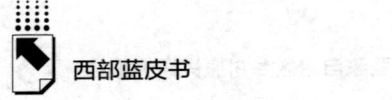

用，全面开展农村基层干部乡村振兴主题培训，提升村级组织的凝聚力、战斗力和号召力。

第二，严格考核评估。组织实施考核评估工作，通过严格的考核评估，压实责任，传导压力，激励实干，发挥好考核指挥棒作用。科学设置考核内容，细化考核实施工作，强化考核结果运用，强化各级党委、政府主体责任，将目标任务落实到具体部门、具体年度，定期调度推进。开展常态化督查，明察暗访，聚焦发现问题，及时整改落实。结合开展脱贫工作评价，实行考评合一，巩固拓展脱贫攻坚成果。开展本规划实施中期和总结评估，建立规划实施跟踪落实机制，确保规划目标任务如期完成。

B.15
陕西省乡村振兴研究报告

赖作莲 郑梦熊

摘　要： 陕西粮食生产连年丰收，推动巩固拓展脱贫攻坚成果同乡村振兴有效衔接，扎实推进特色现代农业建设，加快乡村建设步伐，乡村治理效能显著提升，农村居民收入稳步增加，全面推进乡村振兴取得明显成效。但还面临粮食生产要素约束趋紧，乡村产业发展基础较薄弱，乡村基础设施建设存在短板，农村居民增收渠道不畅等现实约束。2024年，要以实施"千村示范、万村提升"工程推进乡村全面振兴，保障粮食安全，继续巩固拓展脱贫攻坚成果，提升乡村产业发展水平、乡村建设水平、乡村治理水平，促进农民持续增收，深化改革创新，争做乡村振兴西部示范。

关键词： 乡村振兴　农民增收　陕西省

近年来，陕西坚持把实施乡村振兴战略作为新时代"三农"工作总抓手，不断增强粮食和重要农产品供给能力，促进农业高质高效、乡村宜居宜业、农民富裕富足，加快建设具有陕西特色的农业强省，乡村振兴在三秦大地实现良好开局。2023年，全省第一产业增加值为2649.75亿元，同比增

---

* 本报告为陕西省自然科学基础研究计划项目（项目编号：2023-JC-YB-633）、教育部人文社会科学重点研究基地——西北大学中国西部经济发展研究院项目（项目编号：XBLPS202414）阶段性研究成果。
** 赖作莲，陕西省社会科学院农村发展研究所副研究员，主要研究方向为农村经济、数字乡村；郑梦熊，陕西省决策咨询委员会农业组组长，省政府原参事，省委农工办原主任，主要研究方向为"三农"问题、县域经济。

长4.0%；农林牧渔业增加值同比增长4.0%①，粮食生产再获丰收，蔬菜水果供应充足，畜牧业稳定增长。

一 陕西省乡村振兴的成效

（一）粮食产量稳步提升

自2015年以来，陕西粮食总产量保持在1200万吨以上，2023年粮食产量突破1300万吨，达到1323.7万吨。粮食单产从2016年的266.8公斤/亩，提高到2023年的291.91公斤/亩（见图1）。

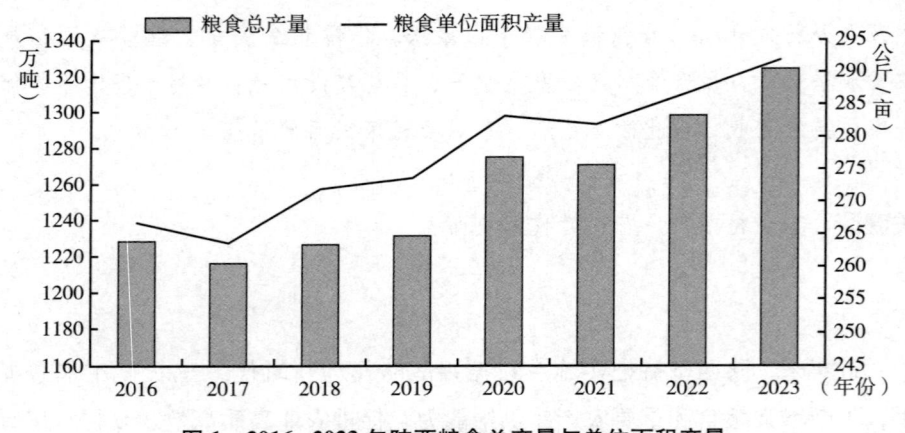

图1 2016~2023年陕西粮食总产量与单位面积产量

资料来源：相关年份《陕西统计年鉴》。

稳定提升粮食产量。陕西综合治理"非粮化"和撂荒地问题，在全省实行耕地保护"田长制"。2020年，粮食播种面积止住了多年下跌势头，2022年底划定3379.43万亩永久基本农田。2023年，播种面积达

---

① 《2023年全省国民经济运行情况》，陕西省人民政府网站，2024年1月26日，http://www.shaanxi.gov.cn/zfxxgk/fdzdgknr/tjxx/tjgb_240/stjgb/202402/t20240206_2316776.html。

4534.46万亩，比2019年增加35.96万亩。积极推进高标准农田建设，截至2023年11月底，全省已累计建设2214.93万亩高标准农田，并且同步实施高效节水工程。陕西确定30个粮食主产县、20个粮食保障县，全力确保粮食安全。

实施种业振兴行动。发挥西北农林科技大学农业科技高地优势，建设秦创原农业板块，推进国家旱区农业种业创新基地建设，加快提升农作物供种保障能力，良种覆盖率超过97%。

健全农机服务体系。不断创新农机服务模式，大力推广订单作业、跨区作业、农田托管等模式，推动农机服务向农业生产全领域拓展。全省登记农机户100.43万个，创建全国主要农作物生产全程机械化示范县23个。

（二）巩固拓展脱贫攻坚成果同乡村振兴有效衔接，脱贫攻坚成果不断巩固

动态监测帮扶机制持续优化。全省累计纳入监测7.57万户23.03万人，全部落实精准帮扶措施，消除风险4.91万户15.5万人。选优配强乡村振兴干部队伍，按期轮换驻村期满的第一书记和工作队员，全省现有8789名第一书记、1.66万名工作队员驻村帮扶。

"两不愁三保障"保障水平持续提升。常态化开展低收入人口摸排帮扶，向纳入兜底保障的脱贫人口和监测对象及时发放困难群众救助补助资金。脱贫人口收入较快增长，全省脱贫人口人均纯收入达16445元，同比增长15.2%，快于全省农村居民收入增速。

易地搬迁安置区后续帮扶和常态化帮扶全覆盖。不断完善安置点配套基础设施，社区服务已全面覆盖全省2116个安置点。推进就业帮扶，建成503个配套产业园区或产业基地、936家帮扶车间，38.1万易地搬迁脱贫人口实现就业。定点帮扶扎实推进，36家中央单位对全省50个脱贫县实行定点帮扶，直接投入40.83亿元帮扶资金。苏陕协作走深走实，向更高层次、更宽领域迈进，2016~2023年，各级苏陕协作援助资金累计154.03亿元。

（三）特色现代农业建设扎实推进，乡村产业发展驶入快车道

"十百千"特色产业体系加快形成。围绕苹果、乳制品、畜禽肉类等陕西优势特色产业，实施链长制，打造苹果、乳制品、蔬菜等8条现代农业全产业链[①]，带动市级打造24条百亿级、县级打造125条十亿级产业链。全产业链抓法成为主题教育中央指导组重点推荐案例。

现代生产要素加速向园区集聚。2023年，新增国家级产业园和集群各2个、农业现代化示范区3个、产业强镇8个，累计创建国家级产业园10个、国家级产业集群7个、农业现代化示范区9个、产业强镇49个，总数位列全国第一方阵，并成功创建全产业链典型县20个。

新型农业经营主体加快培育壮大。实施农业产业化龙头企业梯次培育工程，省级及以上龙头企业数量达780家。新型社会化服务组织达3.03万家、合作社达6.6万家、家庭农场达9.7万家。

（四）乡村建设步伐提速，宜居宜业和美乡村加快建设

农村人居环境持续改善。开展农村生活污水治理"整县推进"试点，加快建立垃圾"户分类、村收集、镇转运、县处置"体系。2023年，生活污水有效治理村和垃圾收运处理村占比分别达36%和93.55%，卫生户厕普及率达81.7%，高出全国平均水平8个百分点。25个村创建全国美丽宜居村庄，4个县获评全国村庄清洁行动先进县，渭南市改善农村人居环境受到国务院督查激励。

农村基础设施和公共服务水平不断提升。持续推动水、电、路、气、网等基础设施建设往村覆盖、往户延伸，累计完善提升农村公路9510公里，新增通三级公路乡镇14个，新建成农村供水工程988处，行政村快递服务覆盖率达98%。启动12个县域医疗次中心和11个紧密型县域医共体科室共

[①] 《陕西推进乡村全面振兴 加快农业农村现代化建设》，《人民日报》2023年12月20日，第8版。

建项目,"省市县镇村"五级医保经办服务体系覆盖率达100%。

生态文明建设取得明显成效。扎实践行绿水青山就是金山银山理念,培育了一批生态优良、绿色转型高质量发展的示范典型。截至2023年底,陕西已成功创建19个国家生态文明建设示范区、11个国家"绿水青山就是金山银山"实践创新基地。

(五)乡村治理效能显著增强,乡风文明程度明显提升

坚持和发展新时代"枫桥经验"。通过"一站式"矛盾纠纷调处平台及时发现矛盾纠纷苗头,快速分级分类调处化解矛盾。2023年,韩城市金城街道、绥德县满堂川镇、富平县税费矛盾调解委员会3家单位,被中央政法委评选为全国新时代"枫桥经验"先进典型。加强人民调解员队伍建设,推进调解队伍专职化规范化,全省先后有21个人民调解组织被授予"全国模范调委会"光荣称号,有93名党员调解员被评为"全国调解能手""全国模范调解员"。

推广积分制、网格化、数字化管理,开展高价彩礼专项整治。47%的村使用了积分制,68%的村运用了清单制,79%的村实行了网格化管理,接诉即办的村达到55%,村民说事的村达到50%。创建乡村治理体系建设示范县16个、示范镇村258个。

打造出一批可复制、易推广的乡村治理模式。安康市汉阴县"三线"联系群众工作法、旬阳市"说论亮"推进乡村有效治理[①]、汉中市留坝县发展村级扶贫社壮大集体经济的做法入选全国乡村治理典型案例。汉中市略阳县徐家坪镇通过"院坝说事会"答疑解惑、鼓励群众增收的做法被中央电视台《朝闻天下》栏目报道。

---

① 《第二批全国乡村治理典型案例丨陕西省旬阳县:"说论亮"推进乡村有效治理》,"中国乡村治理"微信公众号,2021年8月18日,https://mp.weixin.qq.com/s?__biz=MzU1NzQxNDUxOQ==&mid=2247488727&idx=1&sn=c3d5213a8de1e1f434071b082cc3c6b6&chksm=fc3775cfcfb40fcd9ee9e7825b110a4d50a2a984c70cecd858c86e619ec14be9c754a7a6a9200&scene=27。

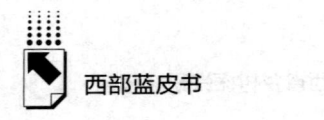

（六）农村居民收入稳步提升，城乡居民收入差距不断缩小

农村居民收入持续稳定增长。陕西千方百计促进农民增收，2023年农村居民人均可支配收入为16992元，比2016年增加7596元，年均增长8.83%，增速略高于全国。陕西农民收入相当于全国平均收入的水平由2016年的76.00%，提高到2023年的78.34%。

农村居民医疗、养老保障体系进一步健全，转移净收入快速增长，从2016年的2263元增长到2022年的4246元，年均增长11.06%，2022年其对农民可支配收入增长的贡献率为29.82%。工资性收入始终是农村居民收入的主要支撑，2016~2022年占比均在41%以上。经营净收入所占比重有所下降，但始终为第二大收入来源。乡村特色产业发展为农民家庭经营增收创造了条件，农村电商平稳发展、乡村旅游持续发力，也有力地促进了经营净收入的增长。

城乡居民收入差距不断缩小。2016~2023年农村居民人均可支配收入年均增长8.83%，快于城镇居民6.68%的年均增长率。城乡居民收入比从2016年的3.03下降到2023年的2.63（见图2）。

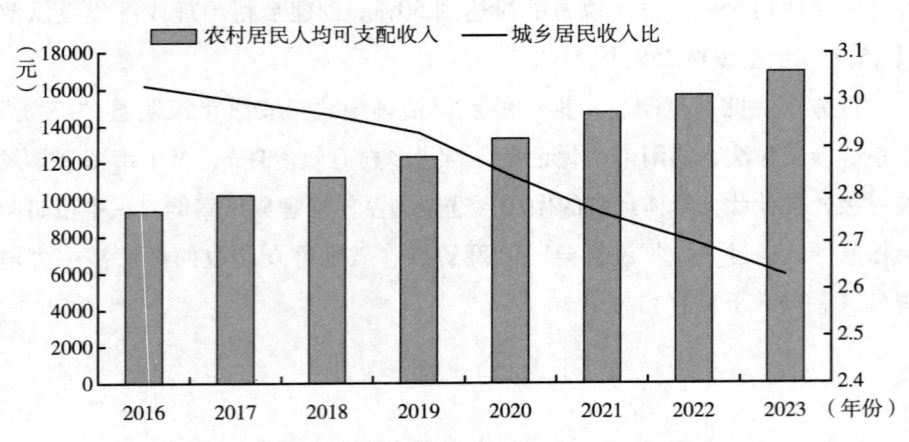

图2 2016~2023年陕西农村居民人均可支配收入与城乡居民收入比

资料来源：相关年份《陕西统计年鉴》。

（七）农业农村改革取得新进展，新型农村集体经济持续壮大

农村改革试点稳妥推进。陕西积极稳妥推进农村宅基地制度改革试点，一个窗口对外受理的宅基地联审联办机制实现全覆盖，试点县63%的村完成"多规合一"实用性村庄规划编制，92%的历史遗留问题得到妥善化解，"房地一体"不动产颁证率达26.3%。三原县、蒲城县等推进第二轮土地承包到期延包试点，积极规范土地承包管理与流转，增强仲裁能力，维护好农民的土地权益。

发展壮大农村集体经济。陕西出台《关于发展壮大新型农村集体经济若干措施》，着力推进"消薄培强"，加大示范村项目支持力度。全省集体经济收益在5万元以下的"薄弱村"占比降至10%以内，经济收益在50万元以上的强村占比增至10%以上。[①]

二 陕西省乡村振兴面临的现实约束

（一）粮食生产要素约束趋紧

单产水平长期偏低。陕西粮食单产低于全国平均水平，只及全国平均水平的3/4（见图3）。2022年，陕西粮食单产286.8公斤/亩，比上年提高1.72%，但在全国排名靠后；与立地条件相当的相邻8个省（区、市）358.42公斤/亩的平均单产相比，还有一定的差距。

耕地、水资源约束持续偏紧。粮食播种面积一度减少，到2020年才止跌回升，但直到2023年也还未恢复到2017年的水平。全省人均水资源量和亩均水资源量均不足全国平均水平的一半。关中灌区亩均水资源量仅相当于全国平均水平的1/6。

[①] 中共陕西省委、陕西省人民政府：《陕西省巩固拓展脱贫攻坚成果同乡村振兴有效衔接工作情况汇报》，2024年1月。

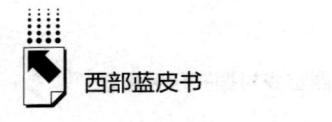

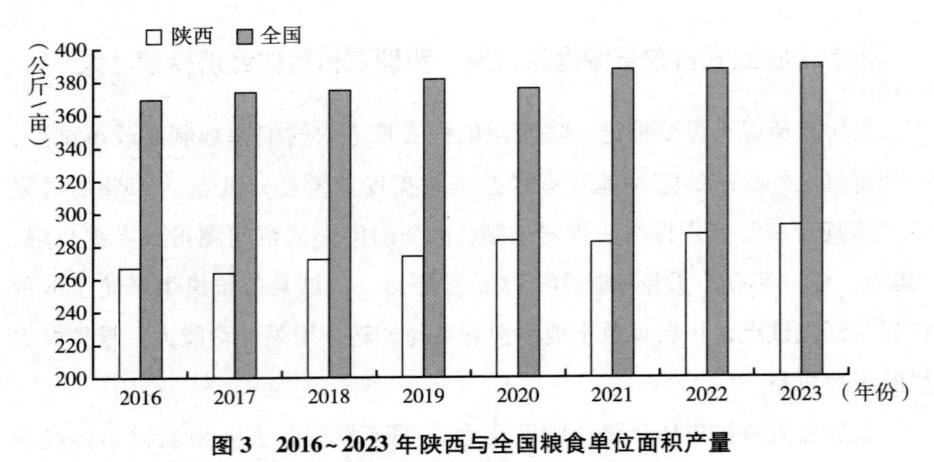

图 3 2016~2023 年陕西与全国粮食单位面积产量

资料来源：相关年份《中国统计年鉴》。

粮食生产成本上涨。受种粮人工成本和生产资料价格上涨的影响，自2022年以来，全省粮食作物亩均生产成本至少增加100元，有的地方甚至增加180~200元。粮食生产成本年均增长速度远大于粮食产值，严重影响农民种粮积极性。

（二）巩固脱贫攻坚成果任务艰巨

脱贫人口和监测对象体量较大。陕西脱贫地区中有11个国家重点帮扶县、16个省级重点帮扶县。仅安康市就有6.7万名监测对象需要持续帮扶，3万多名重点对象需要逐步消除风险，监测帮扶对象约占全国的1%。

脱贫地区产业基础较薄弱。产业规模较小，产业结构较为单一，主要为传统种植业，趋于同质化；农产品加工水平较低，精深加工发展不足，附加值较低。同时，抵御冷冻、冰雹、干旱等自然灾害和价格波动的能力较弱。

脱贫群众稳定增收压力较大。部分脱贫劳动力就业不稳定。现有龙头企业主营业务为农产品生产或营销，具有精深加工和科技创新能力的企业较少。很多企业没有与农户建立起紧密的利益联结关系，主要表现为产销合作关系，这种关系较为松散，难以带动农民持续增收。

（三）乡村产业发展基础较薄弱

农业产业链、农村产业融合发展与产业韧性提升的要求存在差距。虽然产业链建设、产业融合发展取得了显著成效，但农业产业链条总体较短，从产地到餐桌的链条不健全，增值环节较少，利润空间有限；产业融合程度较低、融合规模较小、融合形式单一，农业的多功能和价值发掘深度不足，农业新产业、新业态、新模式发展不充分。

农产品精深加工短板突出。虽然已形成了一定规模的农产品加工企业，但大型企业数量少、规模小，农产品的精深加工一直比较落后，大多数经济作物以原材料和初级产品形式出售，产品附加值低。2020年，全省主要农产品加工转化率达65%，比全国平均水平低2.5个百分点；农产品加工业产值与农业总产值之比为1.93∶1，低于全国2.30∶1的平均水平。[1]

新型农业经营主体带动能力较弱。国家级农业产业化龙头企业占全国总数的比例不到3%，缺乏跨区域、跨行业、大规模的精深加工企业集团，年销售收入在10亿元以上的企业更是凤毛麟角，且大多数龙头企业带动作用发挥不够充分，缺少在全国"叫得响"的品牌。农业合作组织普遍规模较小、层次较低，2023年，陕西只有18家合作社进入中国农民合作社500强。社会化服务体系相对滞后。

（四）乡村基础设施建设存在短板

水、电、路等基础设施与群众需求不相适应。农村基础设施"没有"的问题已经得到基本解决，但"好"的问题远未解决。部分饮水工程建设标准低、供水保证率低、水质合格率低。一些小型农田水利工程处于带病运行状态，局地电网老化，没有达到电压稳定、供电持续的要求。一些乡村公路较窄、路面损坏较严重，不能适应农村汽车保有量增加的要求。农村物流

---

[1] 《陕西省"十四五"乡村产业发展规划》，陕西产业网，2022年4月22日，http://shanxichanye.com/news/20220422/4864.html。

基础设施不完善，物流成本偏高、速度较慢，特别是县域冷链仓储配送体系发展滞后。农村再生资源回收体系建设和污水回收处理建设滞后。

基础设施重建轻管、地区分布不均衡的问题较为突出。由于重建轻管，缺乏管理人员和运转经费，已建工程出现问题概率大、报废率高，工程使用寿命短。脱贫村与非贫困村差距较大，一些非贫困村普遍因支持不足，基础设施建设滞后。

（五）乡村治理存在各种问题

村基层党组织建设与全面加强党的领导的要求不相适应。由于工资待遇较低，基层事务繁重，提拔和录用渠道有限，村党组织书记岗位吸引力不大，以致一些地区出现村党组织书记难选难留的问题，缺乏带领群众致富的优秀带头人，影响了村党组织政治功能和组织功能的发挥。

一些村集体经济规模较小，农村资产管理不规范。尽管陕西新型农村集体经济步入较快发展阶段，但仍有将近10%，大约1700多个村集体经济收益不足5万元。在薄弱村集体可供利用的资源不多，基础设施不完善，很难吸引有实力的企业，也难以吸引人才下乡返乡创业。一些村庄由于缺乏健全的财务民主监督和审计制度，存在资产流失隐患。

乡村文化生活单调，陈规陋习偶有所见。由于农村青壮年向城镇流动，乡村人口结构老龄化严重，文化活动单调，乡村缺乏活力。婚丧嫁娶大操大办、高额彩礼的现象未被杜绝。

（六）农村居民增收渠道不畅

农村居民人均可支配收入偏低。陕西农村居民人均可支配收入长期低于全国平均水平（见图4），在全国排名靠后。2023年，陕西农村居民人均可支配收入为16992元，比全国平均水平低4699元，为全国平均水平的78.34%，是自2016年以来的最高值。2022年，陕西农村居民人均可支配收入在全国排第27位。陕西城乡居民收入的绝对差距拉大，差距从2016年的19044元扩大到2023年的27721元，城乡居民收入比高于全国平均水平。

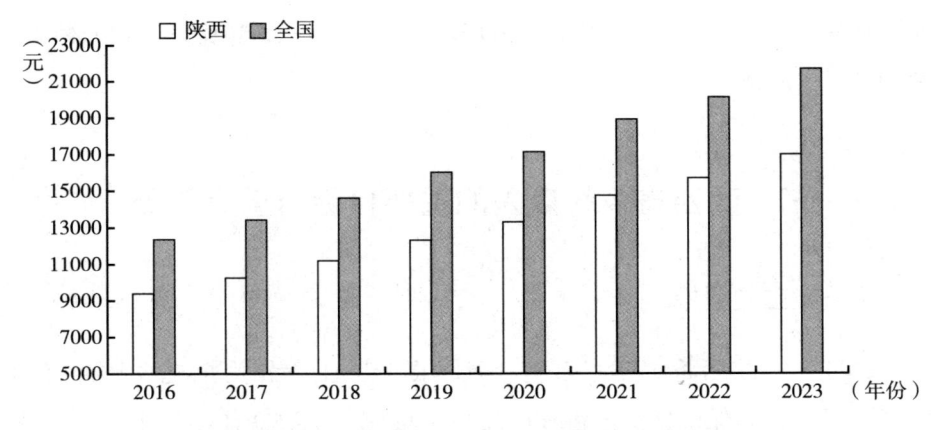

图 4　2016~2023 年陕西与全国农村居民人均可支配收入

资料来源：相关年份《中国统计年鉴》。

农民增收面临多重困难。一是受经济周期等因素影响，工资性收入增长放缓；二是受农业生产成本上升等因素影响，经营净收入增长受限；三是农村资产资源的收益潜力未被激活，农民财产净收入偏低。2022 年，陕西农民财产净收入只相当于全国平均水平的 50.88%。

（七）资金投入不足、人才流失严重

资金投入相对不足。尽管在地方一般公共预算支出中农林水利支出总体保持增长态势，但是投入仍显不足。2022 年，陕西全社会固定资产投资增长 7.9%，而第一产业固定资产投资增速只有 2.1%，远低于第二、第三产业 8.3%、8.4% 的增速。一些农业项目投资大、见效时间长，信贷资金难以满足企业需求。经营主体向金融机构申请贷款审批时间较长、贷款期限偏短，而农业生产季节性强，经常出现放款周期与农时不匹配的问题。农业保险投入不足，农业保险种类单一、要求高、赔偿低。农业补贴水平相对于农业成本偏低，2022 年陕西农民种粮补贴和耕地地力保护补贴两项合计不足 100 元/亩，而粮食种植物化成本为 500~600 元/亩，两项补贴资金不到物化成本的 20%。

乡村人才流失严重。在城镇化加速发展的背景下，大量青壮年农民进城务工，农村籍大学生也大量留城就业，造成了农村"空心"问题，一些村

庄的常住人口一半以上为年龄大于60岁的老人。村庄人口少，年轻人稀少，影响乡村发展活力。

三 陕西省乡村振兴的主要目标与重点任务

（一）主要目标

2024年，陕西将"千村示范、万村提升"工程作为推进乡村振兴的"一号工程"，确保粮食安全和农产品稳定供应，坚决守住不发生规模性返贫底线，全力提升乡村产业发展、乡村建设、乡村治理水平，促进农民增收和农村改革创新，争做乡村全面振兴西部示范。

确保粮食安全和农产品供给稳定。粮食种植面积稳定在4500万亩以上，粮食总产量保持在1260万吨以上。新建和改造提升高标准农田200万亩以上，新增耕地20万亩以上。水果、蔬菜（含食用菌）产量分别达到2110万吨和2100万吨，茶叶产量在14万吨左右，能繁母猪稳定在80万头，水产在18.5万吨左右。

确保不发生规模性返贫。完善56个省级重点帮扶镇、748个省级重点帮扶村支持政策，促进易地搬迁群众稳定增收。

提升乡村产业发展水平。做优做强优势特色产业链群，持续提升苹果、蔬菜、茶叶等5个千亿级产业链和乳制品、食用菌等3个百亿级产业链。推动各市打造1~2个百亿级、各县打造1个十亿级农业产业链。

提升乡村建设水平。优化乡村空间布局，推动农村人居环境持续改善，高质量完成户厕改造22.9万座，超过93.7%的自然村实现生活垃圾收运处理。持续提升村容村貌和基础设施建设水平，生态环境品质进一步提升，宜居宜业和美乡村建设取得新进展。

乡村治理效能明显提升。持续整治提升农村人居环境，深入开展乡村建设行动，创建500个左右"千万工程"省级示范村，为建设彰显三秦风韵的宜居宜业和美乡村打下坚实基础。

促进农村居民持续增收。推动农民稳岗就业增收、发展产业增收，发展壮大新型农村集体经济，集体经济薄弱村占比降至5%以内。①

深化农村改革。深化农村产权制度改革，加快盘活农村资源资产，增加农民财产性收入。扎实稳妥推进第二轮土地承包到期后再延长30年试点。

（二）重点任务

一是切实抓好粮食和重要农产品生产，保障粮食等重要农产品有效供给；二是持续巩固拓展脱贫攻坚成果，夯实脱贫地区发展基础；三是推进特色现代农业产业链建设，提升乡村产业发展水平；四是补齐基础设施短板，提升乡村建设水平；五是推进农村移风易俗，提升乡村治理水平；六是强化农民增收举措，拓宽农民增收致富渠道；七是强化改革创新驱动，加强党对"三农"工作的全面领导。

四　陕西省乡村振兴目标的实现路径与政策建议

（一）以大面积单产提升为突破，保障粮食安全

提升粮食产能。实现粮食"双确保"，面积确保在4500万亩以上，产量确保在1260万吨以上。全力提升粮食作物单产，大面积推广小麦、玉米"五良"集成技术，抓好粮食单产提升整建制推进县项目建设，打造一批单产提升"吨粮村""吨粮镇"。

持续加强耕地保护和高质量推进高标准农田建设。严格控制占用耕地，严格耕地占补平衡管理，以补定占，不断优化占补平衡制度。全力整治抛荒撂荒地和退化耕地，增加土壤有机质，提升耕地地力。高质量建设高标准农田，加大对粮食主产县和粮食规模化经营核心区的支持力度，统筹用好预算

---

① 《2024年陕西省政府工作报告》，陕西省人民政府网站，2024年1月31日，http：//www.shaanxi.gov.cn/zfxxgk/zfgzbg/szfgzbg/202401/t20240131_2315848.html。

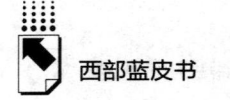

内、转移支付、国债等高标准农田建设项目资金，加大省级财政补助力度。

加快农业关键核心技术研发与集成示范。持续创新发展粮食、奶业、作物"种子芯片"，围绕苹果、奶山羊等特色农业全产业链加快技术创新。持续推进小麦宽幅沟播技术、玉米增密度技术和耕地地力提升等关键技术创新研发与示范推广。加快农技推广体系建设，充分发挥省级农技体系作用，加快基层星级服务机构创建。

打造高素质现代农业生产经营队伍。提升家庭农场和农民合作社生产经营水平，开展生产托管社会化服务，为小农户提供全方位生产服务，建立区域性农业综合服务中心，推动农业社会化服务不断升级。

（二）以增强内生发生动力为突破，巩固拓展脱贫攻坚成果

强化防止返贫动态监测，最大限度降低返贫致贫风险。不断优化防止返贫监测网格体系，明确监测对象和监测范围，优化监测方式和监测程序，落实部门和地方的主体责任，推进常态化督察帮扶，确保早发现、早干预、早帮扶。将防止返贫动态监测信息与低收入人口监测信息有效联通，提高动态监测效率。

提升产业帮扶、就业帮扶质量，稳定增加脱贫群众收入。分类落实精准帮扶措施，将支持产业规模发展与农户产业扶持相结合，积极创新产业发展模式，推动产业融合发展，支持科技产业、庭院经济、劳动密集型产业发展，不断健全联农带农机制。深化苏陕劳务协作。精准对接技能培训和就业需求，打造脱贫地区特色劳务品牌。加快推动易地搬迁安置区配套产业园区发展壮大，推动帮扶车间和社区工厂可持续发展，不断完善安置区基础设施和提升社区服务能力。

加大对脱贫地区的帮扶支持力度，增强发展能力。加大资金支持力度，落实好针对国家级重点帮扶县的相关涉农资金整合政策，并加强资金使用监管。推进"组团式"帮扶和对口帮扶，组织引导科技、医疗、教育人才合力帮扶和经济强区对重点帮扶县帮扶。持续凝聚社会帮扶合力，引导社会资本有序参与乡村振兴。

（三）以打造特色现代农业产业链为突破，提升乡村产业发展水平

推动特色现代农业全产业链升级。围绕苹果、蔬菜、茶叶、食用菌、中药材等优势产业，做强做优农业产业链群。发挥现代农业产业园、农村产业融合发展示范园、林业产业示范园的示范作用，特别是国家优势特色产业集群的带动作用，加快优势特色农产品集聚区建设，形成一批产业基地县、产业专业村镇。

加快乡村产业融合发展。加快构建现代乡村产业体系，推动种养加一体化发展和农文旅产业融合发展。支持农业龙头企业、社会化服务组织等推动产业融合发展。推动乡村旅游、康养农业、休闲农业发展，规范乡村民宿发展，打造乡村旅游精品线路。

提升农产品加工业水平。抓好农产品产地初加工机械化建设，推动农产品产地初加工升级。大力推进农产品精深加工发展，充分发挥大型农业企业在机械设备、生产能力等方面的优势，推进粮油加工、食品制造业发展，不断创新发展模式，提升附加值。支持具备条件的农产品集聚区建设农产品加工园区。

加快补齐县乡村物流设施短板。推进数字化物流建设，加快农产品批发市场运营的数字化转型。推进县乡冷链物流发展，加强产地冷链物流设施建设，不断推动智慧物流发展。构建乡村土特产销售网络，打造县域直播电商基地。

（四）以农村人居环境整治为突破，提升乡村建设水平

学习运用"千万工程"经验，扎实推进农村人居环境整治。巩固扩大厕所革命成果，试点推进农村生活污水整县制治理，强化农村黑臭水体治理。在沿黄、秦岭沿线及汉江丹江沿线等生态敏感区，加大生活垃圾处理设施建设力度，因地制宜建设生活垃圾小型化、分散化、无害化焚烧处理试点，从源头减少生活垃圾。

加快补齐农村基础设施短板。不断完善农村水电路网等基础设施，提升

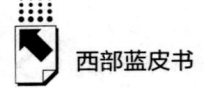

农村供水质量，升级改造农村电网，顺应电动汽车的快速发展趋势，推进农村充电站建设。建好、管好、护好、运营好农村公路，不断提升乡村公路等级。加快数字乡村建设，不断完善数字乡村基础设施，推进网络进村入户，让数字更好赋能乡村发展。

提高乡村公共服务便利度。以实现农村基本具备现代生活条件为目标，加快推进乡村建设，推进教育、医疗、养老等公共服务设施建设，为农民提供更多优质公共服务。办好必要的乡村小规模学校。推动优质医疗资源向乡村下沉，让农民群众就近获得优质医疗服务，改善就医体验。发展银发经济，探索农村养老服务模式，推动农村养老服务高质量发展。

提升农村生态文明建设水平。推动乡村绿色低碳转型，支持发展绿色循环农业，推动种养结合，实现化肥农药减量化、畜禽粪污资源化，有效解决农业面源污染。强化"农田到餐桌"全过程食品安全监管。探索美丽经济发展模式，打通"两山"转化通道。

（五）以践行新时代"枫桥经验"为突破，提升乡村治理水平

以新时代"枫桥经验"赋能乡村治理。从源头预防、排查预警，就地就近化解社会矛盾纠纷，管控社会风险。强化农村土地承包经营纠纷调解仲裁体系建设，有效化解涉及土地承包经营的各种矛盾纠纷。以新时代"枫桥经验"助力乡村塑形铸魂。

坚持以党建引领乡村振兴。加强农村基层党组织建设，打造一支有本领、能担当、活力足的高素质村党组织领导队伍。发挥乡镇干部对村党组织的指导带动作用，帮助村党组织定方向、谋发展。着力加强经济薄弱村党组织建设，选好村党组织书记，不断完善激励保障机制，更好地发挥驻村第一书记和工作队的作用。

促进乡村文化振兴。推动乡村文化振兴要坚持党的领导，不断用党的创新理论武装头脑。持续推进文化、科技、卫生"三下乡"，丰富农村文化生活。做好农村历史文化遗产保护利用工作，探索保护和传承传统民俗文化活动的有效方式。推进传统村落的整体保护，鼓励社会力量以投资、认租认

养、提供技术服务等方式，参与传统村落保护。

深入推进农村移风易俗。持续整治高额彩礼等陈规陋习。运用道德超市、清单制、积分制等有效办法，推进移风易俗工作。以文明家庭、文明村镇等评选，树乡村新风、展乡村新貌。

（六）以激活农村资源要素为突破，促进农民持续增收

丰富农村人力资源，促进农民就业增收。搭建和完善农村人力资源就业信息平台，促进信息共享，利用苏陕协作机制促进劳务输出。加大以工代赈实施力度，促进以工代赈政策在农业农村基础设施建设领域实施，促进农民工稳岗就业。实施劳务品牌培育工程，开展"订单式"职业技能培训。鼓励和支持企业到县域投资办厂，助力农民就地就近就业。

优化农业生产要素配置，促进农民生产经营增收。强化农民合作社为农民生产经营提供专业化社会化服务的功能，鼓励和支持农民合作社兴办农产品加工企业，让农民合作社获得更多加工增值收益。支持部分乡村建设项目由农民合作社承担，使农民获得更多项目建设收益。鼓励和支持土地经营权流转、入股和土地托管，促进多种形式的农业适度规模经营发展。对通过流转取得土地经营权的工商企业等社会资本进行严格行政审批和风险防范，确保承包农户的土地经营权流转收益。

盘活闲置资源，增加农民财产性收入。支持通过入股、租赁、合作等方式，开办乡村民宿、手工制作坊、农产品销售点等。不断发展壮大新型农村集体经济，支持农村集体经济组织采用村企合作、村村合作等形式，盘活村集体土地、资产等要素，让农民从村集体经济发展中受益。

（七）以深化改革创新为突破，构建强有力的保障机制

深入推进农村"三块地"改革。抓好三原县、蒲城县等地第二轮土地承包到期后再延长30年的试点工作。借鉴确定价格区间、实施限价熔断的做法，探索防范土地流转价格过高风险的有效办法，合理降低种粮大户经营成本。允许条件成熟的试点地区，将依法取得的宅基地转让给县域内符合条

件的农村集体经济组织成员家庭。探索宅基地有偿使用制度和有偿退出机制。鼓励农村集体经营性建设用地入市。

创新多元投入机制。落实土地出让收入支农政策。强化涉农资金整合,全省统筹不少于20亿元资金,由县级整合,支持"千村示范、万村提升"工程。推动财政贴息、风险补偿、融资担保等财政政策与再贷款等货币政策协同发力,强化对信贷业务以县域为主的金融机构精准支持,明确农村中小金融机构支农支小定位。持续开展金融服务乡村振兴创新试点,鼓励规范社会资本参与乡村振兴。

强化乡村振兴人才支撑。全面引进、培养农业农村科技,农业生产经营,农村二、三产业发展,乡村公共服务,乡村治理等各类人才,为乡村全面振兴提供强大的人才支撑。实施担保贷款、政策奖补、税费减免、用地保障等优惠政策,着力吸引本乡本土大学毕业生、退役军人、外出务工经商人员等群体回乡创业就业。完善中小学教师、医生等专业技术人才支持乡村振兴的激励政策,建立城市对乡村人才支持的常态化机制。

B.16 甘肃省乡村振兴研究报告*

柳江 苏耀华**

摘　要： 甘肃省全面推进乡村振兴战略，牢牢守住保障粮食安全和不发生规模性返贫底线，取得了乡村产业发展、乡村建设、乡村治理多方面的显著成果。但仍存在乡村人口流失、产业结构单一、土地流转难、农民收入增长压力大、基础设施薄弱等现实约束，当前的重点任务在于畅通农民致富渠道、实现农产品稳产保供、完善农业基础设施建设、推进农业科技创新、合理规划乡村布局、强化农村党委责任等方面。因此，应从巩固拓展脱贫成果、提升农业价值链与科技利用率、改善农村生活环境、强化乡村组织领导等方面发力推进乡村全面振兴。

关键词： 乡村振兴　规模性返贫底线　甘肃省

一　甘肃省乡村振兴的成效

推进巩固拓展脱贫攻坚成果同乡村振兴有效衔接是"十四五"期间甘肃省面临的一项重要任务。近年来，甘肃省坚定不移实施乡村振兴战略，坚守保障粮食安全和不发生规模性返贫底线，扎实推进乡村发展、乡村建设、乡村治理，推进乡村全面振兴。

---

* 本报告为教育部人文社科重点研究基地——西北大学中国西部经济发展研究院项目（项目编号：XBLPS202415）阶段性研究成果。
** 柳江，经济学博士，兰州财经大学财政与税务学院教授，主要研究方向为经济增长；苏耀华，在读博士，兰州财经大学会计学院副教授，主要研究方向为数字经济、公司财务管理。

（一）巩固现代农业基础，着力确保粮食安全

1. 全力抓好粮食和重要农产品生产

甘肃省认真落实最严格的耕地保护和用途管控制度，确保全省耕地保有量和永久基本农田保护面积，确保粮食安全和重要农产品供给。2022年，甘肃省粮食播种面积为4049.6万亩，比上年增加34.5万亩；总产量为1265万吨，比上年增加34万吨；粮食单位面积产量为312.37公斤/亩，增加5.70公斤/亩，增长1.9%。① 粮食总产量已连续4年保持在1200万吨以上，不断创造历史新高，蔬菜和中药材等重要农产品的种植面积持续扩大，部分中药材产量居全国前列。② 尽管马铃薯和果园的种植面积在2023年略有减少，但是依靠积极推广大豆玉米带状复合种植技术等手段，甘肃省依旧实现了农产品稳定供给。2022年，完成大豆玉米带状复合种植35.3万亩。③ 全省冬小麦、冬油菜籽在田面积分别为800.4万亩、160.2万亩，分别比2021年增加14.1万亩、9.1万亩，增长1.8%、6.0%④，为未来粮食生产工作奠定了良好的基础。同年，牛、猪、羊、家禽的存栏量、出栏量均保持稳定增长。⑤

2. 加快推进高标准农田建设

甘肃省持续推进以高标准农田为主的农田水利建设，2022~2023年，每年新建高标准农田数量均超过370万亩。⑥ 2022年，甘肃省整治撂荒地202万亩，整治荒地上已经种植农作物170万亩。⑦ 在新技术研发上，甘肃省也不甘落后，除了上述提及的大豆玉米带状复合种植技术以外，省农科院还花

---

① 甘肃农村年鉴编委会：《甘肃农村年鉴2023》，中国统计出版社，2023，第105页。
② 甘肃省统计局、国家统计局甘肃调查总队：《2023年甘肃省国民经济和社会发展统计公报》，《甘肃日报》2024年3月20日，第6版。
③ 甘肃农村年鉴编委会：《甘肃农村年鉴2023》，中国统计出版社，2023，第105页。
④ 甘肃农村年鉴编委会：《甘肃农村年鉴2023》，中国统计出版社，2023，第105页。
⑤ 甘肃农村年鉴编委会：《甘肃农村年鉴2023》，中国统计出版社，2023，第106页。
⑥ 王朝霞、王煜宇：《沃野升腾希望 乡村绽放新姿——2022年我省"三农"工作综述》，《甘肃日报》2023年1月10日；任振鹤：《政府工作报告》，《甘肃日报》2024年1月30日，第1版。
⑦ 王朝霞、王煜宇：《沃野升腾希望 乡村绽放新姿——2022年我省"三农"工作综述》，《甘肃日报》2023年1月10日。

费数年研发旱地玉米绿色增产及延期低水分机械粒收技术，为提升当地粮食生产水平和效益提供了新模式。

（二）坚守不发生规模性返贫底线

1. 健全防止返贫检测帮扶机制

聚焦重点群体，不断健全防止返贫监测帮扶机制。2022年，甘肃省超过72%的监测对象消除返贫致贫风险，农村居民人均可支配收入增速达6.4%，生活消费支出增速为2.6%。[①] 2023年，甘肃省研发推广"一键报贫"机制，全年新识别监测对象1.3万户5.9万人，通过安排多项帮扶措施使2/3的监测对象消除了返贫风险，农村居民人均可支配收入增速持续提升，并且高于城镇地区[②]，城乡收入相对差距进一步缩小。

2. 实施产业、就业帮扶措施

聚焦重点工作，加大产业、就业帮扶力度。2022年，甘肃省在脱贫地区建起2231家龙头企业，带动脱贫户35万户，7.1万个农民合作社带动脱贫户80.4万户。[③] 实施脱贫人口增收三年行动，将政府财政资金重点用于产业发展，2023年62.9%的财政资金精准投向产业帮扶措施，使335万脱贫人口深度嵌入产业链。输转脱贫劳动力199.9万人，2607家乡村就业工厂（帮扶车间）吸纳就业10万人，脱贫村村级光伏电站带动10万户困难家庭就地就业增收。

3. 加大重点地区帮扶力度

聚焦重点区域，推动支持政策落地。2022年，甘肃省将中央和省约70%的财政补助资金安排给39个乡村振兴重点帮扶县和十大类1.5万个补短板促发展项目，实现23个国家重点帮扶县全覆盖。[④]

[①] 甘肃农村年鉴编委会：《甘肃农村年鉴2023》，中国统计出版社，2023，第230页。
[②] 甘肃省统计局、国家统计局甘肃调查总队：《2023年甘肃省国民经济和社会发展统计公报》，2024年3月20日。
[③] 甘肃农村年鉴编委会：《甘肃农村年鉴2023》，中国统计出版社，2023，第107页。
[④] 甘肃农村年鉴编委会：《甘肃农村年鉴2023》，中国统计出版社，2023，第106页。

（三）提高乡村产业发展水平

1. 促进一、二、三产业融合发展

因地制宜大力发展"牛羊菜果薯药"六大特色产业，打造极富影响力的"甘味"品牌。2023年，甘肃省新创建马铃薯、苹果2个国家级产业集群，实现"牛羊菜果薯药"六大特色产业全覆盖，成功争取国家现代农业产业园2个、绿色发展先行区2个、农业现代化示范区3个、产业强镇7个、乡村振兴示范县3个，认定奖补省级现代农业产业园20个，全产业链产值预计达到5790亿元。农产品"三品一标"经验做法入选全国十大典型案例，"甘味"品牌连续3年蝉联中国区域农业形象品牌影响力指数榜榜首。

红牛产业是甘肃省平凉市的主导产业和知名产业，该市还重点发展苹果和蔬菜产业。2022年，在农业经济保持稳定增长的基础上，平凉市第一产业实现增加值151.73亿元，牛果菜产业对农业总产值的贡献超过七成。[1] 平凉红牛品牌被列入精品品牌培养计划，受到农业农村部的重视；静宁苹果不仅收获多张国家级名片，还受到国际上的认可。此外，甘肃省也重视中药材、马铃薯、蔬菜等其他特色产业的发展，不仅以马铃薯、高原夏菜、中药材为主导产业，还兼顾特色产品"质"的提升，如马铃薯脱毒种薯快繁技术达到国内一流水平，使其具有早熟、高产、质优三大优势。高原夏菜和富硒蔬菜的品牌知名度和影响力也持续提升，平凉红牛、静宁苹果、高原夏菜和富硒蔬菜共同助力"甘味"品牌核心竞争力的提升。

甘肃省持续推进乡村特色旅游业发展。2022年，全省共发展景区带动型、通道景观型、乡村休闲型、产业依托型、城镇辐射型、创意主导型6种类型的乡村旅游专业村1270个，乡村旅游示范村310个，发展农家乐2.15

---

[1] 田丽媛：《平凉聚力发展优势特色产业》，《甘肃日报》2023年2月15日。

万户①，国家甲级、乙级旅游民宿共5个。近9000万人次的乡村旅游客流量为甘肃省带来超260亿元的收入，乡村旅游客流量和收入占全省的66%和42%。② 2023年，甘肃省获批6个中国美丽休闲乡村和7个乡村旅游示范县，甘南扎尕那村被评为"世界最佳旅游乡村"。③

2. 农村流通高质量发展

2023年，甘肃省改造提升14个县域农产品综合批发市场，开展绿色产品下乡活动，推动特色产品进城。不断完善农村电子商务和寄递物流配送体系，实施快递进村、"一村一站"工程，提升电商、快递进农村综合水平，通过举办全省电商大赛和打造县域直播电商基地提高农村流通高质量发展水平。持续推进张掖等国家骨干冷链物流基地建设，带动周边地区提升冷链物流智慧绿色发展水平。

3. 完善乡村产业体系

甘肃省凝聚多方力量，通过金融扶持、地企对接、实施产业园区项目等多项手段完善乡村产业体系建设。各类金融机构为引导社会力量做好"三农"工作，提供了发放贷款、融资担保等多项业务，中国农业发展银行甘肃省分行仅2022年就向"三农"领域投放贷款564亿元，甘肃金融控股集团为1570户"三农"和小微企业新增融资担保108.98亿元，全省1263个村获得3089家民营企业投资179.79亿元。④ 2022年，首期目标总规模超30亿元的乡村振兴投资基金为甘肃省乡村振兴提供了重要的资本支撑。2023年，投资5000万元的乡村振兴投资基金首个投资项目落地，以1∶5以上的撬动比例为甘肃省农业农村产业和县域经济发展吸引2.5亿元的

---

① 王兴海：《文旅赋能 共建和美乡村 全省文旅系统深入贯彻落实中央一号文件精神推动乡村旅游提质增效》，《甘肃日报》2023年3月9日。
② 薛晓霞：《〈中国·甘肃乡村旅游发展指数报告（2022）〉出炉》，《兰州日报》2023年6月19日。
③ 任振鹤：《政府工作报告》，《甘肃日报》2024年1月30日，第1版。
④ 洪文泉、于晓明：《村企携手共建 赋能乡村振兴——2022年"万企兴万村"甘肃行动综述》，《甘肃日报》2023年2月3日。

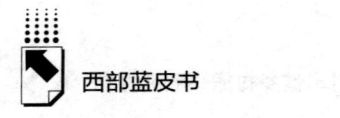

社会资本投入。① 2022年，甘肃省通过"津陇共振兴"和"鲁企走进甘肃"两大项目吸引200余家东部企业于省内落地，累计签约合同金额达653亿元，共建产业园区78个，省委统战部、省工商联还通过"民企陇南行"活动，邀请省内外重点企业代表前往陇南市各县区进行考察，签约97项招商引资项目，投资额达425亿元。②

4. 采取促进农民增收的举措

2022年，全省共实施以工代赈项目211项，投资9.52亿元，吸纳近7000人就近就地务工就业，发放劳务报酬1.22亿元。③

（四）扎实稳妥推进乡村建设

2022年，甘肃省制定出台《甘肃省乡村建设行动实施方案》，全力推进以八大行动和七大工程为重点的乡村建设，深化"5155"乡村建设示范行动，建成50个省级示范乡（镇）、500个省级示范村，编制完成6750个实用性村庄规划④，通过布局乡村规划，引领其快速发展，在人居环境整治、基础设施完善等方面卓有成效。

1. 农村人居环境整治

甘肃省在广大农村地区重点优化厕所、垃圾、风貌等人居环境。根据宜水则水、宜旱则旱的原则因地制宜实行农村改厕计划，截至2022年底，全省改建新建户用卫生厕所262万座，极大地提高了农村地区户用卫生厕所的普及率。在垃圾处理方面，甘肃省在农村地区着力配备保洁人员、车辆等相关基础设施和网络，对垃圾乱扔乱倒等不文明行为给予集中整治。对影响村容村貌的其他问题，如乱拉线缆、乱建住房、乱占公路等，同样予

---

① 杜雪琴：《我省稳步推进乡村振兴投资基金项目落地》，《甘肃日报》2023年4月3日。
② 洪文泉、于晓明：《村企携手共建 赋能乡村振兴——2022年"万企兴万村"甘肃行动综述》，《甘肃日报》2023年2月3日。
③ 刘健：《致富之路通四方——全省超额完成"新建1万公里自然村（组）通硬化路"民生实事》，《甘肃日报》2023年2月8日。
④ 王朝霞、王煜宇：《沃野升腾希望 乡村绽放新姿——2022年我省"三农"工作综述》，《甘肃日报》2023年1月10日。

以高度重视①，2022年，共立案农村人居环境整治类线索975件、传统村落和乡村特色风貌保护类线索30件。②

2. 乡村基础设施建设

水利系统和公路的建设、危桥危房改造为农村居民带来了更多幸福感和安全感。截至2022年11月底，全省"打通最后一公里"农村水利惠民工程超额提前完成年度目标：建设水库（池）26座，新（改）建淤地坝121座，实施22处灌区改造项目，实施72处农村供水改造提升工程。③ 截至2022年底，全省农村公路总里程达12.56万公里，自然村（组）通硬化路8.9万公里，超7.4万个自然村（组）通硬化路，硬化率达84%，农村地区的路网密度得到显著提升。④ 2021~2022年，全省共改造危桥290座。

3. 推进和美乡村建设

甘肃省深入学习推广浙江"千万工程"经验，启动实施"和美乡村"创建行动，结合甘肃省实际，科学确定创建内容和标准，省财政每年拿出2亿元，对认定的省级示范村授牌、奖补。以"5155"乡村建设示范行动为引领，省委农村工作会议授牌第一批94个省级"和美乡村"，建成省级示范乡镇50个、省级示范村1500个，全省73%的农户用上了卫生厕所。

（五）着力提升乡村治理水平

甘肃乡村治理国家级试点任务稳步推进，成功创建15个省级试点县。持续开展移风易俗专项行动，全省村规民约实现全覆盖、96.7%的村镇成立

---

① 张燕茹：《打造和美乡村　建设幸福家园——学习浙江"千万工程"经验甘肃实践成效显著》，《甘肃日报》2023年6月8日。
② 石丹丹：《以检察履职助力乡村振兴"加速跑"——2022年全省检察机关助力乡村振兴工作综述》，《甘肃日报》2023年1月14日。
③ 王煜宇、于晓明：《"打通最后一公里"惠民之水送万家——我省加快农村水利惠民工程建设》，《甘肃日报》2023年3月3日。
④ 刘健：《铺出乡村振兴康庄大道——从全省"四好农村路"现场会看甘肃农村公路高质量发展》，《甘肃日报》2023年8月31日。

红白理事会，全省95%以上的行政村建立红白理事会、村民议事会等群众组织。[1] 2023年，2个镇、20个村荣获第三批全国乡村治理示范村镇荣誉称号，陇南民事直说"1234"工作法、甘南"8+"基层治理、凉州"全链条"多元化解基层矛盾等模式入选全国乡村治理典型案例。各地举办的农民丰收节、和美乡村篮球赛、村晚等系列活动丰富了农民精神生活、有效激发了乡村活力。

二 甘肃省乡村振兴面临的现实约束

（一）农业产业生产质量效益不高

甘肃省农村地区产业多以农业为主导，缺乏多元化产业，服务业的发展滞后，产业结构单一，农业产业以粮食作物、畜牧业、林果业等为主。2022年，甘肃省14个地区在农林牧渔行业的就业人口占总就业人口的比重在50%以上[2]，农业主导型产业容易受到气候、市场等因素影响，农民的收入稳定性较差，不利于地区经济发展。农产品加工环节缺乏先进设备和技术，导致农产品附加值较低，农产品加工和农副产品产业发展受限。农产品加工业产值与农业总产值之比低于全国平均水平，2022年只有1.8∶1。同时，信息技术、生物技术、新能源等新兴产业发展缓慢，物流、金融、旅游等服务业不发达。新型农业经营主体规范化程度不高，农业社会化服务体系建设滞后。2023年，甘肃省农业机械化率比全国平均水平低7个百分点，农业科技贡献率比全国平均水平低4个百分点，农产品加工转化率比全国平均水平低近10个百分点，农业领域科技成果转化率远低于全国平均水平。科研成果转化脱节，农村产业活力不强。甘肃省的六大特色产业与全国相比存在较大差距。

---

[1] 王朝霞、王煜宇：《沃野升腾希望 乡村绽放新姿——2022年我省"三农"工作综述》，《甘肃日报》2023年1月10日。

[2] 甘肃农村年鉴编委会：《甘肃农村年鉴2023》，中国统计出版社，2023，第116页。

（二）高标准农田建设不足

甘肃省中低产田比例超过70%，高标准农田占永久基本农田的比例只有39%，比全国平均水平低25个百分点。甘肃省在推进高标准农田建设过程中遇到了资金投入不足、技术和人才短缺、规划管理不到位以及自然条件限制等一系列挑战。由于甘肃省经济发展水平相对较低，财政收入有限，农业基础设施建设投入不足。技术和人才短缺也是制约甘肃省高标准农田建设的一个重要因素。一方面，农业科技力量薄弱，缺乏足够的研发投入和创新能力；另一方面，农业人才流失严重，优秀的农业技术人员和管理人员不足，难以满足高标准农田建设的需要。规划管理不到位是甘肃省高标准农田建设中的另一个突出问题。在一些地区，农田建设缺乏科学合理的规划，项目选址、设计和实施过程中的管理不够规范，导致资源浪费和效果不佳；监督管理不严，项目质量难以保证。自然条件限制是甘肃省高标准农田建设面临的特殊挑战。甘肃省地处中国西北地区，自然条件复杂多变，部分地区土地贫瘠、水资源匮乏，不适宜进行大规模农业生产。部分地区还面临土壤盐碱化、水土流失等问题，这些都给农田建设带来了极大的挑战。

（三）农民收入水平赶超进位压力大

2023年，全省农村居民人均可支配收入为12165.2元，增长6.4%，仅为全国平均水平的56%。农民收入来源单一，2022年农民收入主要来自经营净收入（见图1），即销售农产品所得，除兰州市、天水市、陇南市、平凉市、庆阳市以外，其余地区农产品销售收入占可支配收入的比重在40%以上（见表1）。农产品具有价格波动大、附加值低的特点，使得农民的收入增长空间受限。此外，甘肃省农村地区农业产业化水平较低，农民大多从事传统的小规模农业经营，缺乏规范化、集约化的经营模式。而且甘肃省农产品生产技术和管理方式较为传统，缺乏现代农业技术和设备，农业生产效益不高。农产品竞争力较弱、产量低，农村地区持续稳定增收面临多重挑战。

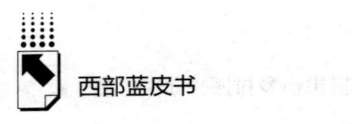

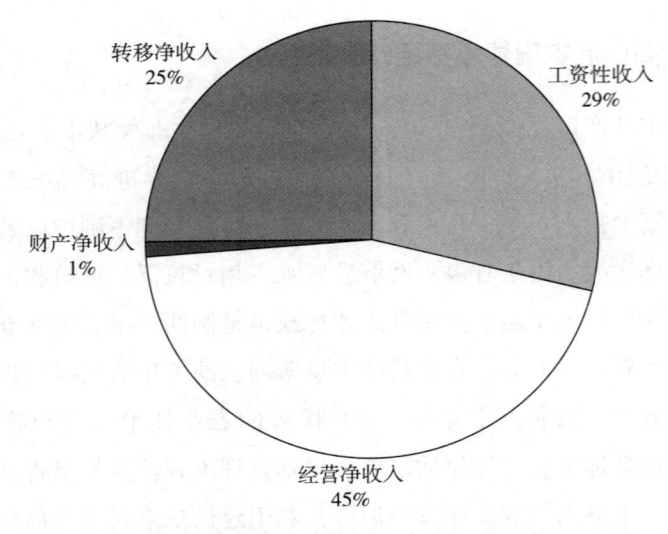

图 1　2022 年甘肃省农民收入来源情况

资料来源：2023 年《甘肃省统计年鉴》。

表 1　2022 年甘肃省各地区农村居民收入来源情况

单位：元

地区	可支配收入	工资性收入	经营净收入	财产净收入	转移净收入
兰州市	17177	9015	5291	370	2501
嘉峪关市	26283	13274	11508	1299	202
金昌市	19647	6684	9893	1634	1436
白银市	12733	4998	6234	122	1379
天水市	10717	3293	3263	162	3999
武威市	15898	4548	9214	219	1917
张掖市	18855	6935	9790	460	1670
平凉市	11566	3747	4187	90	3542
酒泉市	23414	6802	14533	189	1890
庆阳市	12277	4178	4819	230	3050
定西市	10425	2929	4910	216	2370
陇南市	10014	4033	3016	97	2868
临夏州	9671	3069	3922	145	2535
甘南州	10883	4848	4534	107	1394

资料来源：2023 年《甘肃省统计年鉴》。

（四）土地流转难

农村土地流转是乡村发展的关键问题之一，土地流转在促进农村地区产业结构调整、提高农民收入水平、优化土地利用结构等方面起着重要作用。而甘肃省农村地区的土地流转问题涉及土地所有权不明确、流转市场不活跃、土地价格波动、农民流转意愿不强以及土地承包制度不完善等方面。农村地区的土地流转市场不活跃，交易信息透明度较低，买卖双方难以找到合适的流转对象，市场缺乏有效的流转机制和交易平台，制约了土地流转的顺畅进行；而且甘肃省农村地区本身经济发展滞后，土地价格较为低廉，缺乏吸引力，但是在流转的过程中土地的价格波动较大，买卖双方对土地价值的认知不一致，难以达成交易。

（五）农村地区基础设施薄弱

甘肃省农业农村基础设施欠账大，全省通村道路还有近1万公里未硬化，高标准农田占永久基本农田的比例比全国平均水平低25个百分点，教育、医疗等优质公共资源供给仍然不足。医疗机构数量不足、医疗水平相对较低，全省共设16272个村卫生室，其中执业（助理）医师2418人，乡村医生和卫生员16039人（其中乡村医生15785人）。[1] 乡村地区卫生人员总数只达到全省平均水平的6%，农村地区医疗资源匮乏[2]，农民就医门槛较高。教育资源较为匮乏、分布不均衡，难以满足推进乡村全面振兴的要求。

（六）农村地区人口流失严重

由于农村地区经济发展水平较低、就业机会有限、收入水平不高、教育医疗资源有限和产业发展水平相对较低，青年劳动力普遍选择前往相对发达的地区务工。2023年末，全省常住人口为2465.48万人，比上年末减少26.94

---

[1] 甘肃省卫生健康统计信息中心：《2023年甘肃省卫生健康事业发展统计公报》，2024年3月。
[2] 甘肃省卫生健康统计信息中心：《2023年甘肃省卫生健康事业发展统计公报》，2024年3月。

万人。其中，城镇人口为1368.05万人，占常住人口的比重（常住人口城镇化率）为55.49%，比上年末提高1.3个百分点。而乡村人口为1097.43万人，占常住人口的比重为44.51%，比上年末下降1.3个百分点（见表2）。① 2023年，全省输转城乡富余劳动力523.2万人，其中，省外输转230.6万人，省内输转292.6万人。② 由于农村劳动力减少，传统农业生产受到影响，农业产业面临严重的空心化问题，农民收入减少，土地闲置，农村经济发展面临困境。

表2 2022~2023年末甘肃省常住人口数及其占比

单位：万人，%

指标	2022年 常住人口数	占比	2023年 常住人口数	占比
常住人口	2492.42	100.00	2465.48	100.00
其中：城镇	1350.64	54.19	1368.05	55.49
乡村	1141.78	45.81	1097.43	44.51
其中：男性	1266.15	50.80	1251.48	50.76
女性	1226.27	49.20	1214.00	49.24
其中：0~14岁	466.33	18.71	453.84	18.41
15~64岁	1691.11	67.85	1675.16	67.94
65岁及以上	334.98	13.44	336.48	13.65

资料来源：甘肃省卫生健康统计信息中心《2023年甘肃省卫生健康事业发展统计公报》，2024年3月。

三 甘肃省乡村振兴的主要目标与重点任务

（一）确保粮食安全与农产品供应稳定，推动农产品市场稳步发展

要推进乡村振兴必须坚持农产品产量产能、数量质量"双保障"，在做

---

① 甘肃省统计局、国家统计局甘肃调查总队：《2023年甘肃省国民经济和社会发展统计公报》，2024年3月20日。
② 甘肃省统计局、国家统计局甘肃调查总队：《2023年甘肃省国民经济和社会发展统计公报》，2024年3月20日。

到全力增产量的同时保证质量的提升。坚持藏粮于地、藏粮于技，推行高质量粮食工程和深层次粮食产能提升行动。在保证生态安全的前提下，在充分利用未利用地、盐碱地等土地资源的基础上，综合利用已有的林草资源，加速发展现代设施农业，如日光温室、无土栽培等，增强肉蔬果等供应保障能力。加快建设集约化蔬菜育秧中心，集中改造和提升已有的农业设备，建设粮食烘干、农产品产地冷藏、冷链物流设施，加速规模化畜禽养殖基地、集中养殖区改造。优化"一带五区"现代农业结构，加快发展沿黄产业带高原夏菜和都市型农业，河西灌区现代种子、种养业循环和戈壁生态农业，陇东雨养区优质苹果和现代牛羊产业，同时规划以中药材和马铃薯为主的中部旱作农区，以林果、蔬菜和现代畜牧业为主的天水和陇南特色农区，以牦牛、藏羊和藏医药为主的甘南和祁连山等高寒草原农牧交错带重点区域。在此基础上，完善价格、补贴和保险"三位一体"的政策体系，建立完善的农产品市场供应保障机制，完善农产品价格调控和市场调控措施，稳定农户的生产预期，降低生产风险。加大食品安全、农产品质量安全监管力度，强化储备和购销领域监管，健全粮食和重要农产品监测预警体系。

（二）加速推进农业科技创新，实现农业绿色低碳发展

加快推进农业科技创新、提高农业科技供给水平、实现农业绿色低碳发展是推动乡村振兴的现实需求。首先，针对当前农业科技创新成果转化率偏低的实际情况，应不断改革科技成果的转化机制，疏通从原始创新转化到关键核心技术的渠道。引导农科院所等社会力量参与农业技术推广，健全农业社会化科技服务体系，完善农业农村技术转移机构的服务功能，大力推广多元化农业科技模式。以"强科技行动"为先导，不断加大资金的投入和研发力度，将科技供给端与农业需求端进行高效对接，促进产、学、用三者结合，提升科技的支撑能力和贡献率。加强农业科技研究与开发，充分利用各研究机构的自身优势，加强对关键核心技术的突破。提升农业科技应用率与成果扩散效率，使其成果普惠基层，并且建立推广平台，深化农业科技创新。其次，需发展绿色有机农产品，推进农业绿色发展先行区和观测试验基

地建设，强化受污染耕地安全利用和风险管控，科学实施农业综合整治。深化绿色生产技术研究和推广，针对"控肥控药"、"作物品种选育"和"产地环境治理"三个方面，加快绿色生产技术突破。促进大学、科研机构、企业等建立农业科技创新部门，强化对农业投入品减量化、生产清洁化、废弃物利用等生产工艺的综合研究与推广，赋能农业绿色低碳发展。

（三）畅通农民致富渠道，推动农村实现共同富裕

乡村振兴的关键是要让农民增收致富，需持续增加农民收入，畅通农民致富渠道。首先，应扶持当地农业经济发展，支持有发展潜力的小农户成长为种养大户，通过提升生产经营水平和服务能力带动农户增收，以此培育形成就业容量大、劳动密集型种植企业，带动更多农民就近就地就业，实现农民收入的增长。同时应完善农业产业链，让产业增值收益更多惠及农民，聚焦农业产业需求，通过有针对性的培训等方式，培养更多职业农民和新型农民工，以高质量培训促进农民持续稳定增收。鼓励农业企业通过当地招聘和就地建厂的方式带动地区经济提升，维护农民和企业利益。其次，应鼓励农业企业通过订单收购、吸纳就业等方式实现"三农"与企业的双赢。充分发挥承包地、宅基地、经营性建设用地的作用，加大农村项目资产资金投入力度，提升集体土地等农村集体资产利用率，盘活用好闲置资源，让土地增值收益最大化。最后，应完善农民工工资支付监测预警机制，维护好农民就业权益，构建关系明晰、管理架构科学、收益分配合理的就业机制，推动农村实现共同富裕。

（四）加强农业基础设施建设，夯实农业产业基础

乡村基础设施建设是推进乡村全面振兴的重要内容，需从各地实际和农民需求出发，不断提高农业基础设施完备度。首先，农业基础设施建设应当针对短板，大力发展基础设施建设薄弱环节，完成以灌区、现代设施农业、农产品仓储等为代表的设施改造升级，优化农业农村基础设施布局和发展模式。重点发展适应农业发展需求、与乡村建设需求相适应、农户需求相适应

的生产基础设施，例如水利灌溉、气象设施、农机装备等。同时应继续大力推进高标准农田建设，持续投入资金对山坡地、中低产梯田等进行全面改造提升，加快推进农业水利工程建设，构建与生态建设和民生需求相适应的水利系统。其次，以本省马铃薯与牛羊肉等特色区域产业为重点，加快特色种植区基础设施建设，积极构建现代产业园区。实现农业科技推广应用，提高农机装备水平，提升农业气象灾害防控和动植物疫病防治能力，保证种子、土地、农机装备、防灾控病等各环节稳步提升，为农业生产提供资源保障。分不同区域细化解决生产性基础设施方面存在的问题，特别是促进农业基础设施的数字化改造升级，同时加强乡村水利基础设施建设，为农业高质量发展、产业兴旺打下坚实基础。

（五）合理规划乡村布局，改善农村生产生活条件

实现乡村振兴需对农村产业布局进行科学合理的规划，并且对农村产业发展进行统筹安排，在中心镇和中心村之间形成明显的层级分工，各产业功能之间实现有机衔接。甘肃省以各地自然禀赋为依托，利用优势产业，完成现代农业产业园区的构建，再通过扶持具有农业产业潜力的地区，形成要素集聚、业态发展的农业区域。规范和优化农村地区的行政划分，鼓励以乡镇为单位开展全域土地综合整治，对已有建设用地进行有效利用，优先解决农村居民居住问题。以此为基础，提高乡村居民的生活品质，以填平补齐、功能完善、改造提升为手段，建设"四美"乡村。加强对农村公共空间的整治，对农村居民进行组织动员，形成居民、政府、企业各方保护环境合力，使农村公共环境得到改善和维护。继续巩固和完善农村电网和农村通信网络，实施"数字乡村"建设行动，推动农村大数据应用。要保障农村教育质量，给予乡村教师相应的补助，提升义务教育质量，提高乡村的整体文化素养，为乡村振兴做好人才与知识储备。通过医疗卫生资源的升级整合，提高农村地区的医疗水平，加强对农村老人、儿童、残疾人、孕妇等重点群体的医疗保障，群众的身体健康是维持农村生产生活秩序的最大保障。

（六）强化农村党委责任，夯实党在农村执政根基

乡村振兴需要农村基层党组织发挥政治领导力、思想引领力、群众组织力和社会号召力，全面引领和促进乡村振兴。要深入领会"两个确立"，坚定做到"两个维护"，增强"四个意识"，坚定"四个自信"，坚持党和国家对乡村振兴的重大决策，始终同党中央保持高度同步，切实增强推进乡村振兴的责任感、使命感和紧迫感。农村基层党组织要不断创新形式和方法，坚持不懈抓好农村党员的理想信念教育，持续强化"为广大农民谋幸福"的使命意识，坚定乡村振兴必定实现的信心，使广大农村基层党组织始终在乡村振兴的实践中保持统一思想、强大能力和协调行动。各地区以党纲为统领，健全县、乡、村之间的三级管理体制，促进乡镇的分级治理和基层的法治体系建设。以县级领导包乡、走村，党政主要负责人到村等多种形式深入农村。坚持开展"听党话、感党恩、跟党走"主题活动，广泛开展社会主义核心价值观宣传教育活动。对乡镇、村领导班子和新型农业经营主体带头人进行全方位培训，提高他们的综合素质，分期分批对农村党员进行集中培训，注重运用现身说法、专家讲课等方式，对各级涉农干部讲心得、传经验，使培训更加丰富有效。充分发挥农民的主观能动性，充分调动他们的积极性和创造性，产生自我学习动力与自我发展需求，实现乡村振兴。

四　甘肃省乡村振兴目标的实现路径与政策建议

推进乡村全面振兴战略对甘肃省打造共建共治共享的现代社会治理格局、构建人与自然和谐共生的乡村发展新格局具有深远意义。甘肃省将以"千万工程"为引领，以习近平新时代中国特色社会主义思想为指引，围绕"两确保、三提升、两强化"，以夯实基础、稳产能、提效益、增动力为目标，深入贯彻习近平总书记对"三农"工作的重要论述，全面打好乡村振兴攻坚战。

（一）确保粮食产量与安全，发展区域特色产业

粮食和重要农产品生产供给是全省各级农业农村部门的核心任务，稳面积、提单产是确保粮食稳产增产的重要手段，要在确保种植产量达到1250万吨的前提下，把粮食安全真正落到实处。甘肃省需要以大面积增产为突破口，推行两年三茬，推广全膜双垄沟播、水肥一体化高效节水技术，创建优质高产示范县。扶持规模经营主体采取密植栽培、水肥一体等有效措施，打造一批千亩、万亩粮食生产示范基地，使基地平均亩产提高10%以上。建立起一套商业化、高效的育种系统，加速数字技术在育种领域的应用。农业机械的研发投入需持续提升，开展农业机械设备的研发与应用一体化试点，以及对农业领域的补短板行动，实现高性能生产与批量生产。同时，甘肃省根据特色产业提质增效"1+6"方案，推动六大特色产业产值达到4900亿元。其中，肉牛产业需坚持标准化规模养殖场和适度规模养殖户同步发展，大力推广全混饲、精细管理等配套生产工艺。肉羊产业需加快种羊场布局建设，提高多羔率和产肉率。蔬菜产业与苹果产业应分区布局提高均衡供应能力，调整优化品种结构，提升新优品种占比。马铃薯产业要增加绿色标准化规模化种植面积、提高单产，中药材产业需整合优质幼苗资源，发展设施育苗，开展产销对接，不断提升本省品牌规范化建设水平。培优创响区域公用品牌，重点培育一批"大而优"的本地农产品品牌，持续开展多层次宣传。

（二）提升农业价值链与科技利用率，健全人才保障机制

甘肃省落实"强科技"行动，延伸农业产业链、提升价值链，这些是加快农业转型升级、增强乡村发展活力的重要举措。应加强农机研发，建立产学研用协同创新机制，大力发展当期农业领域破题急需的关键技术。加快山区适用小型机械研发制造，统筹推进现代农机装备提档升级，开展农机装备研发应用一体化试点和补短板行动，促进农作物耕种收综合机械化率提升，从而提升农业产业价值链。实施农业设施现代化工程，以改造升级落后的日光温室和暖棚为主要对象，大力发展地膜覆盖灌溉与节水灌溉技术，以

及全膜双沟种植技术，力争做到节水增效，同时加强农村污染综合整治，提高农业绿色科技效率。另外，应完善农村创业支持政策，引导专业人才深入农村，加强对农业重点行业的专业技术、管理、技能人才的引进和培养。健全农村人才开发制度，实施乡村振兴人才扶持计划，实施乡村创业带头人工程，把重点放在培养一批"三农"人才上。要加强对农业技术人员的培训，加强新职业农民培育，加强对农民的技能培训，促进整个农村的人才建设。完善校企合作、校企共建、校企双聘等制度，避免农民专业技术人员的流失。

（三）持续巩固脱贫成果，聚焦农民就业问题

实现乡村振兴首先需要完成脱贫攻坚成果同乡村振兴的有效衔接，脱贫地区要根据自身特点，完善过渡期内发展规划与政策举措，从集中资源支持脱贫攻坚转向巩固脱贫攻坚成果和全面推进乡村振兴。巩固脱贫成果需推进返贫监测帮扶，衔接好防止返贫和农村低收入人口帮扶，开展防止返贫集中核查，从各环节全面落实帮扶措施，持续提升保障水平并积极应对可能发生的自然灾害。巩固脱贫成果的关键点在于推进脱贫人口持续增收，培育帮扶产业，聚焦农民就业问题，对农村低保对象、特困人员、易返贫致贫人口等刚性支出较大或收入大幅缩减人口开展动态监测。政府应构建信息平台，加大脱贫人口的劳务输出力度，延续支持扶贫就业政策。同时，规范招聘流程，完善按需设岗、以岗定岗、有序离岗的管理机制，过渡期内逐步调整优化公益岗位政策，在此基础上持续促进脱贫人口稳岗就业，确保脱贫劳动力就业规模稳定在190万人以上。政府需持续引进劳动密集型企业，以此带动就近就地就业，完善联农带农机制，使农民深度嵌入产业链，促进农民持续稳定增收。

（四）改善农村生活环境，提升乡村治理水平

深入推进和美乡村建设，以具备现代生活条件为基础，实现村庄美、治理好、乡风和等目标。根据各地实际情况，制订相应的改造计划，探索适合

农村实际的、成本适中的改造方式，指导群众营造安全、整洁、明亮的农村人居环境。根据区域特色，组织开展绿化、亮化活动，并通过有效的激励手段，促使农户自发进行绿化、美化活动，提升村庄"颜值"，持续提升居住舒适度。加强公用设施管理，深入开展农村交通、消防、经营性自建房等重大问题的整治工作。要继承乡村的非物质文化遗产，发扬当地传统技艺，推动特色文化产业发展，建立一批美丽休闲乡村、乡村旅游重点村和美丽乡村旅游示范带。大力宣传和推广农村建设经验，大力弘扬创新精神、工匠精神，营造诚实守信、遵纪守法的良好氛围。深入开展农村"扫黑除恶"工作，深入开展打击农村赌博违法犯罪活动，对电信诈骗、养老诈骗等违法犯罪活动进行打击，使农村社会治安状况得到改善。

（五）强化乡村组织领导，保证工作落到实处

各级政府要按照乡村振兴战略的要求，将乡村产业振兴作为工作重心，放在突出位置。深入研究习近平总书记在"三农"工作中的重要讲话，切实务实抓好"三农"工作。构建以农业农村部门为主导，各有关部门协同配合，社会力量积极支持，广大农民积极参与的全方位工作机制。加强相关政策的执行，健全政策执行机制，通过对乡村振兴工作中出现的各种形式主义和官僚主义问题进行集中整治，让基层把精力集中在为农户办实事上。加强对"三农"工作的科学理解，构建一支专业素质强、适应发展要求、能把乡村振兴建设落到实处的干部队伍。同时，对农村党员和农业经营主体进行全方位培训，提高他们的综合素质和对农业农村政策与理论知识的理解程度，保证乡村振兴战略有效推进。制定《甘肃省乡村振兴责任制实施细则》，将考核与评价有机结合起来，形成一套完善的激励和约束机制，保证各项工作落到实处。

B.17
青海省乡村振兴研究报告[*]

刘 畅[**]

摘 要： 党的十九大以来，青海省大力实施乡村振兴战略，按照二十字总要求，围绕全省乡村振兴"八大行动"方案，牢牢守住保障粮食安全、不发生规模性返贫和耕地保护三条底线，全面推进乡村发展、乡村建设、乡村治理等重点工作，成果不断巩固拓展。但在乡村产业发展、乡村人才队伍建设、乡村文化繁荣、城乡融合发展、乡村治理体系健全等方面存在诸多制约因素。全面实施乡村振兴战略，青海省应不断建立健全乡村振兴工作体制机制，做大做强做精特色产业，打造专业化乡村振兴人才队伍，持续推进乡村文化繁荣，构建现代化青海乡村治理格局，建设高原宜居宜业和美乡村。

关键词： 乡村振兴 特色农牧业 青海省

一 青海省乡村振兴的成效

青海省地处青藏高原腹地，省辖2个地级市、6个藏族自治州，贫困人口占比较大，农村地区产业以农牧业为主，发展水平滞后，是非常典型的农牧产业结合发展型省份。日月山为青海省农牧业发展的天然分界线，日月山以东的湟水谷地是青海省农业区的主要分布地，农业区只占青海省总面积的

---

[*] 本报告为教育部人文社科重点研究基地——西北大学中国西部经济发展研究院项目（项目编号：XBLPS202417）阶段性研究成果。
[**] 刘畅，青海省社会科学院经济研究所助理研究员，主要研究方向为城市经济与区域经济协调发展。

4%，却集聚了全省92%的人口；日月山以西为牧业区，面积约占青海省总面积的96%，该地区主要为禁止开发区和限制开发区。青海省平均海拔约为3000米，54%以上的地区海拔在4000米以上。截至2023年，青海省常住人口为594万人，共有4149个行政村，农村人口为221万人，农村人口占比为37.2%，藏族、回族、蒙古族等少数民族人口占青海省总人口的49.5%。

党的十九大以来，青海省大力实施乡村振兴战略，按照二十字总要求，围绕全省乡村振兴"八大行动"方案，牢牢守住保障粮食安全、不发生规模性返贫和耕地保护三条底线，全面推进乡村发展、乡村建设、乡村治理等重点工作，成果不断巩固拓展。

（一）政策体系和制度框架更加完善

近年来，青海省积极响应"三农"工作重心方向性转变的重要部署，以贯彻乡村振兴"八大行动"为引导，持续在强化顶层设计方面下功夫，从做好制度机制、重点领域、支撑保障三方面的衔接入手，谋划和促进巩固拓展脱贫攻坚成果同乡村振兴有效衔接。2021年，青海省制定出台《青海省乡村振兴战略规划（2018—2022年）》《青海省"十四五"巩固拓展脱贫攻坚成果同乡村振兴有效衔接规划》等40多个配套政策文件，针对重点帮扶县出台22项支持政策，印发产业提升、人才培育等五项行动方案，乡村振兴"四梁八柱"的制度体系基本建成。2022年，《青海省"十四五"乡村产业发展规划》印发，这是青海省首次单独针对乡村产业编制的发展规划，为"十四五"期间乡村产业发展指明方向。2023年1月，根据《中共中央 国务院关于做好2023年全面推进乡村振兴重点工作的意见》，结合青海省实际，出台了乡村振兴"八大行动"实施方案。2023年3月，《青海省乡村振兴责任制实施细则》出台，全面从严落实乡村振兴工作责任制。同月，《党和国家机构改革方案》出台，要求省、市、县级乡村振兴机构职责划入同级农业农村部门，青海省正结合实际制定机构改革实施方案，从机构建制上统筹抓好以乡村振兴为重心的各项"三农"工作。2023年10月，

《青海省乡村振兴促进条例》正式颁布，从产业发展、生态宜居、文化繁荣、组织建设、人才支撑、城乡融合、保障监督7个方面，提出了促进青海省农牧区乡村振兴战略全面实施的具体措施。与此同时，青海省、市（州）、县（市、区）三级政府开始组织编制本行政区域乡村振兴规划，统筹考虑乡村振兴规划与国土空间规划、生态环境保护规划等有效衔接，为全省农牧区发展谋篇布局。青海省各级地方政府努力探索将乡村振兴战略的实施同新型城镇化战略相结合，以推进县域城乡融合发展为抓手，将地处县城和乡镇周边的村庄纳入城乡融合发展规划，有效推动基础设施、公共服务等要素在城乡间平等交换、双向流动。

（二）特色农牧业发展卓有成效，产业振兴力度明显加大

得益于青藏高原纯净的生态环境和广袤的天然牧场，青海省各类农产品种类繁多。从品类来看，牦牛、藏羊、冷水鱼、枸杞、青稞、藜麦、豆类、油料等农畜产品高原特色突出，市场反响较好。从产量来看，在青海省特色产品中有多个"隐形冠军"，玉树牦牛存栏150万头，约占全球牦牛总量的1/10，青稞种植面积稳定在100万亩以上，占全国青稞面积的1/4，冷水鱼产量为1.5万吨，占全国冷水鱼产量的1/3；从产品特性来看，青海省自然环境有利于干物质积累，农作物蛋白质含量明显高于低海拔地区，且青海省作为牦牛奶第一奶源地，所产牦牛奶的乳脂率比一般奶牛高一倍多；从绿色有机发展情况来看，截至2022年底，全省认证绿色食品、有机农产品和地理标志农产品1015个，其中地理标志农产品认证77个，农畜产品质量安全例行监测合格率达98%。牦牛藏羊追溯体系覆盖39个县（市、区）。2023年，全省累计认证有机监测草原面积1.2亿亩，占全省草原总面积的20.34%，认证有机牦牛、藏羊445万头只，成为全国最大的有机畜牧业生产基地。[①]随着农牧业高质量发展的需要和全省龙头企业综合实力的整体提升，农产品

---

① 《青海2023年输出大宗绿色有机农畜产品价值超168亿元》，"中国新闻网"百家号，2024年2月6日，https://baijiahao.baidu.com/s?id=1790140937111479686&wfr=spider&for=pc。

质量和品牌意识不断提升,先后在央视等媒体及北京、上海、广州等城市宣传,一批地方特色名优品牌知名度逐步提升,青海省的特色农畜产品销往上海、广州等国内中大型城市,港台地区及日本、韩国等国家,虹鳟鱼获得农业农村部绿色食品认证和出口欧洲许可。全省建成1个国家级现代农业产业集群,累计创建15个农业产业强镇、33个省级以上现代农业产业园,540家龙头企业稳健发展,培育省级产业化联合体50家。[1] 农牧业产业化水平得到提升,农畜产品加工转化率在60%左右。电子商务发展迅速,2015~2021年,全省连续7年推动电子商务进农村,支持传统商贸企业线上线下一体化经营,培育新增网络零售型企业50家以上。2019~2022年,全省农特产品累计实现网络零售额近25亿元。2023年,东方甄选团队来青开展直播专场活动,带动特色农产品销售623.84万元,数字经济赋能农畜产品流通作用进一步凸显。[2]

(三)乡村文化繁荣,乡风文明培育行动不断推进

一是打造文明实践阵地。全省累计投入建设资金8566万元,成立文明实践中心45个、文明实践所406个、文明实践站4664个,建设文明实践点、岗位、基地、长廊等2673个。二是打造基层文化阵地,加大传统村落、少数民族特色村镇、历史文化名镇名村、历史文化街区及历史建筑的保护力度,集中力量建设了一批具有历史、地域、民族特点的文化旅游名镇名村。三是打造文化活动阵地。实现公共文化服务体系、乡镇文化站、村级农牧书屋、村级综合文化服务中心、农牧民体育健身工程和全民健身工程全覆盖,文化"进村入户"工程扎实推进,依托民族文化、名胜古迹、生态资源等特色旅游资源,发展乡村旅游和生态探险旅游,集中力量打造一批融"乡景、乡味、乡愁"为一体的乡村旅游品牌。四是开展"推动移风易俗、提升乡风文明"行动,建立健全符合新时代新要求

---

[1] 《"青海这十年"青海农业农村厅专场新闻发布会召开》,《青海日报》2022年8月26日。
[2] 数据来源:青海省商务厅。

的村规民约，传承良好家风，持续推进文明村镇、"五星级"文明户等群众性精神文明创建活动。

（四）乡村环境治理有成效，村容村貌显著改善

一是通过宣传、引导、监督，从观念上转变村民随意乱扔生活垃圾的习惯。2018~2020年，青海省开展农村环境集中整治行动，所有行政村配备垃圾收集转运设施，建立村收集、乡镇转运、县处理的垃圾处理机制，覆盖所有相关村庄与游牧民定居点，使"户保洁、村收集、乡转运、县（或乡镇）处理"的城乡统筹、有序整治、不留后患的生活垃圾处置体系逐步建立。

二是大规模实施生活污水污染整治工程。在生态环境较为敏感、污染面广、问题较为突出的村庄和游牧民定居点建设了永久性污水收集管网与污水处理设施。累计完成456个行政村生活污水治理项目，有效治理率达到11%，[①] 将生活污水纳入城镇污水处理系统。同时，有效实施饮用水水源地保护惠民工程。重点对全省饮用水水源地进行隔离保护，彻底清理了周边垃圾，同时设立了警示牌，水源地环境有了明显改善。

三是在三江源和祁连山重点地区对人畜粪便污染严重问题进行了富有成效的综合治理。针对三江源生态移居区、祁连山地人口较多村庄与游牧民定居点民众如厕难、无水厕、随地大小便的情况，省环保厅、财政厅等相关部门在制定印发《农村生活垃圾污水处理设施运行管理的指导意见》的同时，及时转发了《环境保护部、财政部关于加强"以奖促治"农村环境基础设施运行管理的意见》，着重对养殖小区的畜禽粪便、屠宰污染、生产生活垃圾进行有效处理。相继建成大型畜禽养殖小区污染物按时、集中、有序处理设施，在人口居住较为集中、畜禽养殖规模大、污染较为严重的村庄和游牧民定居点新建分户式污染物一体化处理设施与环保厕所，这些地区长期污染的问题得到初步解决。

---

① 数据来源：青海省农业农村厅。

（五）乡风建设成效显著，社会治理日益规范

在基层社会治理的过程中，如何发挥乡风建设在提升善治能力方面的作用是青海省不断思考的问题。民风淳则乡风兴，青海省在乡风培育的过程中，以文明村镇创建为载体，探索"一约四会"基层社会治理新模式，不断释放乡村"善治"发展活力，促进乡村治理蓬勃发展。

一是组织修订村规民约，将敬老孝老、婚事新办、丧事简办等移风易俗内容写入村规，明确在婚丧嫁娶方面的办席标准、随礼金额等，使村民摒弃高价彩礼、铺张浪费、盲目攀比等各类陈规陋习，结合线上推广与线下宣传的创新形式，多渠道、多方式地宣传移风易俗精神。二是树立典型标杆，弘扬社会主义核心价值观。各乡村均展开自己村的好婆婆、好媳妇、道德模范、最美人物、最美家庭评比活动，部分乡村还设立了红黑榜、道德榜，以树立榜样的形式对村民进行激励和约束。通过进一步传播文明新风，引导更多群众参与弘扬传统美德的活动，树立和谐文明的新风尚，推动思想政治工作在青海大地开花结果。三是建设"乡村振兴积分超市"，在树立典型提供精神层面建设引导方面，部分地区以建立积分超市的形式对村民进行奖励。对参与典型标杆评比、积极参与志愿活动、传播文明新风的村民进行积分奖励，村民以积分的形式兑换各种形式的生活用品，从而吸引更多村民参与此类活动，共同承担社会治理任务，为乡村振兴工作提供强大精神力量和物质保障。

二 青海省乡村振兴面临的现实约束

（一）教育资源地区分布不均衡，高水平人才匮乏

一是文化专业素质偏低。大部分农牧区劳动力文化水平偏低，对科技知识接受能力不强，很难掌握有技术含量的劳动技能。多数农牧民只能在劳动密集行业从事体力型工作，生活条件恶劣，大部分转移劳动力未经过正规专业培训，只能够从事低技能的体力劳动，薪资普遍较低。二是农牧业科技人

才数量不足，乡镇基层农牧业技术人员匮乏，专业技术队伍结构不合理，质量有待提高，经费缺乏保障，设施设备配置不足，服务能力弱化。如畜牧科研所、各级草原站等农牧业科研服务机构未能发挥应有的作用。同时随着工业化、城镇化、信息化加快推进，从事农牧业的劳动力结构发生变化，农牧区大量有文化的青壮年劳动力外出务工，农牧区劳动力老龄化趋势显著，农牧区生产一线的实用型人才面临"青黄不接"的窘境。加之农牧区基层干部队伍年龄结构老化问题严重，与全省特色农牧业高质量发展的要求极不适应，人才匮乏成为制约农牧业稳定发展的重要因素。

（二）产业发展总体质量不高，发展后劲不足

青海省牧区面积占比较大，分布松散且多在偏远、高寒地带，经营分散粗放，产业现代化水平与全国平均水平还存在一定差距。产业结构偏粗偏短，产业链有待进一步延伸。农牧产品为初级产品，中高端产品少，农畜产品精深加工能力不足，未形成良好的、有效的、长久的产业链，亟须向规模化、产业化、品牌化、链条化方向转变。农牧区集体产权制度改革仍处在探索阶段，承包地块面积测量不准等问题不同程度存在，统一规范的土地流转机制尚未建立，导致草场使用权流转规模较小，适度规模经营占比不高，加大了发展方式转变的难度。由于畜牧业投资周期长、回报慢，自然风险、技术风险、市场风险较大，加之冷链运输成本高，引进的龙头企业不愿意从全过程参与产业。因此，引进的龙头企业主要集中在乳制品和肉制品加工业。从事养殖业的农牧户受传统观念和长期游牧习俗的影响以及技术层面的限制，固化在养殖业的短链条上，满足于不计成本核算的"蝇头小利"，安于现状、"小富即安"，参与二、三产业的主动性、积极性不高。虽然，青海省农牧民可以接受暖季放牧、冷季舍饲的养殖方式，但传统的游牧方式还没有从根本上发生改变。养殖业、加工业与服务业之间联系不够紧密，融合发展受限。

（三）新型经营主体发育缓慢，抗风险能力较弱

产业化龙头企业与农牧民的利益联结机制还不够紧密，农牧民专业合作

组织的凝聚力、吸引力、服务能力和规范程度有待提升，农牧业生产经营小而分散，小农与大农并存、专业与兼业并存的格局长期存在，家庭小生产和社会大市场的矛盾难以化解。农牧业基础设施建设投入不足、短板明显，产业发展层次不高、同质化严重，养殖技术落后，劳动力素质整体不高，牧业生产科技含量低，畜群结构不合理，产业化、集约化发展水平较低。青海省注册的企业以家庭作坊式的小微企业为主，这些企业自主创新能力薄弱，品牌意识淡薄，缺乏发展规划和人才技术支撑，大部分产品处于"原生态"状态，生产的产品无法拿到行业准入手续进入市场，生产周期短，抗风险能力较弱，市场开拓能力和竞争能力不强。

（四）居民收入水平偏低，城乡收入差距仍较大

2023年，青海省农村居民人均可支配收入为15614元，较2022年增长8%，增速高于全国平均水平，但从绝对值上看，青海省农村居民可支配收入仍较低。2000年，青海省农村居民人均可支配收入只比全国平均水平低778元，2023年这一差距扩大至24794元，且该差距呈继续扩大趋势。从比重上看，2023年青海省农村居民人均可支配收入仅占全国平均水平的72%。[①]

从收入来源构成来看，由于青海省农牧业基础较薄弱，农牧民经营规模小，经营净收入不高，从事其他产业的人数少，影响工资性收入的增加。2023年，工资性收入占农村居民可支配收入的比重为34.9%。农户承包地、房屋等资产和资源的利用大多停留在种植、居住等层面，出租、抵押等功能没有得到充分实现，财产净收入增加难度较大，转移净收入占农村居民人均可支配收入的比重虽有所提高，但对总收入的贡献有限。

（五）乡村组织振兴动力不足，现代化治理格局尚未形成

一是基层党组织领导作用未充分发挥。基层党组织是实施乡村振兴战略

---

① 根据《青海省2023年国民经济和社会发展统计公报》《中华人民共和国2023年国民经济和社会发展统计公报》数据计算所得。

的主心骨，人口老龄化、村庄空心化使乡村缺乏核心组织人才。二是村干部队伍素质整体偏低。村干部是乡村组织振兴的第一责任人，目前青海省农牧区乡村"两委"干部多为小学、初中文化程度，乡村组织振兴及乡村治理体系现代化所需的知识型和管理型人才严重不足。三是村民参与村级事务治理的主动性不高。广大农牧区村民思想还局限在乡村治理是村干部的事的认识层面，参与村庄治理的积极性普遍不高。

（六）环境基础设施建设滞后，局部环境改善压力较大

随着大量农牧区人口向城区、重点乡镇集聚，城市生产生活污水和垃圾排放量持续增加。海北州虽然投入大量资金新建污水处理、垃圾处理、医疗废物处置等基础设施，但是污染防治基础工作薄弱。因环境基础设施建设底子薄、欠账多，加之各县财力有限，环保基础设施建设不平衡，现有的基础设施满足不了新形势下生态环境保护的需要，并受技术、管理等因素影响，存在运行不稳定的情况，局部环境质量改善的压力仍较大。受高原水生态系统脆弱的影响，各流域河流普遍存在抗干扰能力弱，水生态系统退化、水体自净能力弱，污水处理设施建设滞后，城镇污水处理能力跟不上发展需要，处理技术落后的问题，农村生活污水处理刚起步，水环境保护和污染治理任务重、难度大。

三 青海省乡村振兴的主要目标与重点任务

（一）主要目标

解决好"三农"问题是全党工作的重中之重，巩固脱贫攻坚成果同乡村振兴有效衔接是全面建设社会主义现代化国家的关键一环。坚持农业农村优先发展战略，积极推进绿色有机农畜产品示范省建设，全力推进乡村振兴战略，以"百乡千村"工程为主抓手，开展十大专项行动，加大政策、资金、项目投入力度，整乡整村有序推进。保持产业扶贫力度不减，大力扶持贫困地区发展特色优势产业，积极发展乡村旅游、农产品加工、农业服务业

等更多产业、更多业态,推动一、二、三产业融合发展,实现产业扶贫与产业振兴的有机衔接。做大做强种植、养殖、旅游、光伏等在脱贫攻坚中基础较好、效益明显,又有市场潜力的产业,实现乡村产业振兴。

(二)重点任务

未来,青海省将以颁布实施《青海省乡村振兴条例》为重要保障,全面落实中央涉农重点工作,全力推动乡村振兴高质量发展。一是全面落实强农惠农政策。按时足额发放各项农牧业转移支付补助补贴,及时兑现新型经营主体创新创业奖励政策,简化农村劳动力跨省就业一次性交通补助申报发放程序,促进农牧民持续稳定增收。二是巩固脱贫攻坚成果同乡村振兴有效衔接。优化防贫返贫动态监测帮扶机制,强化项目建设要素保障,以乡村振兴试点和高原美丽乡村建设为依托,统筹推进高标准农田、乡村道路、厕所革命等基础设施建设,持续开展农村人居环境整治提升五年行动,保证财政资金有效投入,持续吸纳脱贫户、监测对象、易地搬迁户就地就近务工就业,提高农村劳动力工资性收入。三是以特色产业推动高质量发展。依托省内农牧业资源禀赋、拉面产业发展基础和特色劳务发展优势,持续强化政策扶持,整合优质稀缺资源,构建现代产业体系,培育本土知名品牌,有效推动产业发展和消费升级,辐射带动农村劳动力转移就业。四是扎实推进乡村建设行动。完善乡村振兴规划,新建改建省道和农村公路,推动解决乡镇与农牧区安全饮水问题、加快建设宜居宜业和美乡村,让农牧民就地过上现代文明生活。

四 青海省乡村振兴目标的实现路径与政策建议

(一)增加粮食和重要农产品生产供给

落实国家粮食安全战略,坚决遏制耕地"非农化""非粮化"。完善农业水利设施,建设高标准农田,实施化肥农药减量增效工程。强化优质资源保护和研发利用，发展壮大牦牛、青稞等特色优势产业，加快建设国家农村产业融合发展示范园、黄河流域现代农业产业园、青藏高原原产地特色产业集聚园。压紧压实"菜篮子"市、县（区）长负责制，保障肉菜等重要农产品供给。深入实施"藏粮于地、藏粮于技"战略，稳定粮油面积，提高单产产量。加强粮食生产功能区和重要农产品生产保护区建设，加快"两区"规模化、机械化、集约化、产业化发展步伐。开展粮食节约行动。提升"菜篮子"产能，落实露地蔬菜补贴政策，提高设施蔬菜种植率。持续稳定生猪产能，建设标准化规模养殖场，保障牛羊肉市场供应。抓好奶牛、家禽生产，提高禽蛋奶供给能力。全力做好非洲猪瘟等重大动物疫病防控工作，抓好农产品质量安全监管，提升农产品质量安全水平。着力挖掘土地潜能，科学有序扩大可耕种面积。

耕地面积稳定不仅是粮食安全的根本保障，更是农牧民增收、农牧区发展的先决条件。只有抓紧耕地这个核心，才有可能通过高标准农田建设等措施推动农产品质量提升、农民收益增多、城乡差距缩小，逐步实现共同富裕。习近平总书记强调："要严防死守18亿亩耕地红线，采取长牙齿的硬措施，落实最严格的耕地保护制度。"[①] 第三次全国国土调查数据显示，青海省现有耕地面积846.3万亩，虽然完成了国家下达的831万亩之上耕地保有量目标，但由于青海省地貌特殊、气候干旱，耕地大多位于"山大沟深、地形破碎"地带，土地发育程度低，优质土地极少，致使本省的粮食自给率不足一半，农业产业化受到严重限制。2022年中央1号文件提出，"积极挖掘潜力增加耕地，支持将符合条件的盐碱地等后备资源适度有序开发为耕地"。海西州地势平坦辽阔适合机械化作业，光照强、温差大适宜有机农作物增长，如马铃薯亩产可达8000斤。经测算，海西州共有盐碱地4382万亩，在水库、灌溉设施完备，各项支持措施保障到位的情况下，如果将400万~500万亩盐碱地开发为耕地，预计可增加粮食产量13.5万吨，解决300

---

① 《"农田就是农田，而且必须是良田"（总书记牵挂的粮食安全）》，国家保密局网站，2022年2月21日，http://www.gjbmj.gov.cn/n1/2022/0221/c409080-32355872.html。

余万人的口粮问题。为此,应紧抓基本农田建设的政策机遇,在省级层面成立"海西州耕地开发"专班,系统开展可研分析、专项设立、规划开发、科学灌溉、人口迁徙、环保治理、"地票"交易、政策保障等工作,科学有序扩大全省可耕种面积,激发农业发展潜能,促进农民增收,为绿色有机农畜产品输出打好基础。

(二)以绿色有机农畜产品输出地建设为契机,加快构建农业绿色发展支撑体系

打造"超净区"绿色有机农畜产品输出地,推进绿色农业增效行动,继续实施化肥农药减量增效行动。建设市、县级牦牛藏羊可追溯管理平台,实现牦牛藏羊养殖、屠宰、加工、销售全产业链信息可追溯。加强农产品产地环境保护和治理,推进全域农业废弃物资源化利用。扶持鼓励农民工创业,引导大中专毕业生等入乡创业,发掘创业能人,发展特色种植业、规模养殖业、加工流通业、乡村服务业。加速推动特色农牧业产业品牌化、品牌产业化,加快深化一、二、三产业融合,大力推动乡村旅游业发展,争取在未来5年,农牧业及其连带产业规模达到千亿级别。重点打造牦牛、藏羊、油菜、青稞、枸杞、冷水鱼六大特色优势产业,积极做优做强马铃薯、蔬菜、生猪、乳业、饲草、藜麦六大区域重点产业,大力构建优势农牧产业区域布局和专业化生产格局,进一步提升品质、提高产量、树立品牌、增加效益。扶持和发展龙头企业引领、新型经营主体支撑、农牧民参与的产业联合体,实现优势互补,促进多种形式、规模的经营主体协调发展,提升新型经营主体规模化经营水平。建设产业融合发展平台,支持培育各类农业产业化主体,发挥龙头企业引领作用,延长产业链、优化供应链、提升价值链,打造集生产、加工、流通、科技、服务等于一体的产业发展格局。推动农畜品初加工、精深加工和综合利用加工协调发展,倡导农产品加工企业与各类经营主体间构建稳定的紧密型利益联结机制。大力发展乡村旅游,厚植河湟农耕文化、牧区游牧文化底蕴,积极培育花海旅游、蔬果采摘、草原观光、农场体验、科普教育等形式多样、特色鲜明的乡村休闲旅游业态。积极联系协

调周边省份，共同打造康养休闲之旅、红色文化走廊、生态体验通道等省际乡村旅游精品线路。

（三）深入实施"三乡"工程，着力推进乡村产业兴旺

全面落实支持"三乡"工程30条措施，促进各类农村资源增值潜力增收潜力释放，推动社会力量参与乡村振兴。实施市民下乡、能人回乡、企业兴乡工程，吸引更多工商资本、社会资本投入农村，培育各类新型经营主体，发展现代农业、休闲农业、乡村旅游、文化创意、电子商务等新业态，促进一、二、三产业深度融合，农村自主创业人数逐年增加，农民持续增收，村集体经济不断壮大。实施高素质农民培育计划，培育高素质农民，培养一批能够引领一方、带动一片的农村带头人。

加快实施绿色兴农行动，积极推广养殖合作社畜禽养殖废弃物资源化利用技术，探索建立秸秆收储运体系和综合利用长效机制，构建农田废旧地膜回收利用体系，建立农药等农资产品包装废弃物回收和集中处理体系，开展农用地土壤污染状况调查，研究制定牧草地环境质量标准，推进投入品减量化、生产清洁化、废弃物资源化、产业模式生态化，坚持绿色发展，倡导绿色生产，促进农牧业生产和生态环境保护协调发展。

以转变生产经营方式为目标，培育发展专业大户。以规模化经营为主体，着力培育家庭牧场及职业牧工，解决畜牧业生产力矛盾、调整劳动力结构。以产业特色为依托，规范提升农牧民专业合作社，引导发展农牧业专业合作社联合社，基本消除"空壳社"。以打造品牌为核心，重点扶持一批规模化、专业化合作社和龙头企业。实施绿色兴农工程，积极支持智慧农牧业发展，实施休闲农牧业和乡村旅游精品工程，发展循环农牧业、观光农牧业、定制农牧业、农事体验等农牧业新业态。创新现代经营体制机制，推进畜牧业适度规模经营，加强土地流转规范化管理，进一步引导土地承包经营权流转，提升农牧业规模化经营水平。开展多元化合作经营，建立与牧户"利益共享、风险共担"的利益联结机制，强化经营主体市场拓展能力，创新畜牧业产业化经营机制。

（四）开展五年提升行动，强化环境治理体系建设

加快推广干旱山区寒冷地区卫生厕所适用技术和产品，提升改造农村户厕，提高卫生厕所普及率。集中力量解决乡镇所在地和中心村生活污水问题，推进城镇污水管网向农村延伸。一是持续开展村庄清洁行动，加快建设垃圾集中处理厂、乡镇垃圾中转站，探索开展农村生活垃圾就地分类减量和资源回收利用试点，健全农村生活垃圾收运处置体系，实施农村生活垃圾集中处理。健全农村人居环境长效治理机制，做到有制度管护、有资金维护、有人员看护。

二是有序推进有机无公害农畜产品生产加工基地建设。在扩大特色养殖业与种植业规模的同时，尽力增加农家肥、天然草料成分，逐步改变以大量化肥、农药、灭虫剂等提高农牧品产量的短期行为，最大限度控制和缩小地表污染面，降低二次污染概率。按照不同地区气候条件、生态红线划定区域、禽畜养殖业和特色种植业规模及效益，核定禽畜养殖数量和规划种植业品种与规模，以此实现养殖业废物再利用的最大化，每个县（市、区）至少要建设2~4个有机农牧品生产基地。

三是积极探索农村环境保护新机制。就目前农村环境保护的费用而言，均由政府"买单"，是一项服务性很强的公益行为，没有任何的投资回报率，对社会资金也无吸引力。据此，应鼓励那些村民观念转变较快的乡镇周边村庄积极探索农村环境保护与设施运行市场化机制。从政策优惠、财政补贴、乡村振兴、脱贫致富、就业培训等方面激励村民积极参与和主动投身环保领域，严格遵循"谁投资、谁管理、谁受益"的原则，使村民成为农村环保的主力军。

（五）持续深化农村改革，提升基层社会治理能力

积极扩大农村各类产权权能，以党建引领社会治理，不断把党的领导优势转化为社会治理效能。创新社会治理体制机制，坚持政治引领，持续推进法治、德治、自治融合发展，促进专项、系统、依法、综合、源头"五大

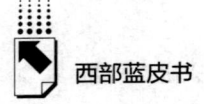

治理"相结合,推动形成综治中心、网格化、信息化融为一体的社会治理模式。实现土地流转信息化、规范化、网络化管理。扎实推进乡村发展、乡村建设和乡村治理。优先安排农村公共服务,推进城乡基本公共服务标准统一、制度并轨。推进农业绿色发展,优先满足"三农"要素配置。牢牢守住不发生规模性返贫的底线,不断增强脱贫地区和脱贫群众内生动力。不断完善防返贫监测帮扶机制,在常态化做好监测帮扶工作的基础上,继续调整提高监测对象识别参考标准,进一步扩大监测帮扶范围,修订完善全省防止返贫监测帮扶工作指南。培育高质量庭院经济、路衍经济等乡村新业态,加大产业就业帮扶力度,实施"乡村匠人"培育工程,统筹科技特派团员、"组团式"帮扶人才等,组建产业顾问库和专家团,支持脱贫产业发展。继续采取"六个一批"就业帮扶举措,开展好就业帮扶车间(工坊)提质扩面工作,提升带动效应。

B.18
宁夏回族自治区乡村振兴研究报告[*]

韩秀丽 许霁林 胡烨君 赵路宽[**]

摘　要： 本报告总结了宁夏全面推进乡村振兴工作取得的成效，主要包括特色产业发展势头良好、脱贫攻坚成果得到巩固、宜居宜业乡村建设进度加快、乡村治理水平显著提高、文明和谐乡风更加浓厚等；分析了宁夏在全面推进乡村振兴过程中面临的现实约束，即乡村产业现代化及品牌建设水平不高、乡村各类人才培养与引进不足、乡村精神文明建设有待加强、宜居宜业和美乡村及数字乡村建设存在短板、乡村基层组织建设水平有待提高。在此基础上，本报告提出了宁夏乡村振兴的主要目标与重点任务，并提出了目标任务的实现路径与政策建议。

关键词： 乡村振兴　乡村产业　乡村治理　宁夏回族自治区

一　宁夏回族自治区乡村振兴的成效

自党的十九大报告首次提出乡村振兴战略以来，宁夏紧紧跟随国家的步伐。2021年，宁夏发布《宁夏回族自治区巩固拓展脱贫攻坚成果同乡村振兴有效衔接"十四五"规划》和《宁夏回族自治区农业农村现代化发展

---

[*] 本报告为教育部人文社科重点研究基地——西北大学中国西部经济发展研究院项目（项目编号：XBLPS202416）阶段性研究成果。

[**] 韩秀丽，宁夏大学经济管理学院教授、硕士研究生导师，主要研究方向为农业经济理论与政策和区域经济与发展；许霁林，宁夏大学经济管理学院硕士研究生，主要研究方向为农村经济理论与实践；胡烨君，宁夏大学经济管理学院硕士研究生，主要研究方向为农业经济理论与政策；赵路宽，宁夏大学农学院硕士研究生，主要研究方向为农村发展与管理。

"十四五"规划》，明确了未来5年巩固拓展脱贫攻坚成果和加快农业农村现代化建设的目标任务与主要举措。2022年自治区第十三次党代会提出，加快建设乡村全面振兴样板区，在巩固拓展脱贫攻坚成果的基础上，推进乡村产业、人才、文化、生态、组织五大振兴，推动乡村振兴走在西部前列。2023年，宁夏继续遵循自治区"十四五"规划和第十三次党代会对乡村振兴的安排部署，发布《宁夏回族自治区乡村振兴促进条例》，从产业发展、人才支撑、文化繁荣、生态保护、组织建设等角度，为全面推进乡村振兴工作提供了指引。宁夏高质量地打赢了脱贫攻坚战，历史性地解决了80.3万贫困人口的绝对贫困问题，与全国同步全面建成小康社会，开启加快建设乡村振兴样板区的新征程。

（一）重要农产品及特色产业发展势头良好

"十四五"时期，产业是乡村发展的根基，也是巩固拓展脱贫攻坚成果、全面推进乡村振兴的长久之计。① 自党的十九大以来，宁夏持续推进种业振兴战略，使粮食及各类农产品的产量持续增加。2023年，宁夏粮食产量达378.8万吨，较上年增长0.8%，实现粮食生产的"二十连丰"；肉类、奶类产量分别达到41.2万吨、430.6万吨，分别比上年增长12.0%、25.7%；水产品产量达17.4万吨，较上年增长2.4%；禽蛋产量为12.7万吨，较上年下降3.8%；瓜果和蔬菜产量为794.8万吨，比上年增加9.0%（见表1）；酿酒葡萄、枸杞种植面积分别达60.2万亩、43.0万亩；肉牛、滩羊饲养量分别达222万头、1433万只，分别增长6.7%、8.5%。② 粮食及特色农产品的产量不断提高，显示了宁夏在稳产保粮保供方面的成效突出，为乡村振兴奠定了坚实的物质基础。

---

① 文丰安：《乡村产业数字化、生态化质量转型：基本内涵、问题分析及保障路径》，《宏观质量研究》2023年第4期。
② 《宁夏国家农业绿色发展先行区建设工作成效显著》，宁夏回族自治区农业农村厅网站，2023年12月22日，https://nynct.nx.gov.cn/xwzx/zwdt/202312/t20231222_4392958.html。

表1　2017~2023年宁夏主要农产品产量

单位：万吨

主要农产品	2017年	2018年	2019年	2020年	2021年	2022年	2023年
粮食	370.1	392.6	373.2	380.5	368.4	375.8	378.8
肉类	33.5	34.1	33.5	33.8	35.3	36.8	41.2
禽蛋	15.3	14.4	13.9	13.9	12.9	13.2	12.7
奶类	160.1	169.4	183.4	215.3	280.5	342.5	430.6
水产品	18.1	17.7	15.8	16.2	16.6	17.0	17.4
瓜果和蔬菜	809.9	700.4	731.0	725.8	718.1	728.9	794.8

资料来源：历年《宁夏统计年鉴》。

同时，宁夏着力写好"宁字号"特产文章，提升其品牌价值。贺兰山东麓是全国最大的酿酒葡萄集中连片产区，2023年现有酒庄和种植企业实体228家，年产葡萄酒1.4亿瓶，综合产值达342.7亿元，产区葡萄酒远销30多个国家和地区，成为宁夏对话世界、世界认识宁夏的"紫色名片"。[1]近年来，盐池县始终把滩羊产业作为全县农业农村发展的"一号产业"和乡村振兴的主导产业来抓，培育了晌盐、兴羹等37家企业，全县滩羊全产业链产值超80亿元，居2023年全国区域品牌（地理标志）百强榜第31位。[2] 2023年，宁夏枸杞鲜果产量达32万吨，枸杞鲜果加工转化率为35%，居全国之首，精深加工产品有十大类110余种，全产业链年综合产值预计达290亿元，枸杞原浆、枸杞果汁饮料、枸杞多糖、枸杞籽油等一系列深加工产品的出现，延伸了产业链，提升了附加值，创造了有品质、有颜值、更营养的全新市场检索"标签"，开启了宁夏现代枸杞"新食代"。[3]

---

[1] 《739.12亿元！"贺兰山东麓葡萄酒"品牌位列国家地理标志葡萄品牌价值排行榜榜首》，银川新闻网，2023年8月13日，https：//www.ycen.com.cn/xwzx/sz/202308/t20230813_194080.html。

[2] 《盐池滩羊肉品牌价值位列全国区域品牌第31位》，人民网，2023年5月17日，http：//nx.people.com.cn/n2/2023/0517/c192493-40419818.html。

[3] 《打开枸杞市场新格局——宁夏现代枸杞产业高质量发展·市场强杞篇》，中国林业新闻网，2023年12月28日，http：//www.greentimes.com/green/green/index/2023-12/28/content_497324.htm。

贺兰山东麓葡萄酒、盐池滩羊和宁夏枸杞的品牌价值与知名度不断提高,显示宁夏特色农产品质量效益和竞争力持续提升,品牌溢价能力得到显著提升。

此外,优化产业区域布局,深化农旅融合发展。宁夏充分发挥生态资源优势,将贺兰山东麓作为葡萄酒产业的集聚区域,清水河流域作为枸杞产业的主要集聚地,打造以银川与吴忠为中心,石嘴山与中卫为双翼的牛奶产业集群,中南部和中部干旱地区分别作为发展肉牛和滩羊产业的集中区,六盘山片区重点发展冷凉蔬菜产业。①将农业资源、农耕文化同乡村旅游深度融合,建设中国滩羊馆、滩羊小镇、宁夏枸杞博物馆等文化特色场馆,举办"银川农业嘉年华""吴忠黄河之滨""中卫塞上沙都""固原生态六盘醉美山花"等品牌节会,推介宁夏美丽乡村休闲旅游行精品线路,培育了一批生产美、生活美、生态美的乡村旅游目的地。

(二)巩固拓展脱贫攻坚成果成效显著

当前,农村贫困治理进入一个建立巩固拓展脱贫攻坚长效机制,持续推进脱贫农户生活质量提升,进而实现共同富裕的新阶段。②因此,需要采取措施巩固和拓展脱贫攻坚成果。宁夏健全和完善返贫监测和帮扶机制,修订和优化了防止返贫动态监测帮扶机制的工作指南,设立"12317"热线和"我的宁夏"App 防返贫监测群众自主申报系统,方便了群众申报;加强部门之间的信息协调,组织开展防返贫集中大排查,以识别潜在的风险家庭,常态化对农村人口开展"四查四补",对重点人群和特殊群体实行"八必访",对风险户实行"一键预警",迅速启动确认流程,尽早采取有针对性的援助措施,做到在早期阶段就发现问题,并采取适当的干预手段和提供必要的支持,以对其精准开展帮扶。2023 年,宁夏新识别监测对象

---

① 《勇当农业绿色转型"探路者"奋进黄河流域高质量发展"先行区"》,宁夏回族自治区农业农村厅网站,2023 年 12 月 7 日,https://nynct.nx.gov.cn/xwzx/zwdt/202312/t20231207_4375481.html。
② 冯小溪、王磊:《乡村振兴背景下脱贫农户生活持续改善研究》,《农业经济》2023 年 11 期。

3891户1.5万人，累计识别监测对象2.1万户7.8万人，57.5%的识别监测对象已消除风险，99.8%的识别监测对象得到产业、就业等帮扶。①

同时，积极推动农村居民就业，提升其收入和消费水平。宁夏积极开展高素质农民和移民安置区实用人才培训，2023年累计培训农民3.5万人，农村劳动力转移就业80.7万人，② 不仅超额完成全年目标任务，而且提升了农村居民的生活水平。2023年，宁夏农村居民家庭总收入达2.8万元，较上年增长5.5%，农村居民人均可支配收入和人均生活消费支出分别为1.7万元和1.5万元，分别较上年提高8.2%和14.2%。自党的十九大以来，宁夏农村居民家庭总收入、人均可支配收入和人均生活消费支出水平均呈现上升趋势，除2021年以外，宁夏农村居民的人均可支配收入增长率均高于全国平均水平。总体而言，2017~2023年宁夏农村居民的收入和消费水平都呈现上升趋势，农村居民的生活水平得到提高（见图1和图2）。

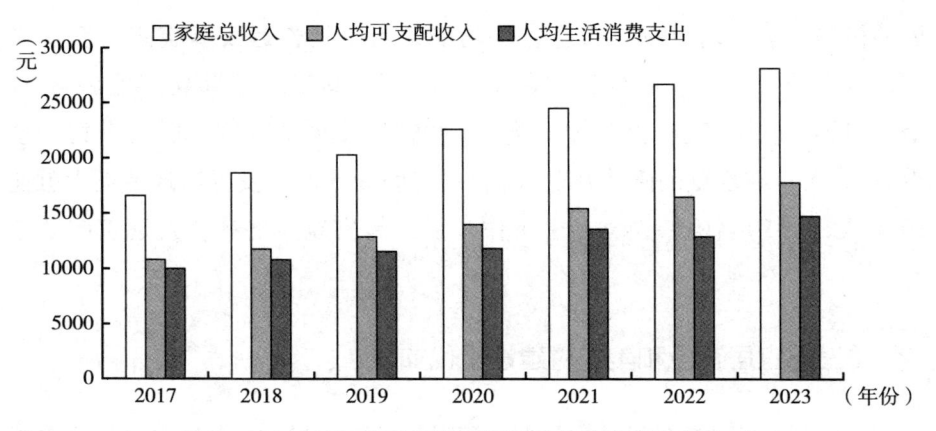

图1　2017~2023年宁夏农村居民收入和消费支出情况

此外，宁夏更加主动地加强闽宁协作。党的十八大以来，通过招商引资，宁夏落地908个项目，实际到位资金392.1亿元，形成电子信息、纺

---

① 马越：《一线调查｜宁夏：牢牢守住不发生规模性返贫底线》，《宁夏日报》2023年12月28日。
② 《宁夏多举措促进农民持续增收》，宁夏回族自治区农业农村厅网站，2023年7月24日，https://nynct.nx.gov.cn/rdzt/xsdzgtsshzy/202307/t20230724_4190738.html。

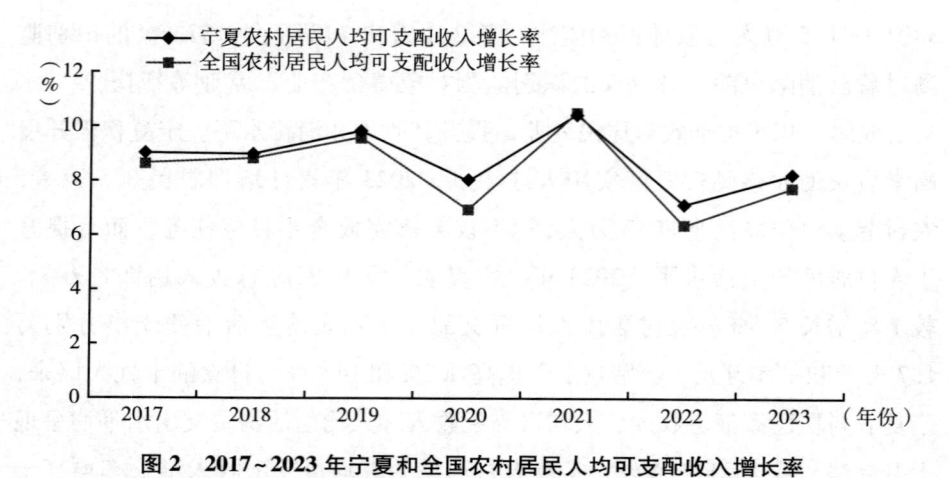

图 2　2017～2023 年宁夏和全国农村居民人均可支配收入增长率

资料来源：历年《中国统计年鉴》和《宁夏统计年鉴》。

织轻工、设施农业、葡萄酒等一批特色产业项目，构建了特色产业集聚发展的格局，极大地增强了"造血"功能，为宁夏长远发展奠定了坚实基础，也带动了群众增收致富。截至 2023 年，闽宁两地共建产业园区 12 个，引导入驻园区企业 51 家，援建（扶贫）车间 225 间，吸纳农村劳动力 6933 人；在宁夏的闽籍企业（商户）达 6695 家，安置当地劳动力就业 10 万人，15 万名闽籍人员在宁工作生活，为当地经济社会发展贡献才智力量。①

（三）宜居宜业和美乡村建设步伐加快

宁夏深入推进基础设施向村覆盖行动，夯实乡村宜居基础。通过采取提升农村道路质量、完善综合服务设施、提高住宅安全标准、改善居住环境、提高饮用水安全系数及加强基本公共服务等措施，提升了乡村水、路、电、气、通信网络的保障水平。自党的十九大以来，宁夏农村互联网宽带接入用户量、农村电话普及率和农村用电量均得到提升，农村邮政业投递路线长度

---

① 《山海情深——闽宁协作新气象》，宁夏回族自治区乡村振兴局网站，2023 年 11 月 15 日，http://xczxj.nx.gov.cn/xwzx/mtbd/202311/t20231115_4351791.html。

不断提高（见表2）。2023年，完成农村公路提升工程4670公里，20户以上自然村全部通上硬化路，农村自来水普及率达97%，① 乡村宜居宜业的"硬条件"得到了进一步升级和完善。

表2　2017~2022年宁夏农村通信能力、用电量和物流发展情况

指标名称	2017年	2018年	2019年	2020年	2021年	2022年
农村互联网宽带接入用户量（万户）	18.6	42.4	54.2	61.7	70.2	75.5
农村电话普及率（部/百人）	125.3	136.2	127	123.7	126.1	128.9
农村用电量（亿千瓦小时）	14.6	15.1	16.1	36.1	40.6	45.7
农村邮政业投递路线长度（公里）	8410	11743	13418	17060	22017	19832

资料来源：历年《中国统计年鉴》和《宁夏统计年鉴》。

同时，深入开展农村人居环境整治提升行动。2023年，宁夏扎实推进农村厕所革命，改造建设农村户用卫生厕所30多万座，农村户用卫生厕所普及率达到65%；② 推行厕污同治新方法，建立健全农村厕所粪污无害化处理和资源化利用体系，整县梯次推进农村生活污水治理，因地制宜、就近就地推进厕所粪污分散处理、集中处理或纳入污水管网统一处理。③ 青铜峡市、原州区被评为全国村庄清洁行动先进县，红寺堡区被评为全国农村人居环境整治激励县。美丽村庄可持续发展动能进一步增强，农村居民的居住环

---

① 《政府工作报告》，宁夏回族自治区乡村振兴局网站，2024年2月1日，http://xczxj.nx.gov.cn/xwzx/fpyw/202402/t20240201_4446468.html。
② 《"千万工程"开启宁夏美丽乡村建设新实践》，宁夏回族自治区乡村振兴局网站，2023年10月25日，http://xczxj.nx.gov.cn/xwzx/mtbd/202310/t20231025_4325404.html。
③ 《勇当农业绿色转型"探路者"奋进黄河流域高质量发展"先行区"》，宁夏回族自治区农业农村厅网站，2023年12月7日，https://nynct.nx.gov.cn/xwzx/zwdt/202312/t20231207_4375481.html。

境得到大幅改善，美丽新宁夏更加亮丽。

此外，宁夏深入实施《美丽宜居村庄建设实施方案》。2023年，宁夏推进建设重点小城镇25个，启动建设美丽宜居村庄50个，昊苑村、银河村、龙门村、杨岭村、太平村上榜2023年中国美丽休闲乡村，贺兰、青铜峡、原州、利通4个县（区）入选国家乡村振兴示范县。① 这对于培育村庄品牌，带动乡村生产生活生态价值提升、拓宽农民增收致富渠道具有较强的示范带动作用。

（四）乡村治理水平显著提高

宁夏通过加强乡村自我管理、自我服务和自我监督能力，提升了乡村治理水平。以红寺堡区为例，红寺堡区围绕代表推选、事务办理、监督落实三个关键环节，探索推行村民代表会议制度"五步工作法""五联记录本""一份议事清单""乡村两级监督""四级联动督查"的"55124"治理模式，构建起工作有章法、行为有规范、管理有标准、办事有依据的治理新机制，激发了村民自治的活力。截至2022年10月，由村民代表协调解决土地纠纷等较为突出的矛盾纠纷，调解成功率达88%以上。②

同时，宁夏深入推进平安乡村建设。通过推广"一村一辅警""一村一法律顾问"，推进农村"雪亮工程"建设，常态化开展"扫黑除恶"专项斗争，依法打击各类违法犯罪活动；通过开设高素质农民乡村学法用法示范户培训班，将农民学法用法示范户、乡村"法律明白人"与高素质农民培育有机结合。截至2023年底，全区已培育农村学法用法示范户5245户，村均达2.3户，在全国排名靠前。③

---

① 马越：《一线调查｜宁夏：牢牢守住不发生规模性返贫底线》，《宁夏日报》2023年12月28日。
② 《宁夏回族自治区吴忠市红寺堡区：探索村民代表会议制度"55124"模式走出搬迁群众自治新路子》，宁夏回族自治区乡村振兴局网站，2023年2月17日，http：//xczxj.nx.gov.cn/ztzl/ggtpcg1/202302/t20230217_3964758.html。
③ 《自治区农业农村厅多举措推进法治建设工作》，宁夏回族自治区农业农村厅网站，2024年1月24日，https：//nynct.nx.gov.cn/xwzx/zwdt/202401/t20240124_4427772.html。

此外，宁夏深入推进数字乡村建设行动。应用数字化技术，不断促进乡村振兴业务模式创新，推动服务方式变革，书写乡村振兴发展新篇章。以中宁县石空镇为例，石空镇将智慧党建、就业帮扶、农业发展等功能融入原有的积分制管理平台；构建"一键预警"平台，全天候接办群众诉求，使农村居民可以在手机上获取诉求意见反馈，也能通过"随手拍"和"码上呼"等方式得到政务服务，还可以支付水电费用或寻求医疗帮助，真正打通了服务群众的"最后一米"。[1] 数字化技术改变了宁夏乡村的治理方式，提升了宁夏乡村的治理水平，使农民的幸福感、获得感和安全感得到了全面提升。

（五）文明和谐乡风日趋浓厚

宁夏积极开展丰富多样的移风易俗宣讲活动，向每位农户宣传移风易俗的观念，使文明风气覆盖整个乡村。通过健全村规民约及村民理事会、村民议事会、道德评议会、红白理事会等群众组织，破除天价彩礼、厚葬薄养、大操大办、铺张浪费等陋习，促进良好乡村氛围形成，推动乡风文明建设。以大武口区为例，大武口区将移风易俗具体要求纳入村规民约和红白事服务标准，明确红白事办理要求和流程，建立登记簿，有效保障移风易俗落地落实，各村（社区）保证每月至少开展1次移风易俗宣传活动，全年累计开展200余次。[2]

同时，宁夏加强公共文化硬件设施建设，举办多样的文化活动，丰富群众的文化生活。以隆德县为例，隆德县建成乡镇综合文化站13个、农家书屋103个、农村综合文化服务中心103个，配套建成文化广场139处、文化活动室101个，举办社火大赛、广场舞大赛、秦腔大赛、墙体彩绘大赛、农民运动会、文化科技卫生"三下乡"、农民丰收节、戏曲进乡村等群众喜闻乐见的文化活动1500余场次，开展农村电影放映工作1600余场次，不断满

---

[1] 闫磊、张文攀：《宁夏：用数字化塑造"乡村新貌"》，《光明日报》2024年1月25日。
[2] 李薇：《大武口区：以文明乡风滋养乡村振兴》，《石嘴山日报》2023年12月5日。

足群众精神文化需求,让群众在家门口尽享文化大餐。[1]

此外,宁夏加强乡村文化人才队伍建设,提高乡村文化服务水平。积极落实公共文化服务实施标准,配齐乡镇综合文化站、村综合文化服务中心工作人员。2022年,宁夏193个乡镇文化站有专兼职人员528人,2266个村(社区)综合文化服务中心有专兼职人员2221人;[2] 培育"宁才兴旅"品牌,每年评选50名左右的自治区乡村文化和旅游带头人,为基层选派、培养200名文化和旅游工作者,造就一支数量充足、素质优良的乡村文化和旅游人才队伍。[3]

二 宁夏回族自治区乡村振兴面临的现实约束

(一)乡村产业现代化及品牌建设水平不高

随着特色产业产值的增加与品牌价值效应的提升,宁夏面临乡村产业现代化水平不高、农产品品牌建设不足等难题。首先,农产品精深加工技术较为落后,大多数农产品加工仍处于初级阶段,精深加工能力和技术含量不足,农产品的附加值较低,并且宁夏主要农产品加工业产值与农业总产值比仅为2∶1,与全国2.4∶1的平均水平相比有较大差距。其次,乡村产业数字化程度较低,2022年西北地区乡村产业数字化发展指数为55.9,在八大经济区域中,仅高于东北地区(见图3)。宁夏农村产业仍以种植业为主,种植方式落后,产业链条较短,经营主体能力有限,数字技术难以应用到农业生产等各个环节。最后,部分农产品的品牌建设有待加强,如在宁夏南部山区,肉牛养殖业已形成了一定的规模,然而当地缺乏对肉牛品牌的建设,

---

[1] 《宁夏隆德:农村精神文明建设助力乡村振兴》,宁夏回族自治区乡村振兴局网站,2023年8月25日,http://xczxj.nx.gov.cn/xwzx/mtbd/202308/t20230825_4237942.html。
[2] 师东晖:《2022年宁夏乡村振兴年度报告》,《新西部》2023年第3期。
[3] 《宁夏将打造六大"宁字号"乡村文旅品牌》,宁夏回族自治区乡村振兴局网站,2024年1月16日,http://xczxj.nx.gov.cn/xwzx/mtbd/202401/t20240116_4418751.html。

肉牛品牌在公众中的知名度不高，从而使得宁夏南部肉牛产业的带动能力提升受限。

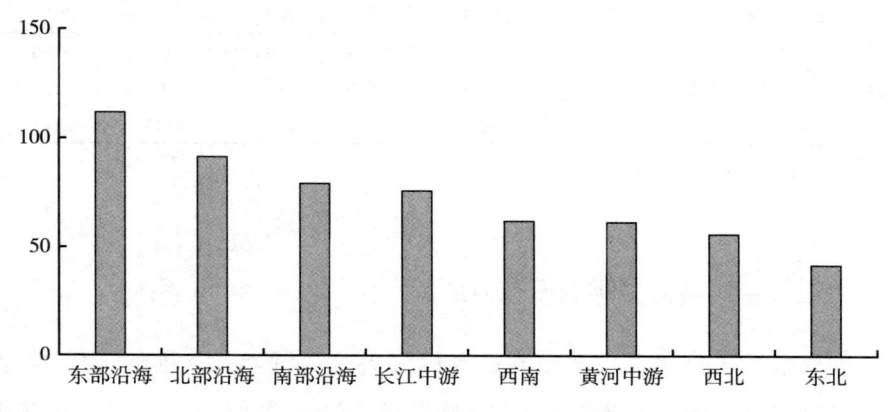

图 3　2022 年八大经济区域乡村产业数字化发展指数

资料来源：《2023 年中国乡村数字化发展研究报告》。

（二）乡村各类人才培养与引进不足

宁夏《2024 年政府工作报告》指出，人才不足仍是其突出短板。首先，乡村各类人才政策制定和激励机制建设方面还不够完善，缺少针对乡村各类人才发展的平台，未能形成有效吸引、培养和留住乡村各类人才的良好环境，使乡村经济高质量发展受到限制。其次，乡村教育水平较为落后，农村本土人才培养受限，农村本土人才尤其是各种技术人员匮乏，使农户在生产过程中遇到的技术问题无法得到有效解决，导致推动农业农村发展的后劲不足，制约了农村经济高质量发展。最后，随着城市化的推进，优质的教育资源与医疗资源都向城市集聚，2017~2022 年乡村及农林牧渔业从业人员数量分别减少了 24.1 万人和 17.6 万人，村民委员会数量减少了 43 个（见表 3）。大量农村优秀人才流向城市，导致农村地区大量受教育程度低的人口留守，无法适应现代农业的发展需要，制约了农业现代化生产和农村经济发展。

表3　2017~2022年宁夏乡村基层组织及从业人员情况

单位：万人，个

指标名称	2017年	2018年	2019年	2020年	2021年	2022年
乡村从业人员数	210.7	206.5	202.9	198.0	189.3	186.6
农林牧渔业从业人员数	121.7	121.3	115.9	114.2	108.1	104.1
村民委员会数量	2260	2257	2240	2233	2217	2217

资料来源：历年《宁夏统计年鉴》。

（三）乡村精神文明建设有待加强

农村精神文明建设是全面推进乡村振兴的关键性、基础性工作。[①] 当前，宁夏农村精神文明建设还存在一些短板。首先，乡村陋习及不良风气仍然存在，农村红白喜事仍然出现"讲排场""比阔气"的现象，人情攀比、铺张浪费现象时有发生，"人情味"变成"人情债"，对社会风气造成不良影响，同时加重了群众的生活负担。其次，农民对农村精神文明建设的参与度较低，大多数农民的文化程度偏低和思想认识较为薄弱，在一定程度上限制了其对精神文明的认识，产生认为精神世界的丰盈并不重要的想法，未能认识到精神文明建设的重要意义，也就难以积极地参与其中。最后，乡村基层公共文化设施网络较为薄弱，以中卫市为例，其乡镇文化综合服务站虽达标82.5%，但仍有部分乡镇未建成文化综合服务站，村文化活动中心覆盖率达100%，达标率仅60%，[②] 这在一定程度上影响了农村文化活动的开展效果，农民的文化生活需求难以得到满足。

（四）宜居宜业和美乡村及数字乡村建设存在短板

尽管宁夏乡村建设行动取得了一定成效，但乡村建设的深度不足。首

[①] 温啸宇、林思成、彭超：《新时代农村精神文明建设路径探索》，《西北农林科技大学学报》（社会科学版）2024年第2期。

[②] 王会宗、韩学亮、张慧：《西部地区基层公共文化服务体系建设研究——以宁夏中卫市为例》，《昌吉学院学报》2021年第2期。

先，部分乡村基础设施和公共服务能力仍较为薄弱。2022年，宁夏9个乡村振兴重点帮扶县农村卫生厕所普及率平均只有43.3%，与2025年宁夏85%的卫生厕所普及率目标相距甚远，①水电路房、通信物流等公共基础设施还不够完善，教育、卫生、文化等公共服务能力有待提升。其次，农村环境长效发展机制尚未健全，受生活习惯的影响，农户对生活污水和垃圾处理的方式较为简单直接，在构建生活污水和垃圾集中收集处理的长效机制时，存在农户过度依赖政府和基层人员的问题。最后，数字技术与农业农村场景应用融合度不够，目前数字技术在农业农村场景的应用中以单项技术为主、试点为主，技术集成应用场景较少，②还存在技术人员不足、资金保障不够等问题，这制约了宁夏数字乡村的建设和发展。

（五）乡村基层组织建设水平有待提高

不断加强党组织领导下的乡村治理，是破解农村发展难题的必由之路。③当前，宁夏乡村基层组织建设仍然存在不足之处。首先，乡村基层党组织中党员队伍年龄结构不合理和文化程度偏低。以西吉县为例，该县农村基层党组织中50岁以上党员人数占比达45.4%，大专及以上学历党员占比为38.9%，④留村党员不仅年龄偏大，而且文化程度偏低，这使得党组织对新信息的接收和消化往往表现出一定的滞后性，容易产生决策失误的问题。其次，乡村自治组织建设还不够完善，其自身职能并未得到充分发挥，这在一定程度上使村民的自治能力受到限制，影响了其参与政治生活的积极性、主动性、创造性。最后，村级集体经济组织的管理机制存在缺陷，如存在缺

---

① 乔亮：《乡村振兴背景下农村厕所革命问题分析及路径研究——以宁夏为例》，《宁夏农林科技》2023年第8期。
② 王林伶、许洁、陈蕾：《宁夏数字乡村建设的现状、问题及策略研究》，《宁夏党校学报》2023年第1期。
③ 文丰安：《党组织领导乡村治理：重要意义、现实困境及突破路径》，《西南大学学报》（社会科学版）2023年第3期。
④ 李娟兄：《农村基层党组织在乡村振兴中的作用研究》，硕士学位论文，西北农林科技大学，2023。

乏完善的组织架构、执行标准不明确及经营管理的专业性不强等问题，影响其履行管理集体财产、挖掘集体资源、推动集体经济发展和服务社区成员等职责的履行。

三 宁夏回族自治区乡村振兴的主要目标与重点任务

（一）主要目标

《宁夏回族自治区农业农村现代化发展"十四五"规划》要求，到2025年，农业农村现代化取得重要进展，乡村振兴全面推进。粮食和重要农产品供给保障更加有力，农业生产结构和区域布局明显优化，葡萄酒、枸杞、牛奶、肉牛、滩羊、冷凉蔬菜"六特"产业的发展势头良好，农业的质量和效益均得到显著提升；脱贫攻坚成果巩固拓展，脱贫群众收入增速高于全国农民平均水平，农村居民收入增速高于城镇居民平均水平；农村基础设施和基本公共服务水平进一步提升，生态宜居美丽乡村比重持续提高，农村居民生活品质显著提高，居住环境显著改善；农村基层组织建设不断加强，乡村治理之基得到夯实，农村发展安全保障更加有力；农村乡风文明建设取得显著进展，群众精神文化生活更加丰富、更有品质。宁夏农业农村主要发展指标2025年实现目标见表4。

表4 宁夏农业农村主要发展指标2025年实现目标

类别	指标名称	2025年实现目标
特色产业及重要农产品发展水平	枸杞产量及综合产值	鲜果产量70万吨，综合产值500亿元
	葡萄酒产量及综合产值	年产量24万吨（3亿瓶）以上，综合产值1000亿元
	肉类产量	46万吨
	粮食及蔬菜产量	粮食产量稳定在380万吨，蔬菜总产量稳定在750万吨
	牛奶产量	550万吨
	水产品产量	18万吨

续表

类别	指标名称	2025年实现目标
巩固拓展脱贫攻坚成果	农村居民收入增速	人均可支配收入增速7%，且收入增速高于城镇居民平均水平
	脱贫地区农民收入增速	高于全国农民平均水平
	搬迁群众人均可支配收入水平	基本达到全区农村居民平均水平
	农村低收入人口医保参保率	100%
乡村宜居宜业	九年义务教育巩固率	97%
	农村卫生厕所普及率	85%
	农村生活垃圾处理率	大于95%
	农村生活污水治理率	40%
	农村自来水普及率	98%
	电信普遍服务试点工程	千兆光纤网络全区重点村全覆盖，行政村通5G比例达到80%
	数字乡村试点地区数量	5个
农民科技人才培育	高素质现代农民数量	每年培育1万人
	闽宁人才相互交流数量	互派1000名专业技术人才进行研学交流

资料来源：根据《宁夏回族自治区农业农村现代化发展"十四五"规划》和《宁夏回族自治区巩固拓展脱贫攻坚成果同乡村振兴有效衔接"十四五"规划》整理。

（二）重点任务

"十四五"时期，宁夏农业农村发展进入全面推进农业现代化、开启农村现代化的新阶段。根据自治区"十四五"规划和第十三次党代会对乡村振兴的安排部署，本报告将宁夏推进乡村全面振兴的主要任务总结为以下五点：提质增效特色产业促进乡村产业振兴、引才育才推动乡村人才振兴、开展乡风文明建设加快乡村文化振兴、改善村容村貌推进乡村生态振兴、加强基层组织建设助推乡村组织振兴。各项任务的具体内容如下。

1. 提质增效特色产业促进乡村产业振兴

实施农产品加工提升行动，改造和升级农产品加工设施，以推动农产品加工业优化升级和农产品加工业的初加工、精深加工协同发展，进而达到促进农产品品质及附加值提升的目的；提升乡村产业发展水平，科学构建农林牧渔并举、粮经饲统筹、产加销贯通、农文旅融合的现代乡村产业体系，尽快实现宁夏农产品品质好、卖得好、效益好相统一的目标；支持打造乡土特色品牌，加大对"原字号"、"老字号"及"宁字号"等特色优质农产品品牌的建设和宣传力度，提高其在市场上的影响力和知名度，助推宁夏优质特色农产品更好地走向国内以及国际市场。

2.引才育才推动乡村人才振兴

落实人才培养与引进政策，健全各类人才服务机制，支持海归小镇等人才平台建设，开展"塞上工匠"等人才选树活动，坚持内培外引，努力打造一支高素质农业人才队伍；完善各类农业人才支持政策，有序引导各类专业技术人才下乡服务，对其在职务晋升、职称评定方面予以适当倾斜，以吸引高校毕业生、返乡创业青年等各类人才到广袤乡村建功立业，为乡村全面振兴注入新鲜血液；加大乡村本土人才的培养力度，综合利用本地资源，通过开展专业人士传授农业技术、创业经验讲座等，提高农民教育培训实效，重点培养农林水利类紧缺专业人才，为农业和农村的现代化进程奠定坚实的人才基础。

3.开展乡风文明建设加快乡村文化振兴

推进乡村文明建设，树立现代乡村文明新风，深入开展"听党话、感党恩、跟党走"宣讲活动和社会主义核心价值观宣传教育活动，引导群众爱党爱国、向上向善、孝老爱亲、重义守信、勤俭持家；发挥村民自治作用，强化村规民约激励约束功能，持续推进高额彩礼、大操大办、散埋乱葬等突出问题综合治理，以持续推进乡村的移风易俗；完善乡村公共文化服务体系，积极开展多样丰富的乡村文化活动，深入推进文化下乡，助推文明和谐的社会风气覆盖整个乡村；提升乡村治理水平，推进"整省域乡村治理示范三年提升行动""一村一年一事行动"，着力打造乡风文明、乡村善治的"宁夏样板"。

4.改善村容村貌推进乡村生态振兴

提升乡村建设水平，推进农村基础设施补短板，增强农村地区水、电、气、道路及通信网络等基础设施的保障能力，全面提高乡村教育、医疗卫生等基本公共服务水平，满足农民的实际需求，建设宜居宜业的美丽乡村；一体化推进农村户厕改造、垃圾处理、污水治理，建成高质量美丽宜居村庄50个，全面整治提升村容村貌，建立长效机制，持续改善农村居民的生活环境，实现农村生态文明进步；持续实施数字乡村发展行动，发展智慧农业，缩小城乡"数字鸿沟"，提高乡村数字建设水平，并通过大数据、智能化技术的应用，推进农业生产经营、农村社会管理等涉农信息协同共享。

5.加强基层组织建设助推乡村组织振兴

推进抓党建促乡村振兴，建好建强农村基层党组织，加强村干部队伍建设，提高乡村基层党组织建设水平；完善乡贤理事会、村民监督委员会及其管理的监督小组的建设工作，以提升村民自治组织的建设水平，确保其职能的发挥，使村民自治组织在乡村治理的过程中能够有效地解决和应对各种问题；完善村委会内部决策、执行和监督机制，推进民主选举、民主决策、民主管理、民主监督；培育壮大多元化新型农业经营主体（如农民专业合作社、龙头企业、家庭农场等）与农村集体经济组织，强化其联农带农致富机制，更好实现农业提效、农民增收、农村致富的目标。

四 宁夏回族自治区乡村振兴目标的实现路径与政策建议

全面推进乡村振兴，不仅要看乡村建设得好不好、环境美不美，还要看产业发展得怎么样、农民口袋里有多少，更要看农民精神风貌怎么样、乡村社会风气好不好。[①] 基于宁夏全面推进乡村振兴主要目标和任务，本报告提出以下对策建议：提升乡村产业现代化发展水平、加大乡村人才培养和引进力度、加强乡村精神文明建设、拓展乡村宜居宜业建设深度、提高乡村基层组织建设水平，以实现乡村产业、人才、文化、生态和组织振兴的目标。

---

① 张红宇、周二翠：《宜居宜业和美乡村建设：现实基础与实现路径》，《中国农村经济》2023年第9期。

（一）提高农业技术与品牌建设水平，促进乡村产业现代化发展

首先，加快现代农业技术在农业生产经营管理中的应用，利用现代农业技术提升农产品加工业的发展水平，积极发展农产品的精深加工和综合利用，并延长农业产业链，促进农产品产前、产中、产后各个环节的有机结合，以提升农产品的品质和附加值，促使科技成果更好地服务和推动农业现代化。其次，推动农业生产数字化转型，运用大数据、云计算、区块链、物联网等新技术，大力发展"互联网+农机服务""互联网+农技推广"等数字化生产服务业，促进农业、渔业、农产品加工业的数字化转型，推动乡村产业的高质量发展。最后，应始终把品牌建设作为提升农产品市场竞争力的关键环节，可以将具有本地特色的故事、文化等元素融入当地特色农产品，实现农业与文化和旅游业的协同发展，从而为宁夏农业特色产业的发展，以及特色农产品品牌的推广奠定坚实的基础。

（二）加大人才培养和引进力度，强化乡村振兴人才支撑

首先，要优化和改善乡村各类人才的发展环境，为各类乡村人才提供机会和平台，完善其激励机制和保障措施，以吸引与农业相关学科表现出色的各类人才到乡村地区发展，并在待遇职称等方面予以倾斜，鼓励和引导各方面人才向基层流动。其次，全面提升乡村教育水平和质量，通过开展职业教育、现代农业技术培训班、农业专家下乡指导等措施，提升农民的技能水平和致富意识，从而在农村挖掘出实用人才或培育出新型农民，进而为乡村高质量发展提供动力。最后，应推进以县城为重要载体的新型城镇化，为激发乡村发展内生动力提供新的路径，从而缩小城乡之间的差距，促进城乡区域协调发展，为进城农民工、中高等院校毕业生、退役士兵以及科技人员等返乡下乡创业和就业奠定基础，最终推动乡村各类产业融合发展。

（三）加强精神文明建设，铸牢乡村"文化魂"

首先，大力加强农村德治，建立道德激励约束机制，发挥村民议事会、

红白理事会作用和新乡贤示范作用，开展移风易俗主题活动，持续推进农村不良风气专项治理，形成婚事新办、丧事简办、文明理事的社会文明新风尚，为农村良好社会风气的形成打下基础。其次，加强农民思想道德教育，可通过举办道德文化讲堂、道德榜样评选及以道德为主题的艺术表演等活动，将优良传统美德潜移默化地融入村民的日常生活，引导广大农民群众形成崇尚道德的良好氛围，以提升农民对农村精神文明建设的重视和参与程度。最后，加大适宜农民的公共文化产品和服务供给保障投入，实现文化服务均等化常态化，深入实施文化惠民工程，广泛开展寓教于乐、群众喜闻乐见的送戏下乡和送文化下乡活动，更好满足农村居民日益增长的精神文化需要。

（四）改善村容村貌，拓展乡村宜居宜业建设深度

首先，加大对乡村基础设施及公共服务的资金投入，持续完善农村公路、物流、电网、饮水、通信网络等基础设施建设，提高农村公共服务质量，加强乡村公共教育服务和卫生室服务能力，提高乡村教育质量和卫生服务水平。其次，应接续推进农村人居环境整治，健全农村环境长效发展机制，深入开展村庄清洁行动，推进农村环境卫生整治、户厕改革和污水处理，优化完善生活垃圾收运处置体系，改善农村居民的生活环境。最后，深入实施"数字乡村"建设行动，支持本地通信企业、信息化企业将大数据、云计算、物联网等信息技术与农业实体经济进行深度融合，将数字技术融入乡村产业、民生、生态、治理、文化等领域需求场景，并加大人才技术资金投入，推动农业农村数字经济发展，提高数字乡村的建设水平。

（五）提高乡村基层组织建设水平，有效提升乡村治理水平

首先，实施农村基层"党建+"工程，优化党员队伍年龄和学历结构，充分发挥基层党组织战斗堡垒作用和党员先锋模范作用，以党建引领凝聚起社会治理的强大合力，切实保障乡村治理的各项任务稳定持续向前推进。其次，应深化村民自治制度改革，创新村民自治有效形式，推动村规民约全覆

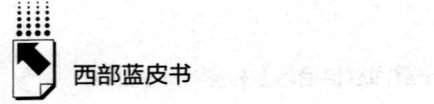

盖,并尊重农民群体在村民治理中的主体地位,鼓励其积极参与决策过程,有效地汇聚集体智慧,以更好地处理和应对村级事务,并不断吸纳和运用村民的自治力量,从而达到农民自我管理、自我服务以及自我约束的目的,化解乡村的道德风险。最后,完善村集体经济组织的管理机制,对涉及村集体经济运营管理、收支管理、收益分配等重要事项参照执行"四议两公开"制度,切实提升农村集体经济组织经营管理的民主性和科学性,从而为实现其"服务于民"的目标奠定坚实基础。

B.19
新疆维吾尔自治区乡村振兴研究报告*

刘维忠 王艺洁**

摘 要： 全面实施乡村振兴战略有利于实现农业农村现代化，推进农业强国建设。本报告利用 2016~2023 年统计数据，从产业振兴、人才振兴、文化振兴、生态振兴和组织振兴出发，回顾了新疆乡村振兴战略实施取得的成效，分析了乡村振兴面临的现实约束，明确了乡村振兴的主要目标与重点任务，并提出乡村振兴目标的实现路径与政策建议。

关键词： 乡村振兴 农业农村现代化 新疆维吾尔自治区

新疆地处亚欧大陆腹地，面积有 166.49 万平方公里，约占我国国土总面积的 1/6，属于典型的大陆性荒漠气候，光热资源丰富，但水资源短缺且时空分布不均，耕地质量总体较差。作为全国陆地面积最大的省级行政区，新疆下辖 14 个地州（市），天山山脉横贯其间，将其划分为北疆和南疆两大区域，其中，北疆地区包括乌鲁木齐市、克拉玛依市、昌吉回族自治州（以下简称"昌吉州"）、伊犁哈萨克自治州（以下简称"伊犁州"）、博尔塔拉蒙古自治州（以下简称"博州"）、塔城地区、阿勒泰地区、哈密市和吐鲁番市等 9 个地州（市）；南疆地区包括巴音郭楞蒙古自治州、阿克苏地区、和田地区、喀什地区、克孜勒苏柯尔克孜自治州（以下简称"克

---

* 本报告为教育部人文社科重点研究基地——西北大学中国西部经济发展研究院项目（项目编号：XBLPS202418）阶段性研究成果。
** 刘维忠，新疆农业大学经济管理学院教授，博士生导师，主要研究方向为农业经济管理；王艺洁，新疆农业大学经济管理学院讲师，硕士生导师，主要研究方向为土地经济理论与政策。

州")等5个地州,且阿克苏地区、和田地区、喀什地区、克州作为南疆集中连片深度贫困地区,也是曾经精准扶贫和精准脱贫的主战场。2023年,新疆常住人口为2598万人,地区生产总值为19125.91亿元,全年人均地区生产总值为73774元。其中,北疆地区生产总值为13381.78亿元,南疆地区生产总值为5744.13亿元(南疆四地州达4142.93亿元)。

一 新疆维吾尔自治区乡村振兴的成效

党的十九大报告提出以"产业兴旺、生态宜居、乡风文明、治理有效、生活富裕"为总要求的乡村振兴战略,2018年中共中央、国务院印发《乡村振兴战略规划(2018—2022年)》,用于指导全国各地乡村振兴实施工作。连续7年的中央一号文件对乡村振兴战略做出具体部署,以期推动高质量发展,实现中国式农业农村现代化。随着乡村振兴战略的深入实施和全面建成小康社会,新疆农村经济发展水平显著提高,农村社会转型步伐有所加快,区域相对差距呈缩小趋势。

(一)产业振兴取得的成效

1. 农业发展成效显著

新疆在实施乡村振兴战略的基础上,以"为保障国家粮食安全和重要农产品供给作出新疆贡献"为目标,按照"稳粮、优棉、促畜、强果、兴特色"的要求,推动农业产业结构调整,加快构建现代农业产业体系和新型农业经营体系,提高农业综合生产能力,保障主要农产品有效供给。2023年,新疆地区生产总值达19125.91亿元,第一产业增加值为2742.24亿元,占地区生产总值的比重为14.3%,人均地区生产总值达73774元。自乡村振兴战略实施以来,新疆农林牧渔业总产值稳步增长,农业产值占比有所下降,牧业产值占比呈小幅波动上升态势,林业和渔业发展趋于稳定,农业产业结构略有调整(见图1)。

从粮食生产来看,新疆压实粮食生产责任,着重提升粮食综合生产能

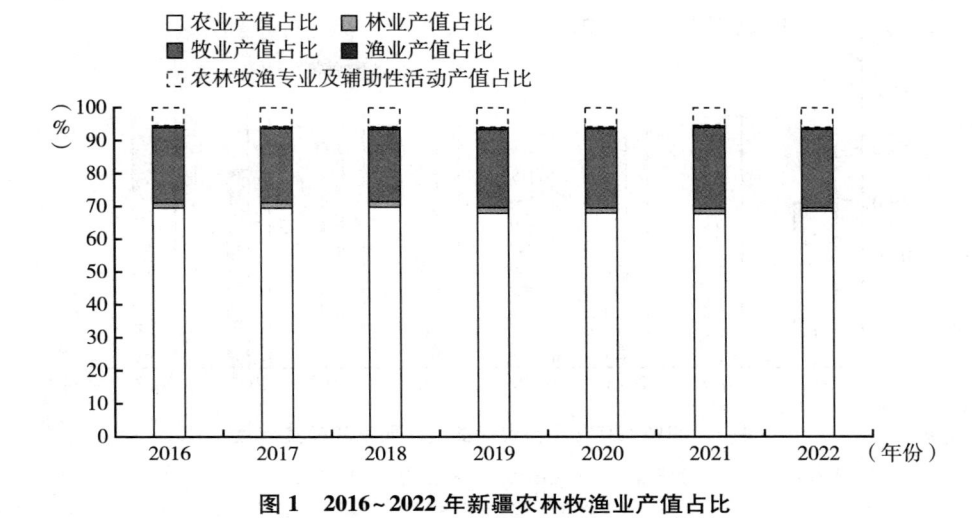

图1 2016~2022年新疆农林牧渔业产值占比

资料来源：历年《新疆统计年鉴》《新疆维吾尔自治区国民经济和社会发展统计公报》。

力，开展粮食单产提升行动，加大粮食生产政策支持力度，统筹安排资金用于灌溉水利设施、高标准农田建设、盐碱地综合利用等粮食产能提升项目，统筹补贴资金，保障农民种植收益，调动农民种粮积极性。自2016年以来，粮食播种面积呈波动上升趋势，而粮食产量稳步提升。截至2023年，新疆粮食播种面积为2824.77千公顷，与上年相比增加390.87千公顷，粮食产量达2119.2万吨，实现粮食产量和播种面积增量全国第一，为保障国家粮食安全做出重要贡献（见图2）。

作为我国最大的优质商品棉基地，新疆棉花种植面积、单产、总产、商品调出量已连续30年位居全国第一，2023年棉花产量为511.2万吨，占全国棉花产量的91%。棉花生产继续向25个主产县（市、区）和68个团场集中，主产区种植面积和产量占比在93%以上，棉花生产机械化水平显著提高，综合机械化水平已超95%，这有利于棉花质量稳步提高，棉花优势地位持续巩固。在林果业提质增效工程的推动下，新疆特色林果业标准化生产、市场化经营和产加销一体化水平显著提高，产量由2016年的1790.88万吨增长至2023年的1877.77万吨，年均增长率为0.68%，呈较为明显的

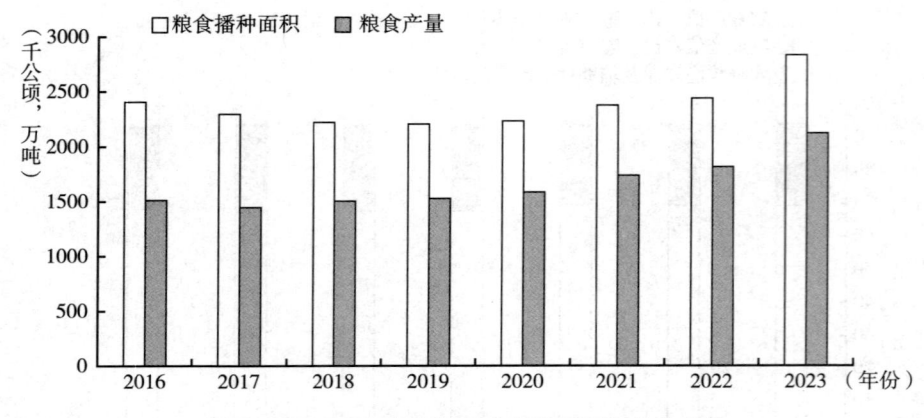

图 2　2016~2023 年新疆粮食播种面积和粮食产量

资料来源：历年《新疆维吾尔自治区国民经济和社会发展统计公报》。

波动增长趋势。在畜牧业振兴行动的带动下，新疆大力推进标准化规模化养殖，畜牧业综合生产能力稳步提升。2023 年，新疆畜产品产量达 208.95 万吨，2016~2023 年年均增长 3.71%，充分说明居民膳食结构有所改善，对肉类蛋白质的需求逐年增加，同年水产品产量达 18.39 万吨，2016~2023 年年均增长率为 1.85%（见表 1）。

表 1　2016~2023 年新疆部分特色农产品产量

年份	棉花产量（万吨）	特色林果产量（万吨）	畜产品产量（万吨）	牲畜出栏量（万头、只）	牲畜存栏量（万头、只）	水产品产量（万吨）
2016	407.80	1790.88	161.96	4559.70	4621.35	16.17
2017	456.60	1712.20	162.84	4447.37	5194.88	16.54
2018	511.10	1604.69	161.96	4508.39	5047.93	17.43
2019	500.20	1729.44	170.74	4584.32	4940.01	16.68
2020	516.10	1782.44	172.67	4279.15	5220.00	16.30
2021	512.85	1789.60	183.08	4502.11	5621.97	17.05
2022	539.06	1815.60	190.94	4431.39	5982.65	17.30
2023	511.20	1877.77	208.95	4709.65	5842.29	18.39

资料来源：历年《新疆统计年鉴》《新疆维吾尔自治区国民经济和社会发展统计公报》。

2. 稳步提高产业融合发展水平

新疆依托"八大产业集群",着力打造粮油、棉花和纺织服装、绿色有机果蔬和优质畜产品涉农四大产业集群,加快构建现代农业体系。持续提升龙头企业带动能力,带动小农户和新型农业经营主体参与现代农业产业化经营。持续加快产业园区建设,通过现代产业园区的产业集聚作用,推动农业产业化发展。全面拓展农产品市场营销渠道,集中塑造"品味新疆"农业品牌整体形象,打造具有市场影响力的新疆特色农业品牌,大力开展网络直播带货。坚持实施旅游兴疆战略,大力发展乡村休闲旅游,2023年全区接待乡村游客9820万人次,实现乡村旅游收入340亿元。新疆各地州(市)以乡村振兴战略实施为契机,依托资源优势因地制宜探索产业融合新模式,并取得诸多成效。如吐鲁番市高昌区大力发展现代农业产业,形成大田西甜瓜、大棚蔬菜等优势产业,同时,依托艾丁湖景区、海底古村民宿民居影视基地等旅游资源,大力发展特色生态文旅项目,充分实现农文旅融合发展。喀什地区麦盖提县通过打造"小微园区"引进农业龙头企业,完善农副产品深加工产业链条,培育新的经济增长点,增加农民收入。

3. 夯实现代农业高质量发展基础

新疆坚持最严格的耕地保护制度,严守耕地红线。全面压实耕地保护责任,制定出台自治区各级党委和政府领导班子及其成员耕地保护和粮食安全职责清单,建立健全自治区耕地保护部门协同监管机制,四级耕地质量监测网络不断完善。扎实推进高标准农田建设,累计建成高标准农田5558万亩,占永久基本农田的67.6%。制定盐碱地综合利用实施方案,提升改造盐碱耕地,稳步推进盐碱地综合利用,进一步改善农田基础设施条件,夯实现代农业发展基础。为增加新疆农业灌溉用水,全面加强水资源集中统一管理,扎实推进水资源管理体制改革,健全水资源、水工程统一调度机制。为解决区域性缺水问题,提升水安全保障能力,新疆科学制定水网建设规划,搭建水网主骨架和大动脉,强力推动重大引调水、蓄水工程建设,并注重普及高效节水农业,进一步加强水资源集约节约利用。完善农业水价形成机制,明晰农业初始水权,建立农业用水奖补机制,增强农民节水意识。

4. 农村居民人均可支配收入增长迅速

2016~2023年，新疆农村人口由1203.8万人降至1059.0万人，农村人口占全区人口的比重由49.58%降至40.76%，农村居民人均可支配收入由10183元增长至17948元，年均增长8.43%，但低于2023年全国农村居民人均可支配收入（21691元），城乡居民收入比由2.80降至2.26（见图3）。农村居民收入渠道趋于多元化，2023年农村劳动力外出务工人数为320.07万人，与上年相比增加16.83万人，工资性收入占农村居民收入的比重持续提高。农村居民恩格尔系数有所下降。新疆农村居民人均消费支出持续提高，2016~2023年由8833元增长至13645元，农村居民衣食住行条件得到有效改善，生活质量得到显著改善，2023年农村居民恩格尔系数下降到31.8%，明显低于全国平均水平（32.4%）。

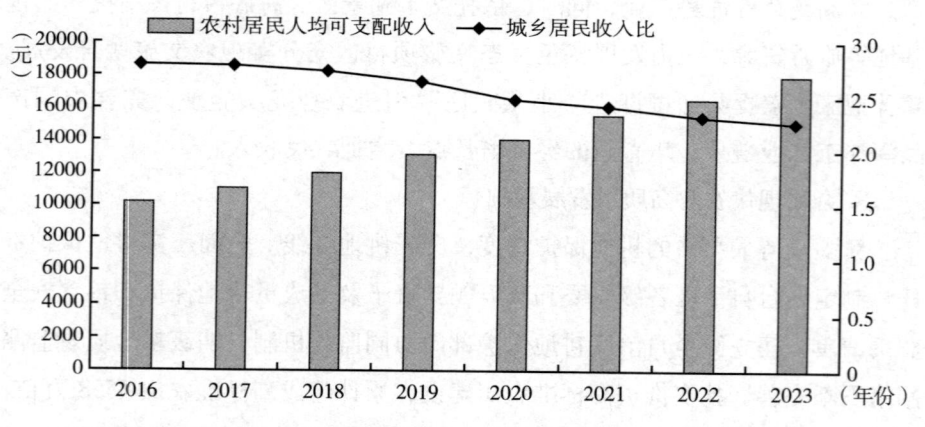

图3 2016~2023年新疆农村居民人均可支配收入及城乡居民收入比

资料来源：历年《新疆维吾尔自治区国民经济和社会发展统计公报》。

5. 牢守防止规模性返贫底线

新疆严格组织开展防止返贫监测帮扶集中排查，全区范围内实现动态监管帮扶全覆盖。实施万元以下脱贫人口及监测对象增收专项行动，一县一方案，一户一对策，使脱贫群众收入持续快速增长。实施南疆产业发展专项行动，脱贫县基本形成2~3个特色主导产业。实施南疆就业促进工程和防返贫就业攻坚行动，加大公益性岗位和帮扶车间扶持力度。严格落实"四个不摘"要求，制定下发《关于做好 2023 年脱贫人口就业帮扶工作的通知》《关于进一步支持农民工就业创业的实施意见》《南疆就业促进工程实施方案》《关于进一步加强南疆 22 个原深度贫困县农村公路护路员管理的实施意见》《推进自治区乡村工匠培育工作的实施意见》等指导性文件，确保过渡期每一项衔接政策举措落实落细落地。进一步落实省级领导干部乡村振兴联系点制度，深化对口援疆、定点帮扶、区内协作、社会力量等帮扶，凝聚形成工作合力。

（二）人才振兴取得的成效

1. 强化农村人才培育

依托农村实用人才培训、高素质农民培育、"耕耘者"振兴计划、乡村振兴带头人培育"头雁"等项目，分层分类培育各类乡村振兴人才 2 万余人，持续提升农民科学文化素质和生产技术能力水平。利用冬春农闲季节，围绕设施农业种植、林果种植、食用菌种植等方面开展培训 315 场次，培训人数 3 万余人。加大人才引进力度，柔性引进 34 个"小组团"援疆团队和 22 个援疆专家人才，增强农业"造血"功能。

2. 引进乡村振兴人才

自乡村振兴战略实施以来，新疆通过"西部计划""三支一扶"等各类项目引进大学毕业生到基层就业，为乡村治理人才队伍提供"新鲜血液"。挖掘一批"土专家""田秀才"，建立乡村人才信息库，为推进乡村振兴战略提供人才支持。并组建乡村人才服务联盟，设立"一站式"服务窗口，帮助人才解决落户、社保、配偶安置、子女就学等方面实际困难，增强他们的认同感、获得感和归属感，推动人才向乡村基层一线流动。

3. 推动农业科技人才下乡

为发挥农业科技人才作用，加强农业科技服务体系建设，提高农业科技服务效能，加快农业先进适用技术推广应用，为现代农业高质量发展提供支撑引领。新疆印发《万名农业科技人才服务乡村振兴行动实施方案》，启动万名农业科技人才服务乡村振兴行动，围绕深化农业供给侧结构性改革，深入推进稳粮、优棉、强果、兴畜、促特色，结合农业产前产中产后和一、二、三产业融合发展需求，选派100名左右自治区农业科技服务首席专家，引导1000名左右地州（市）农业科技服务骨干人才，带动10000名左右县市农业技术人才到县包乡联村带户开展农业科技服务。

（三）文化振兴取得的成效

1. 移风易俗树新风

新疆坚持以社会主义核心价值观为引领，扎实推进移风易俗、建设文明乡风，倡导摒弃陈规陋习，树立婚丧嫁娶新风、孝悌和睦家风和文明和谐乡风。如乌鲁木齐县水溪沟镇大庙村作为全国文明村镇，通过红白理事会等机制，规范村民行为，减少大操大办现象，促进邻里和谐，乡风治理持续向好。

2. 加强农村精神文明建设

深入开展"习近平新时代中国特色社会主义思想进万家"活动、"听党话、感党恩、跟党走"宣传教育活动以及"文明新风进万家六大习惯养成"专项文明行动，铸牢中华民族共同体意识。全区96个县（市、区）新时代文明实践中心评估验收全覆盖，943个乡镇综合文化站免费开放，创建全国文明村镇96个、自治区文明村镇1294个。

3. 农村公共服务水平显著提高

新疆加大投入改善办学条件和困难家庭学生生活补助，农村教育基础设施不断完善，全面普及农村学前儿童国家通用语言教育，实现全区中小学国家通用语言文字授课，实行南疆四地州15年免费教育；建立健全农村医疗服务体系，普及农牧民免费健康体检；新农合参合率、新农保参保率均达到98%以上，新型农村社会养老保险与城镇居民养老保险实现并轨；农村低保补助标准持续提高。

4. 加强农村基础设施建设

强化流域水资源、水工程统一调度，2023年农业灌溉供水较上年同期多供10亿立方米，田间高效节水和水肥一体化覆盖占永久基本农田的75%以上。新疆农村自来水普及率和集中供水率分别为98.4%和99.2%，农村电网供电可靠率为99.83%，所有乡镇和具备条件的建制村全部通硬化路，乡镇镇区5G网络覆盖率达99.5%，建制村快递服务通达率达96.83%。

（四）生态振兴取得的成效

1. 加强生态建设和荒漠化治理

自乡村振兴战略实施以来，新疆全面实施一批生态保护与恢复重大工程，落实新一轮退耕还林还草、退耕还湿和新一轮草原生态保护补助奖励政策，严守生态保护红线。牢固树立绿水青山就是金山银山的理念，以优化国土空间开发保护格局为牵引，统筹划定"三区三线"，推动建立以国家公园为主体的自然保护地体系，统筹山水林田湖草沙系统治理，提高自然资源利用效率。2023年，新疆完成造林165.8万亩、种草改良450万亩、荒漠化治理550.7万亩、水土流失治理304.4万亩，森林覆盖率为5.06%。

2. 推动农业农村绿色发展

新疆推进"无废乡村"建设，农用化肥使用折纯量由2016年的250.19万吨降至2021年的243.68万吨，年均减少0.53%；2016~2021年，农药使用量由2.76万吨降至2.04万吨，年均减少5.87%；农用塑料薄膜使用量由26.62万吨降至26.15万吨，年均减少0.36%（见图4）。农业面源污染、白色污染得到初步遏制。截至2023年，新疆秸秆综合利用率超95%，畜禽粪污资源化利用率超80%，农田地膜回收率达85%。

3. 加快推进农村人居环境整治

为扎实推进宜居宜业和美乡村建设，新疆先后出台《新疆维吾尔自治区农村人居环境整治三年行动实施方案》《新疆维吾尔自治区农村人居环境整治提升五年行动方案（2021—2025年）》，开展农村人居环境整治行动，统筹推进农村厕所革命、生活垃圾污水治理，持续改善村容村貌，并为有条件有需求的集聚提升类村庄、特色保护村庄优先编制"多规合一"实用性村庄规划，截至2023年，完成村庄绿化面积10.05万亩，3个县纳入全国

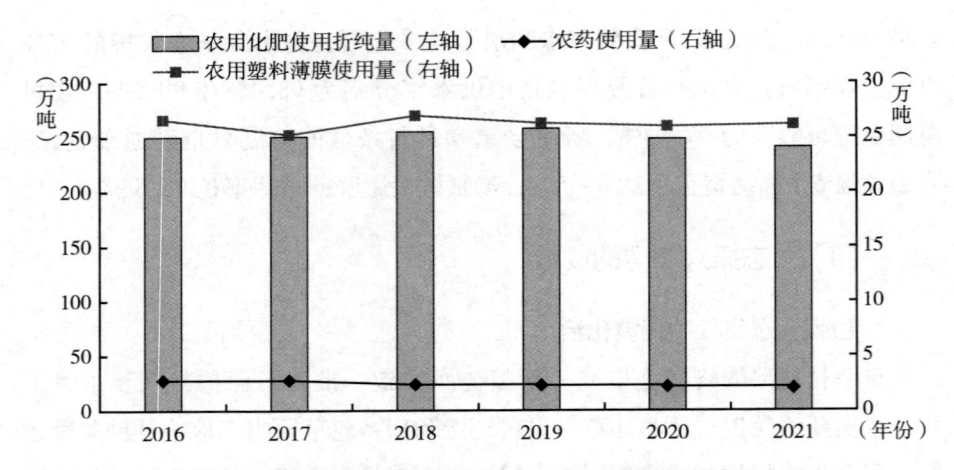

图 4　2016~2021 年新疆农药、农用化肥及农用塑料薄膜使用量

资料来源：历年《新疆统计年鉴》。

乡村振兴示范县，3个县被国家评为村庄清洁行动先进县，建设410个自治区乡村振兴示范村，213个乡村振兴重点示范村完成村庄规划编制，15个村庄被命名为"全国美丽宜居示范村庄"。

（五）组织振兴取得的成效

一是建强农村基层组织。新疆持续深化党建引领乡村治理试点和"五个好"基层党支部示范创建，推进后进和软弱涣散基层党组织整顿工作，强化"访惠聚"驻村力量，着力发挥驻村干部传帮带作用，提升基层干部能力素质，进一步夯实村党支部基础力量，提高村党支部战斗力。

二是促进农村社会和谐稳定。坚持和发展新时代"枫桥经验"，处置化解各类矛盾，如昌吉州率先建成全区首个集法律服务要素集约化、专业化和智慧化于一体的全域法务区，为群众打造"20分钟法律服务圈"；新疆阿勒泰地区福海县形成以"小事吹哨子、大事响喇叭、矛盾不上交、风险不外溢"为主要治理特点的"乌伦古经验"。全区推广运用积分制、清单制和数字化等治理方式，创建全国乡村治理示范县2个、示范乡镇6个、示范村59个。

三是持续深化农村制度改革。新疆统筹推进农村土地制度改革，指导试点村稳步开展第二轮土地承包到期后再延长 30 年试点。深化农村承包地"三权分置"改革，发展多种形式的适度规模经营，全区超 1/3 的农村承包耕地进行流转。出台引导农村产权流转交易市场健康发展的实施意见，挂牌成立新疆农村综合产权交易中心，已建成运行农村产权流转交易市场 10 个。自奇台县、伊宁市被列入全国新一轮农村宅基地制度改革试点县（市）以来，积极探索农村宅基地"三权分置"的有效实现形式，基本理清 9.48 万宗农村宅基地所有权、资格权、使用权关系，奇台县在全区率先推行跨村跨乡农村宅基地使用权转让登记。巩固提升农村集体产权制度改革成果。新疆实施农村集体资产监管提质增效行动，全面清查核实农村集体所有各类资产，完善村集体资产台账，明晰产权关系，为村集体经济发展和成员收益提升奠定制度基础。推动县（市）落实"村财村管村用乡监督"，强化农村集体资产监督管理。

二 新疆维吾尔自治区乡村振兴面临的现实约束

（一）农业供给质量、综合效益和竞争力亟待提高

目前，新疆农业基础设施建设仍然薄弱。水利基础设施投入不足，全区半数河流缺少控制性工程，季节性、区域性缺水问题依然突出。高标准农田建设投入与国家规划仍有一定差距，仓储保鲜冷链设施建设滞后，果蔬产品冷藏保鲜能力、冷链运输能力仍存在缺口。新疆仍以初级农产品生产为主，产业化经营水平较低，产业结构仍以农业为主，单一产业结构限制了农业产业链的延长与融合，暴露出农村产业化组织程度偏低、运行效率不高，农村内部存在发展规模小、过度竞争等问题，不利于培育新发展动能，使农业增效与农民增收面临诸多困难，进一步使产业兴旺对乡村振兴的拉动作用受限。

（二）农村生态环境脆弱，建设保护任务重

作为典型的干旱绿洲农业区，新疆自然生态环境脆弱，水资源短缺，空

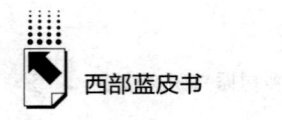

间分布不均衡，供需矛盾突出，生产生活用水紧张，生态用水紧缺，水资源保护恢复和水利工程建设与产业发展需要相矛盾。长期以来的农业粗放式经营方式，产生土壤板结酸化、有机质流失和地膜回收率不高等问题，导致新疆农业面源污染严重，农业废物综合利用水平不高，耕地盐碱化制约农业发展。

（三）乡村建设和治理存在短板

新疆农村基础设施供给与需求不匹配，基础设施发展水平低于全国平均水平，具体表现在教育供给总量不足、质量不高，医疗条件难以满足农村居民需求，公共文化服务设施网络不完善，图书馆、体育馆和文化室等村级公共设施建设不足。农村基础设施和公共服务体系不完善，卫生厕所普及率、农村生活污水普及率均低于全国平均水平，南北疆地区生活垃圾治理、污水治理与厕所革命等人居环境整治项目进展不一致，农民作为人居环境整治的主体意识不强，后期管护机制不完善。如大部分农村设有集体垃圾投放点，但农村居民大多仍采取自行处理或随意排放的方式处理生产生活垃圾和废水，直接影响农村人居环境。乡村治理体系亟待健全，农村基层基础薄弱，群众参与基层治理的主动性、积极性不高，"积分制+清单制+数字化"等基层治理模式需进一步深化运用，方式和手段不够丰富，对村民的宣传教育引导效果比较有限。

（四）持续促进农民大幅增收难度大

新疆是系统性返贫风险较大的省域，虽然农村居民人均可支配收入显著提高，但仍低于全国平均水平。城乡居民收入水平差距较大仍是影响共同富裕和中国式农业农村现代化实现的重要因素。受农产品价格天花板和农业生产成本持续抬升的双重挤压，依靠农业挖潜增收空间有限。受国内外大环境、经济下行压力加大等因素叠加影响，就业容量有所缩减，农民外出务工不确定性因素增多、失业风险加大，促进农民向疆外务工难度加大。同时，新疆县域经济不发达，县内第二、第三产业的发展相对缓慢，且乡镇企业发展较为缓慢，就地吸纳农村劳动力转移就业能力有限。

（五）乡村振兴人才队伍建设滞后

新疆农村地理区位多较为封闭、自然条件恶劣，致使乡村振兴参与主体缺乏乡村振兴战略实施的主动意识。农民素质普遍偏低，接受新鲜事物和学习新技能的能力偏弱，参与乡村振兴战略实施的热情和积极性不高。新疆人才规模与质量无法满足经济建设与产业发展的需求，人才吸引力与东中部地区存在较大差距，乡村人才资源短缺，存在乡村实用人才、专业人才匮乏，科技人才不足的现实困境。同时，农民适应生产力发展和参与市场竞争的能力不足，南疆地区尤为突出，使高素质农民队伍建设滞后，乡村振兴发展缺乏高质量主力军。

三 新疆维吾尔自治区乡村振兴的主要目标与重点任务

新疆是多民族聚居区和传统农耕文明发源区，农村经济基础较为薄弱，地理位置复杂、战略地位特殊，决定了其乡村振兴建设目标、任务与其他省份存在一定差别。现阶段新疆乡村振兴的主要目标与主要任务有：进一步提升农业综合生产能力，打造新疆特色现代农业产业体系，全面推进农业绿色发展；紧抓特色优势产业，推动农村一、二、三产业融合发展，进一步提高农民收入水平，巩固拓展脱贫攻坚成果同乡村振兴有效衔接；持续改善农村基础设施条件，推进健全多层次社会保障体系；促进人居环境整治提升，扎实推进美丽乡村建设；不断健全新疆城乡融合发展体制机制，提升农村基本公共服务水平；全面加强乡村文化建设，促进民族团结，满足农民精神文化生活需求；进一步加强以党组织为核心的农村基层组织建设，促进农村社会全面稳定，提升乡村治理能力，加强现代乡村治理体系建设。

四 新疆维吾尔自治区乡村振兴目标的实现路径与政策建议

（一）坚持一产上水平，推进乡村产业振兴

第一，始终围绕"稳粮、优棉、促畜、强果、兴特色"的发展思路，优化调整农业生产力布局，深入推进农业绿色化、优质化、特色化、品牌化发展，依托新疆"八大产业集群"建设，坚持质量兴农、品牌强农，建设粮油、棉花和纺织服装、绿色有机果蔬、优质畜产品产业集群，打造全国优质农牧产品重要供给基地，持续提升保障国家粮食安全和重要农产品供给能力，促进农业提质增效，推动农业高质量发展，稳步推进新疆由农业大区向农业强区转变。

第二，坚持压实各级耕地保护主体责任，逐步推动新疆永久基本农田全部建成高标准农田，分区分类开展盐碱地治理改良。持续加强水资源集中统一管理，大力推广农业高效节水技术，提高地表水综合高效利用水平，因地制宜发展设施农业、生态农业，以期增强农业综合生产能力，推进农业供给侧结构性改革，稳步提高新疆农业创新力、农业竞争力与全要素生产率，激活产业发展新动能，提升农业产业韧性和安全水平。

第三，加强推动"纵横交错"式产业融合发展，深度挖掘新疆"六次产业"[①] 发展潜力，推动延伸农业产业链、提升价值链、完善利益链，构建现代农业产业体系、生产体系、经营体系，通过发展新疆第一产业，依托休闲农业、乡村旅游等业态，推动建立一、二、三产业融合发展的现代生态农业模式，形成产业发展新动能。

第四，加快培育新型农业经营主体，推动多元化、适度化规模经营，构建以农户家庭经营为核心、合作与联合为桥梁、社会化服务为支柱的多维现代农业经营体系，提高农业集约化、专业化、组织化、社会化水平，带动小

---

① "六次产业"指以第一产业为基础，一、二、三产业融合的现代生态农业。

农户与现代农业有机衔接。

第五，提升农村劳动力就业质量。继续拓宽农村劳动力转移就业渠道，引导农村劳动力转移就业。完善农村公共就业服务和制度保障体系，强化乡村就业创业服务。

第六，持续巩固拓展脱贫攻坚成果同乡村振兴有效衔接，完善防止返贫监测帮扶机制，坚决守住不发生规模性返贫底线。

（二）拓展人才引进渠道，推进乡村人才振兴

第一，大力培育高素质农民。针对新疆"稳粮、优棉、促畜、强果、兴特色"要求和提高农民收入的需求，继续依托高素质农民"农村创业创新带头人"、"休闲农业与乡村旅游"等高层次人才专题培训班、培育"学科技、懂农业、知农情"的高素质农民，充分发挥高素质农民的带动作用，创新"三农"发展思路，使乡土能人成为乡村振兴重要的人才支撑，夯实实施乡村振兴战略的人才基础。

第二，加强农村专业人才队伍建设，制定具有针对性的培养计划，实现分类、分层培养，建立健全评价激励机制，培养打造一支深耕乡村、服务一线的农村专业化技能人才队伍。建立县级专业人才统筹调配机制，农村专业化技能人才队伍。

第三，鼓励社会各界投身乡村振兴。落实扶持政策，引导工商资本投入乡村振兴事业，并防止工商资本下乡，侵害农村集体产权、侵犯农民利益。建立健全激励机制，吸引企业家、专家学者、医生教师等各类人才下乡、返乡服务乡村振兴事业。建立健全社会人才服务乡村机制。充分发挥村第一书记、"访惠聚"驻村工作队、"三支一扶"等人员在服务乡村振兴中的作用。开展技术人才"组团式"下沉服务活动，加强对下乡的各类组织和人员的管理服务，使之成为乡村振兴的建设性力量。

（三）建设生态宜居美丽乡村，推进乡村生态振兴

第一，加强生态环境保护建设。坚持山水林田湖草沙一体化保护和系统

治理，严格落实"三线一单"分区管控制度，完善生态环境分区管控方案，落实林长制、河湖长制。加快推进塔里木河干流、和田河流域等5个重点区域生态保护修复项目，加强艾比湖流域生态保护和修复。全力打好"三北"工程攻坚战、塔克拉玛干沙漠边缘阻击战，完成造林、种草改良和荒漠化治理任务。科学推进水土流失综合治理。

第二，持续改善农村人居环境。以"千万工程"经验为指导，扎实推进农村人居环境整治提升行动，统筹推进农村厕所革命、生活垃圾和污水治理，加快农村基础设施建设补短板，深化"四好农村路"建设，提升乡村建设质量。

第三，持续加强污染防治。深入推进农用地土壤污染防治和安全利用，加强农田地膜污染治理。强化固体废物环境管理和新污染物治理。推动绿色低碳发展。加强城市和工业污水循环利用，推进生活垃圾分类和资源化利用。稳步推进农业绿色发展，实施化肥农药减量增效，推广种养循环模式。

（四）焕发乡风文明新气象，推进乡村文化振兴

第一，提升农村基础设施建设水平。持续加大财政投入力度，加快推动新疆农村重大水利设施、农村饮水工程、农村交通物流设施和乡村信息化等基础设施建设，促进城乡基础设施互联互通，推动农村基础设施提档升级。

第二，提升农村公共服务水平。进一步推动新疆农村教育、医疗发展，完善农村社会保障体系，提高农村养老服务能力，完善乡村灾害防控体系，进一步缩小城乡公共服务差距。

第三，坚持维护农村意识形态安全。继续深入开展"习近平新时代中国特色社会主义思想进万家"活动，推进习近平新时代中国特色社会主义思想深入人心。深入开展新疆历史教育活动，切实增进农民群众对伟大祖国、中华民族、中华文化、中国共产党和中国特色社会主义的认同。坚定不移推进"去极端化"，坚决遏制宗教极端思想渗透蔓延。

第四，加强农村思想道德建设。以社会主义核心价值观为引领，大力推进农村思想道德与精神文明建设，提升农民整体素质，提高农村社会文明程

度，夯实乡村振兴的思想道德基础。

第五，丰富乡村文化生活。持续构建现代公共文化服务体系，进一步完善新疆公共文化服务体系和服务网络，推进乡村基础设施建设，继续实施文化信息资源建设工程，继续推进"四馆一站"免费开放向乡村延伸。建立健全各级政府向社会力量购买公共文化服务机制，增强公共文化产品服务供给。依托"中华文化进乡村"等活动，传承和弘扬中华优秀传统文化。

（五）完善乡村治理体系，推进乡村组织振兴

第一，加强农村基层党组织对乡村振兴的全面领导。持续加强和改进党对农村基层工作的全面领导，健全以党组织为核心的组织体系，加强农村基层党组织带头人队伍建设，加强农村党员队伍建设，强化农村基层党组织建设责任与保障，把农村基层党组织建设成为宣传党的主张、贯彻党的决定、领导基层治理、团结动员群众、推动稳定发展的坚强战斗堡垒。

第二，坚决维护农村和谐稳定。坚持以实现"社会稳定和长治久安"为总目标，坚决打好反恐维稳组合拳，构建农村社会治安防护与控制体系，依托新疆特色大力建设具有地域特色的平安乡村。

第三，促进自治法治德治有机结合。完善村民自治机制，加强农村群众性自治组织建设。继续依托"法治小院""一村一法律顾问"等形式，助力法治乡村建设。坚持以社会主义核心价值观为引领，扎实推进文明乡风培育。

第四，强化基层政权。优化乡村治理体系，推动治理力量、资源配置、服务范围向基层延伸。

社会科学文献出版社

皮 书

智库成果出版与传播平台

❖ 皮书定义 ❖

皮书是对中国与世界发展状况和热点问题进行年度监测，以专业的角度、专家的视野和实证研究方法，针对某一领域或区域现状与发展态势展开分析和预测，具备前沿性、原创性、实证性、连续性、时效性等特点的公开出版物，由一系列权威研究报告组成。

❖ 皮书作者 ❖

皮书系列报告作者以国内外一流研究机构、知名高校等重点智库的研究人员为主，多为相关领域一流专家学者，他们的观点代表了当下学界对中国与世界的现实和未来最高水平的解读与分析。

❖ 皮书荣誉 ❖

皮书作为中国社会科学院基础理论研究与应用对策研究融合发展的代表性成果，不仅是哲学社会科学工作者服务中国特色社会主义现代化建设的重要成果，更是助力中国特色新型智库建设、构建中国特色哲学社会科学"三大体系"的重要平台。皮书系列先后被列入"十二五""十三五""十四五"时期国家重点出版物出版专项规划项目；自2013年起，重点皮书被列入中国社会科学院国家哲学社会科学创新工程项目。

权威报告·连续出版·独家资源

皮书数据库
ANNUAL REPORT(YEARBOOK) DATABASE

分析解读当下中国发展变迁的高端智库平台

所获荣誉

- 2022年，入选技术赋能"新闻+"推荐案例
- 2020年，入选全国新闻出版深度融合发展创新案例
- 2019年，入选国家新闻出版署数字出版精品遴选推荐计划
- 2016年，入选"十三五"国家重点电子出版物出版规划骨干工程
- 2013年，荣获"中国出版政府奖·网络出版物奖"提名奖

皮书数据库　　"社科数托邦"微信公众号

成为用户

登录网址www.pishu.com.cn访问皮书数据库网站或下载皮书数据库APP，通过手机号码验证或邮箱验证即可成为皮书数据库用户。

用户福利

- 已注册用户购书后可免费获赠100元皮书数据库充值卡。刮开充值卡涂层获取充值密码，登录并进入"会员中心"—"在线充值"—"充值卡充值"，充值成功即可购买和查看数据库内容。
- 用户福利最终解释权归社会科学文献出版社所有。

数据库服务热线：010-59367265
数据库服务QQ：2475522410
数据库服务邮箱：database@ssap.cn
图书销售热线：010-59367070/7028
图书服务QQ：1265056568
图书服务邮箱：duzhe@ssap.cn

社会科学文献出版社　皮书系列
卡号：262897779963
密码：

S 基本子库
SUB DATABASE

中国社会发展数据库（下设 12 个专题子库）

紧扣人口、政治、外交、法律、教育、医疗卫生、资源环境等 12 个社会发展领域的前沿和热点，全面整合专业著作、智库报告、学术资讯、调研数据等类型资源，帮助用户追踪中国社会发展动态、研究社会发展战略与政策、了解社会热点问题、分析社会发展趋势。

中国经济发展数据库（下设 12 专题子库）

内容涵盖宏观经济、产业经济、工业经济、农业经济、财政金融、房地产经济、城市经济、商业贸易等 12 个重点经济领域，为把握经济运行态势、洞察经济发展规律、研判经济发展趋势、进行经济调控决策提供参考和依据。

中国行业发展数据库（下设 17 个专题子库）

以中国国民经济行业分类为依据，覆盖金融业、旅游业、交通运输业、能源矿产业、制造业等 100 多个行业，跟踪分析国民经济相关行业市场运行状况和政策导向，汇集行业发展前沿资讯，为投资、从业及各种经济决策提供理论支撑和实践指导。

中国区域发展数据库（下设 4 个专题子库）

对中国特定区域内的经济、社会、文化等领域现状与发展情况进行深度分析和预测，涉及省级行政区、城市群、城市、农村等不同维度，研究层级至县及县以下行政区，为学者研究地方经济社会宏观态势、经验模式、发展案例提供支撑，为地方政府决策提供参考。

中国文化传媒数据库（下设 18 个专题子库）

内容覆盖文化产业、新闻传播、电影娱乐、文学艺术、群众文化、图书情报等 18 个重点研究领域，聚焦文化传媒领域发展前沿、热点话题、行业实践，服务用户的教学科研、文化投资、企业规划等需要。

世界经济与国际关系数据库（下设 6 个专题子库）

整合世界经济、国际政治、世界文化与科技、全球性问题、国际组织与国际法、区域研究 6 大领域研究成果，对世界经济形势、国际形势进行连续性深度分析，对年度热点问题进行专题解读，为研判全球发展趋势提供事实和数据支持。

法律声明

"皮书系列"(含蓝皮书、绿皮书、黄皮书)之品牌由社会科学文献出版社最早使用并持续至今,现已被中国图书行业所熟知。"皮书系列"的相关商标已在国家商标管理部门商标局注册,包括但不限于LOGO( )、皮书、Pishu、经济蓝皮书、社会蓝皮书等。"皮书系列"图书的注册商标专用权及封面设计、版式设计的著作权均为社会科学文献出版社所有。未经社会科学文献出版社书面授权许可,任何使用与"皮书系列"图书注册商标、封面设计、版式设计相同或者近似的文字、图形或其组合的行为均系侵权行为。

经作者授权,本书的专有出版权及信息网络传播权等为社会科学文献出版社享有。未经社会科学文献出版社书面授权许可,任何就本书内容的复制、发行或以数字形式进行网络传播的行为均系侵权行为。

社会科学文献出版社将通过法律途径追究上述侵权行为的法律责任,维护自身合法权益。

欢迎社会各界人士对侵犯社会科学文献出版社上述权利的侵权行为进行举报。电话:010-59367121,电子邮箱:fawubu@ssap.cn。

社会科学文献出版社